KB173428

키메라
만주국의 초상

KIMERA: MANSHUKOKU NO SHOUZOU (ZOUHOBAN)

Copyright © 2004 by Shinichi Yamamuro

All rights reserved.

Original Japanese edition published by CHUOKORON-SHINSHA, INC.

Korean translation rights arranged with CHUOKORON-SHINSHA, INC.
through The English Agency (Japan) Ltd. and Eric Yang Agency, Inc.

이 책의 한국어판 저작권은 The English Agency (Japan)와 EYA (Eric Yang Agency)를 통해
Chuokoron-Shinsha와 독점 계약한 (주)도서출판 책과함께가 소유합니다.
저작권법에 의하여 한국 내에서 보호를 받는 저작물이므로 무단 전재 및 무단 복제를 금합니다.

키메라
만주국의 초상

야마무로 신이치 지음 · 윤대석 옮김

책과함께

의인은 땅을 차지하고, 언제나 거기에서 살 것이다.

— 〈시편〉 37장 29절

죽은 자가 산 자를 붙잡고 그 죽음의 의미를 묻는다.

일러두기

- 이 책은 山室信一, 《キメラ―滿洲國の肖像》(증보판), 東京: 中公新書, 2004를 우리말로 옮긴 것이다. 다만 일본어 표기 등에 관한 서장 일부는 생략했다.
- 원서에는 주석이 달려 있지 않으나, 저자와 서신을 교환하고 영역본도 참고하여 내용주와 참조 주를 작성해 미주로 달았다. 번역하는 과정에서도 영역본을 참고했다. 영역본 서지사항은 아래 와 같다.
  Yamamuro Shinichi, trans. by Joshua A. Fogel, *Manchuria―Under Japanese Dominion*, University of Pennsylvania Press, 2006.
- 각주는 옮긴이가 덧붙인 것이다.
- 미주에 밝힌 인용 서적과 논문 가운데 동양서의 경우에는 그 서지사항을 우리말로 번역하여 제시했다(출판사명은 제외). 각 문헌의 제목과 서지사항의 원문은 부록으로 수록된 참고문헌 을 참조하기 바란다.
- 지명과 인명은 각기 그 지역민이 사용하는 언어를 따랐다. 따라서 만주지역에서 만주국 시대 에만 쓰였던 지명이라도 중국어 발음으로 표기했다.
- 사건의 명칭이나 사물의 명칭은 저자의 명명을 따랐다. 일중전쟁, 일러전쟁 같은 말은 국내 독 자에게는 어색하지만 그대로 표기했고, 심지어 동해를 지칭하는 니혼카이(日本海)도 그대로 두었다. 본문의 맥락에서 동해라고 하면 오해가 생길 수 있기 때문이기도 하지만, 번역이 타자 의 언어임을 상기시키기 위한 것이며, 타자와의 소통이란 다름을 전제로 한 것이라고 역자가 믿기 때문이다.
- 지금은 사라진 '지나', '조선' 등의 말도 저자의 의도대로 당시의 정황을 드러내기 위해 그대로 두었다.
- 책에 많이 나오는 '제1차 세계대전'과 '제2차 세계대전'은 가독성 제고를 위해 '1차대전'과 '2차 대전'으로 축약해 표기했다.

옮긴이의 말

이 책은《キメラ―満洲国の肖像 (増補版)》(中公新書, 2004)을 우리 말로 옮긴 것이다. 그러나 첫 번역은 아니고 2009년에 나온《키메라― 만주국의 초상》(소명출판)에서 번역 오류를 바로잡고 애매한 문장을 좀 더 명확하게 고친 재간본이다. 그간 한국에서도 '만주 학회'가 설립 될 만큼 만주 및 만주국 연구가 활발하게 이루어져, 이와 관련된 저서 와 자료집은 물론, 다양하고 많은 번역서가 출간되었다. 그러나 이 책 이 가진 가치는 조금도 줄어들지 않고 있는데, 그 이유를 이 책이 걸어 온 길과 더불어 조금 설명해 보고자 한다.

이 책이 가진 가장 큰 미덕은 만주국의 전체상을 개략적으로 알 수 있는 입문서라는 점에 있다. 일본의 독특한 출판 양식이라 할 수 있는 '신서(新書)'로 기획·출간되었기 때문이다. 문고가 기존에 출간된 서적 가운데 고전으로 남을 만한 것을 재간하는 데 비해, 신서는 "현대인의 현대적 교양을 목적"(이와나미 시게오, 〈이와나미 신서를 간행하며〉)으로,

혹은 "현대를 진지하게 살아가고자 하는 독자에게 진정 알 만한 가치가 있는 지식만을 선별하여 제공하는 것"(〈주코신서 간행사〉)을 목적으로 특정한 사안에 대해 그에 정통한 전문가가 새롭게 집필한다.

일본에서 신서의 역사는 일본의 대표적인 출판사라 할 수 있는 이와나미(岩波) 출판사가 1938년에 처음 '이와나미 신서'를 간행함으로써 시작되었고, 이 책이 속한 주코(中公) 신서가 간행을 시작한 것이 1962년이었으니 지금까지 간행된 종수도 상당하여 상세한 백과사전의 몫을 하고 있다. 문고를 아래위로 조금 늘인, 한 손에 쥘 수 있을 만큼 작은 판형으로 누구나 가벼운 마음으로 구입할 수 있을 정도로 값이 싼 것은 말할 것도 없다.

그러니 어떤 사안에 대해 개괄적으로 알고 싶다면 신서를 읽으면 되는데, 신서 간행의 목적을 달성하기 위해 저자는 출판사 편집자로부터 독자들이 쉽게, 그리고 전체적으로 접근할 수 있도록 집필할 것을 요구받는다. 저자 야마무로 신이치 선생이 이 책의 첫 출간 이후 10년이 지난 시점에 만주의 전체 역사와 만주국의 생활사를 보론의 형식으로 덧붙인 것도 이 때문이었다.

그것만이라면 이 책은 어디서나 쉽게 볼 수 있는 위키피디아와 같은 상세한 백과사전으로 대체되었을 것이다. 더군다나 이 책은 '보론'을 제외하면 만주국이라는 국가의 제도적 성립과 변화, 소멸을 그린 법정 사상사이기에 정치사, 사회사, 문화사를 총괄하는 통사로서는 많은 결함을 가지고 있다. 그러나 법정 사상사로서 '국가'의 성립과 변화, 소멸을 문제 삼고 있기 때문에 이 책에는 백과사전이나 통사에서는 볼 수 없는 묘한 지적 긴장감이 흐른다. 그러한 지적 긴장감은 이 책이 고도성장기 일본 '국가'라는 사상과 격투함으로써 생겨난다.

이 책의 씨앗이 된 〈최후의 '만주국' 붐을 읽는다〉라는 글이 발표된 것은 일본에서 고도성장의 최고조에 해당하는 소위 '버블'이 한창이던 1989년이었고, 이 책이 처음 출간된 1993년은 그러한 '버블'이 꺼지기 시작하던 때였다. 그 말은 전후의 패배를 딛고 세계로 진출하던 고도성장기의 일본이라는 국가의 심성이, 만주국을 만들고 지탱하고 마침내 파멸로 몰아간 전전 '고도국방국가' 일본의 심성과 닮았음을 이 책이 우회적으로 보여주며 그를 경고하고 있음을 뜻한다. 고도성장기의 일본이라는 국가가 어떻게 아시아와, 나아가 세계와 만나야 하는가 라는 물음을 국가 경영의 차원에서 이 책은 제기하고 있는 것이다.

당시는 나날이 성장하는 국가에 대한 자신감을 바탕으로 만주국에 대한 재평가가 이루어지던 때였으며, 더군다나 만주국을 살았던 사람들이 여전히 생존해 있던 때였으니 그 긴장감은 미루어 짐작할 수 있다. 그런 점에서 이 책은 그 이후 일본에서 전개되는 국민국가 비판론과 다르면서도, 또 그것을 어느 정도 선취하고 있다고 할 수 있다.

내가 처음 이 책을 도쿄의 어느 서점에서 발견하여 읽고 번역하고자 마음먹은 것은 2003년이었다. 당시 나는 박사논문을 쓰기 위해 도쿄에 체류하고 있었는데, 논문 주제인 소위 '친일문학'이라 일컫는 일제 말기 한국 문학의 논리를 해명하는 데 필요한 참고 자료를 마구잡이로 찾아 읽어 가던 중이었다. 당시 문학에 빈번히 등장하는 만주국은 우리 문학자에게 어떤 의미인가를 알기 위해 만주국에 대해 공부하지 않을 수 없었고 그 입문서로 우연히 선택한 것이 이 책이었다. 한국에서도 만주국 연구가 막 시작되던 터라 이 책이 계몽서로서의 역할을 충분히 할 수 있을 것이라 생각했음은 물론이다.

그러나 문학을, 그것도 '식민지' 문학 연구를 업으로 삼고 있어 '저항'의 주체를 염두에 두고 있던 나에게 '국가' 경영의 주체는 낯선 존재였다. 한편 만주국에 대한 다양한 꿈을 꾸며 그러한 국가에 수렴되어간, 당시 '저항'을 상징하던 마르크스주의자를 비롯한 지식인, 사상가, 문화인은 내가 논문으로 쓰려고 한 일제 말기의 '친일' 문학자와 유사해 보였다. 그리고 실제로 그들은 전쟁을 통해, 또 만주국을 매개로 '저항'의 주체를 포기하고 제국의 주체, 제국의 경영자가 되고자 했다. 그점을 박사논문에서 조금 다룰 수 있었던 것은 이 책에서 받은 가르침 덕분이다.

또 내가 다룰 바는 아니지만, 만주국에 기대를 걸었던 식민지인들 일부는 나중에 대한민국이라는 국민국가를 경영하는 주체가 되었음은 잘 알려져 있고 그에 대한 연구도 많이 있다. 만주국은 일본의 거울이었을 뿐만 아니라 대한민국의 거울이기도 했던 것이다. 이도 또한 번역을 결심한 이유인데, 이 책에도 나오는 '안거낙업(安居樂業)'이라는 만주국의 슬로건이 2012년 대통령 선거 국면에서 어느 후보자의 입에서 나오는 것을 들었을 때 느꼈던 전율은 지금도 잊히지 않는다.

더불어 우리에게 만주국은 나라 만들기에서만 거울일 뿐만 아니라, 일본과 마찬가지로 세계와 만나는 방식에 대한 성찰이라는 점에서도 거울이 될 수 있을 것이다.

마지막으로 이 책은 만주국을 본격적으로 연구하는 데도 도움이 될 수 있을 것이다. 비록 증보판이 나온 2004년까지 간행된 것에 국한되긴 하지만 충실한 참고문헌이 붙어 있으며, 1차 문헌도 주석의 형태로 달아 두었다. 신서는 그 성격상 주석을 붙이지 않는 것을 원칙으로 하고 있고 그에 따라 일본어 원본도 출전만 본문에 표시되어 있을 뿐 상세한 주석은 달려 있지 않으나, 영역본과 저자와의 서신 교환을 통해 번역본에는 주석을 달았다. 그 점에서 보면 이 번역판은 일본어판 원본보다 더 충실한 판본이라 할 수 있다.

지금까지 이 책이 일본에서, 또 한국에서 가져왔던, 그리고 가질 수 있는 의의에 대해 이야기했지만, 진정한 의미는 이 책을 읽을 독자에 달려 있음은 말할 것도 없다. 그것이 책 일반이 가진 숙명이고 또 이 책이 재간되는 가장 큰 이유일 터이다.

2024년 2월
윤대석

차례

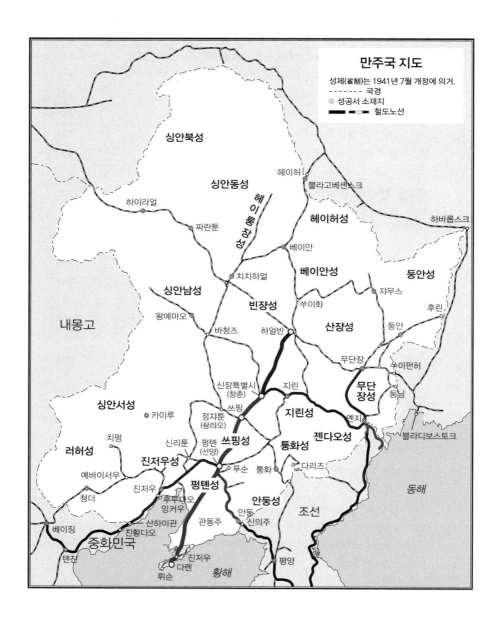

만주국 지도

서장

만주국에 대한 시선

1. 만주국의 그림자

일찍이 만주국이라는 국가가 있었다.

1932년 3월 1일 중국 동북지방에 홀연히 나타나, 1945년 8월 18일 황제 푸이(溥儀)의 퇴위 선언과 함께 졸연히 모습을 감춘 국가, 만주국. 그 생명은 겨우 13년 5개월에 지나지 않았다.

그렇지만 거기서 살았던 일본인에게는 오히려 국가의 종언이야말로 진정한 만주국 체험의 시작이었을지도 모르겠다. 소련군의 침공, 본국 귀환, 혹은 시베리아 억류* ─ 생사의 경계를 넘나드는, 필설로는

---

* 2차대전에 참전한 소련이, 투항한 일본 군인(대다수가 관동군)을 시베리아, 중앙아시아 등지로 보내 강제노동에 종사하게 한 것을 말한다. 여기에는 일본 군인뿐만 아니라, 민간인이나 만주국에 협력한 중국인, 조선인도 포함되어 있었다. 억류자는 50만 명을 넘었다고 하는데, 열악한 환경 속에서 많은 사상자가 생겼다. 1950년대까지 그 대다수가

다할 수 없는 처참함을 경험한 뒤에야 비로소 개개인은 만주국이란 무엇이었던가, 그 자신은 만주국에 어떻게 관계해 왔던가 하는 물음을 되물으며 다양한 만주국상을 그려오게 되었던 것이다. 그 사람들의 기억 속에서 여전히 살아 있는 만주국의 다종다양한 형상의 편린들은 수많은 수기와 회상록 속에 아로새겨져 있어 지금도 우리들은 그것을 살펴볼 수 있다.

그리고 겨우 13년 반이라는 만주국의 존속 기간보다 몇 배가 긴 세월이 지난 지금, 이미 국민 대다수에게 만주국은 언젠가 들어본 적은 있어도 이미지를 떠올릴 어떤 방법도 없는 역사적 명사에 지나지 않게 되었다.

물론 반세기에 이르는 시간은 많은 일들을 체험에서 기억으로, 기억에서 역사로 바꾸기에 충분한 시간이다. 그것은 말로는 다할 수 없는 신산스러운 체험조차 향수로 순화되고, 눈 뜨고 볼 수조차 없을 정도의 죄업조차 백일몽처럼 잊어버리기에 충분한 시간이었는지 모른다. 그렇지만 일본에 사는 일본인이 아무리 만주국을 추억 속에 가두고 망각의 심연에 빠뜨리려 해도, 또한 무지가 상식이 되더라도, 만주국이 남긴 상흔은, 때로는 중국 '잔류' 고아 문제*로, 그리고 때로는 잔

일본으로 돌아갔다. 나가사키·히로시마 피폭과 더불어 시베리아 억류는 일본이 스스로를 전쟁과 식민지의 가해자에서 피해자로 자리매김하는 데 좋은 심정적 지렛대가 되었다.

* '중국 잔류고아'란 2차대전 후 중국에 남겨진 일본인 고아를 말한다. 1981년부터 일본에서는 대대적으로 이산가족 찾기가 진행되었는데, 후생성이 이를 담당했다. 시간이 갈수록 친자 확인율이 떨어져서 1986년부터는 신원이 판명되지 않아도 귀국할 수 있도록 했다. 수천·수만에 이른다는 잔류 고아 가운데 2000명 이상이 일본으로 영구 귀국했다. 고

류 부인 문제로 그 땅에서 아직도 생생히 살아 있다. 또한 만주국이 소멸되었어도 그 땅에서 살아가고 있는 사람들에게 만주국이 남긴 상처는 여전히 그들을 아프게 하며 결코 사라지지 않을 것이다.

아니 상흔을 말한다면 일본인에만 머물러서는 안 될 것이다. 오히려 만주국에서 살았던 중국인과 조선인에게 더욱 큰 상처와 멍에가 되어 그들을 무겁게 짓눌러 왔기 때문이다. 반만항일(反滿抗日)의 '비도(匪徒)'로 '토벌'된 사람들의 유족과 동아권업(東亞勸業), 만주척식공사(滿洲拓殖公社) 등에 토지를 빼앗긴 사람들은 물론, 만주국에 참여했거나 친일적이었다는 이유로 툭하면(특히 문화대혁명 시기에) 동포들로부터 박해를 받았던 사람들에게 만주국의 그림자는 평생 달라붙어서 떨어지지 않을 것이다. 더군다나 일본과 만주국의 개척이민정책에 따라 반강제적으로 만주국에 이주한 조선반도 사람들 중에는 관동군에 동원되었다가 시베리아에 억류된 사람들도 있고, 만주국이 소멸한 후 귀국을 절실히 희망하면서도 경제적 이유 등으로 잔류하게 되어 망향의 눈물을 삼키는 사람도 적지 않다고 한다.

만주국은 그 짙은 그림자를 오늘날까지 드리우고 있다. 아주 진부한 표현이 허락된다면, 우리들 일본인이 만주국을 잊더라도 만주국은 일본인을 잊지 않을 것이다.

아들 대다수는 개척 이민이나 군인의 자식이었는데, 고아와 그 부모의 고령화, 언어나 습관의 차이 등 여러 가지 문제를 남기고 있다. 잔류 고아 문제와 더불어 잔류 부인의 문제도 일본의 식민지 지배가 낳은 포스트 콜로니얼의 문제라 할 수 있다.

2. 괴뢰국가 만주국

이처럼 만주국은 지금 그 존재조차 알지 못하는 사람들이 나날이 늘어가고 있는 한편, 찔리고도 채 뽑지 못한 가시처럼 끊임없는 고통으로 일본, 중국, 조선 및 그 외 인민들의 마음속에 여전히 검은 침전물처럼 응어리를 남기고 있다.

그리고 이러한 만주국을 동시대로 알지 못하는 사람들이 거의 대부분을 차지하기에 충분한, 그러나 동시대로 살았던 사람들에게는 그것을 잊어버리기에는 너무나도 짧은 사건의 경과 속에서 만주국에 대한 평가는, 그것이 극히 인위적인 색채가 농후한 국가였다는 이유도 있고 해서 커다란 진폭으로 오늘날까지 요동쳐 왔다고 해도 과언이 아니다.

물론 사전과 역사사전 같은 것에서는 그 의미와 위치가 거의 확정되어 있다고 할 수 있다. 예를 들면 "만주국: 1931년 9월 만주사변을 계기로 중국 동북부를 점령한 관동군이 다음해 청조의 마지막 황제 푸이를 집정(執政) ─1934년 황제 즉위─ 으로 내세워 수립한 국가. 국방·정치의 실권은 관동군이 장악하였고, 일본의 대륙 진출의 군사적·경제적 기지가 되었다. 1945년 일본의 패전에 의해 붕괴되었다"라는 서술이 거의 통설일 터이다. 또한 일본 혹은 관동군의 괴뢰국가로 규정하는 경우도 적지 않다.

이에 비해 중국의 역사책과 사전 등에서는 "일본 제국주의가 둥산성(東三省)을 무력 점령[侵占]한 후에 날조[炮制]한 괴뢰정권. 〈일만의정서(日滿議定書)〉*에 의해 중국 동북(둥베이)의 정치·경제·군사·문화 등 일체의 대권을 일본 제국주의가 장악하여 일본의 식민지로서 중국 침략의 수단[侵華工具]이 되었다. 1945년 중국 인민의 항일전쟁 승리로 파쇄[摧毁]되었다"라고 하여 그 괴뢰성과 반인민성을 드러내기 위해 위만주국(僞滿洲國) 혹은 위만(僞滿)이라고 부르고 있으며, 그 조직·관직·법령 등에 대해서도 위국무원·위입법원장·위정부조직법 등으로 표기하는 경우가 많다. 이 점은 중국 본토만이 아니고, 중화민국(타이완)에서 출판된 것도 마찬가지다.

위와 같은 이른바 당사국에서 쓴 것 외에 영어 등에 의한 만주국 서술은 "Manchukuo(manchoukuo): 1932년 일본이 중국 둥베이 지방에 세운 괴뢰국가(puppet state). 푸이를 명목상의 통치자로 삼았지만, 모든 실권을 일본의 군인·관리·고문이 독점했다. 이로써 일본은 거의 반세기에 걸쳐 중국·러시아(소련)와 쟁탈전을 벌였던 만주(Manchuria)를 정복했다. 수많은 국가가 승인했음에도 불구하고 그 본질은 괴뢰국가였고, 2차대전에서 일본이 항복함으로써 궤멸되었다"라고 설명하는 경우가 많다.

독립국가 형식을 취하면서도 그 정부가 자국민의 이해를 위해서가 아니라 타국의 의사에 따라 통치를 행하는 것을 괴뢰국가라고 한다면(누가 누구를 어떻게 조종하여 통치했는가 하는 실태는 접어두고), 만주국이 괴뢰국가이고, 국가 형태를 취한 식민지지배의 통치 양식 가운데 하나였다는 사실은 부정할 수 없을 것이다. 특히 오랜 세월 동안 경작하던

---

* 일본의 만주국 승인에 따라 1932년 신징(창춘)에서 맺어진 일본·만주 조약. 만주에서의 일본의 모든 권익의 존중과 공동방위를 위한 일본군 주둔을 협정하였다. 국제연맹의 리튼 보고서 공표에 앞서 이에 대항하기 위해 맺어졌다.

토지와 허리띠를 졸라가며 모은 재산을 가차없이 빼앗겨 도탄에 빠진 사람들에게는, 그 국가의 이념이 아무리 아름답고 고매한 언어로 치장되어 있더라도, 자기의 생명과 생활을 위협한다는 그 한 가지 사실 때문에 국가로서의 정당성 따위는 도저히 승인할 수 없었을 것이다.

물론 괴뢰국가라는 말로 간단히 처리해버리더라도 그 실태와 실질에는 다양한 차이가 있고 만주국의 괴뢰성 정도를 어떻게 보는가는 사람에 따라 다를 수도 있을 것이다. 그러나 일본인에게는 너무 심하다고 생각될지 모르는 '위국가', '괴뢰국가'라는 개념조차, 중국 창춘(長春)시에 있는 위만황궁(僞滿皇宮) 진열관과 하얼빈시에 있는 둥베이 열사기념관, 침화일군(侵華日軍) 제731부대 죄증(罪證)진열관, 푸순(撫順)시의 핑딩산(平頂山) 순난(殉難) 동포유골관 등에 전시되어 있는, 차마 눈뜨고 볼 수 없을 정도로 처참한 진열품이나 사진 등을 본다면, 누구라도 만주국 통치의 실태를 오히려 제대로 나타내고 있지 못한 개념이라고 생각할 것이다.

더군다나 1939년부터 시작된 북변진흥(北邊振興) 계획에 의한 희생자 수가 약 100만 명이라는 설과, 각지에 산재해 있다는 만인갱(萬人坑), 혹은 철판 위에서 인체를 태워 기름을 짰다는 연인로(煉人爐) 등의 실태에 대해서는 좀더 검토할 필요가 있다고는 하지만, 일반 감옥과 교정보도원에서의 강제노동이 대부분의 경우 죽음과 직결된다는 점, 그리고 체포 자체가 완전히 자의적이었다는 점을 생각하면, 만주국을 괴뢰국가라고 부르기보다도 아우슈비츠 국가, 수용소 국가라고 개념 짓고 싶은, 전율에 찬 충동에 휩싸이는 것도 역시 자연스러울 것이다.

3. 이상국가 만주국

그럼에도 불구하고 특히 만주국에 관한 한, 그것은 결코 단순한 괴뢰국가, 식민지국가가 아니라, 서구의 제국주의 지배를 배제하고 아시아에 이상국가를 건설하려는 운동의 장이었다. 만주국 건설은 일종의 유토피아 실현의 시도였다는 시각이 1945년 이후에도 견고하게 존재해 왔다는 것도 역시 틀림없는 사실이다.

하야시 후사오(林房雄)*는 "단명한 이 국가의 배후에는 200년에 걸친 서양 국가들의 아시아 침략이 있고, 거기에 대항한 아시아 최초의 효과적 저항으로서 메이지(明治)유신이 있었으며, 이 저항의 연장선상에서 만주국이 출현했다. (…) 이것을 서양 정치학의 퍼핏(puppet) 스테이트(괴뢰국가)라는 개념으로 규정하는 것은 아시아 역사 자체가 용납하지 않는다. 만주국은 아직 세계사의 진전 속에서 살아 있다"라고 하며 만주국의 평가는 100년 후에 확정될 것이라고 쓰고 있다.[1] 또한 만주국 총무청 차장을 지내고 전후에 총리대신이 된 기시 노부스케(岸信介)**는 만주국 건설에서는 "민족협화, 왕도낙토의 이상이 빛났고,

---

* 1903~1975. 소설가. 도쿄제대 법과 재학 중 좌익학생운동 단체인 신진카이(新人會) 멤버로 활동했고, 대학을 중퇴한 뒤 프롤레타리아 작가로 활약했다. 그러나 1933년 문학의 정치종속을 비판하며 전향한 후, 황도주의자가 되어 적극적으로 활동했다. 이러한 입장은 전후에도 변하지 않아《대동아전쟁 긍정론》을 쓰기도 했다.

** 1896~1987. 정치가. 도쿄제대 법과 졸업. 만주국 고관을 거쳐 1941년 도조 히데키 내각에서 상공대신, 1942년 중의원 의원을 역임했다. 전후 A급 전범 혐의로 체포되었으나 불기소되었다. 1952년 일본재건연맹을 조직해 일본민주당(1955년 자유당과 합당하여 자유민주당이 됨) 창립에 참여하여 간사장이 되고, 1957년에는 자민당 총재, 수상이 되었다. 1960년에는 미일 안전보호조약 개정을 강행했다. 반공, 친대만, 헌법개정론자로서

과학적으로도 양심적으로도 과감한 실천이 이루어졌다. 그것은 바로 독특한 근대국가 만들기였다. 직접 이에 참가한 사람들은 커다란 희망을 품고 지고지순한 정열을 기울였을 뿐만 아니라 일본과 만주 양국민도 이를 강력하게 지지하였으며 인도의 성웅 간디도 멀리서 성원을 보내주었다. 당시 만주국은 동아의 희망이었다"라고 회상하고 있다.[2] 더군다나 만주국의 종말을 총무청 차장으로서 맞이했던 후루미 다다유키(古海忠之)는 "만주국의 건국과 육성은 역사상 전례가 없는 하나의 시도였다. (…) 침략과 식민지화 만능의 시대에 만주 땅에 민족이 협화하는 이상국가를 만들려 했던 것은 일본 민족의 자랑이며, 당시 일본 청년이 명리(名利)를 초월하여 이상을 향해 매진·노력했던 것은 일본 청년의 자랑이기도 하다"라고 확신하며[3] 민족협화의 이상, 즉 만주국 건설의 이상은 역사의 발전과 더불어 더욱 빛을 발하며 오래오래 살아남을 것을 믿어 의심치 않았다. 그 외에 만주국 건국을 추진했던 관동군 참모 가타쿠라 다다시(片倉衷)는, 만주국은 왕도낙토와 민족협화의 높은 이상을 내건 휴머니즘의 발로이며, "그것들은 모두 동아 안정의 초석으로 결실을 맺은 개화이기도 했다"라고 단언했으며,[4] 총무장관을 역임한 호시노 나오키(星野直樹)는 만주국 건설을 "주도적 지위에 있었던 일본인뿐만 아니라 널리 동아의 여러 민족들이 힘을 합쳐 개발·발전시키고 그 혜택과 복리를 널리 그리고 동등하게 각 민족이 나누었으며, 여기에 새로운 낙천지를 만들려" 했던 것이라고 찬사를 아

국회의원을 그만둔 후에도 큰 권력을 행사했다. 보수주의자로서 자민당 중의원과 수상을 역임했던 아베 신조의 외조부이기도 하다.

끼지 않았다.[5] 호시노는 또한 만주국을 회상하는 어느 글에 '20세기의 아틀란티스'(《아아 만주》)라는 제목을 붙이고 있다. 아틀란티스란 플라톤의 대화편 〈티마이오스〉, 〈크리티아스〉에 묘사된, 지브롤터 해협 서쪽에 있었다는 옛 이상사회이다. 호시노는 그것을 제목으로 내걸었을 뿐 아틀란티스의 내용에 대해서는 전혀 언급하고 있지 않기 때문에 어떠한 의미에서 만주국을 '20세기의 아틀란티스'에 비유했는지는 명확하지 않다. 그러나 지금 다시 생각해보면, 해협 맞은편에 있으면서 정연한 도시 계획과 강력한 군사 조직을 갖추고 협화일심의 국가제도 아래 유럽과 아시아를 제패하려 했지만, 아테네 전사의 반격과 대지진, 대홍수로 인해 하룻밤에 바다 속으로 침몰해버렸다는 환상 국가의 이야기는 만주국의 기묘한 운명을 연상시키기도 한다. 그러나 과연 만주국이, 환상의 낙토 아틀란티스 전설처럼 몇 세기에 걸쳐 전해지다 후세에 F. 베이컨의 《뉴 아틀란티스》(1627)로 다시 태어난 것 같은 그런 역사적 위치를 점할 날이 올는지.

그건 그렇다 치고 2만 권이 훨씬 넘는다는 아틀란티스 전설에 비할 바가 못 되지만, 이상국가 만주국에 대한 상은 끊임없이 그려져 왔다. 그 이유 중 하나는 해체 후의 체험이 너무나 비참하고 쓰라린 만큼 그 고생을 헛되게 하지 않으려는 심리적 보상 행위가, 사라진 국가에 가탁(假託)되었다는 점도 충분히 생각할 수 있다.

그러나 여러 민족의 공존공영을 지향한 만주국만은 다른 식민지와 질적으로 다르다는 주장은 결코, 위에서 언급한 지도적 입장에 있었던 사람들에 그치지 않는다. 아마 그것은 현의 참사관과 합작사 사원 등으로서 현지 사람들을 직접 접했던 사람들은 물론, 나아가서는 이민과 만몽개척청소년의용대 등 어떤 형태로든 만주국의 형성과 운영에 참가했던 모든 일본인 사이에 어느 정도 공유된 주장과 감정임에 틀림없을 것이다. 또한 그 가슴속의 자부심을 의지가지로 삼아 전후를 살아나간 사람들도 결코 적지 않을 것이다. 그렇다고 한다면 우리들은 소리 높이 울려 퍼지는 이상국가론의 뒤편에서 낮게 쥐어짜듯 들리는 목소리에도 귀를 기울이면서, 생사를 걸고 지향했던 이상의 내실이 과연 어떠한 것이었던가를, 일본인뿐만 아니라 중국인의 입장에서도 확인하려는 노력을 거듭할 필요가 있는 것이 아닐까.

아울러, 만주국의 침략적 측면뿐만 아니라 그것이 이룩한 것에 대해서도 정당하게 눈을 돌려야 하는 게 아닐까 하는 주장이 전후 역사 연구에서 되풀이되고 있는 것에도 유의할 필요가 있다. 즉 만주국의 짧은 역사 가운데에는 산업의 개발·진흥, 교육의 보급, 교통의 발달, 행정의 정비 등 중국 둥베이 지방의 근대화에 크게 기여했던 '만주국의 유산'이 인정되며, 또한 민족협화라는 지도 이념하에 이루어진 정치와 행정은 오늘날 시점에서 보아도 평가할 가치가 있을 뿐만 아니라, 그 방법은 장래 이민족과 협력할 경우에 적용 가능한 '미래의 실험'으로서 의미가 있다는 점 등을 그들은 강조하고 있는데, 과연 그것을 정당한 주장이라고 할 수 있을까.

이처럼 이상국가론으로부터 시작하여 만주국 유산론에 이르는, 만주국의 긍정적 측면에 무게를 둔 논조가 다른 나라 사람들에게 어떻게 비치는가, 또한 우리들 일본인은 이것을 어떻게 받아들일 것인가. 그리고 만주국이 남긴 결과만이 아니라 그 '뿌려진 씨앗'에 대한 평가도 있어야 한다는 점에서 만주국 문제는 결코 사라져버린 것이 아니라 현재성을 가지고 있다.

4. 키메라로서의 만주국

생각해 보면 괴테가 《파우스트》에서 암시했던 것처럼 건국 또는 나라 만들기라는 말의 울림만큼 사람들의 꿈과 정열을 불러일으키는 것은 없을지도 모른다. 특히 확고한 형태를 갖춘 일본 제국이 위압적으로 개인 앞에 군림하고, 사람들이 폐색감과 불안감에 사로잡혀 있던 쇼와(昭和)* 초기(아쿠타가와 류노스케芥川龍之介가 '막연한 불안'이라는 말을 남기고 자살했던 것은 1927년이었다), 당시 일본인들에게 건국과 나라 만들기라는 말에는 일종의 해방감을 주고 사명감을 불러일으키는 독특하고 매혹적인 힘이 숨겨져 있었던 것일지도 모른다. 그 때문에 많은 일본인들을 "만주로 이끌어 온 것은 결코 이욕(利慾)도 아니고 명예도 아니었다. 새로운 천지를 열고, 새로운 나라 만들기에 참가하는 순수한 마음이었다"라는 증언도 허위의식으로서 완전히 부정될 수는 없을 것 같기도 하다.[6] 주관적 심정에서는 진정으로 그렇게 확신하고 있었다고 해도 조금도 이상하지 않다. 그러나 무사(無私)·무상(無償)의 주관적 선의가 반드시 결과적으로도 선행을 보증하는 것은 아니다. 선을 행하려 하면서도 악을 행하는 것 역시 정치 세계에서 피하기 어려운 숙업이다. 또한 결과책임이 문제가 되는 정치 세계에서는 그 행위가

---

* 일본은 '쇼와'라는 연호를 1926년 12월 25일에서 1989년 1월 7일까지 사용하였다.

아무리 지고지순한 정열에서 나왔다고 해도 그 때문에 져야 할 책임을 면할 수 있는 것은 아니다. 자기의 이상이 상대방에게는 참기 힘든 위선이자 압박으로 간주될 수도 있을 것이다. 자기에게는 아무리 이욕과 명예를 떠난 이상의 추구였다고 해도 그것이 행해진 시간과 장소에 따라서는 침략과 억압으로 간주되는 것도 당연할 것이다.

과연 어떠한 의미에서 만주국은 일본의 괴뢰국가, 식민지국가였던가. 아니면 그런 시각 자체가 승전국의 독단적 견해와 그에 영합한 '포츠담선언사관(史觀)' 또는 '도쿄재판사관'*에 의한 곡해에 불과하고, 다민족 공존의 도덕국가 건설이야말로 만주국의 역사적 진상이었다고 해야 할 것인가. 그도 아니면 가가와 도요히코(賀川豊彦)**가 말했던 것처럼 "일본이 행한 침략 가운데 만주국만은 낭만이 있습니다"라고 해야 할 것인가.[7]

그에 대한 평가를 서두르기 전에 우리는 우선 만주국이 왜 건국되었고 그 목적은 무엇이었던가 하는 건국 이유로 되돌아가 그 궤적을 따라가 보는 것으로부터 시작할 필요가 있을 것이다.

도대체 왜 중국 동북부에 만주국이라는 국가가 이 시기, 일본인의 주도에 의해 만들어져야 했던가. 그 국가 형성의 과정은 어떠했고, 일본인과 중국인은 어떤 방식으로 그에 관여했던가. 또한 형성된 국가는

---

* '포츠담선언사관' 또는 '도쿄재판사관'이란 '새로운 역사 교과서를 만드는 모임'을 중심으로 한 우익들이 기존에 유통되던 일본 근현대사에 관한 지식을 승전국의 입장에서 이루어진 것으로 비판하면서 붙인 이름. '자학사관'이라고도 한다.

** 1888~1960. 기독교 사회운동가. 고베(神戶) 빈민가 전도로 유명하다. 간사이(關西) 지방의 유아이카이(友愛會, 1912년 창립된 노동조합) 지도자가 되어 농민조합, 소비조합 운동에도 관여했다. 2차대전 후에는 전도, 생활협동조합운동, 세계연방운동에 진력했다.

어떤 통치 구조와 국가 이념을 가지고 있었으며 그 실태는 어떠했던가. 나아가 만주국·중국·일본 사이에는 국가제도와 법제, 정책과 정치사상 등에서 어떠한 상호 교섭이 발생하고 있었던가. 도대체 그 국가로서의 특성은 어디에 있고, 근대 세계사에서 어떠한 위치를 점하고 있는가. 이러한 문제를 검토함으로써 만주국이라는 국가의 초상을 그리는 것, 그것이 이 책의 과제이다.

이러한 과제를 설정하는 이유는(이는 만주국에 대한 평가가 요동쳐 온 하나의 이유이기도 한데), 괴뢰국가로 보는 입장에서는 국가 기구와 국가 이념이 군사지배의 본질을 은폐·위장하는 것에 지나지 않는다는 이유로 경시되고, 이상국가·도의국가로 보는 입장에서는 건국 배경과 통치기구, 통치의 실태보다도 특히 국가 이념에 그 본질이 있다고 하여 그것만이 중시되었다는 것, 결과적으로 모두 국가상으로서는 어느 한 측면만이 강조되어 왔기 때문이다.

그러나 아무리 단명했다고는 하지만 한 국가의 모습을 총체적으로 남김없이 그려낸다는 것은 원래 아주 곤란한 과제다. 무엇보다 내 자신의 지식의 양과 역사적 상상력이 너무나 빈약하여 독단과 편견에 빠질 우려가 있다. 또한 만주국에 대해 전후에 쓰인 수기와 회상록의 수가 상상을 초월할 정도이지만, 만주국 시대의 이른바 제1차 사료는 만주국이 해체될 때 거의 소각되거나 소실되었기 때문에 사료적으로 치명적인 결락이 있는 것이 사실이다. 게다가 지면의 제약도 있다.

그래서 이상의 사실을 감안하여 한편으로는 방대하면서도 또 한편으로는 조략(粗略)하기 그지없다는 폐단을 면할 수 없지만, 이 책에서는 어디까지나 국가로서의 만주국에 초점을 맞추어 내 나름의 만주국 초상을 그려내는 것에 진력하고 싶다. 물론 그것은 평이한 소묘에 지나지 않고, 깊이 있는 것은 아니지만, 내가 여기서 시도하고자 하는 것은 만주국의 초상을 그리스 신화에 나오는 괴물 키메라(Chimera)에 비유하여 묘사하는 것이다. T. 홉스는 '인공적 인간'으로서의 국가를 구약성서 〈욥기〉에 등장하는 괴수 리바이어던(Leviathan)으로 상징하였고, 마찬가지로 F. 노이만(Franz Neumann, 1900~1954)은 나치 제3제국에 괴수 비히모스(Behemoth)의 이름을 붙였는데, 그러한 것들을 본떠, 나는 만주국을 머리가 사자, 몸뚱이가 양, 꼬리가 용인 괴물 키메라로 상정해 보고자 한다. 사자는 관동군, 양은 천황제 국가, 용은 중국 황제 및 근대 중국에 각각 대비시키는데, 그 의미는 이야기를 전개해나가는 가운데 명확해질 거라고 생각한다.[8]

제1장

일본이 살아날 유일한 길

관동군의 만몽영유론

1920년대 만주·몽골*에 대한 일본의 '특수권익'은 고양된 중국 내 셔널리즘과 격렬하게 충돌하여 만몽 문제의 해결은 일본의 운명이 걸 린 초미의 과제로 떠올랐다. 그 만몽의 땅에 이시하라 간지(石原莞爾)** 가 관동군 작전주임참모로 부임한 것은 1928년 10월의 일로, 장쭤린 (張作霖)*** 폭살 사건****의 여진이 아직 가라앉지 않았을 무렵이었다.

---

* 이하 '만몽'으로 약칭한다.

** 1889~1949. 육사·육군대학을 졸업하고 육군중장으로 전역한 엘리트 군인. 1920년 고 쿠추카이(國柱會)에 참가하고 불교의 일종인 니치렌(日蓮)의 신자가 되었다. 1923년부 터 독일에 유학하여 총력전론을 배워 귀국하였다. 1931년 관동군 작전주임참모로 이타 가키 세이시로와 더불어 만주사변을 계획하고 실행했다. 대(對)소련 전쟁의 준비를 주 장하고 중일전쟁을 반대하다가 도조 히데키와 대립하여 퇴역하였다. 전쟁사 연구와 니 치렌 신앙을 토대로, 동양대표(일본)와 서양대표(미국)의 세계 최종전론을 주장하는 한 편, 동아연맹(東亞聯盟)을 지도했다.

*** 1875~1928. 랴오닝성 출신 군벌. 청말의 비적 출신으로, 1916년에는 랴오닝성, 1919년 에는 둥베이산성(東北三省)의 실권을 장악하였다. 그 후 관동군과 결탁하여 1927년 대원

이시하라의 머릿속에는 이미 독일 유학 이래의 전쟁사 연구와 니치렌(日蓮)종의 교의 해석에서 도출된 특이한 논리인 세계 최종전론에 기반한 만몽 문제 해결 계획이 들어 있었다.

이시하라의 등장으로 만몽에 대한 일본의 방책은 특수지역화 공작의 연장선상에 있으면서도 목적과 수단이 근본적으로 전환되기에 이른다. 여기서 만몽 문제의 해결은 만몽에서 일본의 특수권익이란 무엇인가, 그것을 어떻게 옹호해 갈 것인가 하는 수준에서 처리되는 것이 아니라, 왜 만몽이 필요한가, 그 필요를 충족시키기 위해서는 어떠한 수단이 가장 효율적인가 하는 수준으로 재설정되었다. 그때까지 만몽 문제 해결안이 국제조약과 내외의 정치정세에 묶여 꼼짝할 수 없는 막다른 골목에 내몰려 있었던 것에 비해, 장쭤린 폭살 후 둥산성(東三省)의 중앙화라는 위기적 상황에 내몰려 있었던 것을 역으로 활용하여 세계의 최종국면에서 거꾸로 사고함으로써 만몽 문제에 대처했던 인물이 이시하라였고, 그 해결책이 만몽영유론(滿蒙領有論)이었다.

이 만몽영유론 때문에 만주사변이 일어났지만 그 기획은 결국 실현되지 못하고 만주국 건국이라는 형태로 전환된다. 그러나 그 형태가 어떻게 되었든 만주국이라는 키메라의 골격을 만든 관동군의 의도는 오히려 이 만몽영유론 속에 명확하게 표현되어 있고, 만몽영유론이 만주국의 성격을 가장 중요하게 결정했다고 해도 과언이 아니다.

수로서 베이징 정부를 조종했지만, 1928년 국민당 북벌군에 쫓겨 선양(瀋陽)으로 퇴거하던 도중 열차에서 폭살당했다.

**** 1928년 6월 4일 베이징에서 선양으로 퇴거하던 장쭤린이 관동군 참모 고모토 다이사쿠의 지시로 폭살당한 사건. 고모토 등 관동군은 국민당의 음모로 위장했다.

그래서 이 장에서는 이시하라가 주창했던 관동군의 만몽영유론이 가진 구조와 그것이 지향했던 바를 살펴봄으로써 관동군이 만주국을 세운 의미를 찾아보기로 하자. 그것이야말로 만주국이 왜 건국되었으며 어떤 존재 이유를 가지고 있었던가 하는 의문에 가장 직접적으로 대답하는 방도라 생각하기 때문이다.

1. 만몽 ─ 고르디아스의 매듭

일본열도의 옆구리를 찌르듯 불쑥 튀어나와 있는 비수 같은 조선반도와 그 배후에 있는 만몽의 대지. 거기서 일본은 국가의 운명을 걸고 일청, 일러*의 두 전쟁을 치렀고 어렵사리 승리를 거두었다. 만몽은 "10만의 생령(生靈), 20억의 국탕(國帑, 국고금)"을 치르고 얻은, 없어서는 안 될 땅으로 간주되었고 그 개발과 경영은 "메이지 대제의 유업"을 잇는 국민적 사명으로까지 인식되었다. 그곳은 또한 조선합병 이래 일본과 국경을 접하는 접양지대로서 국방상의 요지이면서, 동시에 그 땅에 잠자고 있는 풍부한 천연자원은 일본의 경제적 발전을 약속하는 것으로 인식되어 만몽이야말로 일본의 사활을 결정하는 특수지역으로 인식되기에 이르렀다.

---

* 우리에게 익숙한 명칭은 '러일전쟁', '중일전쟁'처럼 일본이 뒤쪽으로 가는 배치다. 그러나 번역서는 자아의 목소리가 아니라 타자의 목소리라는 점을 고려하여, 낯설지만 저자가 쓴 대로, 아니 일본어 체계에서 관례적으로 사용되는 용어를 그대로 두기로 했다. 다만 역자 주는 한국어에서 사용되는 언어 체계에 따랐다.

그러나 말할 것도 없이 만몽은 중국 주권하에 있는 땅이었고, 중국인에게도 또한 경제생활의 희망을 이루어줄 땅으로서 1920년대가 되면 매년 거의 80만에서 100만의 사람들이 만리장성을 넘어 이주하여, 1923년부터 1930년까지 순인구 증가는 약 278만 명, 또한 만주 지역의 중국인 총계는 약 3천만 명에 달했다. 이에 비해 1930년대 당시 재만 일본인의 숫자는 관동주(關東州)*를 포함해 많이 잡아도 24만 명에 불과했고, 중국인과의 경제적 경쟁에서도 점점 열세에 놓이게 되었다. 거기서는 또한 조선, 러시아, 몽골 및 그 밖의 소수민족이 뒤섞여서 정치, 경제, 문화, 종교, 이데올로기 등 모든 측면에서 대립축을 형성하였고, 게다가 미국과 영국 등의 이해관계까지 얽혀서 여러 민족의 투쟁장으로 간주되어 민족 문제의 십자로, 아시아의 발칸, 동방의 알자스 로렌, 극동의 탄약고 등으로 다양하게 불리고 있었다.

그리고 미국의 중국학자 오언 래티모어(Owen Lattimore)가 '분쟁의 요람(cradle of conflict)'이라 명명한 만몽에서 1920년대에 가장 첨예한 대립 국면을 형성했던 것은 말할 것도 없이 일본과 중국이었다. 왜냐하면 일본의 만몽정책은 만몽을 특수지역으로서 중국 본토로부터 분리하고 나아가 그곳에 대한 일본의 배타적 권익을 인정시키려는 것이었다. 그에 비해 5·4운동 이후 급속히 대두한 중국 민족운동이 지향했던 것은 안으로는 국가통합, 밖으로는 국권회수라는 두 가지 과제

---

* 중국 랴오닝 반도 남단에 있었던 일본의 조차지. 관동이란 산하이관(山海關)의 동쪽이라는 뜻으로 일본이 붙인 이름이다. 러일전쟁의 결과 일본은 1905년에 러시아의 이권을 계승하여 이듬해에는 뤼순에 관동도독부를 두었다. 관동군이나 관동청 같은 말도 모두 여기에서 유래했다.

를 일체화하는 것이었는데, 일본의 분리공작은 중국의 국가통합과, 일본의 특수권익 확대는 중국의 국권회수 요구와 각각 정면으로 충돌하는 것이었기 때문이다. 중국의 국가통합과 국권회수는 만몽으로부터의 일본의 배제, 즉 배일에 의해서만 달성될 수 있는 것이었다고 할 수 있다. 그리고 만몽, 특히 초점이 된 둥산성을 둘러싼 국민운동으로서의 배일운동은 1923년의 뤼순(旅順)과 다롄(大連)의 회수운동, 24년의 관동주 재판권과 만철 부속지 교육권의 회수운동을 거쳐 25년의 궈쑹링(郭松齡) 사건*과 28년 장쭤린의 베이징 철수에 맞춰 이루어진 관동군의 둥산성 치안유지 통고 및 출병 등을 계기로 고조되고 있었다. 그러나 이 운동의 파도가 둥산성 내부에까지 이르러 크게 소용돌이치기 시작한 것은 역시 장쭤린 폭살 사건 이후였다. 장제스의 난징 국민정부는 북벌이 일단락되자 1928년 7월 7일 불평등조약 개정을 선언하였고 같은 달 19일에는 일화(日華)통상조약 폐기를 통고하는 등, 외교에 의한 국권회수에 착수함과 동시에 둥산성의 중앙화를 목적으로 장쉐량(張學良)**을 둥산성 보안총사령관으로 임명했다. 장쉐량이 1928년 12월 국민정부에 합류하여 청천백일기(靑天白日旗)를 내거는 역치(易

---

* 1925년 장쭤린의 부하인 궈쑹링이 일으킨 반란 사건. 궈쑹링은 1925년 장쉐량의 부사령으로 허베이(華北)에 들어갔으나, 남방혁명파에 접근한 펑위샹의 국민군과 결탁하여 11월 장쭤린에게 하야를 요구하며 둥베이 국민총사령으로서 둥베이로 역진격을 시작했다. 관동군은 장쭤린의 패퇴를 겁내 무장간섭에 나섰는데, 관동군이 만철 연선에서의 작전을 허락하지 않았기 때문에 궈쑹링은 기회를 잃고 12월 신민툰(新民屯)에서 패하여 아내와 함께 총살되었다.

** 1898~2001. 장쭤린의 장남. 1928년 장쭤린이 폭살당한 후, 그 자리를 계승하였다. 그후 장제스의 국민정부를 지지하여 일본과 대립하였다. 1936년에는 시안(西安)사건을 일으켜 국공합작을 이끌어내기도 했다.

幟)를 감행함으로써 일본의 만몽 특수화 공작은 완전한 파탄을 맞이했다. 역치 후인 1929년 1월에 성립된 둥베이 정무위원회는 정무위원의 중화민국 국민당 입당식을 거행하였고, 1931년 3월에는 둥베이 국민당 당부(党部)가 성립되어, 완전하다고는 할 수 없지만 어쨌든 국가통합이라는 과제는 달성되었다. 이에 의해 둥산성에서의 정치 과제는 국권회수로 좁혀지게 되었다. 1929년 7월 결성된 랴오닝성 국민외교협회를 시작으로 국권회수운동을 목적으로 하는 단체가 둥산성에 잇달아 만들어져 그 단체의 지도 아래 일화(日貨) 배척 등의 배일운동이 전개되었으며, 이와 병행하여 삼민주의(三民主義)에 기초한 배일 교과서가 둥산성 내에 넘쳐났다.

그러한 국권회복운동에서 초점이 되었던 것이, '대화(對華) 21개조 요구'*에 기초하여 1915년 5월에 체결된 〈남만주 및 동부 내몽골에 관한 조약〉이었다. 이 조약은 부당한 압력에 의해 강제된 조약으로서 중국에서는 체결 당시부터 무효·취소의 여론이 끊이지 않았다. 그리하여 위안스카이(袁世凱) 정부가 21개조 요구의 최후통첩을 수락했던 5월 9일은 국치기념일이 되어,

1. 5월 9일, 5월 9일, 오호 우리나라의 치욕
   21개조를 승인하라고 무리하게 요구하네

---

* 1차대전 중인 1915년 유럽 세력의 후퇴를 틈타 일본이 중국에 요구한 권익 확대요구. 추축국 독일이 차지했던 산둥성 권익의 계승과 남만주 권익의 연장 등 21개조로 이루어졌다. 중국의 저항에 의해 약간 수정되었으나 일방적인 최후통첩으로 중국에 승인시켰다.

2. 5월 9일, 5월 9일, 국욕(國辱)의 고통이 얼마나 큰고
   한(조선)을 멸망시킨 수단을 우리에게도 사용하니
   우리는 결코 그처럼 되지 않으리
3. 5월 9일, 5월 9일, 국욕은 반드시 씻어야 하리[1]

라는 〈국치가〉로 불렸다. 조약 제1조는 뤼순·다롄의 조차 기간 99년 연장을 규정하고 있는데, 조약이 무효라면 러시아로부터 계승한 조차권은 원래 1923년 3월로 기한이 끝났기 때문에, 뤼순·다롄 회수운동도 이를 근거로 전개되었다.

또한 이 조약은 제2조에서 남만주에서의 일본인의 토지 상조권(商租權)을, 제3조에서 거주·왕래·영업의 자유권을 승인하고 있는데, 이것을 부인하는 운동도 치열했다. 원래 '토지 상조'라는 개념에 대해서는 일·중 양국 간에 해석의 차이가 있었는데, 일본 측에서는 이것을 영구히 조차할 수 있는 권리, 즉 사실상의 토지 소유권으로 이해했던 데 반해, 중국 측은 지주의 자발적 합의에 의해 조차하는 것으로 사용 수익권에 지나지 않는다고 해석했다. 따라서 일본 측은 남만주 전역에 자유로이 거주할 수 있는 권리를 획득했다고 보았지만, 중국 측은 이것을 일본의 중국 침략의 수단이며 영토주권의 침해로 간주하여 일본인에 대한 토지 대여를 매국죄 및 국토 도매(盜賣)로 처벌하는 방침을 취함으로써 이에 대항했다. 구체적으로는 〈징변국적조례(懲辨國賊條例)〉(1915년 6월 공포)를 적용하는 것을 시작으로 국민정부의 〈토지 도매엄금 조령〉(1929년 2월 공포), 지린(吉林)성 정부의 〈상조 금지령〉(1929년 1월 발령) 등 무려 60개나 되는 법령을 발하여 토지·가옥의 상

조 금지와 그전에 대차했던 토지·가옥의 회수를 시도했던 것이다. 이러한 중국 측의 토지·가옥 상조 금지와 회수운동은 1929년 6월 펑톈(奉天)의 사카키바라(榊原) 농장사건 등으로 일본인과의 대립을 낳았는데, 이로 인해 더욱 고통을 당했던 것은 재만 조선인이었고, 그들의 구제가 만주영유 정당화의 논거 가운데 하나가 되었다.

이 밖에 둥산성에서의 국권회수운동은 삼림 채벌권 및 광산 채굴권의 부인과 둥산성에서의 관동군의 주둔권을 조약상 무효로 하는 철병요구, 만철의 접수 등 일본의 만몽 권익의 근간에까지 미치는 것이었고, 나아가 적극적으로는 1928년 9월에 설립된 둥베이 교통위원회에서 남만주철도를 중국 철도로 포위하는 성영(省營) 철도망 건설과 다롄항을 대신하는 진저우(錦州)의 후루다오(葫蘆島) 축항으로 일본의 만몽 권익을 공동(空洞)화시키려는 계획도 진행되었다. 일본의 만몽 권익은 점점 궁지에 몰려 좁아지고 있었다. 그만큼 현지 거류 일본인의 위기감은 고조되어 이 궁지를 벗어나기 위해서는 무력에 의한 해결도 불사한다는 기운이 육군, 특히 관동군을 뒤덮고 있었다.

이렇게 일본과 중국 간의 각종 조약상·관행상의 이권과 민족 간의 대립항쟁, 나아가 워싱턴 체제의 속박 등이 뒤얽혀 복잡하게 꼬인 만몽 문제라는 고르디아스의 매듭(Gordian knot)은, 차례차례 푸는 것이 아니라 단칼에 절단함으로써 결착이 나게 되었다. 그리고 그 군도를 내려친 것이 이시하라 간지였다.

고르디아스의 매듭이란 프리지아(Phrygia)의 왕 고르디아스가 묶은 매듭으로서, 이 매듭을 푸는 자는 아시아의 왕이 될 것이라고 전해져 내려왔다. 이것을 본 알렉산드로스 대왕은 주저하지 않고 칼을 뽑아 단칼에 내려쳤다고 한다. 그리고 이시하라 역시 만몽을 거점으로 일본이 '동양의 패권'을 쥐고자 하는 의도를 그 칼에 담았던 것이다.

2. 만몽 영유 계획의 발진

1919년 4월, 무관제인 관동도독부가 폐지되고 관동청의 설치와 함께 독립적인 재만(在滿)군사기관으로 발족한 것이 관동군이다. 관동군의 임무는 포츠머스(Portsmouth)조약*으로 양도된 창춘-뤼순 간 철도를 경비하는 데 있었지만 단순한 철도 경비대에 머물지 않고 점차 재만군사기관으로서 재만 권익을 군사력으로 보호하는 역할을 담당하였고, 더불어 대소 전략을 수행하는 주체로서의 성격을 가지게 되었다. 그리고 마침내는 중국의 주권하에 있음에도 불구하고 만몽의 치안 유지를 자체의 임무로 삼기에 이르렀다.

1927년에 국민혁명군의 북벌 행진에 대처하기 위해 열린 동방회의**에서 다나카 기이치(田中義一) 수상이 제시한 〈대지(對支)정책강

---

* 러일전쟁의 강화조약. 1905년 8월 10일 미국 뉴햄프셔주의 군항도시인 포츠머스에서 미국 대통령 루스벨트의 주선으로, 일본 전권외상 고무라 주타로와 러시아 전권 재무장관 비테 사이에 조인·체결되었다. 이 조약은 ① 한국에 대한 일본의 지도·보호·감리권의 승인, ② 뤼순·다롄의 조차권, 창춘 이남의 철도부설권 할양, ③ 배상금 청구를 하지 않음, ④ 북위 50° 이남의 사할린 할양, ⑤ 오호츠크해·베링해의 어업권 양도 등을 내용으로 했다.

** 1927년 6월 27일부터 7월 7일까지 다나카 기이치 내각이 산둥 출병 후의 대중국 기본 정책 결정을 위해 참모본부·관동군 등의 수뇌부 및 외무성 간부들을 소집하여 개최한 회의. 대중국 정책과 관련해 적극적 간섭 방침을 결정했다.

령)에서는 만일 동란이 만몽에 파급될 경우 "어느 방면에서 오는지를 불문하고 그를 방호하고, 또한 내외인 안주발전의 땅으로 보지하도록 적기(適期)를 놓치지 말고 적당한 조치에 나선다"(제8항)라고 하여 일본군 즉 관동군이 중국의 영토적 주권과 배치되더라도 만몽 방위에 나설 것을 선언했다. 말할 것도 없이 이때 만몽은 일본의 영토가 아니며 본래 만철의 철도 수비병이었던 관동군이 관동주와 만철 부속지를 넘어 만몽 전체에 걸쳐 '자위조치'를 강구하는 것은 있을 수 없는 일이었다. 그럼에도 불구하고 만몽 지역의 군사적 주도권(그것은 바로 정치적 패권을 의미하는데)을 관동군이 장악하고 그에 따라 "내외인 안주발전의 땅으로 삼는다"는 방침이 표방되었던 것이다. 그리고 무력의 발동은 모든 사람들에게 안주할 땅을 주기 위해서였다는 식의 논리 구성방식은, 이시하라 간지를 거쳐 만주국 건국에까지 깊이 이어져 있는 발상으로서 이때 이미 싹을 보이고 있었다. 관동군은 1927년의 〈대지정책강령〉에 앞서 〈대만몽정책에 관한 의견〉(1927년 6월 1일)을 마련해두고 있었는데, 거기에서도 일본이 인정하는 적임자를 둥산성 장관으로 임명하여 "일·지 공존공영을 취지"로 일본의 권익을 확장해 가는 것을 지향했고, 만약 장쭤린이 이것을 승인하지 않을 경우에는 다른 적임자로 대체한다는 것까지 결정되어 있었다. 이러한 의식이 관동군에 침투하는 가운데 관동군 고급참모 고모토 다이사쿠(河本大作) 대좌* 등은 1928년 6월 장쭤린 폭살을 결행하며 만몽 문제의 전격적인 무력 해

---

* 대좌는 대령에 해당한다. 참고로 일본 육군의 계급은 '대장-중장-소장 / 대좌-중좌-소좌 / 대위-중위-소위 / 준위 / 조장-군조-오장 / 병장-상등병-일등병-이등병'으로 구성되어 있었다.

결을 획책하였다. 그러나 계획은 실패로 돌아갔고 거꾸로 일본의 만몽 특수화 공작에 대한 반발이 거세져 갔다. 장쭤린 폭살 사건으로 다나카 기이치 내각뿐만 아니라 일본의 만몽정책은 결정적으로 좌절되었고, 일본 그리고 관동군은 심각한 위기에 직면하여 새로운 해결책이 모색되기에 이르렀다.

그리고 1929년 5월 고모토 다이사쿠*의 후임으로 이타가키 세이시로(板垣征四郎)**가 부임하자 새로운 대응책을 마련하기 위해 관동군 정보회의가 개최되었는데, 여기서 만주가 일촉즉발의 위기 상황에 있다는 것을 전제로 전면적 군사 행동에 대비한 구체적 방법의 책정에 착수하도록 결정되었다. 실질적으로 만몽을 지배할 실력이 없는 난징 국민정부와 교섭 중이던 시데하라(幣原) 외교***는 착종된 만주 문제를 해결하는 데 완전히 실패했고 외교 교섭으로 만몽 문제가 해결되지 않

---

*　1883~1953. 육군 군인. 효고현 출신. 1914년 육군대학 졸업. 1926년 대좌로 관동군 고급참모가 되었고, 1928년 장쭤린 폭살 사건을 일으켜 정직 처분을 받았으며, 1930년 예비역으로 편입되었다. 1931년의 3월사건, 만주사변 등에서도 활약하였고, 그 후 만주철도 이사, 산시성의 산시산업 사장 등 실업계로 진출하였으며, 2차대전 이후 중국 인민군에 체포되어 수용소에서 사망하였다.

**　1885~1948. 육군대장. 이와테현 출신. 1929년 이후 관동군 고급참모로서 이시하라 간지 등과 함께 만주사변, 만주국 창설을 주도했다. 1936년 관동군 총참모장이 되어 화북 분리 공작을 추진하였다. 1938년 제1차 고노에 내각에서 육군대신, 지나 파견군 참모장, 조선 주둔군 사령관 등을 역임하였다. 극동국제군사재판에서 A급 전범으로 교수형에 처해졌다.

***　1924년에서 1931년까지(1927~29년의 다나카 기이치 내각 시절은 제외) 가토 다카아키(加藤高明), 와카쓰키 레이지로, 하마구치 오사치 내각의 외무대신을 지낸 시데하라 기주로가 추진한 외교노선. 워싱턴 체제하에서 미·영과 협조하여 중국혁명의 진전에 대처하고, 런던회의에서 해군군축조약을 성립시켜 협조 외교라 불렸으나, 군부와 우익으로부터는 유약한 외교로 비난받았다.

는 이상, 문제를 무력행사로 해결할 수밖에 없다는 판단이 이 결정의 배후에 있었다. 어쨌든 이 결정으로 관동군은 만몽 무력점령을 향해 한 발 내디딘 셈이었는데, 나중에 이시하라는 "1929년 5월 1일은 만주사변이 발단된 기념일이다"라고 말했다고 한다.[2]

이러한 가운데 7월에는 대소 작전계획 수립을 명목으로 참모들이 북만(北滿)을 여행했는데, 이 과정에서 이시하라가 제출한 것이 관동군의 만몽 영유 계획이었다. 이시하라는 "만몽 문제의 해결은 일본이 살아날 유일한 길이다"라는 인식하에[3] "만몽 문제의 해결은 일본이 이 지방을 영유함으로써 비로소 완전히 달성될 수 있다"라고 단언했다. 그리고 이로써 "지나 본토의 배일 또한 동시에 종식될 것"이라는 희망적 관측을 내보였다.[4]

이시하라는, 고모토 다이사쿠가 장쭤린을 폭살하기 반 년 전인 1927년 12월 시점에 이미 "절대적으로 만몽을 영유해야 한다"라는 결론에 도달하였고,[5] 나아가 중국 본토의 영유도 염두에 두고 연구할 필요가 있음을 강조했다. 물론 일본군이 만몽을 직접 영유하면 둥베이 정권, 중국 본토 정권과 이중 외교를 하는 번거로움이 사라질 뿐만 아니라 친일 정권을 어떻게 옹립하고 어떻게 일본의 권익을 확대해갈 것인가 하는 우회로를 거칠 필요도 없으며, 이반과 배신에 농락당할 일도 없어질 것이었다. 만몽 지배의 효율성이라는 점에 한정해서만 말한다면 만몽 직접영유안은 혁신적인 것이었을지도 모른다. 그러나 그것이 군사 점령인 이상, 그에 대한 장애와 저항도 예상외로 크고 통치의 실효성을 확보하기 위해서는 더욱 면밀한 계획을 필요로 했을 것이다. 그 때문에 관동군에서는 사쿠마 료조(佐久間亮三) 대위에게 점령지 통치의 구체안에 대한 연구를 위촉하고 이시하라는 만철 조사과*의 조사과장 사타 고지로(佐多弘次郎), 러시아계의 미야자키 마사요시(宮崎正義), 법제계의 마쓰키 다모쓰(松木俠) 등의 협력을 얻어 조사·연구를 진행했다. 사쿠마는 1년여를 들여 〈만몽 점령지 통치에 관한 연구〉를 1930년 9월에 완성했고, 이 안을 바탕으로 31년 1월부터 매주 토요일에 관동군 참모 전원과 만철 조사과원이 참석한 만몽 점령지 통치연구회가 개최되었다. 이 사쿠마안은 일부분밖에 남아 있지 않은데, 만주국 첫해 예산안은 이에 근거한 것이라고도 한다.

어쨌든 이렇게 만몽 영유 계획은 이시하라를 핵으로 관동군 참모들이 가다듬어 1931년 6월에는 거의 큰 틀이 갖추어져 있었다. 그렇다면 이 만몽영유론이란 어떤 목적을 달성하기 위해 구상되었던 것일까?

그것이, 배일운동으로 인해 만몽의 위기로 문제시되고 있던 "우리나라의 정당한 기득권 옹호"를 주장하고 있었음은 말할 것도 없다.[6] 그러나 영유가 달성되면 자유롭게 권익을 설정할 수 있고, 또한 기득권 옹호라는 방어적 분쟁처리의 틀에 갇힌 발상을 거부하고 있었기 때문에, 일단 영유책으로 전환한 이상, 이시하라 등에게 이 점은 별로 중시되고 있지 않았을 터이다. 오히려 기득권 이상으로 만몽 자원을 획득하는 데 영유론의 의미가 있었는데, 그것은 "우리나라 국정(國情)은 거

---

* 만철이 설치한 조사연구기관으로서 만주 통치의 두뇌 역할을 했다. 1907년 만철 총재 고토 신페이에 의해 발족되었고, 중국·소련 등에 대한 종합적 조사 연구, 만주국·화북의 경제개발계획 입안을 담당했다. 중일전쟁기에는 그 인원이 2천 명이 넘었으나 2차대전 중에 벌어진 좌익그룹 검거사건으로 타격을 받았다. 1945년 해체되었다.(고바야시 히데오, 임성모 역,《만철》, 산처럼, 2002 참조)

의 한계에 도달했고, 인구·식량 등 중요한 문제는 모두 해결책이 없는 것과 마찬가지다. 유일한 길은 만몽 개발의 단행에 있음은 여론이 인정하는 바"라고 말하고 있는 점에서 명확하게 드러난다.[7] 만몽을 개발함으로써, 당면한 일본 국내의 곤란한 상태를 타개하고 나아가 장래의 경제적 발전의 기초를 다지기 위해서라도 만몽 영유가 필요했다. "만몽의 합리적 개발로 일본의 경기는 자연히 회복되고 인텔리 실업자 또한 구제될 것"이라고 하며,[8] 나아가 세계적인 경제불황이 심각한 타격을 미치는 가운데 "만몽의 자원은 (…) 현하의 시급한 문제를 해결하고 대비약(大飛躍)의 기초를 만들기에 충분하다"라고 하고 있듯이,[9] 만몽 영유는 만몽 자원 개발의 제일보였으며 만몽의 자원만이 일본의 전반적 위기를 극복할 수 있는 열쇠라고 생각했던 것이다. 물론 이시하라도 만몽의 자원이 무진장해서 만몽을 영유하기만 하면 모든 문제가 해결되리라는 단견은 가지고 있지 않았다. "만몽은 우리나라 인구 문제의 해결지(地)로서는 적합하지 않고, 자원 또한 대일본을 위해서는 충분하지 않다"는 것도 충분히 알고 있었다.[10] 그러나 불충분하다고는 해도 달리 타개책이 발견되지 않는 이상, 일단 도박을 해볼 수밖에 없다는 단안도 있었을 터이다.

그러나 또한 군인이었던 이시하라 등의 관동군 참모, 그리고 육군 중앙의 장교들에게 위와 같은 경제문제 및 사회문제의 해결이 관심의 전부였던 것은 아니었는데, 이것만을 문제 삼았다면 오히려 이시바시 단잔(石橋湛山) 등이 류타오후(柳條湖) 사건에 대해 비판했던 것처럼 "억지로 우리의 정치적 권력을 만몽에 행사할 필요 없이 평화적인 경제 관계, 상업 관계를 통해 부드럽게 목적을 달성할 수 있다. 아니 오

히려 그러는 편이 목적을 더욱 잘 달성할 수 있을 것"라는 것이 지당한 처리 방법이었음에 틀림없다.[11]

이시하라 등이 만몽 영유가 불가결하다고 생각했던 것은 그것에 의해서만 해결될 수 있는 절실한 현안이 있고, 그것이 또한 일본의 국운을 좌우할 것이라는 인식이 있었기 때문이다. 그렇다면 무엇이 일본의 국운을 결정하는 과제였던가. 첫째로 들 수 있는 것이 총력전 수행을 위한 자급자족권의 확립이라는 과제인데, 이것은 당연히 일본의 국가개조와 맞물려 있었다. 그리고 둘째로 들 수 있는 것은 국방·전략상의 거점 확보라는 과제인데, 이것은 또한 조선 통치와 방공(防共)이라는 이데올로기 문제와 관련되어 있었다. 물론 이 두 가지 과제는 연관되어 있어 일련의 문제로도 볼 수 있기 때문에, 만몽 영유를 달성하면 이 과제들이 한꺼번에 해결된다고 생각하기도 했던 것이다. 그리고 거기에는 또한 "국내의 불안을 제거하기 위해서는 대외 진출에 의존할 필요가 있다"는 판단도 작동하고 있었다.[12]

3. 자급자족권 형성과 국가 개조

1914년에 발발한 1차대전은 독가스탄·전차·잠수함·항공기 등 신병기의 출현과 엄청난 양의 포탄 및 무기의 소비에 의해 종래의 전쟁 형태에 근본적인 전환을 가져왔다. 4년여에 걸친 장기전하에서 대소모전을 이겨 내기 위해서는 장비의 혁신과 보충을 지탱할 공업력과 국민 동원력이 불가결하게 되었고, 국가의 모든 요소가 전쟁 수행에 직결되는 '총력전(Der totale Krieg)'으로 질적인 전환이 이루어지고 있었다. 독일 참모본부의 루덴도르프*가 강조했던 것처럼, 평상시에 국가가 물적·인적 자원의 동원체제를 가지고 있는가에 따라 전쟁의 승패가 결정적으로 갈리게 되었다. 각 국가는 이 새로운 사태에 싫든 좋든 적응하지 않을 수 없었고 일본도 마찬가지로 1차대전 때부터 이를 국가목표로 설정하면서 크게 부각시키게 되었다.

1917년 센가 쓰루타로(千賀鶴太郎)**는 〈일본의 구주전란에 대한 지위〉라는 논고에서 다음과 같이 썼다.

> 금차의 대전쟁에서 얻은 절호의 교훈은 인구와 돈이 풍부하다고 해서 전쟁에서 종국의 승리를 얻을 수 있다는 보장이 없고 반드시 군수품이 자국에서 자급되도록 기계뿐만 아니라 물자까지도 모두 국내에서 독립적으로 얻을 수 있게 하지 않으면 안 된다는 사실이다. 지금같이 해서는 미래의 전쟁에서 일본은 완전히 무능해질 것이다. 우선 일본에는 철이 없고 석탄도 적다. 철이 없으면 미래의 전쟁은 불가능하다. 그렇기 때문에 일본의 급무는 철과 석탄을 충분히 확보하고 군수품을 독립시키는 제도와 경제 조직을 완성하는 데 있다.[13]

---

* Erich Friedrich Wilhelm Ludendorff, 1865~1937. 독일 군인. 뛰어난 전술가로서 평생 힌덴부르크(Hindenburg)를 보좌했고, 1차대전에서는 탄넨베르크 전투 등 많은 작전을 지휘하였다. 1916년에서 18년까지 참모차장으로서 힌덴부르크와 함께 강력한 독재를 실시하였다. 그 후 1923년 히틀러와 함께 정권 탈취를 목적으로 뮌헨 폭동을 기도했으나 실패하였다. 저서로 《총력전론》(1935)이 있다.

** 1857~1929. 법학자. 베를린 대학에서 법학을 공부하고 교토제대 법학부 교수로 로마법을 강의했다.

위와 같은 인식에서 센가는 구체적 대응책으로 일본과 중국이 "국제법상의 단체, 즉 연방체"가 될 것을 제언했다. 그리하여 "전쟁에서는 지나의 토지·철도·물자를 일본 내지와 마찬가지로 사용할 수 있도록 하는" 것이 일본의 생존에 불가결한 요건이 된다고 주장했던 것이다. 이것은 물론 대등한 연방을 말하는 것이 아니다. 그러나 "자위상 어쩔 수 없이 무력으로 지나를 압박해서라도 하나가 되지 않으면 안 된다"라고까지 강변하는 정론(政論)이 민간 잡지에 등장할 정도로 자원소국 일본의 생존에 대한 위기감이 생겨나고 있었다.

게다가 대규모의 임시 군사조사위원회를 조직하여 1차대전의 실태를 조사·분석했던 육군이 받았던 충격은 민간에 비할 바가 아니었다. 분석 결과는 일본군의 장비가 이미 지난 세기의 유물로 전락했음을 보여주고 있었기 때문이다. 화기의 위력과 정밀도가 비교가 안 될 만큼 증대되었고 보병의 주력무기도 기관총으로 바뀌어 있었음에도 불구하고, 일본 육군은 일러전쟁 때 사용하던 38식 보병총을 주축으로 한 장비에 머물러 있었던 것이다.

이제 산업력의 확충과 그것을 지탱할 철과 석탄 등의 안정적 공급이야말로 군사력의 크기를 결정하는 최대의 요건이 되었다. 게다가 전쟁 형태가 장기전·대소모전으로 전환된 이상, 교전국에 의존하지 않고 자원을 상시적으로 확보해두는 것이 필수조건이었는데, 그것은 바로 자급자족권의 형성이라는 과제와 직결되었다. 그러한 관점에서 볼 때 일본의 경우 그것은 중국 이외에는 구할 곳이 없었다. 참모본부 지나과 병요지지(兵要地誌) 반장 고이소 구니아키(小磯國昭)*는 "지나 자원을 등한시하는 자는 실로 신의 나라 일본의 파멸을 의도하는 자"라고 하였고,[14] 참모본부 작전부장 우가키 가즈시게(宇垣一成)**도 일본의 "자급자족의 경제 범위는 대륙, 그중에서도 지나로 확대할 필요가 있다. 일본과 지나를 통틀어 경제상의 한 단위로 만드는 것이 긴요하다"라고 쓰고 있는데,[15] 이들은 모두 자급자족권 형성의 필요에서 중국과의 일체화를 중요 과제로 삼고 있었다. 그리고 1918년에는 중국산 국방 자원의 반입을 전제로 〈군수공업동원법〉이 공포되었다. 그러나 한꺼번에 중국 전체를 일본의 자급자족권에 포함시키지 않는 이상, 우선 만몽을 영유하고 다음으로 중국 본토를 영유해 간다는 순서가 상정되었다.

이시하라의 만몽영유론도 이러한 사상의 흐름 위에 놓여 있었으며, 만몽 영유 후에는 "동아가 봉쇄될 것을 각오하고 적절한 시기에 지나 본토의 주요부도 우리 영유하에 두며 (…) 동아의 자급자족의 길을 확립하여 장기전쟁을 유리하게 지도함으로써 우리의 목적을 달성한다"라고 주장하고 있다.[16] 그러니까 만몽을 영유하여 일본의 자급자족권 내에 흡수해야 하는데, 만약 그것이 새로운 대외전쟁을 유발한다면

---

* 1880~1950. 육군대장. 정치가. 도치기현 출신. 일본 육군의 엘리트 코스인 육군사관학교-육군대학 졸업. 육군성 군무국장으로서 1931년 우익쿠데타인 3월사건에 관여하였고, 그 후 관동군 참모장, 조선 주둔군 사령관, 히라누마 기이치로와 요나이 미쓰마사 내각의 척무상을 거쳐 조선총독이 되었다. 1944년 7월 사이판 함락 후 수상에 취임. 전후 A급 전범으로 극동국제군사재판에서 종신금고형을 선고받고 복역 중 병사하였다.

** 1868~1956. 육군대장. 정치가. 참모본부 총무부장, 육군차관 등을 역임한 후 육군대신을 네 차례 지냈다. 1931년 고이소, 오카와 등이 모의한 3월사건에서 쿠데타 내각의 수상으로 예정되어 있었다. 1931년부터 조선총독으로 부임하였다. 1936년 미나미 지로에게 자리를 물려주고 귀국하였고, 1937년에는 내각을 구성하라는 천황의 명을 받고 수상에 취임할 뻔했으나 군부의 반대로 실패하였다. 2차대전 후 공직에서 추방되었으나 1953년 참의원 선거에서 최고표로 당선되었다.

중국 본토도 영유함으로써 장기전 수행을 가능케 해야 한다는 것이 이시하라의 총력전 구상이었다. "전쟁을 통해 전쟁을 유지함을 근본 착안으로 삼는다. 해군에 필요한 전비 일부 혹은 대부분도 또한 대륙의 부담으로 한다"라고 주장한[17] 이시하라는 먼저 만몽을 영유하지 않는 한 어떤 전망도 없으며 따라서 일본이 살아남을 어떤 방법도 발견할 수 없다고 생각했다. 무엇보다도 만몽의 자원만으로도 "국방 자원으로 필요한 거의 모든 자원을 보유하고 있어, 제국의 자급자족상 절대 필요"하다는 것은 관동군 참모들에게는 자명한 일로 간주되었다.[18]

그런데 말할 것도 없이 총력전의 수행을 위해서는 자원공급지 확보와 더불어 국내 산업 구조의 재편, 국방동원체제의 수립 등 국가의 모든 요소를 전쟁 수행에 직결시키기 위한 총동원체제의 확립이 필요하게 된다. 그리고 총동원 체제를 확립해 가기 위해서는 강력한 리더십을 가진 정부의 출현이 요청된다. 그러나 1차대전의 충격을 정면으로 받았던 세대의 군인들 사이에, 국제협조 외교와 군축정책을 추진하면서 한편으로 정치부패를 드러내고 있던 정당정치의 통치 능력에 대한 불만과 불신감은 점점 고양되어 갔고, 정당 내각을 타도하고 군부 정권을 수립하는 국가 개조의 필요성이 주장되었다. 만몽 영유와 국가 개조는 총력전 수행체제 구축에 있어 표리일체를 이루는 과제로 파악되어 그 해결이 급무가 되었다.

1927년 11월 결성된 국책연구회 모쿠요카이(木曜會)에서도 군장비의 혁신과 만몽 문제에 대한 연구토의가 이루어졌는데, 그 회합에서 이시하라는 일·미 결전에 대비하여 중국에 진공해 그곳을 근거지로 삼을 것을 제언했다. 그리고 1928년 3월 모쿠요카이에서는 "제국 자

존을 위해 만몽에 완전한 정치적 권력을 확립할 필요가 있다"는 방침
이 결정되었다. 완전한 정치적 권력의 확립이란 만몽 영유를 의미하는
것이었다. 또한 모쿠요카이와 후타바카이(二葉會)가 합체하여 1929년
5월에 결성된 잇세키카이(一夕會)에서도 군부의 쇄신과 더불어 "만몽
문제의 해결에 중점을 둘" 것을 결의했고, 중견 장교의 횡단적 결합에
의한 만몽 문제의 무력 해결이 궤도에 올라와 있었다. 이시하라와 이
타가키가 관동군에 배치된 인사이동도 후타바카이, 모쿠요카이, 잇세
키카이와 관련된 인맥을 통해 이루어진 것이라고 한다.

더군다나 1930년 9월에는 하시모토 긴고로(橋本欣五郎)* 중좌 등을
중심으로 사쿠라카이(櫻會)**가 결성되었는데, 그들의 국가개조계획에
서도 "이 빈약하고 한정된 영토로는 내부를 개혁하더라도 국민을 행
복으로 이끌 수 있다는 전망이 없는" 이상 만몽 영유가 불가결하다고
말하고 있다. 다만 하시모토 등은 만몽 영유를 위해서라도 먼저 국가
개조를 해야 한다는 '내선외후(內先外後)'의 방침을 채택하고 있었다.
이에 비해 이시하라는 "국내의 개조를 우선시하기보다 만몽 문제의

---

* 1890~1957. 육군포병 대좌. 오카야마현 출신. 사쿠라카이의 발기인으로서 군부에 의한
  국가 개조, 대외 무력 진출을 주장하며 1931년의 3월사건 및 10월사건을 계획하였다.
  1936년 2·26사건으로 전역한 후 파시스트운동을 추진하는 대일본청년당을 결성했다.
  중일전쟁에서는 다시 포병연대장으로 참전하였고, 이후 A급 전범으로서 종신금고형에
  처해졌다.

** 1930년 결성된, 국가 개조를 목적으로 한 육군 장교의 결사. 런던조약 조인으로 인한 천
   황 통수권 간섭, 하마구치 내각의 긴축 재정 등에 불만을 품은 하시모토 긴고로 등 중견
   장교가 중심이 되어 기타 잇키(北一輝)·오카와 슈메이(大川周明) 등의 우익 국가사회주
   의자와 함께 국가 개조를 구상했다. 3월사건, 10월사건을 계획했고, 만주사변에도 관여
   했다. 10월사건 후 해체되었으나 일부는 육군 통제파를 형성했다.

해결을 우선시하는 게 유리하다"는 '외선내후'를 주장하며, 만몽 영유를 최우선시하는 입장을 취하고 있었다.[19] 그리고 1931년 3월 하시모토 등의 사쿠라카이 급진파에 의한 쿠데타 계획이 실패함으로써(3월 사건) '외선내후' 쪽이 세력을 얻게 되어, 같은 해 5월에 들어서면 이시하라는 "모략으로 기회를 만들어서 군부 주동하에 국가를 강제로 이끄는 것도 나쁘지 않다"라는 판단에 도달했다.[20] 그리고 8월 관동군 사령관으로 부임한 혼조 시게루(本庄繁)는 "본관은 깊이 뜻하는 바가 있다"라고 훈시하였고 9월에 들어서자 "최후의 해결을 볼 시기가 다가오고 있다"라고 말하며 군사행동이 초읽기에 들어갔다.

이처럼 만몽 영유 계획에는 자급자족권의 형성과 더불어 국내개혁에 선행하는 '혁신'의 근거지 형성이라는 위상도 부여되어 있었던 것이다.

그러나 이시하라 등의 육군 장교들에게 만몽 영유의 의의는, 단지 자급자족권 형성을 위한 병참기지 및 국가 개조를 위한 근거지에 그치는 것이 아니었다. 그들에게는 반드시 만몽을 확보해 두어야 할 별도의 이유가 또 있었던 것이다.

4. 조선 통치와 적화 차단

만몽이 일본의 생명선이라 불린 것은 그것이 식민지 조선과 국경을 접하고 있고 소련과 중국에 대한 국방상의 최전선으로 간주된 것이 주된 이유였다. 그러니까 만약 소련이나 중국이 만몽에서 압도적인 세

력으로 일본을 구축(驅逐)하게 되면 일본의 조선통치 자체가 위태로워
진다는 것이었다. 이러한 우려가 만몽에서 일본이 세력을 가지지 않으
면 안 된다는 강박관념이 되었던 것이다.

1924년 5월 외무성·대장성·육군성·해군성의 협정으로 작성된
〈대지(對支)정책강령〉이 "만몽의 질서 유지는 해당 지역에 대한 중대
한 이해관계, 특히 조선 통치상 제국에 아주 중요하고 이를 위해 항상
최선의 주의를 기울"인다고 규정했던 것도 이 때문이었다. 이타가키도
또한 "만약 러시아가 국경을 넘는다면 조선 영유는 시간문제"라고 하
며 소련의 위협을 강조하면서 조선 방위를 위해서라도 만몽 영유가 불
가결함을 역설했다.[21]

그러나 이시하라 등의 관동군 참모들이 "조선의 통치는 만몽을 우
리 세력하에 둠으로써 비로소 안정된다"라고 하여 만몽 영유와 조선
통치의 긴밀한 관련성을 강조했던 것은 결코 군사적 관점에서만은 아
니었다.[22] 군사적 관점뿐만 아니라 재만 조선인 문제와 그에 수반하여
발생하고 있던 이데올로기의 문제가 더욱 절실한 과제로 파악되었다.
그것은 또한 일본과 조선, 조선과 중국, 중국과 일본 사이의 이해 대립,
정치적 경합, 이데올로기 항쟁, 민족 간의 반목이라는 다양한 요인이
복잡하게 얽혀 생겨난 것으로서, 만몽 문제의 중심적 국면을 이루고
있었다.

조선인의 만주 유입·이동이 본격화된 것은 조선병합 이후이고, 젠
다오(間島) 및 둥벤타오(東邊道) 지방을 중심으로 1930년에는 그 수가
80만이나 되었다. 그 대부분이 식민지 통치에서 벌어진 토지조사사업
과 산미증식계획 때문에 토지를 잃고 식량을 수탈당해 유랑·이주한

사람들이었지만, 또한 일본 지배에 반대하여 독립을 위해 싸우는 항일 운동가도 적지 않았다. 이처럼 만주는 '항일운동의 책원지'이자 조선 통치에 대한 위협으로 여겨졌다. 그러나 조선총독부는 과잉인구의 압력이 일본 내지로 향하는 것에 대해서는 엄중한 통제를 가하고 있었지만, 만주 이주는 자연스런 흐름으로 방치해 두고 있었다. 재만 조선인의 존재는, 한편으로 '선량한 일본신민'인 조선인 농민을 보호하고, 다른 한편으로 '불령선인'인 항일운동가를 단속한다는 명목하에 일본의 경찰권을 조차지 바깥으로 확대할 계기가 될 수 있었기 때문이다.

이에 대해 중국 측은 "선인(鮮人)의 배후에 일본인이 있고, 일본인은 선인 보호를 구실로 경찰관을 만주 내지로 침입시킨다"라고 하며 경계심을 강하게 표출했고,[23] 재만 조선인을 일본의 만주 침략의 첨병으로 간주하여 재만 조선인에 대한 소작계약 및 주거 제한을 강화하는 한편, 더욱 직접적으로 1931년 2월 국민당회의에서는 조선인의 만몽 이주 엄금을 결의했다. 또한 〈선인 구축령(驅逐令)〉 등을 발포하여 조선인을 만주에서 추방할 방책을 추진했다. 또한 이것과는 별도로 중국 측은 조선인에게 중국 국적으로 귀화할 것을 권장하면서 사태 해결을 도모했지만 귀화권 용인조항을 포함한 일본의 국적법이 조선에서는 시행되지 않았기 때문에 중국이 정식으로 귀화를 인정한 조선인에 대해서도 이중국적자로서 일본의 경찰권이 미치게 되었고, 그 결과 오히려 일·중 양국의 경찰권 행사를 둘러싼 분쟁을 격화시키게 되었다.

이러한 중국의 민족운동·배일운동의 일환인 재만 조선인 배척운동은 다음에서 지적하듯 일·조·중 세 민족 간의 대립과 원한의 연쇄를 낳고 있었다.

일본이 지나에 가한 정치적 타격은 반드시 선인에게 지나인의 압박으로 나타나고, 그 결과는 선인의 배일·원일(怨日)의 사상증대 및 운동조장이 되어 이것을 단속하라고 지나 측에 주문을 하면 다시 역이용되어 선인압박의 불길이 일어난다.[24]

이런 대립연쇄를 일으키는 중추가 되는 것은 당연히 일본이었지만, 현실에서는 대개 농업에 종사하는 재만 조선인과 중국인 사이의 대립·분쟁으로 나타나, 1928년부터 1930년에 걸쳐 일어난 각종 압박 사건은 겉으로 드러난 것만 해도 100여 건에 이르며 그 정점에서 완바오산(萬寶山) 사건(1931년 5~7월)*이 발생했던 것이다. 창춘 근교 완바오산 지역에서 일어난 중국인 농민과 재만 조선인의 충돌은 사건 자체보다도 그 후의 허위보도에 의해 일어난 조선 각지의 중국인 보복 습격으로 참극을 낳았다. 중국 측 발표를 토대로 한 리튼 보고서에 따르면 사망 127명, 부상 393명에 이르렀다고 한다.

이 사건은 나카무라 신타로(中村震太郎) 대위 살해사건**과 더불어

---

* 1931년 7월 2일 지린성 창춘현 완바오산 지역에서 일어난 조선인 농민과 중국인 농민 사이의 유혈사태. 수로 개척과 제방 축조를 둘러싸고 일본영사관의 비호를 받는 조선인과 중국 관헌의 비호를 받는 중국인 사이에 충돌이 일어나자, 신문을 통해 이 소식이 전해진 조선에서 중국인 배척운동이 일어났다.(박영석, 《만보산사건연구》, 아세아문화사, 1978 참조) 참고로 이 사건은 만주국 성립 이전에 있었던 가장 대표적인 조선인 농민의 수난 사건으로 기억되어 만주국 성립을 정당화시키는 구실을 했다. 이태준의 〈농군〉, 장혁주의 《개간지》, 안수길의 〈벼〉 등이 이 사건을 배경으로 하고 있다.
** 1931년 6월 북만지방에서 스파이 여행을 하고 있던 나카무라 대위 외 1명이 중국군에게 살해된 사건. 공표된 것은 8월이다. 관동군을 중심으로 한 일본 육군은 만몽에서 무력을 행사할 수 있는 좋은 기회라고 판단하여 광범한 선전 활동을 개시하며, 우발적인 사건으로 처리하려 했던 시데라 외상을 공격하였다. 완바오산 사건과 더불어 만주사변

만몽 문제의 강경한 해결을 요구하는 여론을 부채질하여 만주사변을 일으키는 절호의 구실로 활용되었다.

그런데 재만 조선인을 둘러싼 문제는 민족 문제에만 그치지 않고 일본에 대한 저항운동으로서, 또한 조선인과 중국인이 힘을 합친 공산주의운동으로서 사상 문제, 치안 문제라는 성격을 띠고 있었다.

1919년 3·1운동 이후 젠다오 지방에서는 홍범도(洪範圖) 등의 민족주의자들이 독립군을 조직하여 항일투쟁을 전개하고 있었다. 또한 1920년 10월에는 훈춘(琿春)의 일본영사관이 습격당한 것을 계기로 "불령선인 및 비도 습격의 화근을 일소하고, 그를 통해 접양지대에 대한 위협을 삼제(芟除)한다"라는 명목하에[25] 젠다오 출병이 이루어져 다수의 조선인 주민이 학살되는 등, 1920년대를 통틀어 항일 투쟁과 그에 대한 탄압은 급속하게 치열해져 갔다.

한편으로 이와 병행하여 조선 및 만몽에 공산주의운동이 보급되고 있었다. 1925년에 조직된 조선공산당은 만주망명 활동가를 중추로 다음해 젠다오에 만주총국을 설치하여 재만 조선인 사이에서 영향력을 넓혀가고 있었다. 1928년 조선공산당 해산 이후에도 만주총국은 독자적인 활동을 계속하다 1930년 무렵 코민테른의 지시에 따라 만주총국을 해소하고 중국공산당 만주성 집행위원회의 지도하에 들어갔다. 이처럼 만주를 무대로 한 중·조 공산주의자의 공동 투쟁이 성립되어 중국공산당의 리리싼(李立三)* 노선에 따라 활동하게 되었다. 1930년 5월

을 촉발시킨 한 계기였다.

* 1896~1967. 중국의 혁명가. 후난성 출신. 초기 공산당의 지도자로서 1928년 이후 리리

30일에는 조선인 공산주의자들이 조선인 농민들을 조직하여 '타도 일체 지주, 타도 일본 제국주의(打倒一切地主, 打倒日本帝國主義)'라는 슬로건을 내걸고 대규모의 무장 봉기를 일으켰다. 이것이 바로 5·30 젠다오 봉기이다. 이 봉기는 진압되었지만 그 후에도 각지에서 봉기가 계속되어 만주뿐만 아니라 조선의 치안 유지에도 중대한 문제가 되었다. 만주사변 때 조선 주둔군이 봉칙(奉勅) 명령*을 기다리지 않고 독단 월경하여 만주로 출병한 것도 이처럼 만주의 항일 공산주의운동이 조선 통치의 기둥을 흔들 위험이 있다고 여겼기 때문이다. 조선 주둔군 참모였던 도요시마 후사타로(豊嶋房太郎)는 만주사변 직전의 만주에 대해, 그곳을 "근거로 하여 일본의 경찰력이 미치지 못하는 국경선 너머에서 조선의 치안을 착란하려는 자도 적지 않았다. (…) 만주에서의 배일사상이 강해짐에 따라 조선 내에서도 이에 부화뇌동하는 언동이 날이 갈수록 격심해지는 상황이었다"라고 말하며 만주로 월경 출병할 필요성을 다음과 같이 인식했다고 한다.[26]

> 이런 견지에서도 만주 문제를 빨리 해결하는 것은 일본의 위신을 높이고 조선민중의 신뢰감을 확보하여 조선 통치에도 도움이 될 것으로 기대된다. (…) 그렇기 때문에 조선 주둔군으로서는 남의 일이 아니라 자

싼 노선이라는 극좌노선을 강행하였으나, 이에 따른 비판으로 실각했다. 인민공화국 성립 후에는 노동부장을 역임했다.

* 일본 육해군 최고 통수자인 천황의 명령. 참모총장 혹은 군령부 총장이 '봉칙전선(奉勅傳宣)'하는 형식을 취했기에 이렇게 불렸다. 관동군 총사령관, 남방군 총사령관, 연합함대사령관 등 천황 직속 지휘관에 대한 작전명령이 이에 해당한다.

기 머리 위에 떨어진 불을 끄는 것이다.

이처럼 만몽 영유는 조선 통치의 안정화를 위해서도 단행되지 않을 수 없다고 생각했던 것이다. 그리고 이미 언급했던 것에서도 알 수 있듯이 만몽 영유에 의한 조선 통치의 안정화라는 것에는 일본의 위신 회복과 '적화 방지'라는 두 가지 측면이 포함되어 있었다.

이타가키가, 만몽 문제를 방치함으로써 조선인의 "민족심리도 자연히 악화되고 일본은 의지할 곳이 못 된다는 결론에 도달했습니다. 따라서 조선 통치에도 중대한 영향을 줄 우려할 만한 형세여서 결국 만몽 문제를 해결하지 않으면 진정한 조선 통치는 기대하기 어렵습니다"라고 말하고 있는 것은 위신 회복 쪽에 무게가 실려 있다.[27] 그리고 또한 "만몽의 적화는 바로 조선의 치안을 혼란시키고 조선의 치안이 혼란하면 일본 내지의 치안도 또한 커다란 영향을 받지 않을 수 없다"라는 주장은,[28] 조선, 나아가 일본으로 공산주의가 파급·침투하는 것을 만몽 영유에 의해 막고자 하는 의도에서 나온 것이었다. 만몽의 치안 유지를 담당하고 있는 관동군도 '만몽의 적화'는 항일운동을 양성하는 온상이 되는 바람직하지 않은 사태로 인식하여, '만몽의 정화'에 의해 조선 및 일본으로 '불량 외래사상이 침윤'하는 것을 방지하는 것을 만몽 영유의 목적 가운데 하나로 꼽았다. 관동군에게 만몽은 중국 공산당, 그리고 혁명의 총본산인 소련과 대치하는 최전선이었다. 그리고 특히 소련이야말로 "우리나라의 국액(國厄)에 편승해 단지 만몽 적화뿐만 아니라 제국 내부의 파괴를 기도"하는 재액의 원흉으로 인식되었다.[29] 소련에 대한 사상적 방파제로, 그러니까 적화차단 지구로 삼는 것, 이 목적을 위해서라도 만몽 영유는 필수적이었다.

이로 보면 만주국이 건국이념의 하나로 반공을 내건 것도 당연했다고 할 수 있다.

5. 대소 전략 거점

그러나 재만 군사기관인 관동군에게, 공산주의사상 못지않게 위협으로 인식되고 있었던 것은 말할 것도 없이 그 군사력이었다. 북을 겨냥한 군대라 일컬어졌던 관동군에게 만몽은 무엇보다도 우선 대소 전략의 거점이었고, 만몽 영유도 그 점에서 큰 의의를 가지고 있었다.

1917년 러시아혁명과 그 후의 간섭전쟁으로 극동군이 일단 붕괴했다고는 하지만 소련은 동청(東淸)철도*를 거점으로 북만주에서 은밀히 세력을 키우고 있었고 1929년에 신설된 특별 극동군은 같은 해 발생한, 동청철도를 둘러싼 중·소분쟁에서 장비의 근대화를 추진하고 있던 장쉐량군을 압도하는 군사력을 보였다. "만약 일본이 만몽에서 일정한 세력을 가지고 있지 않았다면 러시아군은 아마 조금도 주저하지 않고 북만 일대는 물론이고 남만주의 무력 점령도 서슴지 않았을

---

* 러시아가 건설한 중국 동북지방의 동서·남북을 잇는 주요 간선철도. 현재는 창춘철도라 부른다. 만저우리-하얼빈-쑤이펀허를 연결하여 시베리아철도에 동서로 연락하는 본선과 하얼빈-창춘-펑톈-다롄을 연결하는 남북의 지선으로 구성된다. 19세기 말 러시아가 부설권을 획득하여 경영했지만, 러일전쟁 이후 창춘 이남을 일본이 만철을 통해 운영했고, 1935년에는 만주국이 소련으로부터 전체를 매수하여 운영했다. 2차대전 이후에는 중국과 소련이 공동으로 경영하다 1952년 중국에 완전히 반환했다.

것이다"라는 관찰도 한갓 기우라 할 순 없었다.[30] 소련은 1928년부터 시작된 제1차 5개년 계획에 의해 종래 아킬레스건이었던 서부 시베리아 개발에도 힘을 쏟고 있었고, 극동 시베리아를 방위 범위로 하는 특별 극동군도 점차 정비하고 있었다. 세계 공황에 휩쓸려 불황에 허덕이고 있는 일본과, 제1차 5개년 계획이 착실하게 진척되고 있는 소련의 군사력 격차가 확대될 것은 불 보듯 뻔한 일이었다.

1931년 4월 사단장 회동석상에서 행한, 다테카와 요시쓰구(建川美次)* 참모본부 제2부장에 의한 국제정세 판단은, 소련의 현세는 아직 일본의 국책 수행에 장애가 되지는 않지만 "5개년 계획이 완성될 때에는 국력의 증대와 독재정치에 의한 자유로운 정책 수행 때문에 시일이 지남에 따라 제국의 일대 위협이 될 것이다"라고 전망했다. 그리고 "국제정세를 종합적으로 관찰한 결과, 만몽에 대한 제국의 적극적 진출은 속히 결행하는 것이 우리에게 유리하고 시일이 지남에 따라 점점 불리해질 것"이라는 결론을 내렸다. 만몽에 대한 적극적 진출이라는 말의 진의는 "해외에 영토를 획득한다"는 영유론이었고, 그 범위는 "만주 및 동부 내몽골, 나아가 극동의 소련 영토"라고 하여 소련 영토의 영유도 상정하고 있었다.

이처럼 소련군을 두려워해야 한다는 경계감은 당연히 현지군인 관

---

* 1880~1945. 육군중장. 니가타현 출신. 1901년 육군사관학교 졸업. 러일전쟁에 출정하여 다테카와 정신대로 활약했다. 나중에 육군 중앙에서 참모본부원 등을 역임하였고, 사쿠라카이 및 3월사건에도 관여하였다. 만주사변이 일어나자 일본정부의 명을 받고 만주로 파견되었으나, 관동군의 행동을 묵인했다. 1940년 소련 대사, 1944년 대일본 익찬장년단 단장 등을 역임했다.

동군에게는 더욱 긴박한 문제였다. 소련의 "국력이 충실해짐에 따라 극동방면으로의 진출을 적극적으로 기도할 가능성", 즉 만몽 탈환 작전에 나설 가능성이 있다고 예측했으며,[31] "만몽 문제의 해결은 위와 같은 사정으로 보더라도, 될 수 있는 한 빨리 하는 것이 좋다"라고 단언했다. 그리고 또한 둥산성을 보더라도 장쉐량군이 1929년의 중·소 분쟁으로 받은 타격에서 회복·증강되기 전에 만몽 영유라는 거사에 나서는 것이 유리하다는 판단도 당연히 작동했다. 어쨌든 대소전의 관점에서 보면 만몽 영유의 목적은 단지 일본이 특수권익을 가지는 남만주, 동부 내몽골뿐만 아니라 북만주에서 소련을 내쫓아 일본 국방의 최전선을 헤이룽(黑龍)강에서 다싱안링(大興安嶺)을 건너 후룬베이얼(呼倫貝爾)에 이르는 지역에 설정하는 것이었으며, 다음 단계에는 그것을 연해주까지 연장하는 것이었다. 이것으로 "러시아의 동진(東進)을 제압하고 대소 작전을 용이하게 할 뿐만 아니라 군비가 불완전한 지나의 생명줄을 쥐는" 것도 가능하다고 생각했다.[32]

이시하라도 "소련에 대항하는 동양의 보호자로서 국방을 안정시키기 위해 만몽 문제의 해결책은 만몽을 우리 영토로 삼는 것 이외에 절대로 다른 길은 없다는 것을 명심할 필요가 있다"라고 하여 소련의 부흥이 달성되지 않은 사이에 북만을 포함한 만몽 영유를 단행할 것을 역설했다.[33] 이시하라도 싱안링, 후룬베이얼 지대는 "전략상 특히 중요한 가치를 가지고 있는데, 우리나라가 완전히 북만 지방을 세력하에 두게 되면 러시아의 동진이 아주 곤란해지고, 만몽의 힘만으로 이를 저지하는 것도 힘들지 않게 될 것"이라고 말하고 있다. 만몽을 영유함으로써 소련의 동진정책이 조선, 나아가 일본까지 미치는 것을 막을 수 있다는 점에서 만몽은 아주 중요한 전략거점이었음에 틀림없다.

그러나 이시하라는 다테카와나 이타가키처럼 만몽의 통치 안정을 위해, 만몽뿐만 아니라 소련 영토까지 영유한다는 북진론의 입장을 취했던 것은 아니다. 오히려 만몽 영유가 달성됨으로써 일본은 "비로소 북방에 대한 부담으로부터 해방되어 국책이 명하는 바에 따라 때로는 지나 본토로, 때로는 남양으로 용감하게 발전을 꾀할" 수 있게 된다는 의미에서 "만몽은 바로 우리나라의 국운 발전을 위해 가장 중요한 전략거점이다"라고 생각했다. 이시하라는 만몽 영유가 대소 전략에 관한 한, 소련의 동진을 억지하는 것으로 일단 그 목적을 달성한다고 생각했을 것이다. "될 수 있으면 러시아와 친선 관계를 계속 유지하도록 노력한다"라는 것이 이시하라의 대소 전략의 기본자세였고,³⁴ 개전할 수밖에 없는 경우에도 만몽의 권역 바깥으로는 군대를 내보내지 말고 소련의 영토 내에서 반소비에트 선전을 통하여 내부붕괴를 촉발하는 데에 머물러 있었다. 다만 1924년에 몽골 인민공화국이 성립되기도 했기 때문에 외몽골에 대한 공작의 필요성에 대해서는 "만몽 영유 후에는 적당한 시기에 외몽골인의 회유, 산업의 부흥, 무력 단대(團隊)의 편성에 힘을 써서 대러시아전쟁에서 충분히 그 위력을 발휘할 수 있게 한다"라고 강조했다.

이시하라가 이러한 대소 전략을 취한 배경에는 1923년 2월에 개정된 〈제국국방 방침〉이 있었다고 생각된다. 이 개정에서는 그전까지 사용되었던 '가상적국', '상정적국'이라는 용어를 대신해 '목표'라는 말이 사용되었는데, 그에 따라 소련이 그전까지의 '상정적국' 제1번에서 물러나 "친선을 지향하며 그를 이용함과 동시에 항상 위압할 실력을 갖추도록 한다"라는 방침으로 전환되었던 것이다. 이러한 방침 전환은 1925년 1월에 체결된 일·소 기본조약에서 "상호 평화 및 우호 관계를 유지할 것"을 규정하였을 뿐만 아니라, 군사적으로도 소련에 대해서는 대외 군사행동을 취할 여유가 당분간은 없다는 판단에 따라 이루어진 것이었다. 확실히 만주사변 때 관동군이 북만 진출을 기도한 것에 대해, 육군 중앙부는 소련의 무력개입, 나아가서는 중·소 연합작전을 유발할 위험성이 있다고 하여 이에 반대했는데, 결국 치치하얼(齊齊哈爾), 하얼빈(哈爾濱)을 강제 점령하기에 이르렀지만 소련의 간섭 없이 끝날 수 있었다. 이러한 측면만 보는 한, 소련위협론은 기우로 끝났다. 그리고 이것이 북만주로의 독단 파병에도 불구하고 관동군의 발언력을 높여주어 현지해결 방식을 점점 승인하게 되는 원인이 되었던 것이다.

그러나 소련은 만주사변에 무력개입은 하지 않았지만 1931년 11월 무렵부터 특별 극동군의 증강에 돌입했다. 만주국 건국 후인 1932년 4월에는 극동 해군의 편성(1935년에 태평양 함대로 개편), 같은 해 12월의 중·소 국교 회복(1937년 중·소 불가침조약 조인) 등에 의해 만주국에 대한 소련의 전비체제는 착실하게 강화되어 갔다. 그런 의미에서는 별다른 군사적 충돌도 없이 만주국이 건국된 것은 소련이 경제부흥에 전념할 수밖에 없는 상황이었기 때문에 가능한 일이었다. 사실 이시하라 등은 이러한 상황을 알고 있었기 때문에 "러시아의 현 상황은 우리들에게 절호의 기회를 주고 있다"라고 판단하여 1931년 9월 만몽 영유를 위한 군사행동에 돌입했던 것이다.[35] 그러나 소련의 무력개입 없이 만주국 건국에 성공했던 것은 거꾸로 소련군의 군사력 및 전투 의지에 대한 관동군의 판단을 그르치는 원인이 되기도 했다. 이런 판단착오 때문에

나중에 장구평(張鼓峰) 사건(1938)*과 노몬한·하얼하강 사건(1939)**
등의 전투에서 참패하고 다수의 사상자를 낳게 되었던 것이다.

어쨌든 대소 전략거점으로서의 만몽 확보라는 목적은 만주국 건국
후, '일만(日滿) 공동방위'라는 명목으로 관동군이 실질적으로 만주국
전역의 국방을 담당함으로써 달성되었다. 그러나 그것은 "북방에 대한
부담으로부터 해방된다"는 이시하라의 생각과는 정반대로 장대한 국
경선을 끼고 소련과 직접 대치하게 됨으로써 싫든 좋든 소련 및 몽골
인민공화국과의 국경분쟁에 휘말려들어 군비 강화를 도모하지 않을
수 없는 상황으로 내몰리게 되었다.

그렇다면 조금만 생각해 보면 알 수 있었던 소련의 군사력 증강과
그에 따른 일·소 긴장감 고조를 이시하라는 왜 군이 낙관적으로 보면
서, 중국 본토와 남방으로 진출하기 위한 전략적 거점으로서의 만몽을
중시했던 것일까? 사실 이시하라에게는 소련보다도 가상적국으로서
더욱 중요하고 하루빨리 개전 준비에 나서야 할 '목표'가 존재했고, 만
몽 영유도 바로 그 상대와의 대전을 염두에 두고 기도된 것이었다. 이
시하라에게 그 '목표'란 미국이었다.

---

* 1938년 7~8월, 소련과 만주의 국경 부근인 장구평 지구에서 일본군과 소련군이 무력 충
  돌한 사건. 일본군은 대소전 준비를 위해 조선주둔 1개 사단과 일부 관동군을 동원하여
  국지전쟁을 도발했으나, 소련군의 반격으로 참패했다. 소련의 리트비노프 외상, 일본의
  시게미쓰 마모루 대사 사이에 정전협정이 맺어져 철병하였다.
** 1939년 5~9월, 만주국과 몽골 인민공화국의 국경인 노몬한에서 일어난, 일본군과 소련
  군 사이의 국경분쟁 사건. 일본은 관동군 1만 5천 명을 동원했으나, 8월에 소련의 공군
  및 기계화 부대의 반격으로 괴멸되었고, 동시에 독·소 불가침조약이 체결되어 정전하였
  다. 이 사건으로 군부의 대소 개전론은 후퇴했다. 몽골에서는 분쟁이 일어난 지역의 강
  이름을 따서 하얼하강 전쟁이라고 부른다.

6. 일미전쟁과 세계 최종전론

이시하라가 일·미 전쟁의 필연성을 확신했던 것은 1927년이었고 진주만 공격에 의해 일본과 미국이 교전 상태에 돌입한 것은 1941년 12월 8일이다. 현실상의 개전보다도 14년이나 앞서 일미전쟁을 필연이라 생각하고, 게다가 그것을 만몽 영유의 목적과 긴밀히 결부시키고 있었다고 말하면 요즘 사람들은 이상하게 생각할지도 모르겠다. 그러나 당시에는 그것이 반드시 기이한 일만은 아니었다.

앞에서 1923년의 〈제국국방 방침〉 개정에 따라 소련이 '상정적국'의 제1번에서 탈락했다고 말했다. 그것은 일러전쟁 이후 줄곧 일본의 국방상의 위협으로 간주되어 왔던 러시아(소련)보다 더 큰 위협을 일본에 주는, 교전 가능성이 있는 국가가 출현했음을 보여주는 것에 지나지 않았다. 그리고 이때 소련을 대신해 일본 육·해군의 첫 번째 '목표'가 된 것이 미국이었다. 더욱이 미국에 대해서는 1907년 4월 천황에 의해 재가된 〈일본 제국의 국방 방침〉에서 "우방으로서 이를 보지해야 하나 (…) 후일 극심한 충돌을 야기할 가능성이 없다고 장담할 수 없다"라고 하여 러시아에 이은 가상적국으로 미국을 상정했고 해군의 군비는 "미국의 해군에 대적해 동양에서 공세를 취할 수 있을 정도로 한다"라고 하여 대미전에 대비하도록 했다. 그리고 이미 1919년 이후 해군은 대미전을 상정한 잠수함 작전의 준비에 착수하고 있었다.

미국도 일러전쟁 후에는 일본을 가상적국으로 하는 '오렌지작전계획(Orange Plans)'을 준비해 두고 있었는데, 태평양을 사이에 두고 일본과 미국은 서로 다가올 충돌을 예측하고 그에 대비하고 있었던 것이다. 또한 1890년대부터 고조되고 있던 미국의 배일이민운동은 1920년 캘리포니아주에서 제2차 배일 토지법이 성립되어 미국 각 주로 파급되어 갔다. 1924년에는 배일 조항을 포함한 이민법이 미국 의회에서 가결되는 등 일본인 배척이 진행됨에 따라 일본 국내에서도 반미항의 집회가 각지에서 벌어져 대미 개전이 주장되었으며, 사토 고지로(佐藤鋼次郎)의 《일본과 미국이 만약 전쟁을 한다면》(1920), 이시마루 도타(石丸藤太)의 《일미전쟁, 일본은 지지 않는다》(1924), 가와시마 세이지로(川島淸治郎)의 《일미일전론(一戰論)》(1925) 등이 잇달아 간행되는 등 반미 감정이 무르익어 갔다.

이처럼 대립이 심화되어 가던 1920년대의 일·미 양국에 문제의 초점이 된 것이 중국 문제, 특히 만몽 문제였다.

1905년 철도왕 해리먼(Edward Henry Harriman)에 의한 철도매수 계획 이래 1909년 국무장관 녹스(Philander Chase Knox)에 의한 만주철도 중립화안 제기, 1910년 및 1920년의 대중국 국제차관단의 결성 주도 등으로, 미국은 만몽을 포함한 중국 시장 진출에 특별히 깊은 관심을 기울이고 있었다. 특히 1차대전 후 워싱턴 체제*로 중국에 영토 보전, 문호 개방을 승인시켜 일본의 팽창정책을 규제하였으며 국민정부

---

* 동아시아 문제 및 군비 문제를 일괄 토의하기 위해 미국의 제창으로 1921년 11월에서 1922년 2월까지 개최된 워싱턴회의 이후의 세계 질서를 말한다. 이 회의에는 미국·영국·프랑스·이탈리아·중국·벨기에·네덜란드·포르투갈·일본 등 9개국이 참가해, 중국에 관한 9개국 조약, 태평양에 관한 4개국 조약 등 7개 조약을 맺었다. 해군 주력함은 미국·영국·일본이 보유 총톤수를 각각 5·5·3으로 하기로 결정했으며, 영일동맹은 폐기되었고, 일본은 산둥성 이권을 중국에 돌려줄 것 등을 내용으로 했다. 베르사유 체제와 더불어 2차대전이 일어나기 전까지 국제질서를 형성하였다.

에 의한 국가통일을 지지하고 만철 병행선 건설에 투자하는 등, 미국의 존재는 일본의 중국·만몽정책에 큰 걸림돌이 되었다.

찰스 비어드(Charles Austin Beard)는 1920년대 일·미 사이의 실질적 쟁점은 중국 문제에 있다고 지적했는데, 이타가키도 다음과 같은 견해를 표명했다.

최근 태평양 문제는 세계의 눈과 귀를 모으고 있는데, 그 가운데에서도 만몽 문제가 초점이 되고 있다. (…) 지금 미국은 거대한 경제력을 바탕으로 지나 본토는 물론이고 만몽 방면에 대해서도 호시탐탐 상권의 확장을 노리고 있는데, 만약 태평양의 파도가 소용돌이칠 때가 있다고 한다면 반드시 그 시발은 지나 문제에서 비롯될 것이고, 또한 만약 제국의 만몽 문제에 간섭하는 자가 있다고 한다면 그것은 바로 미국일 것이라고 생각한다.[36]

이처럼 일·미 모두에게 양국 간 대립의 초점은 중국 문제, 특히 만몽 문제에 있었고, 그 분쟁의 정도에 따라서는 일미전쟁도 일어날 수 있다는 관측이 나타나기 시작했던 것이다. 그리고 이시하라에게 "지나 문제, 만몽 문제는 대지나 문제가 아니라 대미 문제이다. 이 적을 격파할 각오가 없이 이 문제를 해결하려는 것은 나무에 올라가 물고기를 구하는 격이다"라는 인식은 아주 강해서 흔들림 없는 확신이기도 했다.[37] 만몽 문제의 해결은 만몽의 군사점령밖에 없고 그렇게 되면 필연적으로 일미전쟁이 일어난다고 본 이시하라는 만몽 문제 해결을 위해서는 반드시 대미 전쟁을 각오해야 하며 "만약 진정으로 미국에 대

항할 능력이 없다면 하루빨리 일본은 모든 무장을 해제하는 게 유리하다"라고까지 극언했다.[38]

　과연 만몽 영유가 일미전쟁의 직접적인 계기가 되는 것일까. 잇세키카이 등에 모인 장교들 사이에서는 똑같이 만몽 영유를 주장하면서도 미국에 만몽이 생존 불가결한 땅이 아닌 이상 그 때문에 개전으로까지 돌입하지는 않을 것이며 따라서 가능한 한 미국과의 전쟁은 피해야 한다는 견해가 다수를 점하고 있어 이시하라의 주장과는 상당한 거리가 있었다. 그러나 이시하라에게 일미 개전은 피할 수 없는 세계사의 필연이고, 만몽 문제를 포함한 일본의 모든 정책은 일미전쟁에 대비하여 수립되어야 한다는 것은 추호도 의심의 여지가 없는 철칙이었다. 즉 만몽 문제의 해결도 결국 일미전쟁이라는 지상과제를 위해 이루어져야 하고 만약 일미전쟁을 할 생각이 없다면 만몽도 필요 없고 군비도 방기해 버리는 편이 나으며, 그것이 눈앞에서 전쟁 회피의 수단을 찾는 것보다는 훨씬 더 일본을 위한 길이라는 것이었다. 그러나 이시하라에 의하면 지금 일본은 일미전쟁을 해야 할 숙명에서 벗어날 수도 없다. 왜냐하면 일미전쟁은 단순히 태평양의 정치적 패권을 둘러싼 항쟁이 아니라 인류사상 수천 년에 걸쳐 진보해 온 동서 양 문명이 일본과 미국을 각각의 챔피언으로 내세워 최후의 자웅을 겨루는 싸움이며 "동서 문명 종합을 위한 최후의 투쟁은 시시각각 다가오고 있다"라고 보고 있었기 때문이다.[39] 이러한 생각 자체는 동서대항 사관, 동서문명 대결론으로서 이미 맹아적으로는 오카쿠라 덴신(岡倉天心)에게서도 보이며, 나이토 고난(內藤湖南), 미쓰카와 가메타로(滿川龜太郎), 나가노 아키라(長野朗) 등도 주장했는데, 특히 오카와 슈메이(大

川周明)*가, 일본이 앵글로 색슨의 세계제패에 대항하여 세계 신질서의 건설을 지향하고 있는 이상, 일·미 양국의 충돌은 불가피한 운명이라고 역설한 것과 같은 궤도 위에 놓인 것으로도 볼 수 있다.

다만 이시하라에게는 그것이 전쟁사 연구와 니치렌종 신앙**이 결합된 것이면서 만몽 문제의 해결책과도 연결되어 있다는 특징이 있다. 이시하라는 세계의 전쟁사를 정리하여 지구(持久)적 전쟁(소모전)과 결전전쟁(섬멸전)이 상호 반복되어 왔다고 하면서, 지구전이었던 1차대전 이후의 전쟁은 결전전쟁이 될 것이라 보았다. 나아가 그는 한 도시를 일거에 파괴하는 대량 살상무기와 그것을 운반하는 항공기가 출현했다는 점으로 보아 다음에 올 결전전쟁이야말로 세계 최종전이 될 것이라 생각했다. 그리고 이 최종전이야말로 니치렌(日蓮)이, 세계 통일

---

*   1886~1957. 우익국수주의운동의 이론적 지도자. 야마가타현 출신. 도쿄제대에서 인도 철학을 공부하였다. 1919년 기타 잇키 등과 유존샤, 1924년 고치샤를 결성해 계몽 활동을 하는 한편, 군부의 사쿠라카이 장교들과 접촉하여 3월사건, 10월사건 등에도 관계했다. 5·15사건으로 검거되었다가 석방 후에는 호세이대학 교수를 지내는 한편,《미영 동아침략사》등을 간행했다. 일본 내의 영향력 있는 아시아주의자로서 여운형 등 조선인 지기도 많았다. 2차대전 후 A급 전범으로 지명되었으나, 도쿄재판 공판 중 정신장해를 일으켜 석방되었다.《쿠란》을 일본어로 번역한 것으로도 유명하다.

** 니치렌(日蓮)을 개조(開祖)로 하는 일본 불교의 한 종파. 법화종, 불립(佛立)종이라고도 하고 한국에서는 일련정종(日蓮正宗)이라 한다. 니치렌은 천태종의 법화사상(法華思想)을 배워 우주의 통일적 진리(묘법연화경), 그것의 인격화(구원석존), 그리고 현실에서의 구현(보살행)을 강조하였으며, 특히 개인 구제뿐만 아니라 사회·국가의 전체적 구제를 주장하여 독자적인 사상체계를 수립했다. 1253년에서 1282년까지 30년간 포교에 힘 썼고 그가 죽자 그의 교리는 여섯 제자에 의해 일본 전국에 퍼졌다. 뒤에 가마쿠라파와 후지파로 분파되었다가 1941년 정부의 권고로 합쳐졌으나 2차대전 후 다시 여러 파로 갈라졌다. 그중의 한 분파인 일련정종과 창가학회는 한국에도 유입되어 포교 활동을 하고 있다. 자민당과 더불어 일본의 연립 집권여당 가운데 하나인 고메이도(公明党)는 창가학회에서 조직한 정당이다.

이 실현되기 위해서는 우선 "전대미문의 대투쟁(大鬪諍)이 일염부제(一閻浮提, 인간계)에 일어날 것"이라고 갈파한 바로 그 미증유의 대전쟁을 가리키는 것이며, 그것이 바로 일미 결전이라고 보았다. 이것이 이시하라의 세계 최종전론이었다. 그리하여 이 세계 최종전을 거쳐 세계의 문명은 통일되고 '일천사해개귀묘법(一天四海皆歸妙法)'의 경지에 도달할 터였다. 이시하라는 이 세계 최종전으로서의 일미전쟁이라는 착상을 신앙상의 스승인, 고쿠추카이(國柱會)의 다나카 지가쿠(田中智學)*에게서 얻었다. 그러나 일본은 이 세계 최종전을 수행할 수 있는 정황이 아직 아니며 우선 "동양의 선수권을 획득하기 위해"[40] 중국, 나아가서는 동아시아를 병참 기지로 만드는 것이 불가결하고 그를 위해서는 무엇보다도 만몽 영유부터 착수하지 않으면 안 된다고 주장했다. 그 만몽 영유는 일미전쟁을 초래하지만, 그 전쟁 자체는 결전전이 아니라 지구전에 불과하다. 그리하여 "일본은 우선 곧 있을 일미 지구전에 의해 국내를 통일하고 국운의 기초를 다지며, 이어서 있을 결전에 의해 세계통일의 대업을 완성한다"는 구상이었다.[41] 장기적 과제로서 최종적인 전쟁인 일미 결전전이 있고, 그 준비 과정이며 중기적 과제로서 일미 지구전이 있다. 그리고 이 지구전의 일환으로서, 결전전의 대전제로서 실행되어야 할 과제로 만몽 영유 계획이 있다. 이처럼 긴 시간의 폭을 가진, 세 단계에 걸친 과제의 연쇄로서 만몽 영유를 위치짓는데에서 이시하라의 만몽 문제 해결책의 특이성이 발견된다.

---

* 1861~1939. 종교인. 사상가. 10세에 니치렌종에 입문하였으나, 교리에 의문을 품어 한속했다. 일본국체학을 창시하여 니치렌주의(불교)와 국체주의(천황사상)를 결합하고자 했다.

그러나 만약 이러한 연쇄가 아주 긴밀한 것이어서 하나라도 빠뜨릴 수 없는 성질의 것이라면 일본이 만몽에서의 무력행사를 단념하거나, 미국이 일본의 만몽 영유시 바로 개전하지 않는다면(실제로 그랬는데), 일미 결전전은 일어나지 않게 된다. 이런 점에서 이시하라의 논리는 명확히 파탄을 보이고 있다. 이는 세계 최종전이라는 명제가 먼저 있고 거기에 만몽영유론을 끼워 넣은 인과관계의 도착에서 비롯된 딜레마이다. 그렇다고는 해도 만주사변 이후 중국에 대한 일본의 군사행동이 일미전쟁 개전이라는 대하로 흘러드는 복류수였다고 한다면 14년이라는 시간이 지난 2차대전에서 이시하라의 구상이 실현되었다고 하지 않을 수도 없다. 그러나 원래 이시하라 자신은 일미 결전전의 발발을 1930년 시점에서 "수십 년 후"라고 보고 있었고, 패전 후인 1945년 12월에도 "원자폭탄의 출현을 계기로 인류는 우리들이 창도해온 최종전 시대에 돌입하려 하고 있다"라고 발언하고 있는 것으로 보아[42] 세계 최종전의 발발시점을 확정한 것은 아니었다. 이시하라는 태평양전쟁도 세계 최종전으로 간주하지는 않았던 것이다.

　　이처럼 이시하라의 만몽 영유 계획은 반드시 세계 최종전과 직결되지는 않았다. 그러나 일미전쟁을 고려한 이시하라의 만몽영유론은 그때까지 국지적으로 고립된 사안으로 파악되어 왔던 만몽 문제에 큰 전환을 가져왔다. 즉 미국을 가상적국으로 하는 국방 방침과 연결시키고 만몽 영유를 일본이 취해야 할 진로의 일환에 포함시켜, 거기에 장기적 전망과 세계사적 의의를 부여한 것이다. 그것이 기득권익의 옹호라는 방어적 입장에서 만몽 문제의 무력해결을 꾀하고 있던 관동군에게 처음으로 적극적이고 공수(攻守)를 뒤집은 명확한 지침을 주어 만몽 영유에 큰 탄성을 부여했다는 것은 부정할 수 없는 사실이다.

그러나 일정한 목적과 전망을 부여함으로써 내부를 정리하는 것만 으로는 무력점령이라는 노골적인 폭력 행사에 수반되는 떳떳치 못함 과 배덕감마저 불식시킬 수는 없었다. 그래서 만몽 영유를 정당한 힘 의 행사로 납득시키고 집단 내부의 힘의 결집과 효율화를 도모하기 위 한 논리가 필요하게 되었다. 비록 타자가 결코 그 논리를 납득하지 않 았다고는 해도 말이다.

7. 만몽 영유의 정당성 근거

이시하라의 만몽영유론이 내포한 독특함은, 국내외의 상식을 뒤집 어서, 타국의 주권하에 있는 지역의 무력점령을 정면에서 정의(正義) 라고 재정의한 점에 있다.

이시하라에게 만몽 영유는 "일본을 위해서 필요한 것일 뿐만 아니 라 다수의 지나 민중을 위해서도 가장 기뻐할 일이다. 그러니까 정의 를 위해 일본이 자진해서 단행해야 할 것"으로 정당화되었다.[43] 중국의 주권을 인정한 가운데 둥산성(東三省)인의 자치라는 형태를 통해, 일본 에 의한 실질적 만몽 지배를 은폐하려 했다는 점은 확실히 정의가 아 니라고 할 수 있을 것이다. 그렇다면 일본이 직접 군사력으로 지배하 면 정의가 되는가 하면 문제는 저절로 다른 차원으로 옮아갈 터이다.

국제협조를 슬로건으로 내세운 외교관 시데하라 기주로(幣原喜重 郞)는 "정의가 지배하는 곳에서 무기는 무용이다(Où régne la justice, les armes sont inutiles)"라는 격언을 외교의 궁극 목표로 삼고 있었다고 하는데, 군인이며 전쟁사 연구가이기도 한 이시하라에게는 "무기가 지배하는 곳에서 정의는 생겨난다"는 것이 그의 군사적 리얼리즘이 가르치는 바였을지도 모른다. 아니면 그것은 로마의 역사가 리비우스(Livius)가 말했던 것처럼 "전쟁은 그것을 필요로 하는 자에게는 정의이다"라는 것이었을까.

어쨌든 이시하라와 이타가키 등의 관동군 참모들이 만몽 영유를 정의라고 주장했던 것은 "힘이야말로 정의이다"라는 허무주의적 인식에서가 아니라, 오히려 그들 나름의 중국 인식에서 나온 것으로 생각된다. 즉 이시하라에게는 "지나인이 과연 근대국가를 건설할 수 있을지 의문이며 오히려 우리나라의 치안 유지하에서 한(漢)민족의 자연적 발전을 꾀하는 것이 그들에게는 행복이라고 확신한다"라는 신념이 만몽 영유를 정의라고 하는 근거가 되었던 것이다.[44]

이시하라가 나중에 회고한 바에 따르면 육군유년학교[*] 시절부터 중국의 신생과 일·중의 제휴협력을 염원하고 있던 이시하라는 오로지 중국혁명에 희망을 품었는데, 1911년 신해혁명이 성공했다는 소식을 접하고는 "예전부터 품어왔던 중국의 신생에 대한 염원과 혁명 후의 중국의 전도에 대한 희망에 부푼 나머지, 당시 내가 가르치고 있던 (조선수비대) 병사와 함께 부근에 있는 산 위로 올라가 만세를 부르며 새로운 중국의 앞날을 진정으로 경축했다"고 한다.[45] 그러나 기쁨은

---

[*] 1945년 패전 때까지 일본 육군에서 장래의 장교를 육성하기 위해 만 13~15세의 중학생을 선발하여 교육한 3년제 기숙학교. 졸업 후 육군사관학교 무시험 입학이 가능했다. 프로이센의 Kadettenanstalt에서 가져왔다.

잠시였다. 쑨원(孫文)과 위안스카이의 타협, 위안스카이에 의한 혁명 이상(理想)의 유린, 그 후 군벌의 할거와 항쟁. "이러한 상태를 보고 우리들은 중국인의 정치적 능력에 회의를 품지 않을 수 없게 되었다. 한(漢)민족은 높은 문화를 가지고 있지만 근대적 국가를 건설하는 것은 불가능한 게 아닐까 하는 생각을 가지게 되었다. 만주사변 전까지 이러한 회의는 계속되었고 그런 생각에서 우리들은 당시 만몽 문제 해결의 유일한 방책으로서 만몽점령론을 주장하였는데, 한(漢)민족은 스스로 정치 능력을 가지지 못했기 때문에 일본의 만몽 영유는 일본의 존립상 필요할 뿐만 아니라 중국인 자신의 행복을 위해서라도 필요하다고 강경하게 주장했다"고 한다.

한편으로 이타가키도 1917년 8월 윈난(雲南)성 쿤밍(昆明)에 주재한 것을 시작으로 한커우(漢口, 이때 이시하라도 같이 근무했다), 베이징(이때 혼조 시게루를 보좌했다), 펑톈 등에 근무한 이른바 '지나통 군인'이었는데, 그도 또한 중국 정세에 대해 "신해혁명 이래 20여 년간 내란에 내란이 거듭되어 국내통일 문제 따위는 전도요원하고 (…) 여전히 군벌의 권력쟁탈 시대로서 아무런 민주적 혁명의 열매, 그러니까 인민의 행복을 감지할 수 없었습니다"라는 판단을 가지고 있었다.[46] 따라서 이타가키도 또한 "진정으로 지나 민중의 행복을 도모하기 위해서는 (…) 영웅이 나타나 철저하게 무력으로 직업군권자, 직업정치가를 일소하지 않는 한 치안 유지를 적당한 외국에 맡길 뿐 민중의 행복을 구할 길이 없다"는 결론에 도달하였고 일본군에 의한 만몽 영유야말로 만몽 문제 해결과 현주(現住) 제민족의 행복을 보증한다고 역설해 마지않았다. 게다가 그 근저에는 중국인에게는 "안거낙업(安居樂業)이 이상"이고 국가의식은 전무하다고 해도 좋을 정도로 결여되어 있으며 "누가 정권을 잡고 누가 군권을 잡아 치안의 유지를 담당한다고 하더라도 조금도 차이가 없다"는 중국 민중관이 있었다. 군사행동만 성공하면 만몽 영유 자체에 대한 반항과 혼란은 생기지 않는다는 것이 이타가키가 오랫동안의 중국 관찰에서 얻은 확신이었다.

이처럼 "재만 3천만 민중의 공동의 적인 군벌 관료를 타도하는 것이 우리 일본 국민에게 주어진 사명이다"라는 굳은 단정이 도출되었고[47] 일본의 만몽 영유하에서 일·조·중·만·몽 각 민족의 공존공영이 약속되었다. 이러한 일본군에 의한 봉건군벌 타도와 제민족의 낙토건설이라는 정당화 논리는 이시하라 외에도 많은 재만 일본인들이 이구동성으로 주장했는데, 사쿠마 료조의 〈만몽에서의 점령지 통치에 관한 연구〉에서도 "점령지에서 선정을 베풀고 치안을 확보하며 또한 산업·교통의 개척을 도모하고, 그럼으로써 지·선·몽 그 외 만주 재주 각 민족의 복지를 증진하여 진정한 안락경으로 공존공영을 꾀하는" 것을 통치 방침으로 내세우고 있다.[48]

게다가 일본에 의한 이러한 만몽 영유의 성과는 단지 만몽 지역에 국한되는 것이 아니라고 한다. 왜냐하면 일본군에 의해 만몽 통치의 모범이 출현함으로써 중국 본토도 또한 그 병근(病根)과 나아가야 할 방향을 인식하지 않을 수 없게 되어 "그리하여 우리들의 지나 본토 통치는 지나인으로부터 충심으로 환영받아 우리들의 무력의 진가를 영원히 역사에 남길 수 있을 것"이라 주장했듯이[49] 일본에 의한 중국 본토 통치의 정당화에까지 그 논리가 이어졌다. 아니 그에 머물지 않고 일본군에 의한 만몽 영유는 만몽 문제를 해결하고 중국 전체의 "통일과 안정을 촉진하고 동양의 평화를 확보한다"라고 하여 '동양의 평화'의 기초가 관동군에 의한 만몽 군사영유에 있다고까지 주장했던 것이다.[50]

그러나 도대체 왜 만몽이라는 중국 대륙의 일부를, 다른 나라도 아닌 일본이 영유하는 것이 정당화될 수 있는 것일까? 이러한 정당화의 논거로서 거론된 것이 만몽은 중국 고유의 영토가 아니라는 설이며 인종설이었다.

만몽은 한(漢)민족의 영토가 아니라 오히려 우리나라와 관계가 밀접하다. 민족 자결을 주장하는 자는 만몽이 만주 및 몽골인의 것이고 만주·몽골인은 한(漢)민족보다도 오히려 야마토(大和) 민족에 가까운 것을 인정하지 않을 수 없다. 현재 주민은 한(漢) 인종이 가장 많지만, 그 경제적 관계 또한 지나 본토에 비해 우리나라에 훨씬 밀접하다.[51]

만몽이 비록 한(漢)민족 고유의 영토는 아니라고 해도 그것을 일본의 영유와 바로 연결 짓는 것은 비약이고, 이 논법으로 하자면 거꾸로 만주·몽골인이 일본을 점령해도 항변할 수 없을 터이다. 그러나 물론 이시하라가 상정한 바로는 경제개발과 치안 유지의 능력으로 보아 당연히 일본이 점령해야 하고 일본의 노력이 감퇴하면 만몽도 중국 본토와 똑같은 혼돈 상태에 빠지게 되리라는 것은 필지의 사실로 생각되었던 것이다.

이러한 주장은 이미 이시하라가 육군대학에 있을 때 교관이었던 이나바 이와키치(稻葉岩吉) 외에 야노 진이치(矢野仁一)와 와다 세이(和

田清) 등의 동양사학자를 비롯한 많은 일본인이 강조하고 있었다. 게다가 그것이 만주사변 이후에도 여러 번 반복되었기 때문에 중국 측에서는 푸쓰녠(傅斯年) 등이 《동북사강(東北史綱)》(1932)에서 중국과 동북이 '동체불리(同體不離)'임을 논하여 이에 반박하고, 또한 국제연맹 이사회에서도 옌후이칭(顔惠慶) 중국 대표가 "만주를 만주인의 땅이라고 하는 것은 아주 잘못된 것이다. (…) 중국은 오늘날 다섯 종족으로 구성되어 있는데, 만주인은 그 가운데 하나이다. 오늘날 만주인 대부분은 이미 만주에 있지 않다. (…) 따라서 만주는 순연한 중국이다"라고 반론을 전개하고 있다.[52] 이시하라도 이 사실을 알고 있기라도 한 것인지, 세계 최종전론을 전개하는 문맥 가운데 "일본 국체*로써 세계의 모든 문명을 종합하고, 그들이 동경하는 절대평화를 그들에게 주는 것은 우리들 대일본의 천업이다"라고 강변하며[53] "세계 인류를 구제해야 할 위대한 천직을 위한 것이다"라고도 하여 일본의 천직이라는 관념으로 정당화의 근거를 삼았다.

이처럼 정당화의 근거가 다방면으로 제기되었음에도 불구하고 만몽 영유 계획은 만주사변 발발 후 겨우 나흘 만에 독립국가 안으로 '후퇴'하지 않을 수 없었다. 그것은 결국 이시하라 등의 관동군 참모들이

---

* 國體. 헌법학이나 국가학에서 말하는 나라의 주권 형태(군주제, 공화제)를 가리키며 주권 운영방식으로서의 정체(전제정치, 입헌정치)와 구별된다. 그러나 일본에서는 메이지 헌법하에서 규정된 국병(國柄)이라는 막연한 내용으로서 "오로지 만세일계의 천황이 통치하는 위대한 나라"라는 뜻으로 사용되었다. 따라서 일본에서 국체란, 시간적으로 천황 일가가 한 핏줄로 이어졌다는 '만세일계(萬世一系)', 공간적으로 천황이 세계를 다스린다는 '팔굉일우(八紘一宇)'로 상징되는, 신도에 기초한 천황의 통치를 의미하는 말로 쓰인다.

마련했던 정당화 논리만으로는 외국은 물론이고 똑같이 만몽 문제의 무력 해결이라는 노선을 채택하고 있어 입장이 가장 가까운 육군 중앙 조차 설득할 수 없었다는 것을 의미한다. 하물며 배일·반일운동으로 불타오르는 중국과, 워싱턴 체제를 주도하던 미국에 대해서는 완전히 무력한 논리였던 것이다. 아무리 논리를 가지고 정당성을 치밀하게 만 들어 보아도 더 이상 군사점령이 국제적으로 받아들여지는 정세가 아 니었던 것이다.

그러나 여기서 제시한 몇 가지 논점은 영유와 독립국가라는 형태 의 차이에도 불구하고 만주국에 도입됨으로써 다양한 기능을 행사하 게 되었다. 예를 들면 중국인에게 국가의식과 정치의식이 결여되어 있 다는 논점은, 일단 이를 부정함으로써 둥산성인에게는 국가 건설 능력 이 있고, 중국 본토로부터 분리·독립한 만주국은 둥산성인의 자발적 의사의 발현이라는 논리가 되어 만주국 독립의 정당화 근거가 되었다. 그러나 만주국 건국 후에는 일변하여 둥산성인에게는 국가의식이 없 고 이들에게 참정권을 주는 것은 타당하지 않다고 하여 의회개설을 부 정하는 논리로도 사용된다. 또한 장줘린 군벌을 타도하여 만몽의 치안 유지를 도모하는 것은 일본군의 사명이며 그럼으로써 비로소 재만몽 3천만 민중은 진정한 공존공영의 이상경을 실현할 수 있다는 주장은 만주국에서 일본군이 국방을 담당하는 것으로 전화되고 선정(善政)주 의, 오족협화의 낙토 만주국으로 선전하는 것으로 이어지고 있다.

그러니까 이시하라 등이 주장한 만몽 영유 정당화의 근간이 되었 던 것은 일본인의 지도에 의해서만 재만몽 각 민족의 행복이 보호되고 증진된다는 생각이었으며, 이러한 행복 후견주의(Eudämonismus)는 만주국의 이상이라고 일본인이 상정한 것(즉 일본 민족을 지도민족으로 하는 '민족협화'와 그에 의해 이룩되는 '왕도낙토')과 가장 긴밀하게 결부되었던 것이다. 다만 둥산성인의 자발적 의사에 기초한 독립이라는 형식을 전면에 내세운 만주국에서는, 만몽영유론이 명확하게 드러내지 않으면 안 되었던 목적론을 정면으로 주장하는 것은 금기시되었으며 정당화론은 건국이념이라는 형태로 전환되어 분출되었던 것이다. 그러나 그것은 관동군의 만몽지배 목적이 바뀌었음을 의미하는 것은 결코 아니었다. 만몽영유론에서 거론된 목적과 그것이 지향하는 범위는 만주국이 관동군의 지도하에 있는 한 불식되는 일 없이 만주국 경영의 기축이 되고 지침이 되었던 것이다.

제2장

만몽에 거주하는
각 민족의 낙토가 될지니

신국가 건설공작과 건국이념의 모색

　이시하라 등의 만몽 영유 구상은 당시 동아시아 세계의 국제질서
를 규제하고 있던, 중국에 관한 9개국 조약,* 태평양에 관한 4개국 조
약,** 부전(不戰) 조약,*** 국제연맹 규약**** 등을 도외시하고, 또한 일·

---

*　워싱턴회의에서 채택된 조약. 중국의 주권 존중, 영토 보전, 문호 개방, 기회 균등 등을
　　주요 내용으로 한다.

**　워싱턴회의에서 미국·영국·프랑스·일본 4개국이 조인한 조약. 태평양상의 각국 영토
　　에 대한 현상 유지를 존중할 것, 분쟁이 생기면 공동회의를 열어 조정할 것, 타국의 침략
　　위협을 받을 경우 유효한 조치에 관해 서로 협의할 것, 그리고 영일동맹을 폐기할 것 등
　　을 규정했다. 이 조약을 주도한 미국의 목표는 중국의 문호개방 정책상 장애물인 영일동
　　맹을 폐기시킴으로써 미국의 우월성을 확보하는 데 있었다.

***　1928년 8월 27일 파리에서 영국·미국·프랑스 등 15개국에 의해 체결된 전쟁 포기에 관
　　한 조약. 파리조약 또는 켈로그-브리앙조약이라고도 한다. 국가정책의 수단으로서의 전
　　쟁을 포기할 뿐만 아니라, 분쟁 해결을 위한 전쟁이 불법임을 선언하고, 체약국 간의 일
　　체의 분쟁 및 사태의 해결은 평화적 수단에 의해서만 해결할 것을 규정하고 있다. 그러
　　나 조약의 규정을 위반한 경우, 이에 대한 제재 방법을 규정하지 못한 한계를 지녔다.

****　국제연맹의 기본법으로서 1차대전 이후 파리평화회의에서 채택된 것이다. 전쟁에 호소
　　하지 않을 것을 약속하고 군비 축소의 필요성을 인정했으며, 상호간에 독립과 영토 보전

중 사이에 계쟁(係爭) 중이었던 사안에 대해서도 그것을 일단 보류한 가운데 발안된 것이었다. 그런 만큼 거기에는 종래에 진행되던 사안들에 구애되지 않고 이시하라와 관동군, 나아가 육군 내 '혁신'파가 만몽에 어떠한 요구를 가지고 만몽에서 무엇을 이끌어내려고 했던가가 직접 표출되어 있다.

그러나 또한 그런 만큼 관동군에 의한 군사점령, 군정실시라는 계획은 현실적으로 실행되면 국제정세는 물론이고 군사적 보급, 행정에 종사하는 인재 보충, 재정 기반 등, 어느 하나를 보아도 도저히 관동군 단독으로 처리할 수 있는 것이 아니었다. 영유안에 대한 육군 중앙부*의 완강한 반대에 부닥친 관동군은 군사적 승리에도 불구하고 독립국 건설안으로 전환하지 않을 수 없었고, 그래서 만주국 건국의 길로 나아가게 되었던 것이다.

물론 군사점령만을 상정해 왔던 관동군에게는 독립국가에 대한 준비가 되어 있을 리 없었기 때문에, 만몽 영유 계획을 기초로 하면서 재만 중국인 및 일본인의 협력을 얻어 새롭게 독립국가로서의 제도를 구상하고 건국이념을 모색하게 되었다. 거기에는 물론 현지 중국인의 의향과 중국 동북부가 놓여 있는 지리적·역사적 배경, 나아가서는 국제정세가 싫든 좋든 반영되었고, 그것이 또한 만주국의 국가적 성격을 강하게 규정했던 것이다.

을 옹호할 것을 약속했다.

* 육군 중앙부란 육군성과 육군참모본부를 아우르는 말로서 '성부(省部)'라고도 일컫는다. 도쿄에 그 근거지를 두고 있었다.

그리고 이 반년도 채 되지 않는 건국에의 짧은 도정에서 일본인은 역사상 처음으로 다민족 복합국가를 형성하는 사태에 직면하였는데, 거기서 다민족 공존의 다양한 꿈들이 새겨지게 되고 많은 희망들이 이야기되었다. 민족 간의 각축에 지친 일·중·조를 비롯한 재만 여러 민족의 인민들이 다툼 없는 평화로운 나라를 절실히 요망한 것은 자연스럽기조차 하다. 물론 그 꿈도 희망도 평화도 관동군이라는 다모클레스의 검 아래 놓인 것에 지나지 않았지만…….

어쨌든 꿈과 희망의 도가니, 만주국의 태동은 시작되었다.

1. 독립국가 건설로의 전환

1931년 9월 18일, 관동군은 오랫동안 꿈꾸어 오던 만몽 영유 계획을 실행하기 위해 류타오후에서 만철선을 폭파하고 이를 "폭려(暴戾)한 지나군"에 의한 것이라고 주장하면서 일제히 군사행동을 개시했는데, 여기서 만주사변(중국에서는 9·18사변이라 부른다)이 발발했다. 이후 약 1만 4백의 병력으로 관동군은 펑톈·잉커우(營口)·안둥(安東, 지금의 단둥)·랴오양(遼陽)·창춘 등 남만주 주요 도시를 점령하고 나아가 독단으로 월경한 조선 주둔군 약 4천의 증원을 얻어 육군 중앙과 정부의 사변 비확대 지시에도 불구하고 전화(戰火)를 확대하여 관할외인 북만주로 진출했으며, 다음해인 1932년 2월 하얼빈 점령으로 둥베이 산성(東北三省)을 제압하기에 이르렀다.

관동군의 군사행동이 이처럼 비교적 원만하게 진행될 수 있었던 배경으로는, 미국·영국이 경제공황에서 아직 회복되지 않았고, 소련은 제1차 5개년 계획 달성에 여념이 없어서 중립불간섭 선언을 하였으며, 장제스가 이끄는 국민당은 '양외필선안내(攘外必先安內)', 즉 국내 통일을 최우선 과제로 하여 비저항주의를 채택하고 공산당 포위·소탕작전[圍剿]에 전력을 기울이고 있었다는 사실을 들 수 있다. 또한 25만의 병력을 가진 둥베이군의 주력 약 11만은 장쉐량과 함께 만리장성 이남에 집결하고 있었고, 그 잔류 부대도 각지에 산재하고 있었는데, 관동군은 이른바 계획적으로 그 허를 찌른 것이었다. 게다가 베이핑(北平, 지금의 북경)에서 요양 중이던 장쉐량이 전화의 확대를 피하기 위해 둥베이군에게 비저항·철병을 명령한 것이 결정적 요인이 되었다.

그러나 요행이라고도 할 만한 이러한 조건하에서 거둔 서전(緖戰)의 압도적 승리에도 불구하고 사변 발생 후 겨우 나흘이 지난 22일, 관동군은 미야케 미쓰하루(三宅光治) 참모장 이하 이타가키, 이시하라, 도이하라 겐지(土肥原賢二) 대좌, 가타쿠라 다다시 대위 등의 막료들이 협의한 결과, 만몽 영유 계획을 단념하고 만몽에 새로운 독립국가를 건설하는 안으로 전환했다.

우리나라의 지지를 받아 둥베이 4성 및 몽골을 영역으로 하여, 선통제(푸이)를 두수(頭首)로 하는 지나정권을 수립하여 재만몽 각 민족의 낙토로 할지니.[1]

이것이 이때 결정된 〈만몽 문제 해결책〉이다. 문면으로 보면 독립정권 수립을 주장하고 있어 독립국가안이라고는 볼 수 없다. 그러나

가타쿠라의 〈만주사변 기밀정략일지〉의 주석에 의하면 독립국이라고 해도 철저한 것은 아니고 "느슨한 형태도 가능하다"고 말하고 있어 그 진의는 독립국가 건설에 있었던 것이다.[2] 이때 이시하라는 영유안을 고집했고, 도이하라는 재만몽 오족공화국안을 주장했지만, 최종적으로는 사변 불확대 방침을 채택한 육군대신과 참모총장으로부터 독립정권안으로 지지를 받아 군비와 병사, 무기의 보충을 얻은 후 실질적으로 독립국가로까지 강행하는 수밖에 없다는 결론에 도달했던 것으로 생각된다. 특히 관동군의 군사행동을 감지한 육군 중앙으로부터 '저지자'로서 파견되었지만, 처음부터 만몽 문제의 군사적 해결을 주장하며 관동군의 행동을 결과적으로 묵인했던 다테카와 요시쓰구 작전부장조차도 만주 영유안에 격렬하게 반대한 것이, "군이 오랫동안 생각해 오던 점령안에서 현저하게 양보"하지 않을 수 없다는 판단으로 이어졌다.[3] 이시하라는 22일의 방침안에 대해 "9월 19일의 만몽 점령 의견을 중앙이 일고(一顧)도 하지 않고, 또한 다테카와 소장조차 전혀 동의하지 않아 도저히 이를 수행할 수 없음을 알고 만곡(萬斛)의 눈물을 삼키며 만몽 독립국안으로 후퇴하였다. 최후의 보루는, 호기가 다시 찾아오면 곧 만몽 영토론이 실현되는 날이 있음을 기약하는 것이었다"라는 의견을 기록하고 있다. 만곡의 눈물을 삼키며 후퇴하여, 기회가 되면 숙원인 만몽 영유 실현으로 전환하기 위한 최후의 진지, 그것이 이시하라의 만몽 독립국안이었다. 1928년 이래 이시하라를 중심으로 관동군이 가다듬어 왔던 만몽영유론은 그것이 실시되기 직전에 육군 중앙의 거부로 어쩔 수 없이 '후퇴'할 수밖에 없었던 것이다. 게다가 최후의 진지인 독립국가안조차 표면에 내놓을 수 없어 친일정권 수립이라는 형태로 진행되지 않을 수 없었다. 그만큼 관동군과 육군 중앙 사이에는 만몽 문제 처리방침과 국내외 정세 판단에서 현격한 차이가 있었던 것이다.

1931년 4월 참모본부는 〈쇼와 6년(1931)도 정세 판단〉을 책정했는데, 거기서는 만몽 문제 해결책으로 국민정부 주권하의 친일정권 수립(제1단계), 독립국가 건설(제2단계), 만몽 점령(제3단계)의 세 단계를 상정했다. 그러나 육군대신과 참모총장 등 군 수뇌부 중에서는 제1단계의 해결책에 대해서조차 반대의 기운이 강한 상황이었다. 이러한 군 중앙의 의향을 고려하여 다테카와는 이시하라 등에게 "선통제를 맹주로 하고 일본의 지원을 받는 정권을 수립하는 것이 득책이다"라고 강경하게 주장했다.[4] 여기서 이시하라 등은 우선 점령 지역을 확대하고 독립국가를 건설하여 실질적으로 만몽 영유와 동등한 효과를 거둔다는 방침하에 10월 2일에는 앞에서 말한 9월 22일안을 더욱 구체화한 〈만몽 문제 해결책〉을 결정했다. 거기서는 국방을 일본에 위임하고, 철도·통신을 일본의 관리하에 두는 것을 조건으로 일본 보호하에 만몽을 독립국가로 건설하기로 했는데, 만약 정부가 이 방침을 받아들이지 않을 경우, "재만 군인 유지는 일시 일본의 국적을 이탈하여 목적 달성으로 돌진한다"라는 것을 결의했다.[5] 또한 그때까지의 "기득권 옹호라는 구표어를 신만주 건설로 바꾸고", 이것을 널리 내외에 선전함으로써 신국가 건설의 기운을 양성해 간다는 것도 결정했다.

그리하여 독립정권 수립이라는 껍데기를 뒤집어쓰고 랴오닝(펑톈)·지린·헤이룽장·러허(熱河)의 둥베이 4성과 내몽골을 영역으로 하는 만몽 독립국가 건설을 추진하게 되었으며, 이를 받아들일 수 있는 중국 측 세력에 대한 공작도 본격적으로 진행하였다. 이미 9월 22일 〈만몽 문제 해결책〉에서도 각 지방의 질서 통제를 위해 지린의 시치아(熙洽), 타오난(洮南)의 장하이펑(張海鵬), 러허의 탕위린(湯玉麟), 둥벤타오(東邊道)의 위즈산(于芷山), 하얼빈의 장징후이(張景惠) 등을 기용할 것을 거론하였다. 이들 "종래의 선통제파로서 우리 군과 연락 관계를 가지고 있는" 사람들에게 각지에서 독립정권을 만들게 하고, 이들 정권의 '자발적' 연합에 의해 중국 본토로부터 분리된 독립국가를 건설한다는 것이 관동군이 세운 건국 계획이었다. 이미 9월 24일에는 위안진카이(袁金鎧)를 위원장으로, 칸차오시(闞朝璽)·위청한(于沖漢)을 부위원장으로 하여 펑톈 지방자치유지회(26일, 랴오닝성 지방유지위원회로 개조)가 조직된 것을 시작으로, 26일에는 시치아가 지린성 장관공서를 설립하여 난징 국민정부로부터의 독립을 통전(通電)하였고, 27일 하얼빈에서 장징후이가 둥(東)성 특별구 치안유지위원회를 설립하였으며, 이외에도 장하이펑·위즈산·탕위린·마잔산(馬占山) 등 거취가 정해지지 않은 군벌에 대해서는 군비·병기·탄약·피복 등의 공여를 통한 매수·회유 공작이 진행되었다. 그렇다고는 해도 시치아와 장징후이 등 관동군이 의존하던 세력도 군사적으로 압도적 우세에 있었던 것은 아니고, 성내에 장쉐량계의 반대 세력이 다수 있었기 때문에, 그 저항에 부딪쳐 아주 불안정한 상황이었다. 또한 '내면적 책동'이라 불린 회유공작이라고 해도 원래 "사변의 성질이 일·지의 항쟁이므로 지나인을 이용하기가 힘들다"라는 상황에서 벗어날 수 없었으며,[6] 그만큼 관동군으로서는 군대의 파견과 위협에 의한 강제적인 귀순공작을 하지 않을 수 없었던 것이다. 그러나 위즈산에게 10만 원, 장하이펑에게 20만원이라는 자금 공여가 효과를 보았는지, 어쨌든 10월 16일자《만주일보》에는 "선통제를 옹립한 독립국가 건설인가―둥베이 각 성이 연대하다"라는 표제 아래 "둥베이 4성의 주권자는 마침내 선통제를 옹립하여 대총통으로 받들고 위안진카이 내각을 수립하여 연방 공화의 일대 독립국 건설로 낙착될 것"이라는 관측기사가 실릴 정도로 전도가 밝아 보였다.

한편으로 이러한 현지 관동군에 의한, 성급하기까지 한 건국공작에 대해, 와카쓰키 레이지로(若槻禮次郎) 내각의 시대라 기주로 외상은, 사변 불확대와 관동군의 조기 철병을 국제적으로 표명하고 있던 상황에서 독립국가 건설은 물론이고 관동군이 독립정권 수립에 관계하는 것에도 완강히 반대하였고, 만주사변 처리에 대해서도 난징 국민정부와의 교섭을 주장했다. 이에 대해 그때까지 내각의 불확대 방침에 동조하고 있던 육군 중앙부는 9월 30일 만몽에 중국 본토로부터 독립된 정권을 수립할 방침을 결정하고, "제국은 이면(裏面)에서 이 정권을 지도·조종하여 그들로 하여금 자발적으로 제국을 믿고 따르게 한다"라고 하여 시데하라 외교와는 다른 코스를 걷기 시작했다. 그리고 10월 8일 국제연맹의 움직임을 견제하기 위해 관동군이 장쉐량 정권의 이주지 진저우(錦州)를 폭격함으로써 시데하라가 지향했던 조기 철병과 난징 국민정부와의 교섭은 궁지에 몰렸다. 설상가상으로 관동군과 호응한 10월사건*이라 불리는 쿠데타 미수사건이 발각되었는데, 그 수

---

* 1931년 10월에 발각된 군부 급진파의 쿠데타 계획. 3월사건에 실패한 하시모토 등의 사쿠라카이 간부들은 민간우익인 오카와 슈메이, 니시다 미쓰기(西田稅) 등과 협력하여 보병 10개 중대, 해군 항공대 등을 동원해서 와카쓰키 수상 등 내각 요인을 암살하고 아

사과정에서 관동군 독립의 정보가 새어나가 상황이 더욱 악화되면서 군 중앙부는 관동군에게 끌려가는 형국이 되었다. 결국 10월 23일 이마무라 히토시(今村均) 참모본부 작전과장이 관동군 막료에게 "만주에서 일본의 의사대로 움직일 정치중심"의 형성을 "하루라도 빨리 서두르라"는 전언을 보내기에 이르렀다.

다음날인 10월 24일 국제연맹 이사회는 일본에 대해 11월 16일을 기한으로 만주에서 철병하라는 권고안을 13대 1로 표결하였다. 그러나 관동군은 마치 이에 도전하듯, 같은 날 〈만몽 문제 해결의 근본 방책〉을 결정하여 "신국가 건설운동은 표면적으로는 어디까지나 지나인의 손에 의해 이루어지지만 내면적으로는 한층 더 강력한 지지를 보내 이를 촉진"한다는 방침을 확인했다. 구체적으로는 관동군의 "내면적 지지에 의해 신속하게" 지린·헤이룽장·랴오닝 3성에 의한 "연성(連省) 통합을 행하고, 이로 하여금 우리의 요구조건을 용인하는 신국가의 수립을 선언케 한다"라는 수순을 밟기로 했다.[7]

그러는 동안 일본 국내에서는 "만주사변에서 군부가 정부를 끌고 가는 것처럼 보인 것은 실제 여론이 정부보다도 오히려 군부를 지지했기 때문이다. 군부가 정부를 이끌어가는 것이 아니라 여론이 정부를 편달했던 것이다"라는 관찰이 있을 정도로 관동군의 행동을 지지하는 목소리가 높았다.[8] 이런 현상이 나타난 이유로는 우선 1929년 가을 이래 세계공황에 의해 "자본주의 일본의 국민경제가 막다른 골목에 다

라키 사다오(荒木貞夫) 육군중장을 수반으로 하는 내각을 수립하기로 계획했다. 사전에 발각되어 미수에 그쳤으나, 와카쓰키 내각은 총사퇴하고 그다음 이누카이 내각에서 아라키가 육군대신으로 취임했다.

다라" 국민이 만몽에서 그에 대한 해결을 구했다는 경제적 배경을 들수 있다.[9] 또 다른 하나는 장쒀린 폭살 사건으로 만몽 문제를 단번에 해결할 수 없었던 것에 대한 반성으로 군부가 "앞으로는 반드시 여론의 후원이 필요하다는 것을 깨닫고 어떻게 하면 여론을 환기시킬까를 연구하고 조직적으로 목적을 달성하기를 도모하"면서 매우 정력적으로 여론 조작을 추진한 것도 한 원인이었음에 틀림없다.[10] 이러한 상황 속에서 11월에는 사회민중당*도 만주사변 지지를 결의하고, 12월 11일 와카쓰키 내각의 총사퇴에 의해 시데하라 외교가 종언을 맞이하는 등 사태는 급전되었고, 만몽 처리에 관해서는 관동군이 주도권을 장악하게 되었다.

그리하여 12월 23일 육군 중앙은 〈성부(省部)협정** 제1안〉을 통해 만몽을 "우선 지나 본토정부로부터 분리·독립시켜 하나의 정부의 통치지배 지역으로 하고, 순차적으로 제국의 보호국적 국가로 유도하"기로 결정하여, 그때까지 독립정권에 머물러 있던 단계에서 보호국화라는 형태의 독립국가 승인으로 전환했다. 여기에 이르러 독립국가 건설 방침이 최종적으로 확정되어 "금후의 건설은 중앙과 말단이 일치된 보조를 취하여 시행한다"고 결정했다.[11] 이어서 1932년에 들어서면,

---

* 노동농민당 우파가 탈당하여 1926년에 결성한 우파 무산정당. 중심은 아베 이소오(安部磯雄), 가타야마 데쓰(片山哲)이며, 자본주의의 합법적 개혁, 급진주의 배척, 근로계급의 생활 확립 등 사회민주주의노선을 강령으로 삼았다. 1932년 국가주의적 색채가 농후한 아카마쓰 가쓰마로(赤松勝麿) 등이 분열되어 나갔으나, 나머지 사람들은 중간파인 전국 노농대중당과 합동하여 사회대중당을 결성했다.
** '성부'란 육군성과 육군참모본부를 아우르는 말이고 '성부협정'이란 육군성과 육군참모 본부의 합의에 의해 성립된 협정을 말한다.

이타가키의 상경을 요구했던 일본 정부는 1월 6일 육군성·해군성·외무성의 3성협정안으로서 〈지나문제 처리방침 요강〉을 제시하여, 관동군에 의해 진행되고 있던 연성통합정권에 의한 독립국가 건설공작을 추인하는 한편, 난징 국민정부와의 "직접 교섭은 가능한 한 이를 미룬다"는 정책을 취하여, 독립국가 건설을 기정사실화함으로써 "만몽에 대한 일체의 주장을 자연스레 단념시키도록 한다"는 방침을 확인했다.

이로써 관동군의 독단에 의해 개시된 만주 영유 계획은 독립국가 안으로 전환되어 마침내는 국책으로 인정되기에 이르렀던 것이다. 그러나 국제정세로 눈을 돌려보면 류타오후 사건 이래 중국 각지에서 대일 불매운동과 항일투쟁이 한층 격화되었고, 미국 국무장관 스팀슨(Henry Lewis Stimson)이 일본의 행동을 침략으로 격렬하게 비난하는 등, 국제적으로는 일본이 의도한 대로 "만몽에 대한 일체의 주장을 자연스레 단념시키도록 한다"는 방침을 실현하기가 매우 곤란한 정세였다. 그 때문에 이타가키는 상하이 일본공사관 무관 다나카 류키치(田中隆吉) 소좌에게 상하이 사변*을 일으키게 하여 중국과 각국의 관심을 만주로부터 멀어지게 했다. 이 사건에 의한 사상자는 약 4만 명, 가옥 파괴는 약 16만 호에 이른다고 한다. 그것이 건설공작으로부터 눈을 돌리게 하기 위해 치러진 희생이었다. 그리고 그사이에 관동군 막료들

---

* 1932년 1월 상하이에서 중국군과 일본군 사이에 일어난 무력 충돌 사건. 일본 군부는 만주사변에 쏠린 세계 여론을 분산시키고 중국의 항일운동을 탄압하기 위해, 자신들의 모략에 의해 상하이 시내에서 일어난 일본인 승려 상해 사건을 구실로 하여 상하이 점령을 계획했다. 그러나 중국 민중의 저항과 국제연맹 제소, 미·영의 항의 등으로 실패로 끝나, 5월에 정전협정이 성립되었다.

은 2월 5일부터 10차례에 걸쳐 건국회의를 개최하여 건국 일정과 국제(國制)의 세부 항목 확정을 거듭하였다. 이를 이어받아 2월 16일 펑톈에서 장징후이·쨩스이(臧式毅)·시치아·마잔산·탕위린·치메트셈필(齋默特色木丕勒)·링성(凌陞) 등 만몽의 유력자를 모아 둥베이 행정위원회를 조직하였고, 18일 이 위원회 명의로 "이로써 당국(국민) 정부와 관계를 끊고 둥베이 성구(省區)는 완전히 독립하였으니 (…) 이는 한편으로 우리 동아 각 종족 인민을 위해 행복을 찾는 길이다"라고 선언하였으며, 마침내 3월 1일 둥베이 행정위원회 위원장 장징후이의 저택에서 만주국 건국을 선언하게 되었던 것이다.

그리하여 둥베이 각지에서 지역마다 자치위원회와 자치정권을 결성하여, 이를 중앙으로부터 분리시켜 자치 혹은 독립을 선언케 하였고[分而治之], 다음으로 이것을 통합하여 새로운 정권을 만드는 한편, 그동안 중앙정권과의 직접 교섭은 될 수 있는 한 연기하여 기정사실로 만들어서 일체의 주장을 자연스럽게 단념시킨다는 방식으로 만주국은 건국되었던 것이다.

그리고 이러한 '분단 → 통합' 수법이 만주국 건국에서 어쨌든 성공함으로써 1935년 이후 본격화되어 가는 화북·화중에서의 점령지 통치, 즉 1935년 11월의 지둥(冀東) 방공자치위원회(허베이성), 1936년 5월의 내몽골 군정부(차하얼察哈爾성), 1937년 10월의 몽골연맹 자치정부(1939년 9월 몽골연합 자치정부), 1937년 12월의 중화민국 임시정부(베이징), 1938년 3월의 중화민국 유신정부(난징)의 수립 등에서 이 방식이 답습되어 최종적으로 그것을 통합하는 중앙정권으로서 1940년 3월 난징 중화민국 국민정부가 수립되었던 것이다. 그런 의미에서 만

주국 건국 공작은 일본의 중국 점령지(중국에서는 윤함구淪陷區라 한다)
통치 형태, 이른바 '분치합작(分治合作)' 방식의 원조가 되었다고 할 수
있다.

그러나 이것은 만주국 건국 공작이 아무런 저항도 받지 않고 관동
군의 뜻대로 진행되었다는 것을 의미하지는 않는다. 오히려 표면상의
원만한 추이와는 반대로 내실에 있어서는 관동군과 각지의 다양한 정
치세력은 서로 불신감에 차 있었는데, 거기에는 정치적 이해관계가 대
립되면서도 그것이 오히려 독립국 건설에 박차를 가했다는 아이러니
가 감춰져 있었다.

2. 성정부 독립공작과 이시하라의 전환

그런데 지역 정권을 중앙정부로부터 독립·분리시켜 그것들을 다
시 통합해 가는 건설 공작이 그럭저럭이라도 이루어지기 위해서는 현
지에 이런 요청에 걸맞은 인재나 정치세력 같은 파트너의 존재가 불
가결했다는 것은 말할 것도 없다. 만주국 건국 과정에서는 9월 22일
〈만몽 문제 해결책〉에 이름이 거론되어 있듯이 랴오닝성의 위안진카
이, 지린성의 시치아, 둥성(東省) 특별구*의 장징후이 등에 의해 치안유
지를 위한 자치단체가 차례차례 결성되어 이것들이 연성 자치에 의한
건설 공작의 응집핵으로서 기능했던 것이다.

---

*   구만주국에서 하얼빈과 동지(東支)철도를 관할하던 행정 구역.

물론 이러한 지역 권력이 성립한 경위와 거기에 참가한 사람들의 생각이 일률적이지는 않았고 다양한 지향과 이해관계가 얽혀 있었던 것은 말할 것도 없다. 물론 공통된 조건도 있었다. 예를 들면 장쉐량 정권에 의해 임명된 지방관리의 피난·도망으로 지방행정과 치안유지의 기능이 마비되었기 때문에 이를 대체할 기관으로 자치단체가 요청되었다는 사실이다. 전란에 의한 정치권력의 공백기에 지역마다 자치단체를 결성하고 민생 회복을 위한 자구책을 강구하는 것은 여러 차례 전쟁의 참화를 겪었던 중국 사람들에게는 몸에 밴 일상다반사이기도 했기에 만주사변에서도 각지에 치안유지회가 여기저기 생겨났다. 다치바나 시라키(橘樸)는 이것을 '자료행위(自療行爲)'라 불렀는데, 이것들이 자치단체에 머물지 않고 나아가 관동군에 동조하고 장쉐량 정권으로부터의 독립을 선언하기에 이른 것은 관동군의 강제 때문이기도 하지만 중국 둥베이 지방 특유의 지리적 조건과 대외적·역사적 배경, 그리고 당시의 정치정세에 대한 현지세력 나름의 판단이 작동하고 있었기 때문이기도 하다. 왜 장징후이 등은 관동군에 동조했을까? 이 점에 대해서, 어디까지나 일본인 입장에서의 관찰이긴 하지만, 오하시 주이치(大橋忠一) 하얼빈 총영사는 1931년 10월 4일부로 시데하라 외상에게 보낸 전보에서 다음과 같은 세 가지를 들고 있다. 첫째로 장징후이 등은 일러전쟁 이래로 일본의 실력을 잘 알고 있었고, 역사적 경과로 보아도 장쉐량처럼 영·미와 결탁하기보다도 일본과 경제상의 공존공영을 도모하는 편이 폐해가 적다고 보았다. 둘째로 그들이 중국 둥베이를 둥베이인의 둥베이로 여기는 "일종의 민족적 지방주의(provincialism) 관념을 가지고 보경안민주의(保境安民主義)로 기울었고 만주마저 지나 본토의 온전한 일부로 만들려는 장쉐량의 생각에 강한 반발심을 가지고" 있었기 때문에 관동군의 둥베이 분리안에 동조하기 쉬웠다. 그리고 마지막으로 "소련의 둥베이 진출 및 지나의 적화에 대해 극단적인 공포와 증오를 느끼고 있어 이와 대항하기 위해서도 일본의 원조를 기대"하지 않을 수 없었다는 것이다.[12] 일본 측과 교섭이 있었던 세력이 장쉐량 정권의 정책과 배치되고 반목하는 입장에 있었다는 사실, 나아가 장쭤린 시대부터 친일적이었기 때문에 장쉐량의 배일 정책하에서는 당연히 배제되고 있었다는 사실 등으로 추측해 보면 오하시의 관찰이 완전히 틀렸다고는 할 수 없다.

그러나 이러한 조건이 존재한다고 해서 반드시 이들이 관동군에게 동조했던 것은 아니다. 동조의 의도와 양태도 천차만별이었고 관동군이 외부에 선전했던 것처럼 둥베이 4성이 한목소리로 중국 본토로부터 독립하기를 원했던 것도 아니다. 예를 들면 지린의 시치아의 경우, 만주족의 기인(旗人)*으로서 청조 복벽을 원했기에 적극적으로 관동군을 이용할 의도를 가지고 활동했다. 게다가 지린에는 '지린 먼로주의'라 불리는 지역 독립에 대한 지향성이 강했다는 사정도 있고 해서 장제스 정권과 국민정부로부터의 분리·독립을 추진하는 관동군의 공작에 응하기 쉬웠다는 측면이 있다. 그러나 지린성 임시정부 내에서

---

* 청나라의 팔기제도(八旗制度)에 속한 사람들의 총칭. 청나라는 후금 시대에 그들의 부족제를 기초로 팔기제도를 만들고 이를 정치·군사 조직으로 삼았는데, 청나라가 성립하자 정복자의 사회제도와 그에 입각한 군사제도가 되었다. 기인은 만주인, 중국인, 몽골인이 중심이었으며, 소수의 조선인·러시아인·터키인도 있었다. 기인 중에도 노예 신분이 있는 등 사회 계층이 넓었으나, 대체로 행정·사법 면에서 기지(旗地)의 지급, 조세의 면제, 재판상의 우위 등 일반인보다 우대되었다.

도 "시치아 장관은 우리 군 앞에서는 어쩔 수 없이 임시정부를 만들었지만 (…) 끝까지 함께 간다는 각오가 결여되어" 있을 뿐만 아니라 "실각자는 물론이고 일반 사람들의 인심은 재빨리 신정부로부터 이반하고 있다"라는 보고가 이루어지는 상태였다.[13] 또한 헤이룽장성의 장징후이의 경우 그는 만몽독립론의 급선봉이었지만, 이에 반대하는 마잔산, 장쭤샹(張作相), 완푸린(萬福麟) 등의 군벌에 비해 열세였고, 정치기반이 아주 미약했다.

이러한 상황 속에서 관동군이 연성 통합의 중핵으로서 가장 중시했던 랴오닝성에서는 표면상으로는 사변 발발 후 곧 위안진카이를 위원장으로 지방자치유지회가 조직되었지만, 장쉐량 정권의 본거지였다는 점도 있고 해서 관동군의 생각대로 사태가 진행되지는 않았다. 위원장이 된 위안진카이는 둥베이 정무위원회 위원과 국민정부 감찰위원 등을 지낸 펑톈 문치파 거두였는데, 사변 후 문관은 체포하지 않는다는 관동군 성명을 믿었다가 구류되어 위원장 자리에 올랐던 것이다. 그리고 관동군의 독립선언 요구에 대해서도 "만약 강요한다면 도망갈 수밖에 없다. 지방유지위원회는 무정부 상태를 잠정적으로 안정시키는 과도적인 편법에 불과하고 나도 그런 의미에서 이에 관계하고 있을 뿐이다"라고 말하며 소극적 협력의 태도를 취하고 있었다.[14] 물론 위안진카이도 문치파로서 "중국의 내쟁(內爭)에 휘말리지 않기 위해 둥베이는 국민정부와 분리하여 민정을 하고 싶다"는 보경안민주의를 희망하고는 있지만[15] 독립정권 구상에 대해서는 "진저우에 정부가 있기 때문에 사실상 독립은 불가능한 것이고, 무뢰한이라면 모를까 지식계급 중에는 독립을 생각하는 자가 없을 것"이라고[16] 아주 부정적인 "견해를 피력했다. 위안진카이를 비롯하여 지방자치유지위원회 위원들 사이에서 관동군의 의향에 반하여 독립정권 구상을 기피하는 기운이 강했던 것은, 병력으로 보면 우위에 있던 장쉐량군이 실지를 탈환하여 펑톈으로 돌아올 가능성이 충분히 있었기 때문에 그런 것만은 아니었고, 항일운동이 고조되는 가운데 위원회 위원들을 매국노라고 하며 이들을 주살하겠다고 하는 라디오 방송과 삐라의 존재가 심리적 억제 요소로 작용했기 때문이기도 했다. 또한 위안진카이뿐만 아니라 많은 사람들이 둥산성의 시국을 수습할 수 있는 것은 장쉐량이나 지린성장이었던 장쭤샹, 혹은 관동군에게 연금되어 있던 쌍스이밖에 없다고 보았고, 이 점에서도 이들은 장쉐량과 장쭤샹 등의 세력을 일소하려 했던 관동군과는 먼 거리에 있었다.

10월 4일 관동군이 〈관동군 사령부 공표〉를 발하여 "지금 정권수립운동이 각지에서 발생하고 있으며 서민은 모두 황군의 위용을 구가하고 있어 구당수를 추대하려는 움직임이 티끌만큼도 없는데, 이는 오랫동안 군벌의 사욕이 낳은 횡포에 분개한 결과일 따름이다"라고 장쉐량을 부인하고 구정권을 철저하게 배제할 것을 강조하며 각지의 정권을 통해 "만몽 재주 3천만 민중을 위해 공존공영의 낙토를 속히 실현하자"고 강조했던 것은, 랴오닝성 지방유지위원회뿐만 아니라 일본 정부 내에서도 뿌리 깊었던 장쉐량 복귀 대망설을 잠재우고 독립국가 건설을 단호하게 추진하기 위해서였다. 또한 관동군은 이런 의도를 명확하게 드러내기 위해 10월 8일 진저우 폭격을 단행하며 장쉐량 정권 복귀 가능성을 차단하는 행동에 돌입했는데, 이 때문에 일본이 주장하고 있던 자위 행동이라는 정당화는 근거를 잃었고 미국, 영국, 프랑스 등은 대일 강경 자세로 전환해 갔다.

그리하여 되돌릴 수 없는 선을 넘어버린 관동군으로서는 랴오닝성 지방유지위원회로 하여금 성정부를 대행하게 하고 장쉐량 정권 및 국민정부와의 관계 단절을 선언케 하는 것 외에는 선택지가 없었다. 그러나 이에 대해서도 국민정부와의 관계 단절을 성명하는 것은 "국민으로부터 매국노라는 소리를 면하기 어렵다는 논의가 분분하여" 거절하는 의향이 강했다.[17] 그 때문에 화가 난 "군사령부가 위안진카이에게 압력을 가한 결과 (…) 군 측의 요구대로 정권 대행의 포고 가운데 장쉐량 구정권 및 국민정부와 관계를 단절한다는 자구를 넣기로 결정하여" 11월 7일 이를 정식으로 발표하기에 이르렀다.[18] 이때의 정황에 대해 가타쿠라의 〈만주사변 기밀정략일지〉에는 "위안진카이는 군사령부에 불려오자 생명의 위험을 느껴 전전긍긍했다. 그러나 그렇게 쉽게 지방유지회 명의의 독립선언문을 쓰게 할 수는 없었다. 군도 어쩔 수 없을 경우 그를 연금할 준비를 했다"라고 적고 있으며,[19] 참모본부가 편찬한 《만주사변사—만주사변에서의 군의 통사(안)》에서도 "그 진정을 헤아린다면 오히려 한 줄기 눈물이 없을 수 없으나 결국 이를 설득하다"라고 기록되어 있을 정도였다.[20] 이로써 당시 정황의 일면을 엿볼 수가 있을 것이다.

그 결과 랴오닝성은 독립했다(11월 20일 평톈성으로 개칭). 그러나 위안진카이는 "여전히 우유부단하여 정식 성장이 되려 하지 않아 일시 성정 대행이라는 형식을 취"하게 되었는데,[21] 이 무렵 미국인 저널리스트 스노(Edgar Parks Snow)*와 회담한 위안진카이는 다음과 같이 자신의 심경을 토로하고 있다.

나는 만주의 지배자는커녕 이 성의 성장이 되고 싶은 생각도 없다. 그런 지위는 의미가 없을 뿐만 아니라, 성가시기만 하다. 나는 만주가 중국에서 분리되지 않기를 진심으로 바라고 있다. 내 서명이 들어간 독립선언은 가짜다. 그것은 일본 군부가 기초한 것이고 나는 군의 강제하에 서명했을 뿐이다.[22]

이 인터뷰는 미국에 타전·공표되었고, 이로써 "위안진카이는 외국인에게 최근 이런 종류의 불평을 토로한 적이 있기 때문에 군부는 한층 감시를 엄하게 하여 악선전을 저지하"였다.[23] 그러나 위안진카이는 한술 더 떠, 몰래 장쉐량과 연락을 취하며 나중에 장쉐량이 펑톈으로 복귀할 경우를 예상하고 정식 성정부 수립에 계속 반대하는 태도를 취했다. 이 때문에 "신국가 수립을 위해서는 반드시 짱스이를 기용하고 위안진카이를 배척할" 필요가 있다고 하여[24] 짱스이를 성장으로 내세워 정식으로 펑톈성 정부를 조직하게 되었다. 짱스이는 1911년 일본 육군사관학교를 졸업했고, 둥산성 병기공장 감독 및 랴오닝성 정부 주석을 지냈으며, 사변발생 후 3개월간 감금 상태에 있었다. 짱스이가 석

* 1905~1972. 미국의 신문기자. 1928년 상하이로 건너가 《차이나 위클리 리뷰》 부편집장으로 활약하면서 중국문제 연구에 전념했다. 《뉴욕 선》, 《런던 데일리 헤럴드》 등의 잡지 특파원으로 극동·중동 여러 나라를 취재했다. 저작 활동으로는 1932년에 《극동전선》을 출판하고 1936년에 외국인으로는 처음으로 옌안(延安) 지구에 들어가 마오쩌둥과 회견하고 저술한 《중국의 붉은 별》로 중국공산당의 실태를 소개했다. 중일전쟁 발발 이후 《아시아 전쟁》을 출판한 후, 본국으로 돌아가 평론 활동을 계속했다. 또한 전후에 중국을 방문하여 마오쩌둥, 저우언라이 등과 회견하고 중국의 실정을 소개하는 등 중국 사정에 정통한 기자로서 세계적인 명성을 얻었다. 《아리랑》을 쓴 님 웨일스는 그의 아내다.

방될 때 이타가키는 그에게 앞으로 적극적으로 둥산성 정권을 조직할 것, 둥산성 내에 일본군을 주재시켜 국방을 위임하고 그 군사비를 부담할 것 등을 요구하였는데, 짱스이는 신변의 위험을 느껴 미리 준비된 문서에 서명하지 않을 수 없었다고 한다.[25] 이 가운데 일본군 주재라는 조건은 나중에 등장할 〈일만의정서〉에서 정식으로 규정된다. 덧붙여 말하면 짱스이의 어머니는 감금되어 있는 아들에게 감시의 눈을 피해 밥그릇 밑에 아편을 넣어 보내 순국할 것을 암시했는데, 짱스이가 투항하여 석방된다는 사실을 알자 목을 매고 자살했다고 한다.[26]

이러한 곡절을 거쳐 12월 16일 드디어 지방자치유지위원회를 해산하고 짱스이를 성장으로 하여 펑톈성 정부가 독립된 형태를 갖추었다. 같은 날 관동군은 〈관동군 사령부 공표〉를 발표하여, "지금 펑톈, 지린 두 성은 각각 자립의 형태를 갖추어 구정권과 관계를 끊었고 헤이룽장성도 그 진용을 바꾸었으며, 러허성 및 내몽골도 또한 완전히 이에 호응한 것과 마찬가지다. 재만몽 3천만 민중 모두가 선정을 갈망하고 돌아올 무언가를 간절히 기다리고 있다"라고 하여 독립국가 "건설의 기운이 모든 곳에서 활발하게 약동하는 것을 느낄 수 있다"라고 떠들썩하게 선언했다.[27] 그러나 헤이룽장성을 관동군이 완전히 제압하기까지는 아직 2개월, 러허성을 여기에 보태기에는 1년 반이라는 시간이 필요했다.

그런데 이런 건국 공작의 진전에도 불구하고 만곡의 눈물을 삼키고 독립국가안으로 후퇴하지 않을 수 없었던 이시하라의 머릿속에서 만몽 영유 구상이 완전히 사라진 것은 아니었다. 10월 1일에 기안한 〈만몽 통치방책〉에서도 "일본의 무력으로 둥베이 4성의 통일 안정을 확보하고 그 엄호하에 지나인으로 하여금 적합하고 간단명료한 정치를 행하게 한다"라고 하여 현과 시 단위에서는 "진정으로 한(漢)민족의 특성에 맞는 제도"에 따른 자치에 맡기지만 중앙에는 만몽 총독부를 두어 실질적인 군사지배를 행한다는 방침을 제기하고 있다.[28] 선통제 푸이를 원수로 하는 독립국가의 골격이 거의 굳어져 가고 있던 12월 2일에 이르러서도 "신만몽의 건설은 최고지배를 지나인에게 맡겨서는 끝내 불가능하다. 기껏 만들어봐야 종래와 마찬가지 폐해에 시달릴 것은 뻔한 일이다. 고로 백척간두 일보를 나아가 중앙정부는 이를 완전히 일본에 위탁해야 한다"라고 단언하고 있어 독립국가 건설에 여전히 난색을 표하고 있었다.[29]

그러나 만몽영유론에 대한 이시하라의 집착과 고집에도 불구하고, 펑톈성이 독립하고 짱스이를 축으로 시치아, 장징후이에 의해 연성 자치를 통한 독립국가 건설이 구체적 일정에 오르게 된 12월 말에 이르면, 만몽영유론을 완전히 버리지 못하고 있던 이시하라도 만주 독립국가안으로 전환하지 않을 수 없게 된다.

이시하라는 이렇게 전환한 이유를 나중에 "만주사변 와중에 있던 만주인 유력자들이 보여준 일본군에 대한 적극적 협력과 강렬한 군벌 타도의 기운, 그리고 그런 심정에서 나온 헌신적인 노력, 나아가 정치적 재간의 발휘를 직접 목도하면서" 중국인의 정치 능력에 대한 회의를 일소했기 때문이라고 설명하고 있다. "상대 민족에게 정치적 능력이 없다면 모를까 능력을 인정하고 신뢰를 둔 이상 점령하여 이를 통치할 필요는 없다"고 판단했다는 것이다.[30] 이미 말했던 것처럼 이시하라는 만몽 영유를 정당화하는 근거 가운데 하나로 중국인의 국가 형성력과 정치적 능력의 결여를 들고 있었다. 이 점에 대한 인식을 바꾼 이상 독립국가론으로 전환했다고 해도 이상할 것은 없다. 그러나 지금까지 보아온 중국 측 요인의 반응에 비춰보더라도 그것이 이시하라의 본심이었다고는 도저히 생각되지 않는다. 더군다나 독립국가론으로 전환한 후에 이시하라가 중심이 되어 마련했던 1932년 1월의 〈이타가키 참모 상경에 맞춰 내린 지시〉(〈만주사변 기밀정략일지〉에 수록)에서는 독립국가가 필요한 이유를, 독립정권으로 하면 중국 중앙정부로 복귀할 우려가 있기 때문이라고 하고는 다음과 같이 말하고 있다.

현재 각 성의 신(新)정권자는 전항의 경우(중앙정부로 복귀할 경우) 반역자 취급을 받기 때문에 불안에 떨며 일본과의 합작 및 정권자로서의 집무도 적극적으로 행하지 않는다. 따라서 이때 확실히 지나 본토와 이탈시키기 위해 명실공히 독립국가로 할 필요가 있다.[31]

여기에 드러난 관찰은 이시하라가 독립국가로 전환한 이유로 내건 것과는 정반대이다. 이시하라가 독립국가안을 적극적으로 지지하게 된 것은 현지 중국인의 정치 능력을 인지했기 때문이 아니라 중앙정부로 복귀할 경우를 생각하며 몸을 움츠리고 있던, 각 성정부를 구성하는 중국인에 대한 불신감으로 말미암아 이른 막다른 지점에서 선택한 결단이었던 것으로 보인다. 물론 대세 때문에 독립국가로 결정하긴 했지만, 이시하라에게는 각 성의 신정권 관계자와 관동군 막료가 서로에 대해 가지고 있던 시의심과 불신감을 불식시키기 위해서라도 독립국가라는 형식이 필요했던 것이다. 이른바 퇴로를 차단하여 싫든 좋든 일련탁생(一蓮托生)의 운명공동체로 끌어들이기 위해 독립국가안으로 전환해야 했던 것이 실정이 아니었을까. 물론 육군 중앙까지 독립국가 건설로 확정한 이상 이시하라 혼자서 만몽영유론을 고집할 수는 없었을 것이고, 그동안 나타났던 민족협화와 왕도낙토 같은 건국이념을 접한 것도 전환을 재촉하는 요인이 되어 "형식상으로 말하자면 점령론의 방기는 소극적인 측면으로의 전환 같지만 실제로는 오히려 반대로 커다란 전진이며 적극적인 측면으로의 비약적 약진"이었다고 생각을 돌이키게 된 점도 있을 것이다.[32] 그리고 만몽영유론에 계속 집착하다 일단 독립국가론으로 전환하게 되면 오로지 그 방향으로 밀고 나가 극한까지 이르지 않으면 멈추지 않는 것이 이시하라라는 인물의 특성이기도 했다.

이시하라는 1932년 1월 11일 아사히신문사 주최로 열린 일·중 인사 좌담회에서 "원래 이런 회합에 참가하는 것을 좋아하지 않지만, 동지에게 내가 전향한 심정을 전하고 싶어 무리하게 출석"해서, 처음으로 만주국 독립에 대한 생각을 공개석상에서 밝혔다.[33] 거기서 그는 신국가 건설에 대해 "일본인, 지나인의 구별이 있어서는 안 된다. 따라서 부속지 관동주도 전부 반납하고 관동장관도 실업 상태"가 되어야 하며, "일본의 기관은 최소한도로 축소"하고, 또한 재만 일본인도 "신국가에서 활동하고 싶은 사람은 그 국가로 국적을 옮겨"야 한다는 대담한 발언을 거듭한다.[34] 게다가 이 발언조차 신문사 측이 발표에 맞춰 완곡한 표현으로 바꾼 것이었다고 한다. 이시하라가 생각한 만주국상과, 다른 관동군 막료의 그것 간의 괴리가 일찍부터 생겨나고 있었던 것이다. 그것은 또한 군사적 의의라는 시점에서 냉철하게 만몽을 바라

봐 왔던 이시하라가 현지에서 전개되고 있던 건국운동의 다양한 이념을 접하고 크게 변했다는 증거이기도 하다.

이시하라가 이처럼 만몽 영유 구상에서 독립국가 건설로 전환한 것은 당연하게도, 관동군을 유일한 추진력으로 하는 국면에서, 관동군을 중핵으로 하면서도 관동군이 현지의 다종다양한 세력의 주장을 통합하면서 건국 공작을 해나가는 국면으로 진전되었음을 의미했다. 이시하라도 또한 이러한 여러 사상조류와의 조우를 통해 세계 최종전에서 승리하기 위한 전략·병참기지 국가 건설이라는 군사적 리얼리즘과, 민족협화의 왕도낙토 건설이라는 아이디얼리즘의 두 가지 극점 사이에서 크게 요동하게 된다.

3. 위청한과 보경안민 비양병주의

그런데 이시하라가 독립국가안으로 전환한 이유 가운데 하나가 각성의 신정권 관계자에 대한 씻기 어려운 불신감이었음은 앞에서도 말했다. 그러나 이시하라가 중국인 모두에게 불신감을 품고 있었던 것은 물론 아니다. 만약 그랬다면 끝까지 만몽영유론을 고집하고 있었을 것이다.

앞에서 말한 일·중 인사 좌담회에 출석했을 때 이시하라는 어느 중국인의 말에 깊은 감명을 받았음을 만주국 건국 8주년 기념일의 강연에서 다음과 같이 말하고 있다.

주최자가 갑자기 만주는 독립국으로 하는 것이 좋겠습니까, 독립정권으로 하는 것이 좋겠습니까 하고 묻는 것이었습니다. 여러분들은 이 일을 잘 모르겠죠. 8년 전에 만주의 독립에 대해서는 일본의 군인들 가운데에서도 그건 무리다, 내몽골처럼 지나의 주권하에 있으면서 독립정권으로 하는 게 온당하다는 생각이 당시 지배적이었습니다. 그때 아사히신문사 주최자가 "위청한 선생, 만주는 독립국으로 하는 게 좋겠습니까, 독립정권으로 하는 게 좋겠습니까" 이렇게 묻는 겁니다. 그러자 곧바로 위청한은 "독립국이어야 합니다"라고 확실하게 대답했어요. 이것이 지나인입니다. 지금의 왕자오밍(汪兆銘) 씨보다 더한 용기였다고 생각합니다. 만주의 요인이 신문사 개최 좌담회에서 자진해서 독립국이 되어야 한다고 단언한 것이었지요. (…) 중요한 위치에 있으면서 아무런 거리낌도 없이 자발적으로 만주는 독립국이어야 한다고 말한 만주의 대관은 그다지 많지 않은 듯합니다. 오늘날 만주국 건국 기념일에, 내 개인적으로 아무런 깊은 연고도 없습니다만, 건국의 최고 공로자인 위청한 씨의 공적을 여러분 앞에서 발표할 수 있는 것은 나의 커다란 기쁨입니다.[35]

이처럼 이시하라는 위청한이라는 인물을 '건국의 최고 공로자'로 칭찬했던 것이다. 물론 그것은 만주의 대관 가운데 독립국을 주장한 자는 그리 많지 않았다는, 이시하라가 엉겁결에 내뱉은 사실 속에서 위청한의 존재가 오히려 돋보였음에 지나지 않을지도 모른다. 그러나 그 수가 많고 적음은 차치하고서라도 중국인 가운데 이념과 실천에서 만주국 건국에 큰 기여를 한 인물로 위청한을 든 것은 결코 부당한 것이 아니었을 터이다. 그런 평가는 위청한이 관동군에게 아첨하기 위해 자발적으로 그 주구가 되었음을 곧바로 의미하지는 않는다. 아마 위청한은 그 나름의 신념이었던 보경안민주의(保境安民主義)의 입장을 거기서 표명했음에 지나지 않을 것이다. 그러나 독립국가 건설을 내걸었지만, 이시하라의 반대를 포함하여 확고한 이념조차 정하지 못하고 있던 관동군에게는 중국 동북부에 중국 본토로부터 분리된 독립국가를 건설하는 정당성 근거가 중국인인 위청한에 의해 마련되었다는 사실이 천금의 무게를 가지고 있었음은 틀림없는 사실일 것이다.

9월 24일에 성립된 펑톈 지방자치유지위원회에 위원으로 이름을 올리고 있으면서도 여전히 랴오양(遼陽)에서 요양하고 있던 위청한이 펑톈 일본인 거류민 회장 모리타 후쿠마쓰(守田福松)의 간청에 응해 펑톈에 모습을 나타낸 것은 11월 3일이었다. 위원장 위안진카이가 망설이며 명확한 입장을 표명하지 않았기 때문에 장쉐량 정권 및 국민정부와의 관계 단절과 성정부의 정식 발족이 원만하게 진척되지 않고, 그 때문에 둥베이 4성의 연성 자치에 의한 건국공작이 정체되어 있어서 초조해진 관동군이 국면타개를 꾀하여 모리타를 매개로 하여 위청한의 출려(出廬)를 강청했던 것이다.

참모본부 편찬의 《만주사변사》는 위청한 출려의 의의에 대해 "위청한은 펑톈에 들어온 이래 펑톈성 내의 임시숙소에서 치안유지위원 등과 회견하였고 금후의 둥베이 4성의 통치 방침에 대해서는 절대적 보경안민주의를 제창하며 위안진카이가 주저와 망설임을 거두고 쉽게 결정할 수 있도록 하였는데, 그로 하여금 장쉐량 정권 및 난징 중앙정부와의 관계단절을 선포하도록 결심하게 한 것은 11월 6일이다"라

고 적고 있다.[36]

어쨌든 여기서 관동군이 위청한에게 맡긴 과제 가운데 하나는 진전을 보았지만, 관동군에게 위청한의 출려가 가진 더욱 중요한 의의는 신만몽 건설에 관한 그의 정견이었다. 《만주사변사》는 이 점에 대해 "(위청한은) 군사령부를 방문하여 만몽 건설에 관해 적절한 의견을 토로했다. 물론 군사령관은 이에 전폭적인 찬의를 표하였고 군은 이후 만몽 건설의 방책 또한 그의 의견을 따르는 바가 적지 않았다"라고 하고 있다.[37] 10월 2일 '기득권 옹호'라는 표어를 '신만몽 건설'이라는 새로운 슬로건으로 바꾸었지만, 거기에 채워 넣을 구체적 내용을 모색하고 있던 관동군에게 위청한의 정견은 마치 가뭄의 단비와도 같았다.

위청한은 일찍이 도쿄외국어대학에서 중국어 강사를 지냈고, 일러전쟁에서는 일본군에 가담하여 활동한 공로가 인정되어 훈6등(勳六等)에 서훈되는 등 일본과의 관계도 깊었다. 그 후 장쭤린 밑에서 둥산성 보안사령부 참의, 둥베이 특별구 행정장관, 중둥(中東)철로 총변(總弁) 등의 요직에 있었으며, 이러한 가운데 장쭤린의 고문을 지내고 있던 혼조 시게루와도 서로 알게 되었다. 1927년에 하야하였다가 장쭤린 사후에 다시 둥산성 보안총사령 참의로 복귀했지만 곧 사직하고 실업계로 옮겨갔다. 정치적으로는 처음에는 장쭤린의 책사로서 그를 보좌했지만 장쭤린의 관내 진출에는 반대하였고, 위안진카이와 함께 왕융장(王永江) 사후 펑톈 문치파의 쌍벽이라 불렸는데, 그것은 '보경안민주의'를 내걸어 둥산성의 정치적·경제적 자립과 민생의 창달을 주장했기 때문이다. 그러나 중국 본토와의 일체화의 길로 나선 장쉐량 정권하에서는 구파로서 소외되어 정치적 영향력을 잃어버렸다. 그러나 그러한 정치적 입장이 장 군벌을 일소하고 독립국가 건설을 지향하는 관동군에게는 오히려 유용한 것으로 생각되었다.

그렇다면 위청한의 정견이란 어떤 것이었을까? 요약해서 말하자면 ① 군벌정치를 타파하고 악세(惡稅)를 폐지하여 민력(民力)을 배양한다, ② 관리의 급여를 개선하고 품위를 향상한다, ③ 심계원(審計院, 회계검사원)을 창설한다, ④ 경찰제도를 개혁한다, ⑤ 교통·산업을 개발한다, ⑥ 역사·인정·풍속 등을 참작하여 자치제를 점차 완성한다 등의 시책으로 둥베이 지방을 안거낙업의 땅으로 만들고자 하는 것이었다. 그러나 만주 독립국가를 구상하는 관동군에게 특히 시의적절하고 중요했던 것은 절대 보경안민주의와, 군대를 폐지하고 국방을 일본에 위임한다는 비양병주의(非養兵主義)의 두 가지 점이었던 것 같다.

첫째의 절대 보경안민주의란 둥산성(東三省)을 중국 본토로부터 분리하여 이곳에 왕도정치를 실현시키고 이상적인 낙토를 만들기 위해서는 패도정치를 하는 장쉐량 군벌정권 및 난징 정부와의 관계를 단절한 독립국가를 건설하는 것이 절대적 요건이라는 '폐관자수(閉關自守)'의 주장이다. 그것은 또한 둥베이 4성 먼로주의라고도 표현되는데, 이러한 이상이 만몽을 중국 본토로부터 분단시키려고 획책하고 있던 관동군의 방침과 꼭 맞아떨어지는 것임은 말할 것도 없다. 당시 관동군의 명을 받아 신국가의 국제와 법제를 기초하고 있던 마쓰키 다모쓰는 이 정견을 접하고는 기뻐서 날뛰었다고 하며, 뒤에서 다룰 다치바나 시라키도 신국가 건국 방침의 첫 부분에서, 위청한에 준거하여, 독립국가 건설을 절대 필요로 하는 이유로 보경안민 철저를 들고 있다.

또한 둘째의 비양병주의란 "신성한 왕도정치 앞에서는 군대 따위

필요 없다. (…) 우리들이 침범하지 않으면 다른 이들도 우리를 침범하지 않는다"는 입장에 선 국방론이다. "비양병주의는 유럽에도 스위스에 그 사례가 있어 반드시 실현 불가능한 일은 아니다"라고 강조하고 있는데,[38] 이것은 스위스 포병학교를 졸업한 큰아들 위징위안(于靜遠)에게서 얻은 지견이었을지도 모른다. 어쨌든 둥베이 지방에 "다툼도 없고 차별도 없는, 일체가 평등·무차별하고 모두가 풍요로운 경지를 만들"고, "이 땅에 세계에서 유례가 없는 극락정토를 건설하기" 위해서는 우선 어떻게 해서든 군대를 폐지할 필요가 있는데, 그럼으로써 군벌 정치의 구태로 돌아갈 가능성도 없어질 것이라는 것이 위청한의, 도박과도 같은 단안이었다. 이러한 비양병주의는 "신정권에 대한 위청한 씨의 정견 가운데서도 특히 탁견이며, 또한 가장 조리 있는 대방침"이라고 평가되었는데, 위청한은 독립국은 군비를 일체 가지지 않고 소련 및 관내로부터의 공격에 대한 국방은 일본에 위임한다고 하였지만, 독립국가 건설의 요건으로서 일본에 의한 '국방 외교의 장악'을 우선적 조건으로 내세우고 있던 관동군에게 이것은 생각지도 못한 반가운 제언이었다.

다만 주의해 둘 필요가 있는 것은 중국에서는 군벌의 도량(跳梁)과 군비 확대에 대해 '재병(裁兵)'이라는 군비 축소론이 쑨원을 비롯해 일찍부터 논의되고 있었고, 왕도정치의 중요한 일환으로서 군대를 가지지 않는다는 주장도 결코 위청한만의 것은 아니었다는 점이다. 위안진카이도 또한 "경찰제도를 완성하여 치안을 유지하며 군대를 절대로 양성하지 않는다"라는 정강을 내걸고 있었다.[39] 만주국 초대 국무총리가 된 정샤오쉬(鄭孝胥)도 왕도주의의 안목에서 미병설(弭兵說)이라는 병비 폐지론을 주장했다. 나아가 국제적으로 보아도 1928년에는 "국제분쟁 해결을 위해 전쟁에 호소하지 않고 또한 그 상호관계에서 국가의 정책수단으로서의 전쟁을 방기한다"는 파리 부전(不戰)조약이 체결되어 있었기 때문에 군비 방기라는 논의 자체는 결코 위청한의 돌출된 발상이 아니었다. 그러나 그러한 비양병주의를 관철하기 위해서 전쟁 수행을 지상 과제로 하는 군대인 관동군에게 국방을 전면적으로 위임한 점에 비양병주의 이념의 모순과 아이러니가 있었다고 하지 않을 수 없다. 그러나 달리 생각해 보면 비양병주의라는 평화주의를 이념으로 내걸고 국방을 타국에 위임하고 자신의 국토를 전략기지로 제공한다는 구도는 전후 일본이 선택한 방향과 어딘가 상통하는 점이 있지 않은가. 아이러니는 결코 위청한 혼자만의 것은 아니며 그것을 과거의 일로 웃으며 묵살해버릴 수 없는 듯도 하다.

어쨌든 위청한의 정견이 만주국의 독립, 왕도정치, 평등·무차별한 낙토의 실현, 군대의 폐지와 관동군에의 국방 위임이라는, 만주국 건설의 근간이라고도 할 만한 중요한 논점을 관동군, 그리고 이시하라에게 제공한 것은 틀림없다. 이런 의미에서 이시하라가 "건국의 최고 공로자"라고 위청한을 평가한 것은 결코 틀린 말이 아니었다고 할 수 있다. 물론 위청한 등이 관동군에 동조한 것은 단순히 절대 보경안민주의라는 정견을 실현하기 위해서뿐만 아니라 둥산성의 정·관계 정치역학과 경제 기반 및 이해관계의 산물임을 간과해서는 안 될 것이다. 다치바나 시라키는 이 점에 대해 장쉐량 계통의 대지주들이 군벌인 동시에 자본가적 성격을 가지고 있음에 비해 위청한과 위안진카이 등은 단순한 지주였기 때문에 장쉐량의 근대화정책에서 정치적으로도 경제적으로도 낙오자로서 위협을 받고 있었다는 점, 그리고 둥산성에서는 단순 지주가 대부분 경제적으로도 은근히 펑톈 군벌을 싫어하였기 때문에 위청한·위안진카이 등의 진영으로 기울었던 향신(鄕紳)이 적지 않다는 것에 주목하여 "그 사람들이라면 우리 편이 될 수 있다는 생각에서 (관동군은) 그들을 붙잡았던 겁니다. 그것은 상당히 의식적인 것이었지요"라는 견해를 드러내고 있다.[40]

다치바나에 의하면 보경안민주의와 비양병주의는 평화주의와 분리주의적 제도를 계급이익으로 하는 지주계급이, 적대적인 군벌 세력을 영구히 소멸시킬 뿐만 아니라 중국 본토로부터 국민당과 함께 만주에 침입해 들어올 우려가 있는 자본가 및 무산계급 세력을 미리 막으려는 동기에서[41] 나온 이데올로기에 지나지 않는다는 것이다. 이런 관점으로 위청한과 위안진카이의 정견을 해석하는 것도 충분히 가능하고 또 필요하기도 하다. 그것은 결국 그들도 나름의 이해관계와 정책을 추구했던 것이지 반드시 관동군에 영합했다고만은 이야기할 수 없다는 것도 의미한다. 그러나 결과적으로 위청한 등의 존재와 활동이 관동군의 건국 공작에 탄성을 부여한 것은 부정할 수 없다. 그리고 이시하라도 위청한의 활동과 정견을 접함으로써 만몽영유론에서 독립국가론으로 전환하는 계기를 얻을 수 있었던 것이다. 그러나 과연 만주 독립국가는 위청한이 바라던 상태를 실현했던 것일까?

만주국 건국 후 치외법권 철폐와 부속지 행정권의 만주국 반환을 주장했던 이시하라는 병이 악화된 위청한을 문병했는데, 그때의 모습을 이시하라는 다음과 같이 말하고 있다.

위청한 씨가 대단히 기뻐하며 병실 침대에서 일어나 악수하면서 나에게 말했습니다. "이시하라 씨, 당신은 장사를 잘하시는군요. 부속지라는 게 만주철도 부근, 그러니까 현미경으로 보지 않으면 알 수 없을 정도로 조그마한 것인데, 이 조그마한 부속지를 주고 만주 전부를 가져버렸군요." 위청한은 내 손을 꼭 잡고 눈물을 주르르 흘렸습니다. 그걸 나는 지금도 잊을 수 없습니다.[42]

과연 여윈 손으로 이시하라의 손을 꼭 잡으며 눈물을 주르르 흘린 위청한의 가슴속에서는 어떠한 생각이 오갔을까. 그리고 또한 만주국 건국에 가장 큰 힘이 되었던 위청한의 이런 모습을 볼 때 만주국이 어떠한 지경에 있었는지를 떠올릴 수 있을 것이다.

어쨌든 위청한의 출려가 만주국 건국에서 가지는 의의는 펑텐성 정부를 장쉐량 정권 및 국민정부와 단절시키는 공작과 독립국가 건설 이념의 제시라는, 이른바 위로부터의 건국 공작으로 끝나는 것이 아니었다. 관동군이 위청한을 필요로 했던 더욱 큰 동기는 장쉐량 정권과 함께할 수 없었던 세력을 규합하고 새로운 정권에 대한 중국인 주민의 지지를 확보하기 위한 것이기도 했다. 이러한 아래로부터의 건국 공작을 추진하기 위한 기관으로서 위청한의 출려에 맞추어 설립된 것이 자치지도부였다.

1931년 11월 10일, 관동군은 위청한의 발의를 채택하는 형식으로 그를 부장으로 하는 자치지도부를 발족시켰다. 위청한 자신은 지방자치가 중국사회에서 가지는 의의를 매우 중시하고 있었고 "지방자치제도는 지나 국민성에 가장 적합한 것이다"라는 정견을 관동군에게 피력하기도 했다.[43] 그래서 관동군으로서는 이것을 검토한 후 "곧바로 위청한을 수반으로 하는 자치지도부의 설립을 인가"했다고 한다.[44] 위청한의 입장은 "자치제라는 것은 지방마다 다른 역사·습관·인정·풍습을 참작하여 이루어 나가야 하는 것이지 단숨에 고원(高遠)한 이상을 실현하기는 어렵다"고 보는 종래의 존중론이었고, 자치를 지도하고 개변해 나간다는 입론과는 오히려 반대되는 주장이었다. 그러나 전쟁으로 분주한 가운데 건국 공작을 진행하는 관동군에게 "신만몽의 창조는 위로 군벌정치의 배제와 더불어 아래로는 지방자치제도를 완비하여 민심의 안정과 복지를 도모하"는 것이 급선무였다.[45] 무엇보다 "각 현 민중의 계몽 및 정신적 결합에 노력하고 반역 행위를 방지하는" 것,[46] 즉 일본인에 대한 점령 지역 주민의 적개심과 항일의식을 불식시키고 민심을 수습하여 신국가 건설에 대한 지지와 협력을 확보해 갈 필요성이 절실하게 인식되고 있었다.

이미 류타오후 사건 발생 이후 펑톈을 비롯해 푸순, 안둥, 번시후(本溪湖), 쓰핑제(四平街), 카이위안(開原), 랴오양, 궁주링(公主嶺) 등 각지에 잇달아 지방자치회와 치안유지회가 설립되었지만, 그 대부분에 일본인이 고문으로 들어가 있었으며 그중에는 이권 다툼과 부정행위로 인해 지역 주민과 충돌하는 사태도 나타났다. 또한 톄링(鐵嶺)현 정부를 점거하고 자치회와 의용군을 조직하여 급진적인 자치개혁을 강행하려 한 노다 란조(野田蘭藏)파의 행동이 문제가 되는 등, 지방자치회의 조직 방법에 대해 관동군도 "그 행동, 그 체계상의 난맥 때문에 오히려 서민들이 혼미에 빠지는 등 이익이 되지 않는 점이 있다. 통제·연결을 할 필요가 있음을 통감"하지 않을 수 없는 상황이 되었던 것이다.[47]

그래서 관동군은 각 현의 지방자치회, 치안유지회를 통할하는 기관을 만들기 위해 위청한의 출려 이전인 10월 24일에 이미 〈자치지도부 설치요강〉을 결정해 두고 있었다. 그 실행 단계에서 재만 일본인에게 협력을 요청했는데, 이에 응한 것이 만주청년연맹, 다이유호카이(大雄峯會), 그리고 다치바나 시라키를 주필로 하는 잡지 《만주평론》에 모인 사람들이었다. 그들의 적극적 참가가 건국운동의 커다란 추진력이 되었는데, 여기에서 선정(善政)주의, 민족협화, 왕도낙토 건설, 아시아 부흥, 인류 해방이라는 다양한 꿈이 쏟아져 나와 만주국의 건국이념으로 제기되었던 것이다.

4. 만주청년연맹과 민족협화

만주청년연맹은 1928년 11월에 결성되었다. 그해에 일본은 국민혁명군의 북벌에 대응해 제2차 산둥(山東) 출병*을 감행하고 지난(濟南) 사건**을 일으켜, 점점 커지고 있던 배일운동의 불길에 기름을 붓

---

* 중국혁명에 대한 간섭, 만주·화북 침략을 위해 다나카 기이치 내각에 의해 행해진 일본군의 중국 산둥성 출병 사건. 제1차는 장제스의 북벌혁명에 대항해 1927년 5월 불상사의 예방과 거류민 보호의 명목으로 출병하여 국민정부군의 북상을 저지하고 장쭤린 정권의 보호를 꾀했다. 중국 및 세계 여론의 철병 요구, 북벌의 실패 등으로 8월에 일본군이 철병했다. 제2차는 1928년 4월 국민당의 북벌 재개에 따른 재출병으로서 칭다오(靑島), 지난 등에 진주하여 지난 사건을 일으켰다.

** 1928년 5월, 중국 지난에서 북벌 중이던 국민혁명군과 일본군 사이에 일어난 무력 충돌 사건. 북벌에 대항해 거류 일본인 보호라는 명목으로 출병(산둥 출병)한 일본군이 지난에 입성한 혁명군과 충돌하였는데, 일본군의 집중 포화로 지난 성내에서 일반 주민을

고 있었다.

같은 해 일본 국내에서는 제1회 보통선거가 실시되어, 미비하지만 성인 남자의 의견이 국정에 반영되는 길이 열렸다. 그러나 이것은 거꾸로 중국에 사는 일본인에게는 소외감으로 다가왔다. 이 때문에 만주 거주 일본인이 처해 있던 침체 상황을 타개하고 언론을 활성화시키기 위해 다롄(大連)신문사가 모의의회 형태로 만주청년회의를 기획했는데, 그 두 번째 회의에서 만주청년연맹의 설립을 결의했다. 연맹은 결성 선언문에서 "만몽은 일(日)·화(華) 공존의 지역으로서, 문화를 앙양하고 풍부한 자원을 개척하며 상호 이익을 도모하여 양 민족의 무궁한 번영과 동양 영구평화를 확보하는 것이야말로 우리나라의 일대 사명이다"라고 주장하며 만몽을 일·중 공존의 땅으로 삼고,[48] 그 문화적·산업적 선도를 일본인의 민족적 책무라고 규정했다. 그러나 일·중 공존공영과 "야마토(大和) 민족의 끝없는 만몽 발전"을 소리 높여 주장했음에도 불구하고 산둥 출병, 장쭤린 폭살, 장제스 집권 등으로 계속되는 정치 상황의 격변 속에서 재만 일본인은 중국 내셔널리즘의 고조에 직면하여 나날이 열세에 처하게 되었는데, "이러한 추세를 가만히 두고 보든지 아니면 백기를 들고 퇴각해야 할 운명에 봉착하지 않는다고 할 수 없"(제1회 지부장회의에서의 고비야마 나오토小日山直登 이사장의 인사말)는[49] 상황에 처해 있었다. 그래서 류타오후 사건이 일어나기 석 달 전에 개최된 난국 타개 연설회에서는 "우리들 재만 일본인의 생존권

비롯한 5천 명의 사상자가 생겼다. 중국은 거류민 보호의 범위를 벗어난 행위라며 이를 비난하고, 중·일 양국은 서로 상대측의 사죄와 배상을 요구하여 협상에 난항을 겪었으나 1929년 3월 쌍방이 양보하여 해결 문서에 조인하고 같은 해 5월 일본군이 철병하였다.

은 지나 정부의 계통적인 산업 압박과 조약 유린의 불법 행위 때문에 지금 복철(覆轍)의 위기에 처해 있다. (…) 가만히 앉아서 현 상황을 묵과하면 제국의 권익은 무산되어 망국의 비운이 조국을 뒤덮을 것은 필지의 사실이다"라는 제2차 선언을 발표할 정도로 위기감이 고조되어 있었다.[50]

만주청년연맹은 이러한 위기 상황을 타개하기 위해 1931년 초부터 '신만몽정책 확립운동'에 착수하여 《만몽 문제와 그 진상》, 《전 일본 국민에게 호소한다 ─ 만몽 문제와 그 진상》(만주청년연맹 본부, 1931년 6월) 등 배일의 실정을 호소하는 팸플릿의 작성과 배포, 모국 연설단의 파견, 만몽 각지의 배일 행위 조사와 시국연설회 개최 등 여론 환기 공작을 진행하였는데, 전성기에는 전 만주에 22개 지부, 회원 5천(실제로는 약 2천 3백)명을 헤아렸다고 한다. 그러나 재만 일본인 활동의 활성화는 오히려 랴오닝성 국민외교협회 등으로 대표되는 중국의 배일 기운을 부채질할 뿐이었기 때문에 만주청년연맹으로서는 이러한 배일 공세를 방어하고 이와 길항해 가기 위한 이론이나 슬로건이 필요하게 되었다. 그래서 1931년 6월에 나온 것이 "만몽 현주(現住) 제민족의 협화를 기한다"는 요구였다.[51] 여기서 말하는 '현주 제민족의 협화'란 만주의 3천만 인구 가운데 1%도 차지하지 못하고 더군다나 배격당하고 있던 약소민족 일본인이 만몽에서의 생존권과 평등한 처우를 요구하는 방어적 성격을 가지고 있었다. 이미 연맹 발족 이래로 '일·화 화합', '일·화 청년협화', '일·화 공존공영' 등을 주장해 오긴 했지만 그것들은 어디까지나 일본과 중국의 대등성 혹은 일본의 우위성을 전제로 한 것이었다. 그러나 '제민족의 협화'를 내세우는 단계에서는, 열세로 기운 일본 민족이 만몽에 계속 머물기 위한 정당화가 주안이 되어 있었다. 이토 무소지로(伊東六十次郞)가 올바르게 술회하고 있는 것처럼 '민족협화'란 생존의 위기에 처한 "만주 재주 일본인, 특히 중소기업 종사자가 지나인의 민족주의적 배일운동에 대응하기 위해 창도한 슬로건"이었던 것이다.[52]

그러나 동시에 주의할 것은 궁지에 몰린 쥐가 고양이를 문다는 속담처럼 "제민족의 협화를 기한다"라는 항목과 함께 "국제 신의를 무시하는 배일교육의 근절을 기한다"라는 것도 더불어 결의했으며, 더군다나 그 원문은 "배일 정권의 박멸을 기도한다"라는, 장쉐량 정권에 대한 대결 자세를 담은 것이었다고 한다. 그리고 이와 관련하여 "제민족의 협화를 기한다"라는 것도, 당시에는 "민족협화의 국가를 만든다"라는 사상을 내포하고 있었다는 설명이 만주국 건국 후에 덧붙여졌다. 그 진위는 확실하지 않지만 만주청년연맹 이사장을 지낸 가나이 쇼지(金井章次)에 의하면 1차대전 후에 세계를 풍미한 민족자결주의는 민족의식을 각성·앙양시켰지만 그로 인해 인류로서의 동질성보다도 민족으로서의 이질성이 강조되었기 때문에 민족 간의 대립이 격화되어 세계를 혼란에 빠뜨리고 있는 폐해를 시정할 원리로서 민족협화의 국가를 만들 필요가 있다는 생각이 만주청년연맹 내에서 우세하게 되었다고 한다. 그러나 장쉐량 정권하에서 그것을 주장하면 완전한 국사범이 되기 때문에 "제민족의 협화를 기한다"라는 추상적인 표현으로 고쳤다고 한다. 그리고 민족협화의 국가 형태로는 "강국의 지도를 받아 각 민족이 서로 모여 복합 민족국가를 만들고, 그 위에 하나의 국가적 주체성을 확보해 간다. 그런 식으로 세계라는 것을 지도 국가를 중심으로 재편해 가야 한다. (…) 그래서 이 지역에서 장쉐량의 악정을 타도하고 민족이 서로 의지하여 도의국가를 세우는 것은 실로 필연적인 이치라는 생각이 청년연맹 내에서 지배적이 되었다"라고 설명한다.[53] 그러나 만주사변 이전에 이런 생각이 지배적이었다는 것은 수긍하기 어렵다. 오히려 관동군에 협력하여 전후처리와 정략공작, 나아가 자치 지도에 참가하는 가운데, 민족협화에 대한 생각이, 일본 민족의 생존권 확보의 요구에서 지도국가 일본을 중핵으로 하는 복합민족국가 형성의 지도이념으로 전환되어 갔다는 것이 사실에 부합하는 것이리라.

그러나 만주청년연맹에서 민족협동에 의한 만몽 독립국가 구상이 만주사변 이전에 문제가 되지 않았다는 것은 물론 아니다. 예를 들면 주요 멤버 가운데 한 명이었던 야마구치 주지(山口重次)는 1927년 6월 만철 사원회 잡지인 《협화》에 〈30년 후의 만몽〉이라는 제목의 논문을 발표하여 "종래의 성정(省政)을 폐지하고 몽골 및 둥산성을 결합하여 하나의 자치국"을 형성할 것을 제언하였는데, 거기서 "신자치구의 국적을 가지는 자는 한인(漢人)·만주인·몽골인·선인·일본인의 차별 없이 동등하게 자치구의 시민으로서 정치에 참여하고 협동의 의무를 부담하며 (…) 인류 상애(相愛), 공존공영의 이상경 실현을 도모"하기를 기대하고 있다. 확실히 여기서는 만몽 자치국의 상이, 모든 민족이 평등한 입장에서 협동하는 이상향으로 그려져 있다. 다만 '30년 후'라는 제목에서도 알 수 있듯이 야마구치 자신은 1927년의 단계에서는 반드시 신국가 실현의 가능성이 있다고는 생각하지 않았다. 그러나 그 2년 뒤에 치러진 제1회 만주청년연맹회의에서 잉커우(營口) 지부의 나카오 마사루(中尾優)는 〈만몽의 특수지역을 지나 동란의 혼란에서 구해내고 항구평화를 유지하기 위해 만몽 자치제의 확립에 대해 국민적으로 원조하고 그 달성을 꾀하는 건〉을 의제로 제기했고,[54] 이어서 제2회 회의에서도 이 문제가 논의되고 있다. 여기서 나카오가 이렇게 제안한 이유는 만몽이 본래 중국 고유의 영토가 아니며 더군다나 일본이 큰 희생을 치르고 이를 개발해 왔음에도 불구하고 군벌의 야망에 희생되어 참담한 황폐 상태에 빠졌으며 민중도 포악한 압제정치에 고통을 받고 있다는 인식하에서 만몽 3천만 민중이 "공포 시대를 이탈하여 항구평화를 맞이하기 위해 (…) 이곳에 자치제의 기능을 발휘하여 전 지나에 그 모범을 보이는 것은 동양 영구평화를 확보하는 길이다. 우리들은 선린의 성의를 가지고 국민적으로 원조하여 제국의 권익을 확보하고 만몽을 개발하는 것이 공존공영의 본의이다"라고 확신했기 때문이라고 한다.[55]

여기서는 만주국 건국운동 과정에서 선전된 논리, 즉 만몽을 특수지역으로 보면서 일본인도 3천만 중국 민중과 마찬가지로 장 군벌의 피억압자·희생자이고 장쉐량을 타도하여 자치국가를 세우는 것은 일본인의 성의표현임과 동시에 민족협화의 본의라는 논리 구조가 이미 갖춰져 있다. 그러나 만몽에 신국가를 세우는 것은 내정간섭으로서 외교상으로 문제가 있으며, 신국가가 들어설 경우에 국적을 이탈하는 것은 타당하지 않다는 의문이 제기되어 나카오의 이러한 제언은 보류되었다. 그러나 류타오후 사건 후인 10월 16일과 17일에 열린 제4회 회의에서는 사정이 급변하여 〈연성자치 만몽공화국에 관한 건〉, 〈민족협화 구체안 확립의 건〉, 〈만몽 현 주민 복지운동 매진의 건〉 등의 결의가 가결되었다. 그리고 이 결의에 이어 10월 23일 이사장 가나이 쇼지의 명의로 만주청년연맹은 관동군 사령관 혼조 시게루에게 〈만몽 자유국 건설 강령〉을 제출했다. 거기서는 ① 둥베이 4성의 철저한 문호 개방, ② 현주 각 민족협화의 취지에 의해 자유평등을 지향하고, 현 주민으로 자유국민을 구성한다, ③ 군벌을 배제하고 철저한 문치주의로 다스리며 병란이 잦은 중국 본토로부터 분리하여 둥베이 4성의 경제적 개발을 철저히 한다는 것 등이 강조되었는데, 여기서 민족협화와 만몽 독립국가 건설이 동일한 하나의 문제로서 제기되고 있다. 더욱이 여기서 말하는 '자유국'에서 '자유'란 "자유주의와는 다른, 각 민족이 정치적으로도 경제적으로도 자유롭게 활동할 수 있다는 의미"라고 하여[56] 철저한 문호 개방과 함께 재만 일본인이 국적을 변경하지 않고서도 자유롭게 활동할 수 있는 보증을 요구했던 것이다. 확실히 그것은 배일운동에 쫓겨 한때는 백기를 들고 철퇴할 각오를 할 수밖에 없는 상황에서도 "야마토 민족의 발전을 꾀"해 왔던 만주청년연맹에 비원이라고도 할 수 있는 요구였음에 틀림없다.

이러한 활동을 전개해 왔던 만주청년연맹 입장에서 관동군의 무력 발동은 오랜 기간의 숙폐를 일거에 해결할 수 있는 천재일우의 기회였음은 말할 것도 없다. 9월 20일에는 관동군의 행동을 자위권의 발동이라고 하며 이를 지지하였고 국제연맹과 난징 국민정부의 간섭을 배제하고 "만몽은 그 선량한 현 주민이 자치해야 한다"라는 성명을 발표하였으며,[57] "야마토 민족이 대륙으로 발전하는 첫걸음이다, 기쁘고 활기차게 돌입하자"라고 하며[58] 관동군에 대한 협력을 결의했다. 관동군에 대한 만주청년연맹의 이러한 협력은 정부의 비확대 방침에 의해 재만기관과 만철의 공식적 참여를 얻을 수 없었던 관동군에는 가뭄의 단비

같았고, 관동군은 만주청년연맹원으로 하여금 산업·교통·통신의 복구와 상무회·농무회의 장악이라는 정략공작을 담당시켰다. 예를 들면 하라구치 스미치카(原口純允)에 의한 펑톈 전등공장의 관리·운영, 야마구치 주지에 의한 선하이(瀋海) 철로의 접수·부흥, 야마구치·오자와 가이사쿠(小澤開作: 교향악단 지휘자인 오자와 세이지*의 아버지. 참고로 '세이지'라는 이름은 이타가키 '세이'시로, 이시하라 간'지'에서 따온 것이라 한다) 등에 의한 둥베이 교통위원회의 설립, 고레야스 마사토시(是安正利)의 산업위원회 설치에 의한 광산, 전화국, 피복공장, 병기공장 등의 관영사업의 부흥 등이 그 주된 사업이었다. 또한 행정기구의 재편에도 만주청년연맹이 참가하였는데, 랴오닝 지방치안유지회 고문이 된 가나이 쇼지 밑에서 이로베 미쓰기(色部貢) 등에 의해 재정부가, 호시노 다쓰오(星野龍男) 등에 의해 실업청이 개설되었으며, 아비루 간지(阿比留乾二)에 의해 법원이 운영되었고, 행정기관 재편에서는 일본인 고문과 자의(諮議)를 채용하여 "선정주의와 일본인의 실권 장악을 기조로 한"다는 방침이 취해졌다.[59] 가나이는 또한 고문에 취임하자 바로 마스토모 구라키치(升巴倉吉)에게 성정을 조사하도록 지시하는 한편, 나카니시 도시노리(中西敏憲)에게 지방행정제도와 지방 운영의 입안을 의뢰

---

* 小澤征爾. 1935~. 중국 선양 출생. 도호가쿠인에서 수학. 1959년 브장송 국제지휘자 콩쿠르에서 우승하고 1960년 보스턴 심포니에서 샤를 뮌슈의 부지휘자로, 1961년 뉴욕 필하모닉에서 레너드 번스타인의 부지휘자로 활약했다. 토론토 심포니, 샌프란시스코 심포니의 음악감독을 거쳐 1973년 보스턴 심포니의 음악감독에, 2002년에는 빈 국립 오페라 극장의 음악감독에 취임했다. 오에 겐자부로와의 대담집《같은 나이에 태어나》, 무라카미 하루키와의 대담집《오자와 세이지 씨와 음악을 이야기하다》등 여러 저서가 있다.

했다. 그 나카니시가 관동군의 이타가키, 하나타니 다다시(花谷正)와 협의해 책정한 것이 〈지방자치지도부 설치요령〉이고, 이에 기초하여 가나이는 각 현에 자치에 관해 지방자치 지도원의 지시를 받도록 명령했으며, 신국가 건설을 추진하기 위해 자치지도부가 설립되었다.

이러한 일련의 활동 과정에서 만주청년연맹은 민족협화를 전면에 내세웠는데, 선하이 철로 부흥과 둥베이 교통위원회 재편에 딩젠슈(丁鑑修, 와세다대학 정치경제과 졸업)와 진비둥(金璧東, 일본 육군사관학교 졸업) 등을, 또한 자치지도부에 위징위안, 왕쯔헝(王子衡, 와세다대학 정치경제과 졸업), 왕빙둬(王秉鐸, 교토제대 법학부 졸업) 등의 중국인을 동원하는 데 성공하였고 사업도 비교적 원활하게 진행되었기 때문에 이시하라 등은 민족협화를 기치로 하는 건국 공작의 유효성을 인정하게 되었다고 한다. 나아가 만주청년연맹은 류타오후 사변 발발 후 세 차례에 걸쳐 일본으로 모국 연설단을 보내 왕도주의를 건국이상으로 하는 민족협화의 신국가 건설을 선전하며 국론 환기에 진력하였는데, 이것이 효과를 거둠으로써 신국가의 슬로건으로 민족협화가 유포되어 갔다. 물론 만주청년연맹에 협력했던 중국인 대다수가 일본유학 경험자였다는 점, 또한 〈자치지도원 복무심득〉에서도 주의사항으로 "될 수 있는 한 일본 유학생 및 일본어에 능통한 자를 현리(縣吏)로 채용할 것"이라고 규정한 점 등을 보면 민족협화의 실태와 슬로건이 가진 유효성의 정도를 쉽게 추측할 수 있을 것이다. 그러나 관동군의 군사행동에 대한 반발이 매우 강했던 둥산성에서 재만 민간인으로서 몸에 익힌 현지 감각과 오랜 기간에 걸쳐 인간관계를 만들어 둔 사람들이 각지에서 치안유지 공작과 관동군에의 귀순 공작에 참가함으로써 신국가 건설 공작이 이시하라 등이 예상한 것 이상의 템포로 진전되었음은 의심할 수 없다.

그리고 이러한 건국 공작에서 만주청년연맹과 마찬가지로, 아니 그보다 더 강한 사상성과 사명감을 가지고 북방의 땅에 몸을 던진 부류가 가사기 요시아키(笠木良明)를 비롯한 다이유호카이의 멤버들이었다.

5. 다이유호카이와 흥아의 큰 파도

1928년 9월 만철 동아경제조사회의 오카와 슈메이는 장쉐량을 방문해서, 국민당의 삼민주의에 대항하여 "둥산성에 왕도국가를 실현해 세계사에 새로운 장을 열" 것을 진언했다.[60] 장쉐량은 왕도국가 건설에 찬의를 표했다고 오카와는 적고 있지만, 실제로는 역치단행에 의해 사태는 오카와의 권유와는 정반대 방향으로 흘러갔다. 그러나 만몽에 중국 본토로부터 단절된 왕도국가를 건설하여 아시아 부흥의 초석으로 삼는다는 생각은 오카와가 창립한 유존샤(猶存社)와 고치샤(行地社), 그리고 그 산하에 조직되었던 도쿄제대의 '히노카이(日の會)', 교토제대의 '유코갓카이(猶興學會)' 등의 관계자를 중심으로 적지 않은 영향을 주었는데, 그 사상에 감화된 청년들이 그 현실적 실현을 꿈꾸며 만몽으로 건너갔다.

펑톈에서는, 유코갓카이에 관계했고 1927년에 만주로 건너온 이래 변호사로 개업하고 있던 나카노 고이쓰(中野琥逸)를 중심으로 니와카와 다쓰오(庭川辰雄), 에토 나쓰오(江藤夏雄) 등이 만몽에 도의국가를 건설할 구상을 지니고 펑톈 특무기관 및 관동군과 계속 접촉하며 세력을 키우고 있었다. 그리고 1929년 동아경제조사국에 근무하면서, 오카와의 영향 아래 유존샤에 참가했고 고치샤의 창립에도 관여한 가사기 요시아키가 만철 본사로 건너온 이후 다롄에도 같은 그룹이 형성되었다. 다이유호카이는 이들 두 그룹이 발전적 해체를 통해 합체한 것으로 1930년 가을경, 햐쿠조 에카이(百丈懷海) 선사(禪師)가 바이잔(百丈) 산에 안주하여 아무런 제약과 구속을 받지 않음을 표현한 '독좌대웅봉(獨坐大雄峯)'에서 따와 정식으로 모임의 이름을 지었다고 한다.

다이유호카이는 총 30명 남짓으로, 만주청년연맹과는 달리 대외적 선전활동 같은 것은 하지 않았고 모임으로서의 강령 같은 것도 없었기 때문에 집단적으로 어떤 주장이나 목적을 가지고 행동했는지는 명확하지 않다. 그러나 기본적으로는 가사기를 중심으로 하여 그 사상에 공명하는 자들의 동지적 결합이라는 색채가 점차 농후해졌는데, 기본적으로 가사기의 아시아부흥사상과 불교적 신앙이 그 근간에 있었다고 생각된다.

'유색인종의 해방', '세계의 도의적 통일' 등을 강령으로 내건 고치샤의 기관지에 기고한 논문에서 가사기는 국가의 이상적인 모습에 대해 "국가의 목적과 이상은 이법(理法)을 체현하는 데에 있다"라고 논하고 있다.[61] 이법이라는 용어에 이미 가사기의 불교에 대한 경도가 보이는데, 그 이법을 체현한 국가란 "스스로를 이롭게 하기 위한 세계통일의 야심을 목적으로 하는 낡은 국가가 아니라 세계에 통일을 가져오는 올바른 힘과 정의의 소유자, 왕도국가―신의 심판을 현실의 허위적 세계에서 단행하고자 하는 정직한 국가"라고 생각했다.[62] 물론 1925년 시점에서 가사기가 상정하고 있는 왕도국가란 어디까지나 정의의 이념을 통해 세계에 통일을 가져다줄 수 있는 도의국가라는 것으로서, 이른바 하나의 이상향에 머물렀다. 그러한 국가가 아직 이상에 지나지 않는 이상, 현실에서 해야 할 일은 민간운동을 통해 아시아의 부흥과 피압박민족의 해방에 노력하는 것이었다.

　가사기는 1926년 고치샤를 탈퇴하여 직접 도코(東興)연맹을 조직하고 "도코연맹은 전 세계에 산재한 피압박 유색민족의 정당한 요구의 구현에 노력한다"라는 강령을 내걸었다.[63] 여기서도 명확히 알 수 있듯이 가사기의 흥아주의(興亞主義)는 단지 아시아의 부흥에 한정되지 않고 전 세계 피압박 유색민족의 해방을 지향하고 있었으며, 이 점에서 종족 편견, 민족 편견을 부정하고 인류 상애를 주장한 만주청년연맹의 야마구치 주지 등과 일맥상통하는 바가 있었다. 그러나 가사기는 유럽 세계로 인해 유색인종이 세계 모든 곳에서 압박에 처해 있고, 일본 민족도 또한 압박당하는 인종에 포함되어 있기에, 마찬가지로 압박을 받고 있는 유색민족의 선두에 서서 그들을 해방으로 이끌어야 한다는, 구제자로서의 사명감으로 가득 차 있었지만, 일본이 타이완과 조선에서 압박하는 측에 서 있다는 사실에 대한 자각은 전혀 없었다. 이러한 피압박에 대한 의식 과잉과 압박에 대한 무자각이 아주 훌륭하게 동거하고 있는 바에 일본 흥아주의운동의 특질이 보이는데, 가사기도 또한 예외는 아니었다. 다만 만주로 건너간 후 가사기의 흥아주의는 동아청년거사회(東亞靑年居士會)를 주재하며 "재가(在家) 불교에 의한 동아의 정신적 부흥"도 함께 주장했는데, 다수의 청년을 모아 들이는 흡인력도 정치적 주장에서 나온 것이라기보다는 대체로 구도자 혹은 교조적 인격과 행장(行藏)*에 의한 것이었다고 생각된다. 다이유호카이도 만주의 유존샤, 고치샤계 모임을 모태로 점점 가사기 신봉자 집단으로 발전하여 만주사변 후에는 회원이 80명을 넘기에 이른다.

그런데 다이유호카이는 만주사변 발발 후인 10월 18일 펑톈의 묘신지(妙心寺)에서 총회를 개최하였는데, 그 자리에 참석한 이타가키, 이시하라 등 관동군 막료의 요청에 응해 건국운동에 협력할 것을 결의한다. 구체적으로는 회원 나카노 고이쓰, 니와카와 다쓰오가 작성한 〈지방자치 지도에 관한 사안(私案)〉에 대해 협의한 결과, 자치 지도에 다이유호카이가 모두 참가하기로 하였던 것이다. 이 〈지방자치 지도에 관한 사안〉과 만주청년연맹의 나카니시 도시노리 등이 책정한 자치 지도의 방침·요령을 합쳐서 만든 안을 관동군 사령부가 채택하여 10월 24일에 〈지방자치 지도부 설치요령〉으로 결정했던 것이다. 이에 의하면 지방자치 지도부의 목적은 "선정의 취지에 따라 악세의 폐지, 현리의 대우 개선, 각 민족의 융화, 구군벌과의 절연 등을 목적으로 하며 각 현 민중의 계몽 및 정신적 통합과 반역 행위의 방지에 노력"함에 있었다.[64] 구체적으로는 지방 유력자와 단체에게 현 자치집행위원회를 조직케 하여, 자치지도부에서 파견한 현 자치지도위원회가 이를 지도·감독한다는 것이었다. 이 현 자치지도위원회를 구성하는 것이 자치지도원인데, "일본인이 주체가 된다"라고 규정하고 있었다. 이

---

* '세상에 나가 도를 행하는 것[行]'과 '은거하며 세상에 나가지 않는 것[藏]'을 아울러 일컫는 말로서 출거진퇴를 의미한다.

제도의 목적이 지방 유력자와 유력 단체를 장악하고 통치기구 내로 포섭하여 관동군이 말단까지 지배할 수 있는 회로를 만드는 데 있었다는 것은 명백하다. 그러나 또한 지방세력을 구군벌과 절연시키고 어떠한 행동을 취할지 알 수 없는 타국 군대에 협력시키기 위해서는 세금의 폐지와 현리의 대우 개선, 각 민족 융화 등을 제시하는 것이 필수조건이었다. 자치지도부가 11월 10일 제정한 〈지방자치 지도부 조례〉에서 "군벌과 관계있는 구세력을 일소하고 현민 자치에 의한 선정주의를 기조로 한다"라는 식으로[65] 선정주의에 의거할 것을 주장한 이유가 여기에 있다. 선정이란 장 군벌의 악정·폭정·비정(秕政)을 비난·배척하면서 그것과 대비되도록 강조한 것이었다. 그러나 선정주의의 표방은 타자를 설득하기 위한 계기가 될지는 몰라도 여전히 포연이 피어오르는 전란의 땅에서 "자치지도원으로 하여금 위험을 무릅쓰고 희생할 각오로 오로지 전진하도록 하기" 위한[66] 심리적 동기로는 미약하다. 그래서 생명을 걸고 위험에 몸을 던지기에 충분한 정열을 불러일으켜 스스로를 고무하고, 곤경에 처해 있으면서도 심신의 버팀목이 되는 더욱 고원한 이념과 사명감이 필요하게 된다. 그것은 논리적이기보다는 오히려 종교적 신앙에 가까운 성질의 신조 체계가 될 것이다. 그리고 바로 그것을 제공한 것이 가사기 요시아키였다.

11월 10일 자치지도부가 창설되자 부장 위칭한 명의로 〈자치지도부 포고 제1호〉가 랴오닝성에 널리 선포되었다. "자치지도부의 진정한 정신은 하늘 아래에서 과거 일체의 가정(苛政)·오해·미상(迷想)·분규 등을 완전히 소탕하고 극락토의 건설을 지향함에 있다"라고 시작되는 이 포고는 다음과 같이 이어진다.

주민이 어느 나라 사람인지 묻지 않고 가슴 깊은 곳에서 대자비심을 불러일으키며 신의를 중시하고 공경상애로써 이 획시대적 천업을 완성하도록 지성으로 일에 임할 뜻과 각오가 있어야 한다.

세상이 말하는 아시아의 불안은 결국 동아의 빛이 되고, 나아가 전 세계를 빛으로 뒤덮어 전 인류에게 진성(眞誠)의 대조화를 가져올 서조(瑞兆)이다. 여기 대승(大乘) 상응의 땅에 역사상 일찍이 보지 못한 이상경을 창건하도록 온갖 노력을 기울임은 물론 흥아의 큰 파도가 되어 인종적 편견을 시정하고 중외에 거역할 수 없는 세계 정의의 확립을 지향한다. (…)

지도부는 전도 몇 겹의 난관을 앞에 두고 대이상의 실행자로서 무아의 한길에 매진한다.[67]

이 포고는 가사기가 기안하고 위청한의 결재를 거친 것이라고 하지만 실질적으로는 가사기가 입안한 것인데, 그의 사상의 특징인 흥아주의와 불교적 신앙의 혼합으로서 표명된 것이다. 만몽이라는 대승 상응의 땅에 역사상 최초의 이상경, 극락토를 건설하여 아시아 흥륭, 인종적 편견이 없는 세계정의의 근거지로 삼으며, 그 건설에 참가하는 것은 획시대적인 천업이고 그를 위해서는 대자비심을 가지고 공경상애, 지성, 무아의 경지에서 일에 임하지 않으면 안 된다고 하며 역사에 있어서의 성스러운 사명을 주장한다. 가사기도 "만주 왕도건국의 성업은 하나의 큰 사상운동이다. (…) 이것을 다른 말로 바꾸어 정신, 윤리 혹은 종교운동이라고 해도 지장이 없다"고 보았으며,[68] 자치지도원은 "천년의 대업"에 "무소구(無所求)의 행(行)", "보살도의 행자(行者)"로서 임하고 "왕도국가 건설의 인주(人柱)"로서 신명을 아끼지 않고 세속적인 일체의 번뇌를 버리고 성업(聖業)에 따라야 한다는 것이다. 이것이 자치지도부의 지도정신이며, 달리 가사기 정신, 가사기이즘이라고도 불렸다. 물론 이런 초속(超俗)적이라고도 광신적이라고도 할 수 있는 처세법은 스스로를 고상하다고 생각하는 분위기를 배양하며 그들과 신념을 함께하지 않는 사람들에게는 당혹감의 대상이 된다. 강렬한 사명감에 불타는 가사기이즘 신봉자는 '천업조(天業組)'라고 불리며 일종의 외포와 경멸이 뒤섞인 시선을 받았는데, 그 때문에 만주청년연맹계 사람들과의 사이에는 점차 벽이 생겨났다.

어쨌든 이처럼 가사기에 의해 마련된 정신적 기반에 의해 자치지도원들은 건국의 기둥이 되어 '용왕매진' 임지로 향하였고 자치지도부가 해산되는 1932년 3월까지 펑톈성과 지린성 일부에 이르는 58개현에 지도원이 파견되어 아래로부터의 건국운동을 담당하였다. 자치지도원은 건국 후인 1932년 7월 자치현(自治縣)제 및 현관(縣官)제의 공포에 의해 현참사관, 1937년 현 관제 개정에 의해 부현장(副縣長)으로 바뀌었지만, 명리염리(名利厭離), 무아지순으로 "진실로 왕도국가에 어울리는 정신과 덕력(德力)을 발휘하여 관민을 교도하는" 것이 자치지도부의 도통(道統)으로 계승되어 갔다.[69] 오늘날에도 만주국을 이상국이라 평가하는 사람들은, 숭고한 이상을 내걸고 도의적으로 분투하였으며 오로지 나라 만들기에 정열을 기울였던 자치지도부를 논거로 삼는 경우가 많다.

그러나 지순·무아·무상의 헌신·선정 등은 그것을 공유하는 자에게는 사기를 높이는 섹트적 은어(cant)로서 효용을 가질지 모르지만, 입장을 바꾸어 생각하면 일방적으로 강요당해 어쩔 수 없이 '교도'되는 것만큼 짜증나는 일도 없을 터이다. 진리에 대한 신자의 신념이 강하면 강할수록 또한 거기에 기울이는 정열이 강하면 강할수록 자율적이고 싶어하는 사람들에게 심리적으로 부가되는 압력은 저항하기 힘든 무게로 덮쳐누를 것임은 상상하기 어렵지 않다. 더욱이 좀 더 생각해 보면 자치지도라는 것도 대단히 모순적인 표현이다. 자신의 주체적 의사에 의해 스스로를 다스리는 것이 자치의 본의라면 거기에 지도라는 요인이 작용할 여지가 없을 터이다. 또한 위로부터의 지도에 의해서 비로소 자치가 주어지고 보존된다고 한다면 그것은 자치라고는 할 수 없을 것이다. 그러나 자치지도부에 모인 많은 사람들에게 정말 정치 능력이 낮은 중국인에 대해 자치를 지도하고 가르쳐 준다는 것은 당연한 사명으로서 조금도 의심스러운 일이 아니었다. 가사기는 이 점을 다음과 같이 논하고 있다.

> 만주에 만약 진정한 자치가 발달하고 있다면 왜 민중은 악질 정치꾼의 질곡하에서 체념의 생활을 계속해 왔던가. 왜 토비(土匪), 정비(政匪), 상비(商匪), 학비(學匪) 등의 도량(跳梁)에 자유를 압박당하고 있었던가. 자치의 발달이라고 하지만 그들은 악의의 독이빨을 감추고 겨우 물질적 존재를 유지할 정도의 변통에 유능했던 것은 아닐까. 정치적, 나아가 정신적·도의적 근거가 없는 자치는 정말 그 차이가 엄청나다. 저간에 비록 젊은이라고 해도 도의적 용기가 있는 일본인이 활동할 여지는 충분히 있다.[70]

즉 진정한 자치를 알지 못하는 중국인에게 그것을 각성시키지 않고서는 민족협화의 왕도국가 건설은 요원하다는 것이 가사기가 자치지도를 불가결하다고 생각한 이유인데, 자치지도원에게는 "사상·감정·정신상의 대도사(大導師)가 되어 가르쳐야 할 것은 가르치고, 거절할 것은 단호하게 거절하는"(〈자치지도원 복무심득〉) 것이 직무로 요구되었다.[71] 여기에는 일본인을 어린 유아로 보고, 진정한 민주주의가 정착되지 않았기 때문에 군국주의에 저항조차 하지 않고 전쟁으로 바로 달려간, 그러한 일본인을 진정으로 해방시키기 위해서는 민주주의를 가르칠 필요가 있고 그 민주주의의 학교인 '지방자치의 본지'를 깨닫게 해야 한다고 했던 D. 맥아더를 비롯한 연합국 최고사령관 총사령부(GHQ) 사람들의 의식과 상통하는 가부장주의(paternalism)를 발견할 수 있다.

그 점에 대해서는 여기서 더 이상 논의하지 않기로 하고, 하던 이야기를 계속하면, 가사기는 민족협화를 주장하면서도 "흥아의 대도사"로서의 일본 민족의 주도적 입장을 믿어 의심치 않았을 뿐만 아니라 만주국 건국을 메이지 천황의 유업을 잇는 일본 황도(皇道)의 발전으로 생각하고 있었다. 그것은 위청한의 교열을 거치지 않고 가사기가 기안하여 관동군 사령부가 극비 문서로 자치지도부 창설 이전인 11월 4일에 제정한 〈지방자치 지도원 복무심득〉에 "자치지도부의 이상은 메이지 천황의 위대한 뜻을 받들어, 진정 일본이 세계에 짊어질 대사명의 제일보를 이 인연 깊은 만몽의 땅에 내리려는 데 있다"는 것에서도 명확하게 드러난다.[72] 가사기에게는 "메이지 천황의 대어심(大御心)과 관음의 대자비가 아시아에서 발하여 세계에 미치는데, 이것을 대아시아라 부른다"라는 확신이 모든 언동을 규율하는 원리가 되었던 것이다.[73]

만주국을 황도 연방에 속한 한 국가, 팔굉일우(八紘一宇)*의 한 계단으로 보는, 건국 후에 나타난 만주국관은 건국운동에 착수하는 단계에서 이미 배태되어 있었다. 그리고 여기에는 또한 일본 민족이야말로 아시아의 무자각적인 민족들을 각성시켜 빼앗긴 아시아를 탈환하고 해방으로 이끌 대사명을 띤 구세주이며 지도민족이기도 하다는 천직관이 존재하고 있었던 것이다. 그러나 마찬가지로 만주국 건국을 피압박민족 해방의 초석, 왕도연방 건설의 서막으로 보면서도, 아니 그렇다면 더욱더 만주국 건국을 주민들의 자치 조직이 가진, 밑으로부터 솟아오르는 힘을 통해 달성해야 함을 강조하며 자치지도부에 참여한 사람들도 있었다. 그것이 다치바나 시라키와 노다 란조 등인데, 특히 다치바나는 중국 농민이 직접 헤게모니를 쥔 국가 건설이야말로 왕도 입국의 이상이라 여겨 자치에 기초한 왕도정치, 왕도주의를 만주국의 지도원리로 제시했다.

6. 다치바나 시라키와 자치의 왕도

"그 사람은 우리보다도 중국을 더 잘 알고 있다."[74] 자신의 조국, 중국을 가차 없이 파헤치는 데 누구에게도 뒤지지 않을 루쉰(魯迅)이 이

---

* '팔굉'은 팔방, 나아가 세계를 가리키는 것이고 '일우'는 한 집, 천황의 통치하를 의미한다. 이는 대동아공영권 건설의 이념으로 사용된 말 가운데 하나로서 제2차 고노에 내각이 결정한 기본 국책 요강에 등장하는 "팔굉을 일우로 하는 건국의 대정신"에서 유래되었다. 이는 《일본서기》에 나오는 "팔굉을 뒤덮어 한 집을 이룬다"는 구절을 전 세계를 한 집과 같은 상태로 한다고 해석한 것인데, 일본의 대륙 진출 정당화 논리로 사용되었다.

렇게 평가한 일본인, 그 사람이 다치바나 시라키*이다.

1906년 중국에 건너간 이래, 《료토(遼東)신보》, 《사이난(濟南)일보》, 《게이신(京津)일일신문》 등을 거점으로 '개성신장의 자유'라는 개인주의·자유주의 입장에서 건필을 휘둘러 "만주의 (하세가와) 뇨제칸(如是閑)"이라 불린 다치바나. 그는 또한 저널리스트로서 활동했을 뿐만 아니라 《월간 지나연구》, 《지나연구 자료》를 간행하고 나중에 《지나사회 연구》, 《지나사상 연구》(둘 다 니혼효론샤日本評論社에서 1936년 간행)로 결실을 맺는 중국사회 연구를 하는 등, 날이 갈수록 현지파 중국학자로서 명성을 높여갔다. 다치바나는 자신의 활동에 대해 "종종 지나학자라 오해받지만 나의 본령은 시종일관 지나사회를 대상으로 한 평론가가 되는 데 있다. 그리고 나의 지나 평론의 동기는 호기심과 지적 욕구에 있는 게 아니라 주로 정치적 목적, 즉 일·지 양 민족의 올바른 관계의 이론 및 방법을 탐색하는 데 있다"라고 술회하고 있다.[75] 일러전쟁 직후에 시작하여 일중전쟁 종결과 함께 끝난 다치바나의 언론 활동이, 날이 갈수록 악화되어 가는 일중 관계를 우려와 분노로써 지적하고 바로잡는 극히 실천적인 의도에 따른 것은 오히려 당연하고 중국에서 일본인 목탁(木鐸)으로 살아가는 것은 그 길밖에 없었다

---

* 1881~1945. 저널리스트. 중국연구가. 오이타현 출신. 와세다대학 중퇴. 1906년 저널리스트로서 중국에 건너가 《게이신일일신문》 등의 주필을 역임하고 1924년에 《월간 지나연구》를 창간하였다. 사상·사회·정치·경제 등 종합적으로 중국을 연구하였는데, 중국 국민혁명을 지지하며 중국사회론·혁명론에 대한 선구적 업적을 남겼다. 1925년 만철 촉탁이 되었고, 1931년에는 《만주평론》을 창간했는데, 그 직후 발발한 만주사변을 계기로 방향전환을 표명하여 관동군을 지지하고 왕도론을 주장하며 만주국 수립을 이론적 측면에서 지원했다.

고 평가할 수 있다. 그러나 재중 일본인 저널리스트 대다수가 국익을 척도로 하는 일본인의 눈높이에서만 일중 관계를 바라보았고, 그 때문에 양심적이라고 하는 사람들조차 어떤 때는 강렬한 친중파(Sinophile)가 되었다가도 일단 자신의 척도에서 벗어나면 일변하여 중국의 후진성을 온갖 언설로 지탄하는 성향에서 벗어나지 못했다는 것도 사실이고, 그런 점에서 보면 다치바나는 확실히 특이한 존재일 수 있다. 그것을 가능하게 했던 것은 눈앞에 살아 존재하는, 있는 그대로의 중국인과 중국사회를, 그 한가운데에서 생활을 함께하며 응시하는 것을 자신의 과제로 삼으면서 통설에 안이하게 안주하기를 거부한 다치바나의 표연한 자세였다고 생각된다.

다치바나의 눈을 통해 본 중국은 정체된 나라도 아니고 무질서한 나라도 아니며, 또한 이나바 이와키치나 야노 진이치 등의 중국사학자가 주장하고 이시하라, 이타가키 등이 나중에 동조하고 있는 것과 달리, 중국 국민에게 국가 형성 능력이 결여되어 있었던 것도 아니다. 다만 그것은 중국이 "무력투쟁에는 부적당한 정치 조직밖에 가지고 있지 않음"을 드러내는 데 지나지 않았다.[76] 그리고 그러한 만큼 민중사회는, 아직 발휘되지 않았지만 무한한 에너지가 감춰져 있는 사회로 여겨졌다. 그 때문에 다치바나의 입장에서 보면 일본인이 "지나에 비해 선진자임을 무반성적으로 자만하고 있는" 것과 "지나인을 도덕적 정조가 거의 완전히 결핍된 민족인 것처럼 생각하고 있는" 것은 순전한 오류일 뿐만 아니라 일중 관계에서는 위험하기 짝이 없는 편견이었다.[77]

이러한 편견의 수정과 더불어 다치바나가 가장 뜻을 두고 일본인을 향해 바다 건너편에서 계속 발신했던 경고는 중국 내셔널리즘을 직시하여 그에 대한 대처를 그르치지 말라는 것이었다. 1925년 '조계 회수, 타도 제국주의'를 내걸고 일어난 5·30사건에 대해서도 '제2의 단비(團匪) 사건'이라고 하며 중국을 비난하는 논조가 강한 가운데, 과감하게 중국인의 요구가 정당함을 인정하고, 나아가 오히려 "과거에 지나인보다도 더욱 심한 과실을 범한 일본인은 이때 단호하게 그 잘못을 뉘우치고 지나에 대한 태도를 바꿀 의무가 있다"라고 일본인에게 역사적 반성을 촉구하고 있다.[78] 다치바나가 말하는 '태도 변화'란 더 이상 중국을 권익의 장으로 보지 말고 동등한 민족으로서 발전해야 한다는 '대등주의', '평등주의'의 원칙으로 전환하는 것이며 그 입장에서 "항상 지나를 위해, 아니 지구상의 모든 유색인종의 이익을 위해 서양 국가의 독단과 편견을 완화하기 위한" 노력에 일본 및 일본인이 진지하게 나서는 것이었다.[79] 이러한 대등주의, 평등주의 원칙은 당연히 만주에 대해서도 적용되어 "첫째로 일본의 만주정책에서 정치·군사적 의의를 배제할 것", "둘째로 (장쮜린) 군벌과 사적 관계를 맺는 외교 대신에 민중의 의지 및 이해(利害)의 소재를 발견하도록 노력하고, 또한 이에 따라 행동할 것" 외에 "인구정책의 대상으로 만주를 다루는 것을 결단코 단념해야 할" 것 등을[80] 요구했다. 말할 것도 없이 이러한 요구는 일본의 재만 권익을 방기하는 것일 뿐만 아니라, 이시하라 등이 만몽에서 추구하고 있었던 것과 정면에서 날카롭게 대립하는 것이었다. 그럼에도 불구하고 다치바나는 왜 관동군의 군사행동에 동조하고 만주국 건국을 위해 그가 가진 학식과 정열을 모두 쏟아부었던 것일까?

　다치바나는 만주사변 발발 후에 관동군이나 조선 주둔군이 보인

행동을 군율 위반이라 보아 그에 대해 비판적 입장을 취하고 있었으나, 사변에 대한 인식을 심화시키기 위해 10월 초순 펑톈의 동양척식회사 지점 건물에 자리 잡은 관동군 사령부에서 이타가키·이시하라 등의 관동군 참모와 회담했다. 그 결과 관동군의 행동이 직접적으로는 "아시아 해방의 초석으로서 둥베이 4성을 판도로 하는 독립국가를 건설하고, 일본은 이에 절대적인 신뢰를 두고 일체의 기득권을 반환할 뿐만 아니라 나아가 자진해서 할 수 있는 최대한의 원조를 주는 것", 그리고 "동시에 간접적으로는 조국의 개조를 기대하고 근로 대중을 자본가 정당의 독재 및 착취로부터 해방시키고, 그리하여 진정으로 아시아 해방의 원동력이 될 수 있는 이상국가를 건설하도록 시세를 유도할 의도를 품은 것"임을 인식하기에 이르렀다고 한다. 다치바나는, 관동군의 행동이 자본가 정당의 의향에 따른 군벌적 망동이 아니라 오히려 반자본가·반정당을 지향하는 완전히 새로운 국민적·직업적 자각에 입각해 있고, 일본 전국의 농민대중의 열렬한 지지를 기초로 하여 진행되고 있다고 판단했다. 그리하여 "이 대단한 국민적 긴장을 보고 다소의 감개가 없을 수 없"던 차에 이시하라 등의 장교단을 "어느 지점까지는 신뢰할 수 있는 동행자로서 이 새로운 세력에게 기대"하였기 때문에, 만주국 건국의 지도이론을 만드는 데 부심하게 되었다고 한다. 이상은 다치바나가 그 회담으로부터 약 3년 후에 〈나의 방향 전환〉(《만주평론》, 1934년 8월 11일)이라는 글에서 직접 설명했던 내용이다. 거기에는 아마도 자신의 이전 행동을 정당화하기 위한 해석이 포함되어 있을 터이다. 그러나 자유주의자를 자임하면서도 경제체제로서의 자본주의적 모순에 깊은 회의를 품고 있던 다치바나는, 반자본가·반정당의 자세를 뚜렷이 견지하며 신국가 수립을 지향하는 관동군이야말로 자본주의가 이른 한계를 타파하고 근로자 민주주의를 가져올 추진력이라고 생각했을지도 모르겠다. 그리고 또한 악화일로를 걷고 있는 일·중 관계의 틈새에서 타개책을 모색하고 있던 다치바나에게 중국 민중의 자유로운 발전을 방해해 온 군벌 세력을 어떠한 형태로든 일단 구축했다는 점에서 관동군의 행동이 중국 변혁에 길을 닦은 것으로 보였던 것은 거의 틀림없을 것이다. 그러나 만주사변을 침략이 아니라 중국 민중과 아시아에 대한 해방이라고 파악하고 나아가 그것을 일본 개조의 계기로 보았을 때 다치바나는 자신이 그때까지 비판해왔던, 일본의 시점에서 중국 문제를 논하는 비대등주의에 무의식적으로 빠지고 있었던 것도 부정할 수 없다. 다치바나가 그때까지 일관되게 놓지 않고 있던, 중국인의 입장을 주의 깊게 돌아보고 판단하는 자세를 취하는 한, 장쉐량 군벌의 경제정책과 배일정책이 중국 내셔널리즘의 발현이고 자강운동으로 전개될 가능성을 가지고 있음은 예견 가능한 것이었다. 다치바나도 또한 관동군과 재만 일본인이 "생명을 걸고 지금 눈앞에서 매진하고 있는" 건국운동의 전개에 모든 시선을 빼앗겨 거기서 자신의 사상적 고충을 해결할 계기를 발견하려 했다. 그것은 다치바나에게는 죽음으로의 도약과도 같은 도박이었다.

그렇다고는 해도 다치바나가 "만주국 건국을 위해서는 특히 농민 민주주의를 배양하고 고취하는 일에 가장 깊은 흥미를 가졌고"(《나의 방향 전환》), 그것을 언론으로 실행했다는 것은 틀림없는 사실이다. 그리고 다치바나가 만주국 건국의 중핵원리로 보았던 농민 민주주의의 제도적 실현이 바로 인민자치이고 그것이 또한 다치바나에게 왕도의 실천 그 자체로 보였던 것이다. 자치지도부 고문이 된 다치바나는 노다 란조와 더불어 〈동북사회에 적용할 인민자치의 근본요의〉(《육해군문서》816호, 1931년 11월 10일)를 썼는데, 그때 인민자치란 "근래 법치국가의 지방제도에 채용하고 있는 성문법적 자치제의 직역(直譯)적 적용을 의미하는 것이 아니라, 중국사회의 문화적·경제적 조건들을 전제로 하여 현실적인 생활 및 생활수단의 개선을 도모하는 것"이었다. 원래부터 다치바나는 자치에 관해서는 구미와 중국에 비해 일본만이 유독 유치하고 그러한 일본인이 중국인을 지도하는 것은 있을 수 없는 일이며, 중국 농촌의 가족, 토지묘제(土地廟制), 도시의 동업조합, 시상회(市商會) 등의 조직이 충분히 기능하면 인민자치의 실현으로 이어질 것이라고 생각했다. 그러나 주의할 필요가 있는 것은 자본주의의 발전에 따라 각종 자치조직에 계급적 지배관계가 생기고 있다는 사실이었다. 이러한 것들을 근본적으로 제거하지 않으면 진정한 자치는 있을 수 없고, 특히 궁핍화된 농민을 구제할 수 없는 한, 농업국가로서의 만주국 건국은 그림의 떡이 될 것이다. 이처럼 다치바나는 자치지도부의 지도목표를 "민생의 향상에 도움을 주려는" 것에 두고, "첫째 치안. 둘째 민정의 개선, 즉 악세 폐지, 부담 경감. 셋째 생산 및 판매 조직의 개선, 특히 농촌의 합작운동(cooperative)" 등을 중점 지도 부문으로 설정했다. 다치바나가 말하는 자치란 농민이 95%를 넘고 또한 그 대다수가 한(漢)민족이라는 사실로 보면, 농민자치, 즉 직업자치이면서 동시에 민족자치라는 함의를 가지고 있었던 것이다. 그때 자치란 "소극적으로는 국민이 단체의 힘으로 스스로의 생존을 도모하는 것을 의미하고, 적극적으로는 같은 방법으로 복지의 증진을 꾀하는 것을 의미한다"라고 정의되었는데,[81] 단체자치에 의한 국민의 생존보장과 복지증진이 주요 내용이었던 것이다.

다치바나는 국민에 대한 이런 완전한 자치의 보장 아래 각종 자치조직이 층을 이룬 '분권적 자치국가'로서 만주국을 건국하도록 제안했는데, 이러한 분권적 자치국가의 건설이야말로 왕도국가의 실현으로 통한다는 전망을 가지고 있었던 것이다. 왕도정치에 관한 다치바나의 연구는 일찍부터 진행되었는데, 1925년에 이미 "왕도정치를 태고에 찬란했던 사실로만 보는 것이 아니라, 오히려 장래 실현되어 지나 민족의 정치생활을 행복하게 할 뿐만 아니라 막다른 골목에 처한 서양문명에 대해서 어느 정도 커다란 암시와 자극을 줄 수 있을 것으로 기대하고 있다"라는 전망을 가지고 있었다.[82] 그리고 더욱 연구를 거듭하여 만주국 건국을 맞아 새로이 자치를 왕도의 실천으로 보는 시각을 제기했던 것이다. 다치바나는 자치지도부에서 행한 강연에서 왕도가 행해지는 사회란 "모든 인민이 생활을 보장받는 것이 첫째요, 부를 개발하여 그것을 사유화하지 않는 것이 둘째이며, 사회를 위해 노력하는 것이 셋째이다. 그리하여 이 세 가지 조건이 충족되는 것을 예운(《예기》의 〈예운禮運〉편)은 칭하여 '대동세상(大同世上)'이라 한다"라고 설명하고 있는데,[83] 이러한 대동세상, 즉 왕도가 실현된 유토피아 사회를 형성하는 주체로서 자치지도부를 상정했던 것이다. 자치지도부는 왕도국가라는 특수한 국가내용을 창조하기 위한 추진기관으로서 "그 사명의 범위는 기껏해야 현(懸) 자치체의 완성에 국한되지만 그것은 결국 나라의 자치로까지 확대됨으로써 왕도정치의 완성에 이르기 위한 기초공사"를 담당할 사명을 띠고 있다고 말했다.[84]

다치바나는 이렇게 분권적 자치국가로서의 왕도국가를 건설할 수 있다는 희망을 자치지도부에 걸었다. 그리고 나아가 스스로는 자치지도부의 기능 부족을 보충하고 신국가 건설과 관련 있는 현상 및 이론을 조사·연구·선전하기 위한 사상운동단체로서 1931년 12월에 겐코쿠샤(建國社)를 결성하고 다음해 2월에 선언서를 발표한다. 선언의 기초자는 노다 란조라고 되어 있지만 다치바나의 사상을 보건대 거의 다치바나 본인의 생각과 동일하다고 볼 수 있다. 거기서는 왕도를 "유교의 이른바 대동사회사상의 실현을 정도(政道)의 윤리화와, 재부(財富)의 사회화에 따른 민생 보장에 의해 반드시 달성시키려는 경국(經國)의 대도"라고 정의하고,[85] 이어서 왕도사상과 만주국 건설의 관련에 대해 다음과 같이 말하고 있다. "만주사변은 구동북 군벌정권을 붕괴시켰다. 그리고 이 군벌의 붕괴는 그에 수반된 결과로서 수백만 명의 만몽 제민족과 3천만 남짓한 중화민중을 반봉건의 철쇄로부터 해방시켰고, 더군다나 이 해방은 바로 만주사회의 아시아적 본질을 각성시켜, 전통적 생활사상과 자치적 기능에 의해 새로이 왕도국가를 건설"하게 되었다. 그 때문에 왕도국가의 건설은 역사적·사회적 필연성을 가진다는 것이다. 그러니까 아시아 민족에게 왕도사상은 전통적으로 사회생활의 이상으로서 살아 있기 때문에, 구군벌의 철쇄로부터 해방되었을 때 반봉건적인 사회조건에 처해 있음에도 불구하고 왕도국가 건설이 민중자치의 형태를 띠고 나타날 수 있는 전제가 마련되었다는 것이다. 선언은 이처럼 만주 왕도국가 건설의 필연성을 주장한 후, 나아가 왕도연방의 건설을 제창하고 있다. "만주 왕도국가의 건설은 반드시 만주인민만을 위한 낙토가 아니고, 또한 단지 일본제국의 생명선만도 아니며, 하물며 파시즘의 연기장(演技場)은 더더욱 아니고, 지금 바로 태평양에 소용돌이치고 있는 세계인류 생존전에 임해 우리 아시아 왕도사회의 자존을 확보해야 할 유일무이의 세력인 왕도연방의 모체가 되어야 할 사명을 가진 것이어야 한다"라고 역설했다.[86] 이러한 "태평양에 소용돌이치고 있는 세계인류 생존전"이라는 표현에서는, 일·미에 의한 세계 최종전을 상정하고 만주를 그 병참기지로 본 이시하라의 사상과 동일한 것을 엿볼 수 있다. 또한 만주 신국가가 아시아의 왕도연방의 모체라고 보는 논리는 나중에 이시하라와 만주국협화회에 의해 제창되는 동아연맹론과 연관된다고 볼 수도 있다.

이처럼 다치바나에 의해 만주국 건국의 원리로 왕도라는 개념이 덧붙여져, 만주청년연맹에 의해 제기된 민족협화와 함께 신국가 지도이념으로 높이 선전되었다. 그리고 당초 인민생존의 보장과 농민자치를 주안으로 하고 있던 왕도는 그 세계사적 의의가 주장되는 가운데, "만주 왕도국가의 사명은 왕도 민족에게 깨어나라고 외치는 생명의 경종이요, 나아가 유물적·자본주의적 착취와 다른 한편으로 공산주의적 파괴로부터 세계인류를 해방시키고 대동적 생명을 불어넣을 왕도혁명의 원천이어야 한다"(《건국사 선언》)라고 하여 자본주의와 공산주의의 패도로부터 아시아 여러 민족을 지키고 세계인류를 해방시키는 것으로 역점이 옮아가 가사기 등 다이유호카이 계열 사람들이 가지고 있던 생각, 즉 만주국을 흥아운동과 세계정의 확립의 근거지로 삼는다는 주장에 접근해 갔다.

그리하여 왕도는 왕도혁명으로도 표현되는 것처럼, 만주를 무대로 하여 전개되는 낙토건설에 참여하는 혁명적 로맨티시즘이라고도 할 만한 심정을 상징하는 용어로 승화되어 간다. 그러나 자치지도부와 관동군에 의해 왕도낙토가 부각되어 크게 활용되어 가는 것과는 대조적으로 다치바나가 가장 중시했고 왕도와 일체불가분의 것으로 생각했던 국가 내용인 농민자치, 분권적 자치국가라는 논점은 국가의 제도화속에서 깨끗하게 지워져 갔다. 이미 자치지도부 발족에 앞서 관동군의 지시하에 작성된 마쓰키 다모쓰 기안의 〈만몽 자유국 건설안 대강〉에서는 중앙정부 수립 후에는 "점차 중앙정부의 권한을 확대하고 각 성구(省區)의 권력의 축소를 지향한다"라고 하여 중앙집권국가라는 방향이 세워져 있었다.[87] 관동군은 물론이고 자치지도부에서조차 중국인의 통치 능력, 자치 능력에 대해 부정적인 견해가 지배적이었던 상황 속에서 농민자치와 분권적 자치국가라는 다치바나의 구상이 받아들여질 여지는 거의 없었다고 할 수 있다. 거기서는 이미 자치지도부의 조직과 기능에 대한 이해 자체에 거리가 생기고 있었던 것이다. 다치바나는 자치지도부의 특징을 "① 어떤 특정한 사람 혹은 기관에 의해 만들어진 것이 아니고, ② 또한 어떤 합법적인 수속에 의거하여 만들어진 것도 아니며, ③ 당시 건국운동에 참여하고 있던 사람들의 요구로부터 자연스럽게 그리고 자발적으로 결성되었"다는 것에서 찾고 있지만,[88] 앞에서 말했던 것으로 보아도 이것은 명백히 사실 오인이다. 아니면 다치바나가 실정을 잘 알지 못했을지도 모르지만, 그는 출발점에서 입각해야 할 지점을 그르치고, 동행하지 말아야 할 자들과 행동을 같이했으며, 똑같은 말에 완전히 다른 의미내용을 부여하고 있었다고 해야 할지도 모르겠다. 나중에 다치바나의 사상적 계승자인 사토 다이시로(佐藤大四郎) 등의 합작사(合作社)운동이 반체제운동으로서 압살되는 계기는 이때 이미 싹트고 있었던 것이 아닐까.

그건 그렇고, 이러한 모순을 품고 있으면서도 자치지도부를 하나의 거점으로 삼아 신국가 건설의 지도이념을 갖추고 건국운동에 대한 참가를 중국 민중에게 호소하게 되었다.

1932년 1월 자치지도부는 〈둥베이 4성 3천만 민중에게 고하는 서(書)〉를 발표하여 "일체의 착취기관의 절멸", "타도 장쉐량 정권 및 그 주구기관", "산업교통의 창달, 즉 생산 및 판매 조직의 개선, 특히 농촌에서의 합작운동", "일시동인(一視同仁), 즉 인종적 편견의 시정" 등의 슬로건을 내걸고 다음과 같이 호소했다.

둥베이의 형제여!

지금이야말로 제군이 분투할 때다. (…) 둥베이의 형제여, 일제히 일어나 자치정신에 기초한 신국가의 완성을 서둘러야 하지 않겠는가. 인류의 대조화를 향해 용감하게 돌진하자.

둥베이의 부로(父老) 및 청년 제군!

우리들 앞길에 놓인 몇 겹이나 되는 난관을 넘어 이 획시대적 천업을 완성하여 세계정의의 확립을 목표로 무아(無我)의 한길에 매진하자. (…)

둥베이의 부로 제군!

동심협력하여 과거 일체의 악풍을 버리고 이상경의 건설에 용왕매진하자.

전 둥베이 민중의 단결로!

신국가의 건설로!

자치정신의 확립으로! 서두르자!⁸⁹

자치지도부는 이후 자치훈련생을 포함해 편성한 건국촉진운동 지방반을 만주 전역에 파견하여 만주국 건국촉진 민중운동을 여러 성에서 전개하였다. 리튼 조사단이 도쿄에 도착한 2월 29일, 펑톈에 각 성, 각 민족대표 약 700명을 모아 전만건국촉진연합대회를 개최하였는데, 신국가를 건설하고 "원수를 추대하고 선정왕도주의에 기반하여 인민의 행복을 증진시키자"는 선언을 결의하였으며[90] 더불어 푸이를 원수로 추대하는 긴급동의를 만장일치로 가결하기에 이르렀다.

만주국 건국의 날은 목전에 다가와 있었다.

제3장

세계정치의 모범이 되려 함

도의입국의 기치와 만주국 정치의 형성

1932년 3월 1일, 펑톈·지린·헤이룽장·러허(실제상의 러허성 설립은 1933년 5월)의 4성을 주요 판도로 하여 만주국 정부는 '건국선언'을 발표하였고, 더불어 연호를 대동(大同), 국기(國旗)를 신오색기로 한다고 포고하였다. 여러 번에 걸친 둥베이 3천만 민중의 추대를 받아들이는 형식으로 9일 푸이가 원수에 취임하였고, 이 날 정부조직법과 관제, 인권보장법 등이 공포되었으며 정부 수뇌인사도 결정되었다. 이어서 12일 외교부 총장 셰제스(謝介石)의 이름으로 세계 17개국에 대해 신국가의 승인을 구하는 대외통고를 발했다. 그리고 수도로 정한 창춘(長春)을 14일 신징(新京)으로 개명하여, 이로써 만주국은 태어났던 것이다.

건국과 함께 각 도시에서 건국경축대회가 거행되었는데, 신징과 펑톈 등에서는 자치지도부에 의해 동원된 축하행렬이 이어지고, 꽃전차와 자동차 선전대 등이 몰려나왔으며, '왕도낙토', '공존공영', '오족협화' 등의 슬로건이 흘러넘쳤다. 그러나 이런 경축행사의 성황과 슬로건의 범람과는 반대로, 일본은 국제연맹의 리튼 조사단*이 도착하기 전에 기정사실이 되도록 만주국 건국을 강행함으로써 중국과 더욱 대립되어 갔고 국제사회에서도 고립화의 협로로 스스로를 몰아가게 되었다.

그러한 국제정황 속에서의 건국이었던 만큼 만주국은 국제적 시선을 의식하면서 도의입국의 기치를 내걸고 국제(國制)를 결정하였는데, 그러는 가운데 일본이 원래 기도했던 목적을 실효적으로 확보하는 통치 방식이 모색되었다.

그러나 만주국은 탄생 자체부터 제약을 가지고 있었다. 중화민국으로부터 분리되어 성립했기에 한편으로 중화민국과의 이질성과 단절성을 강조하면서 다른 한편으로 중화민국의 정치제도와 법정(法政) 사상을 받아들여 이것과 대항적으로 스스로의 아이덴티티를 확립하지 않을 수 없었던 것이다.

이러한 중화민국에 대한 상반된 요청에 덧붙여 둥베이 지방의 여러 세력, 청조 복벽파와 몽골 왕후, 그리고 말할 것도 없이 관동군과 재만 일본인이라는 다양한 사람들의 정치적 지향과 이해관계, 의도 등이

---

* Lytton Commission. 만주사변의 원인과 중국·만주의 여러 문제를 조사하기 위해 국제연맹에서 파견한 조사단. 1932년 1월 영국의 리튼을 단장으로 한 조사단이 결성되었는데, 이들은 2월 29일 도쿄에 도착했고, 3월 14일에서 4월 19일까지는 상하이·베이징·한커우 등을 답사한 후 6월 4일까지는 만주 지역을 조사하고 일단 도쿄로 다시 돌아온 다음, 베이징에서 보고서를 작성하여 10월 2일 조사 결과를 공표했다. 이 보고서는 중국과 만주의 실정, 중국과 일본 간의 분쟁, 만주사변의 경과 등을 상세히 기록하였는데, 만주사변을 일본의 침략 행위로 규정하면서도 만주에서의 일본의 권익을 인정했다. 만주국을 인정하지 않고 중국의 일부로서 강한 자치권을 부여하면서도, 만주에서의 중국과 일본 간의 경제협력을 주장하는 등 매우 타협적이었다.

복잡하게 교차하였는데, 그것이 국가 이념과 정부 조직, 통치 형태의 형성에 큰 그림자를 드리웠다.

1. 건국의 동기 만들기와 장의부조(仗義扶助)

만몽은 예부터 따로 한 나라를 이루었다. 지금 시국상의 필요로 인해 스스로 수립을 도모하지 않을 수 없다. 곧 3천만 민중의 의향으로 즉일 선고하노니, 중화민국과의 관계를 이탈하고 만주국을 창립한다.[1]

만주국은 이 건국선언으로 독립국가로서 출발했다. 만몽이 원래 중국 본토와 따로 한 나라를 이루고 있었는지, 또한 스스로 수립하지 않으면 안 되는 절박한 시국의 필요가 있었는지에 대해서는 이론이 있고, 만주국이 3천만 민중의 의향으로 창립되었는지는 의심스럽다고 하지 않을 수 없다. 그러나 이런 사실들을 근거로 만주국은 중화민국의 주권에서 떨어져 나와 주권국가로서의 자립성을 주장했다. 그러나 '관계를 이탈'하여 건국되었다는 것은 양국이 아무런 관계없이 성립되었고 존속했다는 것을 추호도 의미하지 않는다. 오히려 만주국은 대내적으로는 '국민'을 납득시키기 위해서도 그 건국의 동기와 이념의 표명에 있어서 중화민국과의 이질성·대극성을 강조하지 않으면 안 되었다. 또한 거꾸로 대외적으로는 국제적 승인과 일본의 기존권익 확보의 필요성에서도 중화민국과의 국가적 계승성(state succession)을 부정할 수 없었던 것이다. 이처럼 중화민국에 대해 단절성과 연속성이라는 상반되는 자세를 취하지 않을 수 없었던 것, 여기에 만주국의 모반(母斑)이라 할 '출생'에 뿌리내린 특징이 보이며, 또한 그것이 만주국의 건국 이념과 국제 자체를 크게 규정했다고 할 수 있을 것이다.

새로운 국가를 창출하는 행위, 그것이 평범한 인간의 역량으로는 지난한 사업임은 말할 것도 없다. 동서고금을 통틀어 자신의 법정사상의 결정체로서 존재해야 할 정치사회의 초상을 그리며 이상국가의 창건에 모든 영혼을 걸었던 사상가들이, 건국의 담당자로서, 사람이지만 사람이 아닐 정도로 비범한 지성과 덕성을 겸비한 건국자와 입법자를 상정해 왔던 것도 그 때문일 것이다.

생각해 보면 플라톤의 《법률》에서, 마키아벨리의 《로마사 논고》에서, 몽테스키외의 《로마 성쇠 원인론》에서, 나아가 루소의 《사회계약론》에서 건국자와 입법자가 국가의 창조라는 사업을 통해 인간혁명도 함께 이루어내는, 신과도 같은 존재로 구상되어 왔던 것이다.

확실히 새로이 인공적인 국가를 세운다는 것은 궁극적으로는 거기에 사는 인간의 의식을 변혁함으로써만 가능할 것이고, 인간의 의식을 변혁하기 위해서는 강렬한 자력을 가진 이념과 이데올로기가 필수적일 터이다. 그러나 국가의 구도와 건국이념은 현실적으로는 결코 자유자재로 그릴 수 있는 것이 아니다. '최초의 신흥국가(the first new nation)'로서 신천지 미국을 이념의 공화국으로 창조하고자 하는 기개를 가지고 건국의 지난한 사업에 나섰던 T. 제퍼슨과 J. 매디슨 등 건국의 아버지들(founding fathers)조차 영국 본국과의 대항 및 각 주(州) 사이의 반목, 국가 체제의 선택을 둘러싼 항쟁 중에 '타협의 다발' 위에서 국가 형성을 진행하지 않을 수 없었던 것이다.

하물며 관동군의 무력점령에 의한 유혈과 공포, 그리고 이해타산 위에 진행된 만주국의 건국이, 새하얀 도화지 위에 자유롭게 이상국가의 구상을 그리는 형태로 진행될 리는 만무했고, 무엇보다도 중화민국의 주권하에 있는 중국 둥베이 지방에 새로이 독립국가를 세운다는 점에서 그 국가상(國家像)은 큰 제약을 받을 수밖에 없었다.

왜 만주국은 태어나야 했던가? 만주국이 국가로서 가지는 존재 이유는 과연 무엇일 수 있는가? 그에 대해 정당한 논증을 제공할 수 없는 한, 독립국가로서 인정받지도 못할 뿐만 아니라 '국민'의 지지를 확보해갈 수도 없다. 무엇보다 정통성의 근거 없이는 '괴뢰국가', '위국(僞國)'이라는 국제적 비난에 대해 항변조차 할 수 없을 것이다. 만주국이 중국과 세계의 정치사조를 주시하면서 이례적이라고 할 정도로 자신의 건국이념과 국제가 기존의 것을 훨씬 능가하고 비할 바 없는 것이라고 선전한 이유가 여기에 있다. 예를 들면 1937년 만주국 국무원 총무청 홍보처가 간행한 《선전(宣傳) 연구》는 앞부분에서 만주국의 국가로서의 걸출함을 다음과 같이 찬양하고 있다.

우리 만주국은 3천만 민중의 총의에 기초하여 순천안민(順天安民)의 큰 뜻에 따라 왕도정치를 실시하고, 민족협화를 구현하며, 인류영원의 복지를 증진하기 위해 태어난 신흥국가이다. 만주국의 건국이상과 건국정신은 세계역사에 그 유례를 찾아볼 수 없을 정도로 숭고한 것이어서 (…) 만주국의 출현은 세계의 정치 형태에 가장 신선하고 도의적인 모델을 새로이 부가한 사상(事象)으로서, 세계의 정치학자는 만주국을 위해 새로운 정치학설을 만들지 않으면 안 된다.[2]

그러나 과연 만주국의 출현은 새로운 정치학설을 창안하지 않으면 안 될 정도로 특이한 것이고 그 정치 형태는 가장 신선하고 도의적인 모범(model)을 세상에 제공했던 것일까. 아니면 그것은 만주국 건국 전야의 일·중 양국인의 좌담회에서 펑톈 도서관장 에토 도시오(衛藤利夫)가 미국의 건국을 들먹이면서 강조했던 것처럼, 국가 형성에 불가결한 '진지한 꿈', '진지한 이상주의'를 표명하지 않을 수 없었던 것일까. 그 어느 것이라고 해도 건국 시에 다양하게 표명되었던 이러한 담론을 가지고, 오늘날 여전히 만주국 건설이 도의국가를 지향한 이상의 추구였다고 어떤 이들은 주장하는 것이다. 그리고 또한 이러한 건국이념이야말로 만주국이 자신의 초상을 어떠한 것으로 그리고 있었던가를 그대로 보여주는 것인 이상, 그 논리가 어떠한 것이었던가를 그 논리에 따라 살펴보는 것은 만주국을 논함에 있어서 불가결한 과정이라고 할 수 있다.

만주국 건국의 이념을 집약적으로 드러낸 문서로는 3월 1일의 〈만주국 건국선언〉, 9일의 〈집정선언〉, 12일의 〈건국에 관한 대외통고〉를 들 수 있다.

전체적으로 읽어보면 이들 문서는, 첫째 왜 만주국이 건설되지 않으면 안 되는가 하는 건국의 필요성을 우선 둥베이 군벌과 국민정부에 대한 비난으로 열거한 후, 둘째로 거기에 대항하여 만주국이 건설될 정당성을 건국이념을 통해 제시하고, 그런 후 셋째로 그렇게 건국된 만주국이 국제적으로 어떠한 지위를 가질 수 있는지를 선언하는 구성으로 되어 있다.

구체적으로는 우선 신해혁명 이후 20년에 걸쳐 둥베이 3천만 민중에게 도탄(塗炭)의 고통을 안겨준 원흉으로 군벌의 악정을 지탄한다.

병란을 좋아하고 교만과 사치의 극을 보여주었으며 유흥에 빠져 사람들의 생활의 안정 따위는 돌아보지도 않았고, 오로지 사리사욕을 추구했을 뿐인 통치. 화폐제도는 혼란하고 모든 산업은 무너졌으며 도덕은 땅에 떨어져버렸고 도적떼는 횡행하여 가는 곳마다 강탈과 살인이 행해지며 길에는 굶어죽는 사람이 넘쳐나고 있다. 또한 대외적으로도 배외를 일삼아 신용을 잃고 있다. 이 잔학무법한 군벌지배하에 있는 한, 만몽 3천만 민중은 다만 앉아서 죽음을 기다릴 뿐, 어떻게 하면 이 궁벽함으로부터 벗어날까 하는 것만을 바라면서 살아왔던 것이다. 그러나 '때는 왔다'고 한다.

> 지금은 얼마나 다행인가. 인사(隣師: 일본군)에게 손을 빌려, 여기서 추류(醜類: 인간의 얼굴을 한 야수)를 내몰고 오랫동안 군벌이 반거(盤踞)하여 비정췌취(秕政萃聚)한 땅(오랜 기간 군벌이 점령하여 악정의 극을 다한 땅)을 모두 곽청(廓淸)한다. 이에 하늘은 우리 만몽의 3천만 민(民)에게 소식(蘇息: 숨을 되쉬는 것)의 양기(良機)를 주었다.[3]

보다 못한 일본군의 장의부조(仗義扶助)에 의해 군벌, 즉 장쉐량 정권을 몰아냄으로써 겨우 꿈에 그리던 안거낙업(安居樂業)의 땅에서 살아갈 희망이 생겨났고, 이것이야말로 하늘이 준 절호의 기회라는 말이다.

이처럼 장쉐량 정권하의 민중 생활을 새삼스레 비참의 극치로 묘사하고 민중은 군벌의 탐욕포학한 마수에서 벗어나기만을 절실히 소망해 왔으며, 일본군 즉 관동군은 그러한 민중의 참상을 보다 못해 '선린의 의(誼)'로써 '장의부조', 즉 도의상 어쩔 수 없이 손을 뻗었을 뿐이라고 하여 만주국 건국과 일본군 관여의 정당화를 꾀했다. 거기에는 군벌정치를 패도(覇道) 정치로 보고 이를 대신하여 만주국의 통치를 왕도정치로 한다는 함의가 들어 있었다. 그것은 또한 관동군을 해방군으로 혹은 구세주로 위치짓는 자긍심을 드러낸 것이기도 했다. 확실히 군벌 통치하에서는 군사비가 세출의 90%나 되었고, 통화의 남발로 금융과 화폐제도가 혼란했던 적도 있었다. 그러나 그런 장쉐린 등의 군벌을 활용하여 오로지 권익의 확대를 추구해 왔던 것이 일본의 만몽정책이었음을 잊어서는 안 될 것이다. 또한 군벌을 전근대적인 마적, 녹림(綠林)이라 얕보는 것은 일본뿐만 아니라 리튼 조사단 등도 가지고 있던 통념이었지만, 장쉐량 정권이 산업개발과 교육진흥을 추구했을 뿐만 아니라 장제스의 동맹자로서 단순한 지방할거를 거부하고 둥베이 지역주의와 중국 국민주의의 결합 위에서 중국 근대 국민국가의 형성을 지향하고 있었던 것도 부정할 수 없다. 야나이하라 다다오(矢內原忠雄)*가 올바로 지적하고 있듯이 "둥베이 정부의 군사비 팽대에서도 또한 만주에서의 지나 국민주의 발달과의 관련이 인정될" 터이다.[4]

그리고 바로 그 연관이 명백했기 때문에 〈건국선언〉에서의 탄핵의 칼날은, 일전하여 국민정부의 일당지배 시스템과 민생주의·민권주

---

* 1893~1961. 경제학자. 도쿄제대 식민지정책학 교수. 에히메현 출신. 처음에는 니토베 이나조, 나중에는 우치무라 간조를 사숙하고 무교회주의자가 되어, 인도주의적·기독교적 입장에서 식민정책을 연구했다. 1937년 필화 사건으로 퇴직하였다. 1945년 이후에 복직하여 1951년부터 1957년까지 도쿄대학 총장을 역임했다. 주요 저서로《식민지 및 식민정책》(1926)이 있다.

의·민족주의로 이루어진 삼민주의로 향해져, 장제량 정권을 일소한 지금이야말로 중화민국의 지배로부터 감연히 이탈하는 것이 만몽 3천만 민중의 행복을 확실하게 한다는 주장을 전개한다.

> 일당 전횡으로 국정을 장악했다. 무엇을 민생이라 하는가, 실로 이것을 죽음에 던져두고. 무엇을 민권이라 하는가, 오직 이익만을 챙기면서. 무엇을 민족이라 하는가, 오직 당(黨)밖에 모르면서. 그들이 말하기를 천하는 공(公)이라 했다. 또 말하기를 당으로 나라를 다스린다고. 모순괴류(矛盾乖謬), 스스로를 속이고 사람들을 속인다. 수다한 허위는 막다른 골목에 다다랐다.[5]

확실히 국민당이 한편으로 정치권력의 근원은 국민에 있다고 하는 민권주의와 '천하위공(天下爲公)'을 주장하면서 다른 한편으로 '훈정(訓政: 국민은 정치적으로 어린아이와 같아 국민당에 의한 양육과 훈련을 받아야 비로소 참정권을 비롯한 국민의 권리를 향수할 수 있다는 사상)'과 '이당치국(以黨治國: 국민당 일당독재로 나라를 다스린다)'이라 하여 엘리트 집단에 의한 일당 독재체제를 취한 것은 모순이다. 그러나 의회정치를 부정하고 정당의 존재조차 허락하지 않았던 만주국이 중국의 정치시스템에 대해 "백성들의 원성[民怨]이 비등하여 정체(政體)의 불량(不良)을 통심질수(痛心疾首)하지 않을 수 없다"라고 비판해 보아도[6] 하늘에다 대고 침을 뱉는 격에 지나지 않을 것이다. 또한 삼민주의의 각각에 대한 비난도 반드시 본래의 의미내용에 맞는 반격인 것은 아니다. 나아가 만약 국민당의 지배가 그만큼 전횡의 극에 달해 삼민주의가 그 이념과 배리되어 민심도 떠났다면 새삼스레 이를 배척할 필요도 없을 터이다. 그럼에도 불구하고 국민정부와 삼민주의에 대한 비난이 도를 넘은 것은 그것을 만주국의 존립을 흔드는 위협으로 받아들였기 때문이다.

삼민주의는 이미 쑨원의 사상에 머물지 않고 국민정부에 의한 국가 통치의 진전 속에서 서서히 중국 국민 각층에 침투하여 민족 존속을 소망하는 상징적 표현이 되기에 이르렀다. '삼민주의는 구국주의다'라는 표현이 그런 사정을 잘 말해주고 있다. 삼민주의 교과서는 반일·배일운동의 교과서로 기능하고 있었던 것이다. 만주국 정부가 건국 후 여러 번에 걸쳐 삼민주의와 관련된 교과서 등의 전폐를 포고하며 삼민주의의 '삼제(芟除)'에 날뛴 것은 그 때문이다.

그리하여 만주국이 국가적 정당성과 존립 의의를 내외에 인지시키기 위해서는 삼민주의와 그에 입각한 국민당의(國民黨義)를 몰아내고 그것을 능가할 만한 충박력(衝迫力)과, 중국 제민족의 신국가에 대한 의단(疑團)을 풀 만한 설득력이 있는 정치이념의 제기가 반드시 필요하게 되었다.

그것이 순천안민·민본주의·민족협화·왕도주의 등의 건국이념이었다.

2. 순천안민·오족협화의 왕도낙토

우선 순천안민·민본주의에 대해서는 "정(政)은 도(道)에 기초하고 도는 하늘[天]에 기초한다. 신국가 건설의 취지는 첫째로 순천안민을 주로 한다. 시정(施政)은 반드시 진정한 민의에 따르고 사견의 혹존(或存: 멋대로 존재함)을 불허한다"라고 규정되었다.[7] 이 선언이 앞에서 말한 군벌지배의 가렴주구와 국민정부의 이당치국 체제가 민의를 능멸하고 국민생활의 안녕을 해치는 것이라고 비판하고 나서 이를 대체한 것이라는 점, 그리고 내용적으로는 천하위공(天下爲公)과 삼민주의 중의 민권주의, 민생주의와 조응하는 것임은 명료하다. 〈대외통고〉에서는 이 점에 대해, 둥베이 군벌이 "인민의 휴척(休戚)*을 돌아보지 않고 오직 사리(私利)만을 추구하여 (…) 인민을 도탄의 고통에 빠뜨렸고", 중화민국의 정정(政情)이 "전쟁의 참화가 끊이지 않고 동포를 살육하며 민생을 평안히 할 때가 없었다"라는 참상이었음에 반해, 만주국 정부는 "법률제도의 완비에 힘을 써 인민의 안녕을 보증하고 그 복리를 증진시키"려 한다고[8] 대비시키고 있다.

또한 민족협화에 대해서도 "무릇 신국가 영토 내에 거주하는 자는 모두 종족의 기시(岐視: 나누어 봄), 존비의 분별이 없다. 원유(原有: 원래 존재하던)의 한족·만족·몽족 및 일본·조선의 각 족을 제외한 그 외 나라 사람들 가운데 장구히 거류를 바라는 자도 또한 평등한 대우를 누릴 수 있다. 그들이 정당하게 얻어야 할 권리를 보장하고 그것을 조금도 침해할 수 없다"라고 한다.[9] 이것이 한(漢)·만(滿)·몽(蒙)·일(日)·조(朝)의 다섯 민족이 일률평등하게 공존공영을 도모해 간다는 오족협화 혹은 민족협화의 이념이다. 이 민족협화라는 관념이 어떠한 기원을 가지고 만주국 건국이념 속에 포함되었는지에 대해서는 이미 다루었다.

---

* '휴'는 즐거움[嘉], '척'은 슬픔[憂]을 의미한다. 곧 휴척이란 '기쁨과 슬픔'을 뜻한다.

그러나 이 관념도 또한 국내 모든 민족의 평등과 제국주의 탄압으로부터의 독립을 지향하는 삼민주의 중의 민족주의와 민족자결주의에 대항하는 뜻에서 형성되었다는 측면을 가지며, 이것을 통해 반일·배일의 근간이 되었던 민족의식을 암암리에 없애려는 의도가 들어 있는 것은 말할 것도 없다. 게다가 오족공화(五族共和)라는 슬로건은 민족주의를 내세우며 종족혁명으로서의 신해혁명을 이룬 후, 쑨원이 한(漢)·만(滿)·몽(蒙)·회(回)·장(藏)의 5족 대표에 의한 공화체제의 확립을 지향하기 위해 주장한 것인데, 오족협화가 이것을 의식하고 있었던 것은 부정할 수 없을 것이다. 또한 "종족의 기시, 존비의 분별없이"라는 종족(민족)평등, 일시동인(一視同仁)의 사상도 이미 1912년 3월의 중화민국 임시약법 제5조에서 "중화민국의 인민은 일률평등이며 종족·계급·종교에 의해 차별받지 않는다"라고 조문화된 이래 복합민족국가 중국에서 국민 통합의 기축이 되어 온 것이었다.

어쨌든 이러한 순천안민·민본주의·민족협화를 주된 내용으로 하고 그것들을 포괄한 개념으로 창도된 것이 왕도주의인데, 그것이 또한 혼돈의 상황에 있는 세계정치에 대해 만주국이 제기한 신기축(新機軸)이라는 것이다. 순천안민과 민본주의, 그리고 민족협화가 각각 삼민주의에 대한 안티테제라는 의의를 가지고 있는 이상, 왕도주의가 삼민주의, 나아가 그것을 받드는 국민정부와 중화민국에의 반조정(反措定)으로서 위치지어지고 있는 것은 쉽게 상상할 수 있다.

어떤 논자가 "만주국 성립의 의의로는 여러 가지가 있지만, 입국의 중요 목표로서 왕도정치의 실현을 설정한 것에 대해, 필자는 이것을 중화민국에 대한 일종의 본보기(혹은 모범을 보인 것)라 해석하는 것이 만주국의 성립을 윤리적으로 의미 짓기에 가장 정당한 것이라고 믿는 다"라고 말하고 있는 것은[10] 결코 특이한 논의가 아니고 당시의 논고에 서 그와 같은 주장이 많이 발견된다.

그러나 이와 같은 의도를 가지고 있으면서도 〈건국선언〉은 "왕도 주의를 실행하고 반드시 경내 모든 민족으로 하여금 희희호호(熙熙皞皞) 하면서 춘대(春臺)에 오르게 하며, 동아 영구의 영광을 유지하여 세계 정치의 모범이 되고자 한다"라고 말하면서[11] 만주국 건국의 의의가 만 몽 3천만 민중에게 안거낙업의 이상경을 가져다줄 뿐만 아니라, 동양 정치도덕의 정수로써 서양정치의 한계를 극복하고, 인류사의 새로운 모범국가를 제시함에 있다고 주장했다. 이것을 이어받아 〈집정선언〉 은 "인류는 반드시 인애(仁愛)를 중요시하는 것은 아니다. 그리하여 국 제적 분쟁이 있으면, 곧 다른 사람들을 해치고 자기를 이롭게 한다. 그 래서 인애가 희박해졌다. 지금 우리나라를 세워 도덕 인애를 중시하고 종족 편견, 국제분쟁을 제거하려 한다. 왕도낙토, 바로 이것을 실제의 일로 보아야 한다"라고 하며,[12] 인애에 기초한 도의국가를 건설함으로 써 민족과 국가의 분쟁이 없는 세계의 실현을 위해 공헌할 수 있을 것 이라는 포부를 드러냈다. 이케다 히데오(池田秀雄)는 이 〈집정선언〉이 야말로 "4천년래의 왕도를 여실히 선언하여 구미 제국주의의 패도정 책 때문에 한계에 도달한 세계에 일대 광명을 준 복음이 아니고 무엇 이랴"라고 하며[13] 구미 제국주의의 패도주의를 대신할 고차적인 이상 을 내세웠다고 칭찬을 아끼지 않았다.

이러한 세계사적 의의에 대한 주장과 더불어 〈대외통고〉에서는 도 의입국의 정신에 따라 국제 신의의 존중, 문호개방, 기회균등, 치외법권, 그 외 중화민국으로부터의 채무 승계 등을 공약하고 "국교의 친목을 꾀하고 세계평화에 공헌하고자 한다"라고 하며 각국의 승인을 구했던 것이다.

이처럼 만주국의 건국이념은 다양한 의도를 품은 채 왕도주의의 실행, 왕도낙토의 실현 등으로 다양하게 표현되었으며, 그것이 만주국이 창조한 혁신적 정치이념이라고 선양되었다. 그러나 그것들은 세계정치를 주시하면서 신기축을 창출한 것이라고 하기보다는 오히려 중국의 정치세력과 그 정치적 주장에 대항하기 위해 반조정으로서 제기되었다고 해야 할 것이다. 만주국의 건국이념에는 중화민국의 그림자가 강하게 반영되어 있었다. 또한 그것들이 장쉐량 정권과 국민당을 실제 이상으로 부당하게 폄하하고 스스로를 높이려 함으로써 만주국 건국을 정당화하려는 정치적 프로파간다이자 이데올로기에 지나지 않았던 것도 명백하다.

그러나 당시에는 건국이념이 어떠한 의도에 뿌리내리고 있었는가에 관계없이 이 도의입국의 기치를 높이 든 건국을, 그것이 지향하는 도달점에서 파악한 사람들도 적지 않았다. 그리고 이 첫출발의 건국이념을 '진지한 꿈'이라 받아들여 몸을 바쳐 북방의 황야에서 산화해 간 사람들도 결코 적지 않았다. 그들에게는 그것이 어떠한 기원을 가지는 것이건 신명(神命)을 걸 만한 이념일 수 있었던 것은 부정할 수 없다. 확실히 건국 문서가 실제로 실시되었다면 만주청년연맹의 리더 가운데 한 명인 히라시마 도시오(平島敏夫)가 말한 것처럼 만주건국이 "정치학, 나아가 정치철학적으로 말하자면 근세를 움직여 온 자유혁명과 평등혁명(공산주의혁명)에 이은 제3의 혁명, 즉 자유(liberty)·평등

154

(equality)으로 해결되지 않는, 인애(仁愛, fraternity)에 의한 도의혁명을 의미하는 것이었다"라는 확신을 이끌어내는 것도[14] 불가능하다고는 할 수 없고, 가타쿠라 다다시처럼 "만주국 건국은 일종의 왕도혁명이라고 할 수 있다"라고 해도[15] 곡설이라고 배척되지는 않았을지도 모른다.

그러나 그러면 인애와 왕도란 어떠한 내실을 가지고 어떻게 실현되는가 하는 문제가 제기될 수 있는데, 이에 대해서는 건국 문서에서도 아주 추상적이고 막연하게 서술되어 있을 뿐이다. 아니면 추상적이고 막연한 만큼 각각의 사람들이 각자의 꿈과 이상과 이미지를 거기에 모두 부여하면서 공명할 수 있었다고도 할 수 있을 것이다. 특히 왕도라는 개념은 만주국 건국과 밀접하게 관련되어 무성하게 논의되었지만 언어상징이 늘 그렇듯이 논자에 따라 동상이몽인 것이 실정이었다고 보아도 좋을 것이다. 그리고 이처럼 만주국에 있었던 사람들이 왕도정치를 고창했던 것은 거꾸로 이야기하면 중국정치사상에 대한 일본인의 이해가 관념에 기울었고 현실의 움직임이나 역사 과정에는 오히려 무관심했다는 것과 관계가 없지는 않은 듯이 보인다. 재만 일본인에게 영향력을 가졌던 대륙경륜사상가 가네코 셋사이(金子雪齋)와 마쓰자키 쓰루오(松崎鶴雄), 그리고 만주일일신문 기자 가나사키 겐(金崎賢) 등이 제창한 왕도란 어디까지나 패도에 대립되는, 심정으로서의 정치철학에 지나지 않았고, 중국의 현실을 고려한 것은 아니었다. 그만큼 중국전문가 사이에서는 만주국 건국이 구체적 시책을 결여한 왕도를 내세우는 데 대해 아주 강한 위구심이 표명되었다.

예를 들면 다치바나 시라키가 자치로서의 왕도를 주장한 것은 이미 말했던 바이지만, 그는 또한 이시하라 간지에게 만주국 건국의 이념으로 왕도를 내세우면 중국인도 납득하고 편리할 것이라고 권유했다고 〈대륙정책 10년의 검토〉(《만주평론》, 1941년 10월 25일) 등에서 말하고 있기도 하여 왕도입국의 창도자처럼 오늘날 받아들여지고 있다. 그러나 만주국 건국 직후에 다치바나가 일본 국민을 향해 쓴 만주국 소개기사에서는 왕도에 대해 "이 사상을 정치 실천상의 지도 방침으로 취급하게 되면 역대의 학자는 이론(異論)의 분출로 고뇌에 빠지게 되고 정치가는 반드시 실패의 고배를 맛볼 것이다. 이런 어려운 문제를 아무렇게나 거론하여 감히 신국가 경영의 지도 방침으로 선언한 정치가들의 가슴속에는 과연 어떠한 속셈이 있는 것일까"라고[16] 내실을 수반하지 않은 채 안이하게 왕도를 거론하는 것에 대해 우려를 표명했다.

또한 중국학의 거두, 나이토 고난(內藤湖南)*도 왕도를 건국의 이상으로 삼는 것에 대해 다음과 같은 회의를 표명했다.

'왕도'라는 것이 빈번히 주장되어 건국의 이상이 되어 있는 것 같은데, '왕도'라는 말은 정말 좋고 누구도 이의는 없는 바이나, 그 내용이 어떠냐는 것에 이르면 그 누구라도 명백하게 설명하기는 상당히 어려울 거라 생각한다. 사실 '왕도'라는 말이 만들어진 지나 본국에서조차 그 '왕도'가 역사상 실현된 시대가 거의 없어 그것은 예부터 이상으로 전해진

---

* 1866~1934. 동양사학자. 아키타현 출신. 아키타사범학교 졸업 후 잡지 《일본인》과 《오사카아사히신문》, 《만초호(萬朝報)》 등의 매체에서 기자로 활약했다. 1907년 교토대학 동양사 강좌 교수가 되었다. 중국근세사를 담당하며 동양사학의 발달에 공헌했는데, 중국 발전사에 대한 독특한 이론을 가지고 있었기에 그의 이론을 나이토사학이라 불렀다. 저서로 《중국근세사》, 《지나사학사》 등이 있다.

교훈에 지나지 않는다. 또한 이 이상이라는 것은 정말 좋고 누구도 이의를 제기할 여지가 없지만, 그것을 행하는 사람에 따라서는 때로는 오히려 이상과 반대의 결과가 생겨날 수도 있다는 것은 역사상 누누이 보아 온 바이다.[17]

과연 다치바나가 우려했던 것처럼 만주국의 정치가들은 왕도를 아무렇게나 마음대로 거론함으로써 고배를 맛보았던 것일까. 아니면 나이토 고난이 우려한 대로 거꾸로 이상과 반대의 결과를 낳기에 이르렀던 것일까. 아니면 〈건국 선언〉이 주장한 것처럼 '세계정치의 모범'이 될 수 있었던 것일까. 그 가운데 어느 것이라고 하더라도 관동군의 무력에 의해 만들어진 국가가 패권이 아니라 왕도를 건국이념으로 삼은 것은 대단한 아이러니라고 할 수밖에 없다.

어쨌건 한쪽에서는 세계사의 제3의 혁명이라고까지 의미를 부여할 정도로 과대한 이상과 희망을 걸었고, 다른 한쪽에서는 단순한 장식, 과대한 망상이라고 냉소적으로 받아들였고, 또 다른 한쪽에서는 관동군 지배라는 어둠 속에 남겨진 최후의 광명이라는 기대를 부여잡았으며, 나아가 또 다른 한쪽에서는 커다란 위구심을 품으면서도 만주국이 지상의 이상경, 인류가 안주할 왕도낙토의 실현임을 표방하고 나섰던 것이다.

그리고 그러한 왕도정치를 담당하기 위해 출려한 것이 청조 마지막 황제 푸이*였다. 그러나 푸이는 천명을 받들어 순천안민의 치정을

---

* 광서제(光緖帝)의 동생 순친왕(醇親王) 재풍의 아들. 1908년 세 살 나이로 아이신줴뤄가

행할 왕도국가의 천자 지위에 오른 것이 아니었다.

　그러면 왜 폐제(廢帝) 푸이가 만주국의 원수에 올랐을까? 그리고
또한 "민을 보호하는 자, 이를 왕이라 한다"라고 하는 《역경》의 문언을
인용하여 왕도국가라 주장하면서, 왜 그 원수는 왕, 그러니까 천자(天子)
로 하지 않았던 것일까?

　중화민국의 그림자는 더욱더 짙어져 갔다.

3. 용의 귀향 ─ 복벽을 꿈꾸며

　만주, 즉 중국 동북부는 여진족의 일개 추장에서 입신한 태조 누르
하치가 전토를 정복하여 청조를 일으킬 기초를 다진 데에서 '대청용
홍(大淸龍興)의 땅'이라고도 불린다. 그 조종(祖宗)의 발상지에, 입관(入
關)부터 헤아려 청조 제10대 황제였던 선통제 푸이가 신국가 만주국의
원수로서 수도 창춘(나중에 신징으로 개칭) 역두에 내린 것은 1932년 3월
8일 오후 3시였다.

의 제12대 황제가 되어 선통제라 하였으나, 신해혁명으로 1912년에 퇴위하였다. 1924년
펑위샹에게 쫓겨 베이징을 빠져나와 일본공사관으로 피했으며, 나중에 톈진의 일본 조
계에서 한거하였다. 만주사변 때 일본군에 의해 몰래 끌려나와 1932년 만주국 집정이
되고 1934년 황제가 되었다. 1945년 일본 패전과 함께 퇴위하였고, 일본으로 망명 도중
소련군에 체포되어 하바롭스크에 억류되었으며, 1946년 극동국제군사재판 때 증인으
로 출두했다. 1950년 공산정권하의 중국에 송환되어 수감되었다가 1959년 특사로 풀려
나 식물원 정원사로 일했다. 1964년 인민정치협상회의 전국위원이 되었고, 1967년 10월
16일 사망 후 베이징 근교 인민납골당에 유해가 안치되었다가 1995년 베이징 남서쪽
허베이성 이현에 있는 청나라 황릉으로 이장되었다.

차가 채 멈추지도 않았는데 플랫폼에서 군악대의 음악과 사람들의 환호성이 울려 퍼지는 소리가 들렸다. 대열 속에는 파오쯔(袍子: 중국식 옷의 일종), 마코(馬褂: 중국식 옷의 일종)도 있고, 양복도 있고, 일본 화복(和服)도 있었는데, 손에 손에 작은 깃발을 들고 있었다. 나는 문득 감격이 솟아올랐다. (…) 내가 열 앞을 걸어가고 있으니 시치아가 갑자기, 한 무리의 히노마루 사이에 섞여 있는 황룡기(黃龍旗)를 가리키며 말했다. "이들은 모두 기인(旗人)입니다. 이들은 폐하를 20년 동안 절절히 기다리고 있었습니다." 이 말을 듣고 나는 뜨거운 눈물이 흘러내리는 것을 억누를 수 없었다. 나에게는 큰 희망이 있다는 생각이 점점 강해져 갔다.[18]

1908년 겨우 세 살의 나이로 즉위하여 신해혁명에 의해 중화민국 성립과 더불어, 재위 3년여 만인 1912년에 퇴위한 푸이.〈청실 우대 조건〉에 의해 황제의 존호(尊號)와 연금을 받았고, 1917년에 장쉰(張勳)이 베이징을 점령했을 때 잠시 다시 황제가 되었지만[丁巳復辟], 1924년 펑위샹(馮玉祥)에 의해 일체의 특권을 박탈당한 이후 일본의 보호하에서 불만스러운 나날을 보내왔던 푸이. 용의 씨[龍種]로 태어나 폐제가 된 만큼 제위에 복귀하고 싶다는 푸이의 복벽에 대한 생각은 누르기 어려웠고, 한때는 외국으로의 탈출을 생각했지만 그것이 이루어질 수 없음을 알자 더욱더 청조의 재흥에, 망집이라고도 할 만한 의지를 불태워 왔던 것이다. 푸이에게 '조업복귀(祖業復歸)'와 '광복회영(光復回榮)'이야말로 삶의 전부였고 모든 사유는 거기서 나와서 거기로 수렴되고 있었다.

그 조종발상의 땅에 신국가의 원수(元首)로 귀환한 푸이를, 청 왕조의 깃발인 황룡기를 들고 무릎을 꿇은 만주 구신(舊臣) 영란단(迎鑾團)이 기다리고 있었던 것이다. 푸이가 감격의 눈물에 목이 막혀 일찍이 느낀 적 없던 앙분에 전신을 떨었던 것도 이해가 될 것이다. 그러나 과연 푸이에게는 커다란 희망, 그러니까 만주국 황제가 되어 그 힘으로 관내를 평정하고 다시 베이징 자금성으로 돌아가 '후청(後淸)' 왕조의 황제가 될 희망을 실현할 방도가 약속되어 있었던 것일까. 만주국은 그 사닥다리로 푸이에게 바쳐진 것일까.

신국가의 두수(頭首)로서 푸이의 등용이 결정된 것은 1931년 9월 22일, 관동군이 만몽 점령안으로부터 일전하여 독립국가 구상으로 옮겨간 때여서, 너무나도 갑작스런 인상을 준다. 이 결정을 촉발한 직접적 요인은 육군 중앙에서 파견된 다테카와 요시쓰구 소장이 20일 관동군 사령관과 참모에게 "현 동북정권을 무너뜨리고 선통제를 맹주로 하여 일본의 지지를 받는 정권을 수립하는 게 득책이다"라고 제의한 데 있다.[19] 만몽 영유만을 상정하고 독립정권 혹은 독립국가에 대한 구체안을 준비하지 못했던 이타가키, 이시하라 등의 관동군 참모로서는 급거 그 제안을 받아들이는 형태로 방침을 정리하여 육군 중앙과의 의사통일을 꾀하지 않을 수 없었던 것이다. 그러나 표면적으로는 관동군 측의 타협으로도 보이는 이 결정의 배경에는, 이미 그전부터 있었던 일본 육군 및 관동군과 선통제파의 교섭이 크게 작용하고 있었던 것도 부정할 수 없을 것이다.

이미 1912년, 1915,6년의 두 차례나, 청조 회복을 꿈꾸는 종사당(宗社黨)과 연결하여 만몽지방을 분리·독립시켜 일본의 강한 영향력 아래 만몽 왕국을 세울 책동이 진행되었다는 사실은 지금은 잘 알려져 있다. 이 만몽독립운동에는 가와시마 나니와(川島浪速) 등의 민간인과 더불어 이에 호응한 육군 군인이 깊이 관련되어 있었다. 나중에 관동군 참모장으로서 만주국의 제제(帝制) 이행을 추진한 고이소 구니아키도 그중 한 사람이었는데, 일본 정부가 장쭤린을 원조하여 만몽분리를 추진하는 방침으로 돌아섬으로써 육군 군인과 선통제파의 연결은 점차 소원해져 갔다. 그러나 일본의 정계·군계에 대한 선통제파 측의 공작은 끊이지 않았던 것이다.

1927년 8월부터 9월에 걸쳐 대일공작을 위해 방일한 푸이의 시신(侍臣) 정샤오쉬는 고노에 후미마로(近衛文麿), 우가키 가즈시게, 요나이 미쓰마사(米內光政), 스즈키 간타로(鈴木貫太郎), 미나미 지로(南次郎), 히라누마 기이치로(平沼騏一郎), 기요우라 게이고(淸浦奎吾) 등과 만나 푸이의 복벽에 대해 논의하였는데, 시기가 되면 적극적인 지원을 받을 수 있다는 느낌을 받았다고 한다. 또한 1929년 8월에는 푸이의 밀사가 가와모토 다이사쿠를 방문하여 만주에서 복벽할 희망을 전했다. 가와모토는 바로 육군 군무국장 고이소 구니아키를 방문하여 푸이를 둥산성의 주권자로 할 가능성에 대해 타진했는데, 고이소는 이에 동의하여 "선통제에게 만주는 원래 청조의 구영토다. 그것이 군벌에 의해 찬탈되었기 때문에 그것을 아이신줴뤄(愛新覺羅)의 시대로 되돌리는 것은 당연하다 할 수 있다. 그 선통제가 만주에 복귀하게 된다면 시끄러운 국제관계의 참견도 끼어들 여지가 없을 만한 이론 부여도 가능하다"라고 답했다고 한다.[20] 가와모토는 이것을 듣고 뤼순에서 이타가키, 이시하라 양 참모와 회합을 한 후 뤄전위(羅振玉),* 정샤오쉬 등과 만나 뜻이 있음을 전하며 시기를 기다리라고 말한다. 그리고 그 회견의 모습을 이타가키, 이시하라에게 보고했을 때 "얼굴은 마련된 것 같군요"
라며 이시하라가 회심의 미소를 지었다고 한다.[21] 이러한 가와모토의
행동과 고이소·이시하라의 말이 어느 정도 정확한 것인지 불분명하기
는 하지만, 이후에도 류타오후 사건을 전후하여 관동군에 대한 선통제
파의 작업은 아주 활발했다.

이미 장쭤린의 폭사를 틈타 청조 복벽을 획책한 적도 있는 푸이의
구신 뤄전위는 1931년 봄 지린으로 시치아를 방문한다. 시치아는 아
이신줴뤄 씨 일족으로, 태조 누르하치의 동생 무르하치의 후예에 해당
하는데, 일본 육군사관학교를 졸업하고 둥베이 보안 부총사령 겸 지린
성 주석 장쭤샹의 참모장 자리에 있었다. 관동군이 연성(連省) 자치의
방식으로 신국가 건설을 진행하는 데에는 일찍부터 이에 호응한 시치
아의 존재가 아주 유효했던 것은 의심할 바가 없는데, 시치아도 또한
일찍부터 제제 부활에 자신의 정치적 상승의 희망을 걸고 있었기 때문
에 푸이 복벽에 대해 뤄전위와 뜻을 같이했다고 한다. 이를 이어받아
뤄전위는 둥산성과 일본의 관계가 밀접한 것을 보고 관동군(뤄전위는
'우방 군부'라고 표현하고 있다)의 승인 없이는 제제 부활도 확실치 않다
고 보았기 때문에, 관동군 사령관과 자주 만나 동아의 평화를 도모하

* 1866~1940. 자는 숙언(叔言). 호는 설당(雪堂). 저장성 상위현 출신. 초기에는 농학의
  개량, 교육제도의 개선 및 서양의 신지식 도입에 힘썼다. 1909년 경사대학당 농과대학
  감독이 되었고, 신해혁명 때는 일본으로 망명한 후 교토에 살면서 청조고증학을 일본
  에 전했다. 귀국 후 톈진에 살면서 선통제의 사부로서 그의 교육을 맡아오다. 만주국 성
  립과 더불어 참의, 감찰원장 등의 요직을 역임했다. 금석학·고증학의 제1인자로 알려져
  은허 출토의 갑골문자를 연구하며 《은허서계전고석》 등을 펴내 그 해독을 시도했다. 또
  둔황에서 발견된 문서 등의 연구로 둔황학의 기초를 닦았다.

기 위해 중일이 협력하여 둥산성의 안정을 꾀할 필요가 있으며 둥산성의 안녕을 도모하기 위해서는 선통제의 출마가 중망(衆望)을 얻을 최선의 길이라고 설득을 거듭하고 있었다. 그리고 류타오후 사건이 일어나자 시치아와 함께 관동군에 푸이의 기용을 권유하여, 마침내 승인시키기에 이르렀다고 한다.[22]

그리하여 관동군이 푸이의 기용을 결정한 9월 22일, 뤄전위는 이타가키의 초대 전보에 따라 펑톈을 방문하여 회담한 후, 시치아와 타오난(洮南)의 장하이펑 등 선통제파의 집결을 맡아 건국 공작에 참여한다. 관동군이 시치아, 장하이펑 외에 독립운동의 담당자로 탕위린·위즈산·장징후이의 이름을 들며 "이들은 종래 선통제파로서 우리 군과 연락관계를 가지고 있다"라고 하고 있는 것을 보면[23] 선통제파를 장쉐량에 대한 반대세력의 핵심으로 보고 이전부터 연락을 취하고 있었다는 사실을 추측할 수 있다. 그리고 9월 30일 이타가키는 우에카도 리이치(上角利一)를 뤄전위와 함께 푸이에게 파견하여, 신정권의 두수로 추대할 뜻을 전했다.

그러면 관동군은 왜 푸이의 등용에 돌입했던 것일까? 그 이유로는 첫째로 푸이가 만주족의 명문이고 구황제로서의 성망은 둥베이 지방에서 여전히 원수로 통용된다고 판단했기 때문이다. 둘째로 중국 둥베이 지방이 만주족의 옛 땅이기 때문에 두수가 되어도 국제적 비난을 회피할 수 있는 가능성이 높다는 점, 셋째로 푸이가 국민당 정부에 대해 심한 반감을 가지고 있고 장제스와도 장쉐량과도 연대할 우려가 없다고 판단된 점, 넷째로 시치아·장하이펑 등의 지지는 있지만 푸이 자신에게는 정치적 실력이 없고 관동군에 의존할 수밖에 없다는 점, 다섯째로 연성 자치라는 형태를 취한 국가에서 그중 한 성의 실력자가 정권을 쥐면 대립이 생기게 되어 분열을 피하기 위해서라도 푸이처럼 고유한 기반을 가지지 않은 인물을 상징적으로 원수 자리에 두는 편이 무난하다는 점 등을 들 수가 있을 것이다.

그러나 그것은 푸이만이 새로운 원수로서 유일한 후보자였음을 의미하는 건 아니고 공친왕(恭親王) 푸웨이(溥偉)를 중심으로 '명광제국(明光帝國)'을 건설하려는 운동도 일어나고 있었고, 산둥성에 있던 공자의 자손을 두수로 하는 방안도 관동군이 검토하고 있었다. 이뿐만 아니라 장쭤찬(張宗昌), 탕샤오이(唐紹儀), 우페이푸(吳佩孚) 외에도 숙친왕(肅親王)의 일곱째 아들 진비둥(金璧東)을 옹립하여 친일정권을 수립하려는 움직임도 활발하게 이루어지고 있었다. 그러한 움직임은 푸이를 등용하는 것이 시계바늘을 20년이나 거꾸로 돌리는 시대착오라 보고 그것을 기피하는 기운이 강했기 때문에 나타난 현상이었다.

물론 관동군으로서도 푸이를 반드시 원수로 세워야 한다고 생각했던 것은 아니다. 관동군이 푸이를 어떻게 보고 있었는지는, 톈진에서 푸이를 탈출시킬 때 만일 중국군에 발각되어 도망가지 못할 경우 휘발유에 불을 붙여 배 전체를 불태워서 산증인을 수장시킬 생각으로 드럼통을 쌓아두고 있었다는 사실 하나만 보더라도 알 수 있을 것이다.

그러나 독립국가로서 신국가를 건설하는 이상 누군가가 원수가 되어야 하는 것도 사실이고 상대적이긴 하지만 푸이가 관동군에게 이용 가치가 높았다는 점은 부정할 수 없다. 게다가 푸이를 끌어냄으로써 얻을 수 있는 또 하나의 효과에도 관동군의 식욕이 동했다.

그것은 관동군이 내몽골을 만주국의 판도에 포함시킬 것을 기도

하고 있었다는 사실과 관련되어 있다. 그러니까 몽골의 왕후들은 청조와 관계가 깊고, 또한 한(漢)민족에 대한 반발이라는 점에서 봐도 만주족의 푸이를 내세우면 몽골족의 지지를 얻기가 쉬울 것이라 예견되었다. 그리고 관동군의 예상대로 만몽 양족은 같은 군주를 섬긴다는 동군(同君)사상에 의해 후룬베이얼(呼倫貝爾)의 궤이푸(貴福)·링성(凌陞), 지림(哲里木, Jirim)맹(盟)의 치메트셈필(齋默特色木孖勒, Chimedsempil) 등이 이에 호응했고, 또한 일찍이 만몽독립운동의 추진자 바부챠프(Babujab) 장군의 아들 칸츄르챠프(甘珠爾扎布, Ganjuurjab: 한때 가와시마 요시코川島芳子와 결혼), 정츄르챠프(正珠爾扎布, Jéngjurjab) 등도 몽골청년당을 이끌고 내몽골독립운동을 전개하면서 신국가 건설로 옮겨갔던 것이다. 그리하여 1932년 2월 21일에는 몽골 각 기대표(旗代表)의 협의로 신국가에의 참가를 결의하기에 이르러, "우리 몽골민족은 역사상 절대의 영광을 구유(具有)했음에도 악정의 가학을 받아온 지 심히 오래다. (…) 우리 몽골민족은 이 기회를 이용해서 원컨대 동북 민중과 일치단결하여 이 만몽 대지 위에 새로운 이상국가를 건설하고 선정을 실행하며 민복을 도모한다. 우리 몽골은 맹세컨대 지성을 다해 선통제를 추대 옹호하여 영원히 변치 않으리라"라고 선언하였다.[24] 한(漢)민족의 이입에 의해 유목지를 둘러싸고 민족적 갈등에 직면해 왔던 몽골족도 민족공존의 이상을 내건 신국가의 건설에, 푸이의 추대를 조건으로 참여하게 되었던 것이다.

그러나 청조 유신(遺臣)과 만주족, 몽골족 일부, 그리고 푸이 자신이 황제 복귀에 대한 집념이 아무리 강렬했다고 해도, 그 기반이 되는 만주족의 수는 만몽의 한(漢)족 대비 10%도 채 되지 않았고 게다가 대다수가 한(漢)족에 동화되어 있었다. 지린의 시치아도 정치적 기반이 약해 딩차오(丁超)·리두(李杜)의 반지린군의 공세에 시달리고 있었으며 장하이펑군은 그 수가 겨우 2천뿐인데다 실전 경험도 없어 "그 세력, 극히 빈약"했다.[25] 당연히 관동군으로서는 복벽파에게 전면적으로 힘을 실어줄 수도 없었고 원래 제제를 전제로 하여 푸이의 기용이 이루어진 것도 아니었다. 그러나 복벽의 꿈만을 쫓아 온 푸이는 제제의 가능성을 내비치는 관동군에 도박을 걸 수밖에 없었던 것이다.

푸이가 이미 옛 땅에 돌아갈 결심을 하고 있던 1931년 10월, 예전에 자금성에 있으면서 푸이를 헨리라고 부르곤 했던 영국인 가정교사 R. 존스턴이 푸이를 방문하여 그를 테마로 한 회상록《자금성의 황혼》에 실을 서문을 부탁했다. 그때 푸이에게서 곧 톈진을 떠난다는 말을 듣고, 그가 신국가의 황제가 된다고 확신했던 존스턴은 기쁨으로 가득 차 새로 마지막 장〈용, 옛 땅으로 돌아가다(Dragon goes home)〉를 추가했는데, 여기서 그는 용, 즉 푸이의 장래를 다음과 같이 예견하였다.

용은 그의 옛 땅으로 돌아갔다. (…)
그는 자신이 태어나 진심으로 사랑한 나라─그를 무시하고 모욕하고 약탈하고 외국인이라고 공공연히 비난했던 나라(중화민국)─로부터 도망쳐 조상들의 땅인 만주의 집으로 돌아갔던 것이다. (…) 만약 중국 현인의 말─'大難不死必有後福', 즉 '큰 위난에도 굴하지 않고 일어선 사람은 반드시 장래에 행복하게 된다'─이 진실이라면 황제의 장래는 진실로 풍요롭고 행복한 것이 되리라.[26]

166

그야말로 푸이는 중화민국에 대한 애증을 품고 옛 땅으로 돌아갔던 것이다. 그러나 거기서 푸이를 기다리고 있는 현실은 존스턴이 예견했던 것처럼 풍요롭고 행복한 것은 아니었다. 푸이에게 준비되어 있는 지위는 황제가 아니라, 중화민국의 그림자가 불길하게 드리워져 있는 집정(執政)이라는 모호한 관직이었다. "만약 황제가 될 수 없다면 이 세상에 살아 있어도 아무런 의미가 없다!"라는 격한 생각에도 불구하고[27] 푸이는 신생 만주국의 황제로 추대되지는 못했던 것이다.

어쨌든 복벽의 꿈은 꺾였다. 실의에 찬 푸이의 가슴속에 "무엇을 위해 천릿길을 건너 이곳까지 왔던가" 하는 생각이[28] 덧없이 스쳐갔다.

그러면 왜 푸이는 황제가 아니라 집정이라는 지위에 오르게 되었을까?

4. 집정은 전 인민이 이를 추거한다

그런데 관동군이 일찍부터 푸이의 등용을 결정한 것은 오히려 관동군의 독단전횡에 대한 반발과 함께 증폭되어 푸이 자체에 대한 혐오감을 유발했다. "선통은 낡았고, 군벌을 떠안는 건 피했기 때문에 될 수 있으면 신세력에 의한 성립을 요망한다."[29] 관동군에 대해 호의적이었던 우가키 가즈시게 조선총독조차 1931년 10월 10일의 일기에 이렇게 적고 있는데, 하물며 국제 여론을 배려하는 사람들에게는 청조의 부활을 떠올리게 하는 푸이 옹립은 너무나도 시대착오적인 시도로 보였기에, 이에 반대하며 관동군에 자중을 요망하는 목소리가 강했다.

해군은 톈진에서 푸이를 끌어내달라는 요청을 거절했으며, 육군에서도 굴지의 중국통이라고 하는 반자이 리하치로(坂西利八郎)는 일본인과 중국인 사이에 존재하는, 푸이에 대한 평가 차이를 문제 삼아, 푸이의 기용은 일본인의 중국 인식이 천박함을 보여주는 것이라고 경종을 울렸다.[30] 또한 시데하라 외상은 1931년 11월 1일 구와시마 가즈에(桑島主計) 톈진 총영사에게 보낸 훈령 전보에서 푸이의 등용에 강한 위구심을 내비치고 있다.

현재 만주 주민의 거의 전부가 한(漢)민족임을 고려하면 선통제의 옹립은 만주 내에서도 평판이 좋지 않은데 하물며 지나 본토나 세계 각국에 주는 영향은 반혁명, 반민주주의 음모 등의 표어 아래 놓일 것은 충분히 예상되고도 남는다. 이래서는 일본과 지나의 상호이해는 앞으로 영구히 불가능하게 되는 사태가 발생할 것이다. 어쨌든 선통제 옹립은 완전히 시대착오적인 계획이라고 하지 않을 수 없고, 이는 장래 제국의 만몽 경영에 중대한 화근이 될 우려가 있다고 생각한다.[31]

시데하라 외상의 이러한 우려는 직접적으로는 11월 16일의 국제연맹 이사회를 앞두고 푸이의 출려가 어떠한 의도에 의한 것이든 "외부에서 보면 우리가 만주 독립국을 계획했다고 볼 것이고, (…) 또한 세계 여론을 끓어오르게 할" 것이라는 생각에 근거했다.[32] 그러나 그 후 만주국이 걸어간 길을 돌아보면 시데하라의 예견은 정말 정곡을 찌르는 것이었다고 할 수 있다.

게다가 조급한 푸이 등용에 대한 우려는, 만주사변 불확대 방침을 채택한 시대하라 외상뿐만 아니라, 푸이를 두수로 삼는다는 관동군의 결정에 이해를 표시해야 할 육군 중앙에서도 강했다. 그럼에도 불구하고 16일의 국제연맹 이사회 개회 전까지 기성사실을 만들어야 할 필요성 때문에 관동군은 펑톈 특무기관장 도이하라 겐지 대좌에게 톈진 사건을 일으키도록 하여 계엄령 속에서 10일에 푸이를 탈출시켰던 것이다. 이 때문에 11월 15일 미나미 지로 육상은 혼조 관동군 사령관에게 전보를 보내, 비록 형식적으로 만몽 민중의 의사라는 명목을 가지고 있지만 푸이를 옹립하는 것은 "세계로 하여금 제국군의 심사에 의혹을 품게 하고, (…) 제국의 열국정책에 극히 불리한 정세를 급격하게 만들 우려가 있으며, (…) 그렇기 때문에 지금 푸이가 주동적이든 수동적이든 정권 문제에 전혀 관계하지 않게 제반 사항을 지도하도록"이라는 지시를 내리고[33] 강한 자숙을 촉구했다.

더욱이 관동군이 푸이 옹립을 강행한 데 대해서는 일본뿐만 아니라 만주에서도 저항이 생겨나고 있었다. 선통제에 우호적이라고 관동군이 생각했던 장징후이도 푸이 옹립 반대 의사를 표시하고 있었는데, 펑톈 군벌 중에서는 짱스이를 추천하는 목소리가 강했다. 또한 귀족원 만선시찰 여행단의 보고에 따르면 "일반 민중은 시대착오적인 선통제를 환영하지 않아, 만약 그를 수반으로 하는 독립국을 만들더라도 통일은 되지 않고 오래지 않아 와해될 것이라고 한다"라는 것이 실정이었다고 할 수 있다.[34] 또한 만주청년연맹과 다이유호카이 등의 일본인들도, 푸이를 옹립하는 것은 신해혁명 이래 중국인의 노력이 가져온 성과를 부정하고 그들의 신경을 거스르는 우거(愚擧)이며, 자신들이 추진하고 있는 자치지도운동의 존재 의의도 말살하는 것이라 하여 맹

럴히 반발했다. 만주국 건국이 장쉐량 정권에 반대하는 3천만 민중의 자발적 독립운동이라고 강변한다면, 관내에 있는 푸이를 두수로 하는 것에는 확실히 무리가 있고, 가나이 쇼지가 주장하듯 반장쉐량의 입장에서 절대 보경안민주의를 주장한 위청한 같은 사람을 미는 것이 타당했을 것이다.

한편으로는 푸이에 대한 명백한 혹은 암묵적인 반대 이상으로 관동군에게 더욱 우려할 만한 일이 있었다. 재만 중국인 협력자 가운데 장쉐량의 만주 복귀를 바라는 소리가 여전히 강했을 뿐만 아니라 시바야마 겐시로(柴山兼四郎) 소좌 등 중국통 군인도 장쉐량 이외에는 사태 수습은 불가능하다고 관동군 사령관에게 건의하는 상황이라는 점이 그것이었다. 그리고 당시에는 알려지지 않았지만 쇼와 천황도 장쉐량의 복귀가 적당하다고 생각하고 있었다고 한다.

1931년 10월 4일에 관동군 사령부가 발표한 "만몽 재주 3천만 민중을 위해 공존공영의 낙토를 실현하고자" 한다는 성명에 대해 쇼와 천황은 "혼조 사령관의 성명 및 포고는 내정간섭의 우려가 있다. 앞으로는 이와 같은 것이 없도록 (…) 육군의 의견은 적당하지 않는 것으로 생각된다"라고[35] 나라 다케지(奈良武次) 시종무관장에게 전하며 신정권 수립에는 당초부터 반대의 의향을 내비치고 있었다. 그러나 1932년 1월 8일에는 관동군에 대해 "앞서 만주에서 사변이 발발하자 자위의 필요상 관동군은 과감신속, 적은 수로 능히 무리를 제압하고, 신속히 이를 삼토(芟討)하니 (…) 용전역투(勇戰力鬪), 이로써 그 화근을 뽑아 황군의 무위를 중외에 선양하였다. 짐, 깊이 그 충렬을 가상히 여기노라"라고 이른바 우악(優渥: 은혜가 넓고 두터움)한 칙어를 하사하는 등,[36]

관동군의 군사행동 자체에 대해서는 이를 칭찬하는 입장을 취하고 있었다. 게다가 1월 21일에는 아라키 사다오(荒木貞夫) 육상과 마사키 진자부로(眞崎甚三郎) 참모차장에게 신정권의 두수로서 "만주에 장쉐량을 부활시키는 것에 대해서 육군은 끝까지 동의하지 않겠지"라는 의견을 내비치고 있어[37] 장쉐량의 복귀가 온당하다고 보고 있었던 것이다. 물론 이러한 천황의 의견이 관동군에게 전달되었다고 하더라도 이미 전년도 10월 4일 이래 "지금은 정권수립운동이 각지에서 발생하여 서민들이 모두 황군의 위용을 구가하고 있지만, 구두수를 추대하려는 움직임은 미진도 없다. 생각건대 오랫동안 군벌의 사리사욕의 횡포에 분격한 결과에 다름 아닐 것이다"라는 성명을 통해 건국운동이 전개되어 신국가의 골격도 짜인 이상, 장쉐량을 부활시키는 것은 관동군에게는 절대로 불가능한 일이었을 것이다.

어쨌든 만주영유론으로부터 전환한 단계에서 재빨리 푸이의 기용을 결정했고, 또 마음대로 쓸 수 있는 사람을 달리 준비하지 않은 관동군에게는 푸이로 돌파하는 수밖에 없었다. 다만 푸이 옹립에 대한 이러한 반발을 완화하기 위해서라도 복벽이라는 형식은 피하는 것이 바람직했다. 그러나 당시 존재하고 있던 복벽파의 강한 요구에도 불구하고 관동군이 푸이를 황제로 세우지 않았던 것은 위와 같은 여러 가지 생각과 정치 상황을 고려했기 때문만은 아니었던 것으로 생각된다. 오히려 더욱 중요한 이유로는 중화민국에서 분리된 독립국가를 형성함에 있어, 공화제를 채택한 중화민국에 대항하고 그에 대한 우위성을 과시하자면 입헌공화국제를 빼고는 다른 체제를 생각할 수 없었다는 사실을 들 수 있지 않을까.

사실 관동군 측에서 작성한 신국가 구상을 보면 표면적으로는 전부 민주정체와 입헌공화제가 상정되어 있다. 만주국 건국구상의 제1차안으로 마쓰키 다모쓰가 기초하여 1931년 10월 21일에 책정된 〈만몽공화국 통치 대강안〉에서는 제목에서도 알 수 있듯이 정체는 입헌공화제이고 원수는 대총통으로 되어 있다. 대총통이란 민국 2년(1913)의 천단(天壇) 헌법 초안에서 채택된 이래 민국 20년 6월 중화민국 훈정약법에서 새로이 국민정부 주석이 등장하기까지, 중화민국 원수의 칭호로서 거의 일관되게 사용되고 있었다. 이 대총통의 선거 방법으로는 각 성에서 선출된 위원에 의한 지명, 의회에 의한 선거 등의 방식이 있었는데, 그 어느 것이든 민의에 기초를 둔 것이었다. 그리고 마쓰키 다모쓰가 기초한 제2차 건국안인 11월 7일의 〈만몽자유국 건설안 대강〉이 원수의 칭호를 어떤 것으로 하건 간에 "굳이 민주정체의 형식을 고집할 필요는 없지만 실제로 민의에 기초한 정치를 펼 수 있는 제도를 채택하는 것은 중요하다. 따라서 원수라는 것은 민의를 대표하는 것이어야 한다"고 한 것도[38] 중화민국의 정체와 원수를 염두에 두었기 때문에 가능한 발상이었음에 틀림없다. 이후 1932년 2월 24일 '민본정치, 국수(國首)―집정'이라고 확정하기 전까지 원수의 칭호로서 대통령·위원장·감국(監國) 등의 안이 제출되었는데, 그것들은 모두 민주정체나 공화제를 전제로 한 것이었다. 물론 민주정체나 공화제를 전제로 하지 않을 수 없었던 것은 중화민국의 영향 외에도 만주국 건국이 만몽 3천만 민중의 자치를 내걸고 오족협화를 부르짖고 있었기 때문에, 만주족의 왕조가 부활하는 형식으로는 민중 자치에 반하며, 민족 간의 대립·분열을 초래하지 않을 수 없다는 사정도 있었다. 그 때문에 관동군은 1932년 1월 만몽 신국가에 관한 육군 중앙부와의 협의에서도 푸이를 수뇌자로 하면서 "수뇌자에게는 대통령 이하의 적당한 명칭을 부여하고 복벽적 경향을 피하도록 한다"라고 했던 것이다.[39]

이러한 움직임에 대해 복벽만을 숙원으로 삼고 살아온 푸이와 복벽파 뤄전위, 정샤오쉬 등은 관동군의 진의를 헤아릴 수 없어서, 미나미 지로와 고쿠류카이(黑龍會)*의 도야마 미쓰루(頭山滿),** 전 철도대신 오가와 헤이키치(小川平吉) 등에게 사신을 파견하여 지원을 요청하는 것 외에도 혼조 관동군 사령관과 이타가키 참모에게 복벽 실현을 계속 간청하고 있었다. 그러나 중국 동북부에 정치 기반을 가진 세력 가운데 이에 대한 강한 반발이 존재하고 있었기 때문에, 1932년 2월 16일부터 시작된 중국 측 건국최고회의는 정체의 문제를 둘러싸고 분규의 극을 달리게 되었다.

회의에서는 시치아의 대리인 장옌칭(張燕卿)·셰제스, 푸이 측근인 완성스(萬繩栻), 후룬베이얼의 링성의 대리인 사오린(邵麟) 등이 제제 채택을 강하게 주장했음에 비해 짱스이, 장징후이, 자오신보(趙欣伯),

---

* 1901년 우치다 료헤이 등이 창립한 정치 결사. 도야마 미쓰루를 고문으로 하고 대륙낭인을 모아 대아시아주의를 표방했다. 러일전쟁 때에는 밀정 활동을 했으며, 한일합병을 추진하거나, 필리핀 혁명가 아기날도(Emilio Aguinaldo) 및 쑨원 등을 지원하는 등 아시아 해방을 주장하기도 했다. 그러나 사상은 우익적 경향이 짙어 노동운동·사회주의운동 배척을 그 신조로 하고 있었다.

** 1855~1944. 국가사회주의자. 우익의 거두. 후쿠오카현 출신. 메이지 정부에 반대하는 불평사족의 봉기 계획에 가담했다가 투옥되었으나, 세이난전쟁 이후 출옥하여 겐요샤(玄洋社)를 결성하였다. 처음에는 민권신장을 주장했으나, 곧 국가주의로 전향하여 대아시아주의를 주장하였으며, 쑨원·장제스·왕자오밍·아기날도에게 접근하여 대륙 침략의 흑막이 되었다.

마잔산의 대리인 자오종런(趙仲仁) 등은 시대에 역행하는 제제를 부정하고 입헌공화제의 채택을 주장하며 팽팽히 맞섰는데, 양파의 대립은 둥베이 행정위원회의 이름으로 신국가 독립선언이 발표된 2월 18일 이후에도 귀추가 정해지지 않았다. 정체의 결정 여하에 따라 그 후의 권력배분이 크게 좌우되는 이상, 쌍방이 서로 양보할 리 없었다. 그 때문에 애를 태우던 관동군 측이 민본주의에 따라 원수는 집정으로 하고 집정이 몇 년 동안 선정을 베풀어 인민이 집정의 덕을 칭송하며 황제로 추대하면 제제로 이행한다는 안을 제시해서 2월 24일에야 겨우 결론을 내렸다.

집정이라는 칭호는 1924년 돤치뤠이(段祺瑞)가 자칭한 임시집정이라는 말에서 따온 것이었는데, 돤치뤠이는 중화민국약법의 규정에 따라 의회에서 합법적으로 수반에 선출된 것은 아니었기 때문에 대총통이라는 명칭을 피하고 임시집정이라 불렀던 것이다. 이러한 유래를 가진 집정이라는 칭호는 민의에 기초를 두지 않고 원수가 된 푸이의 지위를 잘 상징하고 있었다고 할 수 있을지 모르겠다. 그리고 이 타협안으로 채택된 집정이라는 지위에 대해서는 당연히 각각의 입장에서 나름대로의 해석이 부여되었다. 푸이 등은 집정 취임의 수락 조건으로 잠정적으로 1년간 집정이 되었다가 그동안 헌법에 의해 국체가 결정되면 황제에 즉위한다고 생각하였고, 입헌공화제론자들은 국민의 지지가 없으면 바로 지위를 잃는 것으로 보았다.

집정의 지위는 3월 9일 공포된 정부조직법으로 정해졌는데, 1914년 중화민국약법(신약법)에서의 대총통에 관한 규정과 대비해 보면 그 성격을 잘 알 수 있다.

정부조직법	중화민국약법
제1조 집정은 만주국을 통치한다. 제2조 집정은 만주국을 대표한다. 제3조 집정은 전 인민에 대해 책임을 　　진다. 제4조 집정은 전 인민, 이를 추거한다.	제14조 대총통은 국가의 원수로서 통 　　치권을 총람한다. 제15조 대총통은 중화민국을 대표한다. 제16조 대총통은 국민 전체에 대해 　　책임을 진다.

여기서 명확히 드러난 것처럼 집정의 지위, 그리고 조문상의 문언도 대총통에 준거한 것이었다. 다만 제4조에 상응하는 규정은 중화민국약법에는 없는데, 이것은 만몽 3천만 민중의 총의에 기초하여 순천안민의 대의에 따라 왕도정치를 행한다는 건국이념을 조문화한 독자적인 것이다. 그러나 집정이 실제로 전 인민의 추거를 받은 것은 아니었고 정치상의 책임을 구체적으로 어떻게 지는지에 대해서는 아무런 법적 규정이 없었다. 그것은 다치바나 시라키가 비판했던 것처럼 "결국 유명무실한 법임을 면치 못하는" 허구에 불과했던 것이다.[40]

그러나 바로 이러한 청조용흥의 땅이라는 장소, 입헌공화제를 채택한 중화민국에의 대항, 그리고 만몽 3천만 민중의 총의라는 허구, 이들 세 가지 요건의 기묘한 혼교의 소산으로 집정이라는 지위가 만들어졌던 것이다. 이러한 집정을 원수로 하는 국체(國體)에 대해 만주국 초대 총무장관 고마이 도쿠조(駒井德三)는 "공화국은 선거에 의해 대총통을 뽑을 필요가 있으나, 신국가는 선거를 하기 어려운 사정이 있는 만큼, 국체는 제제도 공화제도 아닌 준제제적 틀로 한다"라고 해석하고 있는데,[41] 이는 정말로 공화제 만주국의 괴물 같은 모습을 잘 지적하고 있다. 게다가 고마이가 준제제적이라고 표현한 것처럼 집정의 권한은 광범위했는데, 정부조직법에 따르면 다음과 같이 규정되어 있었다.

① 입법원의 익찬(翼贊)에 의해 입법권을 행사한다. (제5조)

② 국무원을 총독(總督)하여 행정권을 행사한다. (제6조)

③ 법원으로 하여금 사법권을 행사하게 한다. (제7조)

④ 명령·긴급교령을 발포한다. (제8·9조)

⑤ 관제를 정하고 관리를 임면한다. (제10조)

⑥ 선전(宣戰)·강화 및 조약의 체결. (제11조)

⑦ 육해공군의 통수. (제12조)

⑧ 대사면·특사·감형 및 복권을 명한다. (제13조)

이것들은 대일본제국 헌법에서의 천황의 권한에 비견될 수 있는 것이고, 운용 여하에 따라서는 "집정의 사실상의 독재적 성격을 근거 지을 가능성이 있다"라고 평가되었다.[42]

이러한 규정으로 점철된 집정에 푸이가 취임한 것은 3월 9일, (취임 식은) "지극히 장엄하게 치러졌고",[43] "신오색기는 청천에 나부껴 앞길 의 광명과 희망이 느껴졌다"고[44] 한다. 그러나 이 식전에 "끌려갔다"는 지린 총영사 이시이 이타로(石射猪太郎)에 의하면, 그것은 "식장이 좁 고 장식도 간소해서 전문학교 졸업식 정도의 의식"에 지나지 않았다 고 한다.[45] 게다가 거기서 처음 본 푸이에 대해 이시이는 "과연 과거 중 국의 제위에 있었던 사람인 만큼 어딘지 모를 고귀한 기품을 띠고 있 었지만 얼굴에 나타난 흉상(凶相)이 나를 놀라게 했다. 어린 시절 제위

176

에서 쫓겨난 이래 여러 기이한 운명을 겪어온 과거의 그림자와 정체 모를 만주국에 저당잡힌 미래에 대한 불안감이 빚어낸 불행한 얼굴이 있었는지도 모른다"라고 그 인상을 남기고 있다.[46]

그러나 이시이의 관찰과는 달리 푸이의 가슴속을 점하고 있었던 것은 미래에 대한 불안감이 아니라, 집정의 지위를 '황제의 옥좌'에 이르는 단계라고 보고 그 단계를 어떻게 활용해야 왕좌에 빨리 도달할까 하는 생각이었다. 푸이는 '다스림에 힘을 쓰고 백성을 사랑한다'는 가훈에 따라 정치에 임하여, 유덕한 군주로서의 역량을 보여주자고 결의했다. 그러나 이 노력도 그리 오래가진 못했다. 푸이에게는 단지 형식적으로 재가하는 것 말고는 판단을 필요로 하는 공무가 하나도 없었고, 광대한 "집정의 직권이란 종이에 쓰인 것에 불과하고 내 수중에는 없다는 것을 발견했기 때문이다."[47]

푸이의 발견은 정확했다. 왜냐하면 관동군이 푸이를 기용했던 것도 바로 이런 사태의 출현이 목적이었기 때문이다.

그리고 또한 그러한 사태를 초래한 것은 바로 푸이 자신이기도 했다. 만주국 집정에 취임하기 위해 뤼순에서 창춘으로 향하던 푸이는 도중에 탕강즈(湯崗子)에 머물렀는데, 그사이의 행동은 극비에 부쳐져 기사 게재도 금지되었다. 그리고 이 체재 중 푸이는 이타가키 참모가 시키는 대로 한 통의 서한에 서명을 했다. 혼조 시게루 관동군 사령관에게 보낸 이 편지에 서명함으로써 푸이와 만주국의 운명은 결정되었다. 용은 자신의 뿔과 사지를 스스로 잘라내고 말았던 것이다.

푸이의 자서전 《나의 전반생》에서는 이 편지에 서명한 것은 국무총리로 내정되어 있던 정샤오쉬이고 그 후 약 반년 후 그 내용을 알게 되어 정샤오쉬의 과도한 독단전횡을 호되게 문책하였으나 "나는 화를 내면서도 어쩔 수 없이 기정사실을 추인했다"라고 쓰고 있다.[48] 이 '독단전횡'과 '기정사실의 추인'이라는 설명은 만주사변 발발 후의, 관동군과 일본 정부의 관계와 기묘한 일치를 보여주고 있어 일종의 블랙유머조차 느끼게 하는데, 서명했던 사람은 물론 푸이 자신이고 화압(花押)도 찍혀 있었다.

과연 이 서한은 어떤 내용이었을까?

5. 정부 형태와 통치 실태의 괴리

순천안민·왕도정치를 선언한 만주국은 건국식전행사가 치러진 3월 9일, 정부조직법 및 국무원을 비롯한 각 부국의 관제를 공포하여 만주국의 통치기구와 국가 활동의 준칙을 밝혔다.

정부조직법에는 "만주국 국정을 치리(治理)하는 근본법으로 삼는다. 다만 본법은 장래 인민의 지식대의(智識大意)를 따라 만주국 헌법을 제정할 때에는 곧 이를 폐지한다"라는 전문이[49] 덧붙여져 있었던 것에서도 알 수 있듯이 정식 헌법이 만들어질 때까지 잠정적인 통치 형태를 정한 것이었다. 이처럼 정식으로 헌법을 제정할 때까지 간략한 기본법을 정하는 것은 중화민국의 약법과 같은 사고방식이었다. 그러나 그것은 중화민국의 헌법 상황이 모범으로 채택되었음을 의미하지는 않고, 오히려 헌법을 둘러싼 중화민국의 정치 상황에 대해서는 "화평통일의 책무에 임해야 할 사회적 실세가 호법·호헌을 오로지 명분

유지 수단으로 부르짖는 데 지나지 않고 사실은 헌법 제정의 궤도를 거의 탈각하고 있었다"라는 비판이 강했던 것이다.[50] 그리하여 중화민국 성립 이래 어지러울 정도로 각종 헌법 초안이 만들어졌음에도 불구하고 그것들이 각각 정권의 정당화 이상을 넘어서지 못했던 것이 바로 근대적 입헌국가를 형성할 능력이 중국에 결여되어 있다는 증거라고 보았고, 그것이 중화민국으로부터 만주국을 분리·독립시키는 논거가 되기도 했다.

그만큼 만주국에서는 헌법 제정이 근대국가 성립의 필수조건이라고 여겨지고 있었고, 1933년 건국 1주년 기념 교서에서도 "근세의 입국은 주로 법치를 중시하고 법치의 근본은 뭐니 뭐니 해도 헌법이다. (…) 만약 헌법이 하루라도 마련되어 있지 않으면 곧 나라의 근본이 하루라도 서지 않는다. 바로 헌법을 적절하게 마련·수정하여, 하루 빨리 만듦으로써 나라의 기초를 강고히 하고 백성의 뜻을 하나로 한다"라고 말하여[51] 헌법 제정이 각하의 급무임을 선명(宣明)하며 헌법제도조사위원회를 발족시켰던 것이다.

그러나 그 후 헌법제도조사위원회의 활동에도 불구하고 만주국에서는 결국 성문헌법으로 된 헌법전이 끝내 제정되지 않았다. 그 때문에 잠정적인 것으로 상정되었던 정부조직법이 1934년 3월 제제로의 이행과 함께 조직법으로 개정되어 만주국 통치의 기본법으로 기능했다. 그러한 한에서는 입헌국가로서 중화민국에 대해 우위를 점했다는 만주국의 자부는 내실을 수반한 것이 아니었다. 그뿐만 아니라 중화민국의 헌법 상황에 대해 격렬한 비난이 되풀이되었음에도 불구하고 만주국 건국 시의 정부조직법과 각부 관제는 중화민국의 법제를 강하게 의식하여 그에 의해 규정되어 있었다.

집정에 관한 조항이 중화민국약법의 대총통 규정에 준거했음은 이미 말했는데, 정부 조직에 관해서도 중화민국의 그것에 준거하고 있었고, 그것과 대항적으로 독자성을 내세우고 우위성을 드러낸다는 식으로 제도 형성이 이루어지는 실정이었다.

만주국의 정치 조직은 중앙집권제를 전제로 하여 입법·행정·사법·감찰의 4권분립제를 채택했는데, 구체적으로는 입법기관인 입법원, 행정기관인 국무원, 사법기관인 법원, 그리고 행정감찰·회계검사를 집행하는 감찰원의 4원으로 중앙정부가 구성되었다. 만주국의 모든 정치기관은, 중앙기관과 지방기관에 관계없이 182쪽의 그림처럼 이 4원 가운데 어느 하나에 속해 있었다. 그리고 일본을 포함해 거의 대부분의 입헌국가가 3권분립제를 채택한 데 비해 4권분립제를 채택한 것이 만주국 정치기구의 특이성과 탁월성을 보여주는 것이라고 강조되었다. 그러나 이 4권분립제를 만주국 정치기구가 독창적으로 만든 것이라고는 절대 말할 수 없다. 그것은 말할 것도 없이 쑨원이 주장한 입법·사법·행정·감찰·고시(考試)의 5권 헌법에 준거하여 이 가운데 상설적인 관리 선고(選考)기관이면서도 실제상으로는 기능하고 있지 않았던 고시원을 무용지물로서 제외하고 만들어진 것이라고 보는게 맞을 것이다.

만주국의 국가기구를 중화민국, 특히 국민당 난징 정부와 똑같이 만들 수는 없으나 그렇다고 그것을 무시할 수도 없다는 좁은 가능성 속에서 독자성을 드러내려고 얼마나 부심했는가는 육군성 조사반이 발행한《만주국 성립 경위와 국가기구에 대하여》(1932)의 다음 문장에 잘 드러나 있다.

주의해야 할 것은 쑨원의 5권 헌법에 기초해 구성된 난징 정부가 입법, 행정, 사법, 감찰, 고시의 5원제를 채택함에 비해 만주국 정부는 고시·사법 양원을 두지 않고 사법관계를 특별히 취급하고, 나아가 행정원을 국무원으로 개칭한 것, 또한 감찰원을 집정에 직속시키고 국무원에 대해 독립된 지위를 주어 신정(新政)의 부패방지라는 아주 중요한 권한을 병용시킨 점이다.[52]

다만 이러한 설명에도 불구하고 사법원에 대응해서 법원이 설치되었으며 국무원이라는 명칭도 만주국 독자의 것은 아니고 난징 정부 이외의 중화민국에서 오히려 일반적으로 통용되던 것이다. 또한 감찰원이 행정부에 대해 독립성을 가지는 것은 행정감찰·회계검사를 담당하는 이상 당연한 것이고 이것은 또한 난징 정부도 마찬가지라서 만주국만의 독자적인 것은 아니었다. 나아가 민정부 등 행정 각부(일본의 성에 해당)의 명칭과 구성에서도 난징 정부를 비롯한 1927년의 베이징 군정부 등의 조직과 유사한 점을 발견하는 것은 어렵지 않다.

물론 명칭이나 형태가 동일하고 유사성을 가진다는 것은 기능과 권능이 동일하고 유사하다는 것을 반드시 의미하지는 않는다. 예를 들면 난징 국민 정부의 입법원은 법률, 예산, 사면, 선전포고, 강화, 조약, 그 외 중요의결을 결의하는 직권을 가지지만(1931년 국민정부조직법 제29조), 만주국의 입법원은 집정이 가진 입법권 중에서 법률안과 예산안을 심의하고 가결하기만 하는 '익찬'이라는 권능을 가지는 데 불과

1932년 3월 건국 시의 만주국 정부 조직과 주요 인사

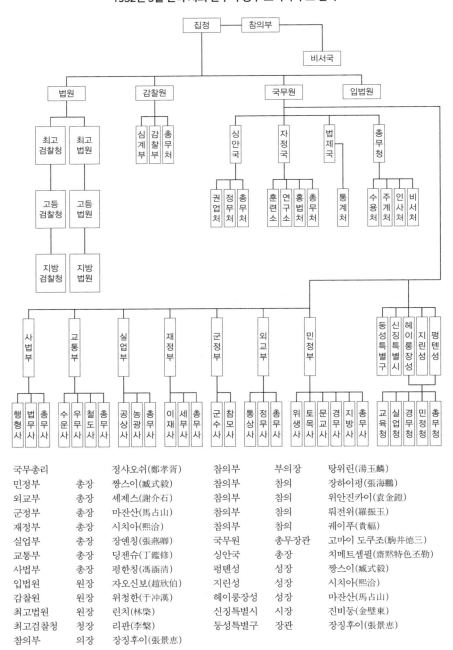

국무총리		정샤오쉬(鄭孝胥)	참의부	부의장	탕위린(湯玉麟)
민정부	총장	짱스이(臧式毅)	참의부	참의	장하이펑(張海鵬)
외교부	총장	셰제스(謝介石)	참의부	참의	위안진카이(袁金鎧)
군정부	총장	마잔산(馬占山)	참의부	참의	뤄전위(羅振玉)
재정부	총장	시치아(熙洽)	참의부	참의	궤이푸(貴福)
실업부	총장	장옌칭(張燕卿)	국무원	총무장관	고마이 도쿠조(駒井德三)
교통부	총장	딩젠슈(丁鑑修)	싱안국	총장	치메트셈필(齋黙特色丕勒)
사법부	총장	펑한칭(馮涵清)	펑톈성	성장	짱스이(臧式毅)
입법원	원장	자오신보(趙欣伯)	지린성	성장	시치아(熙洽)
감찰원	원장	위청한(于沖漢)	헤이룽장성	성장	마잔산(馬占山)
최고법원	원장	린치(林棨)	신징특별시	시장	진비둥(金璧東)
최고검찰청	청장	리판(李槃)	둥성특별구	장관	장징후이(張景惠)
참의부	의장	장징후이(張景惠)			

했다. 게다가 입법원이 부결해도 집정은 재의에 부칠 수 있고 더욱이 입법원이 부결할 경우 집정의 자문기관인 참의부에 자문하여 가결하면 입법원이 부결해도 재가·공포할 수 있는 등, 입법원의 권한은 매우 한정되어 있었다. 그리고 그 입법원마저도 관동군은 명목적인 것으로 묶어두고 개설하지 않을 방침을 세웠던 것이다.

관동군 내에서 입헌정체가 문제시된 1931년 11월에 이미, 신국가의 입헌정체는 법률적 의의를 가진 것이지 정치적 의의를 가진 것은 아니라는 점이 강조되었다. 법률적 의의란 사법·입법·행정의 3권을 담당하는 독립기관으로 법률에 규정되는 것을 말하고, 정치적 의의란 의회를 개설하거나 의원내각제를 실시하는 것이라고 한다. 그리고 정치적 의의를 가진 입헌정체를 채택해서는 안 되는 이유는 "만몽 민중의 정치의식이 아직 그만한 영역에 도달하지 못했기 때문"이라고 설명하고 있다.[53] 만몽에 신국가를 건설하는 것을 정당화하는 이유를 "만몽의 민중에게는 국가의식이 없고 정치의식도 낮다. 그래서 일본인이 지도하여 국가를 형성해 가는 것이 3천만 민중에게 행복이다"라는 점에서 찾았는데, 동일한 논리에 의해 건국 후에는 의회의 개설을 부정했던 것이다. 물론 의회제 채택을 부정한 진짜 이유는 의회에 의해 만주국 통치에 조금이라도 제약이 가해지는 것은 좋지 않다고 보았기 때문이다.

이처럼 처음부터 개설할 예정도 없던 입법원을 정치조직법에 규정하여 장래에 개설한다고 표명한 것은, 만약 의회가 없다면 입헌국가라고 할 수 없고, 또 전제정치라고 비난받고 있던 국민정부에 대해 정체상에서도 대항할 수 없을 뿐만 아니라, 나아가 괴뢰국가라는 비판에도 항변할 수 없다는 사실이 명백했기 때문이다. 그러나 그것보다도, 그리고 무엇보다도 정치는 반드시 진정한 민의에 따를 것을 건국이념으로 내걸었던 국가가 의회조차 개설하지 않아서는 그 허망성이 너무나도 쉽게 드러나리라는 우려가 작용했음은 충분히 추측할 수 있을 터이다.

그렇다면 이처럼 실태와 동떨어진 법제상의 정부 조직하에서 관동군은 도대체 어떠한 회로를 통해 만주국을 통치하려 했던 것일까?

1931년 10월 관동군 국제법 고문으로 신국가의 법제를 기안한 마쓰키 다모쓰에게 관동군 이타가키 참모가 하달한 기본지침은 다음과 같은 것이었다고 한다. "만주를 완전한 독립국으로 할 것, 일본의 말을 듣도록 할 것, 그리고 공동방위라고 하면서도 국방은 일본에 맡기도록 할 것, 이상 세 가지 조건을 살리는 것이면 제국이든 왕국이든 공화국이든 뭐든 상관없다."[54] 이런 완전한 독립국이라는 조건과, 일본의 말을 듣도록 하고 국방을 일본이 담당한다는 두 조건은 얼핏 보기에 모순된 요청처럼 보인다. 그러나 이타가키 등에게 이것은 모순이 아니었다. 여기에서 말하는 완전한 독립국이란 중화민국으로부터의 완전한 독립을 의미하지 일본으로부터의 독립이라는 의미는 털끝만큼도 없었기 때문이다. 그리고 그런 의미에서 완전한 독립국이 되는 것이야말로 만몽을 "제국의 뜻대로 움직이기" 위한 절대적 조건이라고 생각했던 것이다. 그것이 또한 1931년 11월의 단계에서 여전히 뿌리 깊었던 독립정권설을 국제법의 관점에서 마쓰키가 부정한 이유이기도 했다. 즉 마쓰키에 의하면 "만몽을 지나국의 일부로 유지하는 이상 만몽과 조약 혹은 협정을 체결할 수 없고 (…) 독립정권과 조약을 체결할 수

없는 이상 이를 뜻대로 움직이는 것은 절대로 불가능하다"는 것이다.[55]

그러니까 만몽을 일본 뜻대로 움직이기 위해서는 조약을 체결할 수 있는 주체로, 중화민국으로부터 자유로운 독립국가로 만들어야 했던 것이다. 그리고 조약이 만몽을 움직여 가는 회로가 되는 이상 만주국 측에서 조약 체결 기능을 누가 쥐는가는 당연히 문제가 된다. 이 점은 관동군이, 외교 교섭을 담당하는 관리와 조약의 비준을 담당하는 참의부 참의에 일본인을 임용하기를 고집했던 이유 가운데 하나이기도 했다. 외교라는 명목하에 일본인끼리 조약을 처리하기 위해서라도 미리 만주국으로 하여금 일본인을 받아들이도록 할 필요가 있었다. 그것을 실현시킨 것이 실은, 1932년 3월 6일에 푸이가 서명하여 혼조 관동군 사령관에게 보낸 편지였던 것이다.

이 서한은 1932년 9월 15일에 체결된 〈일만의정서〉의 부속문서가 되었는데, 전후(1945)까지 공표되지 않은 채 푸이·혼조 비밀협정이라 불리고 있었다. 〈일만의정서〉 본문 자체는 "① 만주국에서의 일본국 및 일본 국민의 기득권익 승인, ② 만주국에 대한 일·만 공동방위를 위해 만주국 내의 일본군 주둔 승인"이라는 겨우 두 조항에 불과했다. 이에 비해 푸이 서한은 다음의 네 항목에 이르고 있다.

① 만주국은 국방 및 치안 유지를 일본에 위탁하고, 그 경비는 만주국이 부담한다.
② 만주국은 일본군대가 국방상 필요로 하는 철도·항만·수로·항공로 등의 관리 및 신로의 부설·개설을 일본 또는 일본이 지정하는 기관에 위탁한다.

③ 만주국은 일본군대가 필요로 하는 각종 시설을 극력 원조한다.

④ 달식명망(達識名望) 있는 일본인을 만주국 참의에 임명하고, 또 그 외 중앙·지방 관서에도 일본인을 임용하며 그 선임·해직에는 관동 군 사령관의 추천·동의를 요건으로 한다.

그리고 이러한 규정들은 장래 양국이 조약을 체결할 때 기초로 삼는다고 했다. 이에 따라 1931년 9위 22일 만몽영유론에서 전환할 때 관동군이 결정한 "국방·외교는 신정권의 위촉에 의해 일본제국이 장악하고 주된 교통·통신도 관리한다"는 방침이 관철·실현되었다.[56]

그런데 만주국의 운명을 결정한 이 한 통의 편지는 기본적으로 그 자체가 만주국의 성격을 상징하는 작위성을 띠고 있었다. 하나는 실제로 서명된 것이 3월 6일임에도 불구하고 3월 10일자로 되어 있다는 점, 또 하나는 푸이의 발의에 의한 것이 아님에도 불구하고 푸이가 혼조 시게루 관동군 사령관에게 일방적으로 의뢰하여 '윤가(允可)'를 청하는 형식을 채택했다는 점, 그리고 그에 대해 5월 12일자로 관동군 사령관이 "3월 10일부의 귀하의 서한을 정히 수리한다"는 회답을 준 형식으로 되어 있다는 점[57] 등이다. 첫째로 날짜에 대해서는, 실제로는 푸이를 집정으로 하기 전에 이것을 취임의 조건으로 수락하게 해놓고는, 형식상으로는 집정으로서 조약 체결의 권한을 가지게 된 취임식 바로 다음 날에 서명한 것처럼 만들어, 적법성을 확보한 것이라고 해석할 수 있다. 둘째로 1월 22일 관동군 수뇌에 의해 "교환공문은 일방적인 의뢰의 형식으로 하며, 이에 따라 국방 및 이에 수반되는 철도관리권 등을 획득한다. 이것은 장래 국제분쟁의 계기를 만들지 않도록

하는 것을 주안으로 한다"라고 결정되어 있었다는 사실에서 의뢰의
형식을 취한 이유를 엿볼 수 있다.[58] 결국 국방과 신국가의 관리임면권
등을 두 나라 간 협의라는 형식으로 결정할 경우, 특히 일본과 만주국
에 관해서는 국제연맹 규약과 9개국 조약에 위반된다는 비난이 나올
것은 틀림없는 일이었기 때문에 이를 피하기 위해서도 일방적인 의뢰
라는 형식이 필요했던 것이다. 그리고 그것이 5월 12일자로 수리된 것
처럼 꾸민 것은, 조약체결에 관해 아무런 권한을 가지지 않은 파견군
사령관이 양국 간의 가장 중요한 문제에 대해 타국의 원수에게 승인을
하는 것은 조약체결권을 가진 천황의 대권을 침범할 우려가 있어서 시
간을 두고 기정사실로서 일본 정부에 추인시키기 위해서였다. 이러한
처리 방식은 1932년 2월에 이미 결정이 난 것으로서 외무성도 이러한
사정을 알고 있었다. 2월 13일 펑톈 총영사 대리 모리시마는 요시자와
겐키치(芳澤謙吉) 외상에게 타전하여 다음과 같이 보고하고 있다.

> 국방 등에 관해 신국가와 파견군이 단독으로 밀약을 체결하는 것은 대
> 권을 침범하는 결과가 될 것이라 생각하여, 국방을 일본에 위임할 것,
> 참의부 내에 과반수의 일본인을 들일 것, 일본인을 관리로 임명할 것,
> (…) 추후에 정식으로 조약을 체결해야 할 것 등에 대해서는 신국가 측
> 으로부터 군사령관에 대해 일방적으로 요청하게 하고 군사령관은 다만
> 이를 수령해 둠에 지나지 않은 것으로 결정한다.[59]

그러나 추후에 정식으로 체결하는 것이 전제인 이상, "다만 이를
수령해 둠에 지나지 않다"고 해도 언제까지나 방치해 둘 수는 없기 때

문에, 리튼 조사단이 만주국에 들어오기 직전인 4월 15일 이누카이 쓰요시 내각은 〈만주국 철도·항만·하천에 관한 처리 방침〉을[60] 각의에서 승인하여, 그러한 내용을 가진 푸이 서한을 별지 사항으로 슬그머니 첨부해서, 일본 정부는 대권침범에 해당하는 관동군의 행위를 추인했던 것이다. 그리고 이 각의 승인을 받아 "이쪽에 이견이 없음에 따라"[61] 수락한다는 관동군 사령관 회답이 내려진 것이다. 자기가 만들어 낸 내용에 이견이 있을 리 없었다.

이처럼 몇 가지 위장공작을 거듭하여 푸이 서한의 합법성이 갖추어짐에 따라 그전까지 관동주와 만철 부속지에서만 군대주둔과 군사행동이 허용되었던 관동군은 만주국 전역에 걸쳐 자유롭게 행동할 정당성을 부여받고, 필요한 모든 시설을 마음대로 사용할 수 있다고 해석되었다. 만주국은 관동군의 기지국가가 되었던 것이다.

나아가 또한 일본인 참의와 관리의 선임·해직에 관한 권한을 얻음으로써 조약이라는 회로 외에 일상적으로 만주국의 행정을 조종할 수 있는 회로가 만들어져, 이를 통해 만주국을 "제국의 뜻대로 움직이는" 것이 가능하게 되었다. 1932년 1월 22일 관동군은 신국가의 통치 형태에 대해 "입법원은 형식적인 것이고 실제로는 독재 중앙집권제로 한다"라는 것을 확인하고 있는데,[62] 그러한 독재 중앙집권제를 보장하기 위해서도 "신국가 성립 시 문서로 작성하여"[63] 관동군이 인사권을 장악하는 것이 불가결하다고 생각했던 것이다.

이처럼 만주국이 존재하는 동안에는 표면에 조금도 드러나지 않았던 비밀협정에 의해 만주국의 통치 형태가 실질적으로 결정되었는데, 그것은 물론 공식적으로 발표된 정부조직법으로 정해진 국제(國制)를 공동화시키는 것이었다. 관동군은 1932년 1월 27일 〈만몽 문제 선후 처리 요강〉을 마련하였는데, 거기에서 "신국가는 복벽의 색채를 피하고 푸이를 수뇌자로 하는 표면적 입헌공화국으로 하지만, 내면은 우리 제국의 정치적 위력을 감입(嵌入)한 중앙독재주의"로 한다는 국가상이 그려져 있었다.[64] 이러한 국가상을 신국가에서 그대로 구현시킨 것이 바로 3월 6일 푸이가 혼조 관동군 사령관에게 보낸 서한이었던 것이다.

국민정부의 일당전제를 격렬하게 비난하고 정치는 반드시 진정한 민의에 따른다는 것을 건국이념으로 내건 만주국이지만, 그 국가의 정치란 현실적으로는 주민의 의사를 조금도 고려하지 않고 또한 입법기관에 조금도 견제를 받지 않는 강력하고 독재적인 집행기관을 통해, 일본인의 통치를 지향하는 형태로 출발했던 것이다. 거기서는 국제(國制)의 측면에서 조직법과 실태 사이에 큰 괴리가 있었을 뿐만 아니라 통치의 측면에서도 법제상의 주체와 실제상의 담당자 사이에 괴리가 존재했는데, 그것이 만주국의 법과 정치의 특질을 형태 짓게 되었다.

이처럼 만주국이 건국과 함께 채택한 입헌공화제란 중화민국의 그늘 아래에서 표면상으로는 입헌주의의 형태를 취하는 듯하면서도 내실은 입헌주의를 부정하는 표현적(表見的)* 입헌제(Scheinkonstitutionalismus) 에 지나지 않았다. 그리고 그것은 입헌제에 대한 회의와 공화제에 대한 반감, 그리고 민의에 대한 불신으로 뒷받침되었던 것이다.

---

* 법률용어 가운데 하나로, 보통 '표현대리'라고 한다. 대리권이 없는 사람이 외견상 대리인으로서 행위한 경우 가운데, 무권(無權) 대리인과 본인 사이에 특수한 관계가 있는 경우를 가리킨다. 참고로 이를 정당한 대리인이라고 믿고 행동한 상대방은 본인에 대하여 유효한 대리행위로서의 효과를 주장할 수 있다. 일본식 법률용어이지만 다른 표현은 없다.

6. 만주국 정치의 네 가지 주요 개념

만주국이 〈대외통고〉를 발한 3월 12일, 일본 정부는 〈만몽 문제 처리방침 요강〉을 각의에서 결정하고 일본에 있어 만주국의 존재 의의를 확인했다. 그에 따르면 "제국의 지원하에 만주로 하여금 정치·경제·국방·교통·통신 등 제반 관계에서 제국 존립의 중요 요소로서 성능을 발휘하게 한다"라고 하고, 특히 군사적 관점에서 "만몽으로써 제국의 대러·대지나 국방의 제일선"으로 삼는다는 점이 강조되었다.[65] 이를 통해 보면 관동군이 설정한 건국목적이 일본의 국가 의사로 승화되어 있음을 알 수 있다. 만주국 경영은 이미 관동군뿐만 아니라 일본 정부가 총체적으로 관련된 과제로 인식되고 있었던 것이다.

그리고 만주국 경영을 실시해 나가는 데에는 "9개국 조약 등의 관계상, 가능한 한 신국가 측의 자주적 발의에 기초하는 형태를 취한다"고 하였고, 국가로서의 실질을 갖추도록 '유도'해 가기 위해 일본인을 "지도적 골간이 되도록 하는" 것을 강하게 요청했다.[66] 이처럼 중국인의 자주적 발의에 기초하여 정치적 결정이 이루어지는 듯한 형식을 채택하면서도 관동군의 통제하에 일본인이 통치의 실권을 장악한다는 요청에 부응할 수 있도록 안출된 만주국의 특이한 통치 형태는 다음의 네 가지 주요 개념으로 파악할 수 있을 것이다.

네 가지 주요 개념이란 무엇인가? 일만 정위(定位), 일만 비율, 총무청 중심주의, 내면 지도가 그것이다.

이 가운데 일만 정위와 일만 비율은 만주국 정치조직 내의 인사배치 규율로 설정된 것인데, 그 결정은 관동군의 전관 사항이었다. 그리고 일만 정위란 만주국의 중앙·지방을 통해 기관 관청의 과장 이상의 각 직위에 대해 일계와 만계의 포스트를 규정한 것을 말한다. 일계란 일본인을 가리키고, 법적으로는 조선족도 포함되었지만 실제상으로는 그들이 일계에 포함되는 일은 극히 드물었다. 만계란 만주국에 거주하는 한족, 만주족, 몽골족을 일괄적으로 가리키는 것인데, 경우에 따라서는 일계 이외의 모든 민족을 총칭하는 것으로도 사용되었다. 만계 정위로는 중앙에서는 국무총리대신, 각부 총장(대신) 외에 입법원장, 감찰원장, 최고법원장, 최고검찰청장, 참의부 의장, 궁내부대신, 상서부대신, 그리고 민정부·군정부·재정부 등의 차장이, 지방에서는 성장·현장이 이에 해당하였다. 또한 일계 정위로는 당초 총무장관(청장), 총무청 차장, 만계 정위 이외의 각부 차장과 총무사장(司長)·과장, 지방에서는 성 차장, 부현장 및 총무청장, 경무청장 등이 정해져 있었다. 그러나 여러 차례에 걸친 기구개혁 때마다 적재적소를 명목으로 만계 정위였던 차장이 일계 정위로 바뀌고, 지방에서도 성제 개혁에 따라 성장이 일계 정위로 바뀌어 갔다.

이러한 일만 정위가 의도하는 바는 기본적으로 각 기관의 우두머리에 중국인을, 다음 지위에 일본인을 충당하여 중국인의 자주적 발의에 기초해 조직이 운영되는 형식을 취함으로써 괴뢰국가라는 국제적 비난을 피하는 데 있었는데, 만주국 내의 특수회사와 공사에서도 똑같은 방식이 채택되었다. 그러나 그 실태는 리튼 보고서가 지적했듯이 "정부 및 공공사무에서는 비록 각 부국의 명목상 장관이 만주 거주 지나인이라고 해도 주된 정치적·행정적 권력은 일본인 관리 및 고문의 수중에 있다"는 것이었다.[67] 이러한 일만 정위라는 기준에 대해 이시하라 간지는 "만주국 정부 내에서 일본인이 점해야 할 위치를 정하는 것은 적당하지 않다. 일만인 사이에 어떤 차별도 없이 공정한 적재적소주의를 취해야 한다"라고 하며[68] 그 철폐를 주장하고 있었다. 이시하라의 취지는 일만 평등의 실현을 꾀하고 그에 따라 만주국 경영에 대한 중국인의 적극적 참가를 촉진하려는 것이긴 했지만 과연 일만 정위를 폐지했을 때 차별 없는 공정한 인사배치가 실현되었을까. 아마도 이시하라의 생각과는 반대 사태가 벌어졌을 터이다. 즉 만계 정위의 성장에 일계를 충당하는 것에 대해 "일계라고 한들 더욱 중요한 자리에 앉아도 상관없고 이것이 진정으로 혼연융합한 오족협화의 진정한 정수를 보여주는 것"으로 정당화되었고,[69] 또한 차례차례 만계 정위를 일계 정위로 전환하는 것에 대한 우려에 대해 "이때 일계 관리가 어떻다 하고 배부른 소리를 할 계제가 물론 아니다. 비록 만계라고 해도 일계라고 해도 유능한 인간에게는 중요한 포스트를 점점 더 많이 주어야 한다"라는 반비판이 일어나고 있었던 것으로도[70] 이를 잘 알 수 있다. 일본어의 사용과 일본형 행정 처리를 전제로 소위 능력주의, 실력주의를 채택하면 일본인이 우위에 설 것은 필지의 사실이었다. 다만 유일한 예외로서 일계 독점이 너무 진행되는 것에 대한 만계의 불만을 완화하기 위해 1937년 7월 이후 총무청 차장 가운데 한 명을 만계 정위로 하는 조치가 채택되었다. 그러나 거기에 등용된 만계는 모두 일본유학 경험자였고, 게다가 그들에게는 실권이 주어지지 않아 '페이다(配搭: 장식물)'라 불리는 존재에 불과했다.

한편 일만 비율이란 만주국의 각 기관 관청을 통해 일계 관리와 만계 관리의 정원 비율을 설정한 것이다. 이 비율의 기준이 된 직위가 명확하지 않기 때문에 정확한 수치는 산출할 수 없지만 총무청 차장이었던 후루미 다다유키에 의하면 일계 대 만계의 비율은 재정부, 실업부는 5:5, 사법부 4:6(이상의 각부는 나중에 6:4로 변경), 민정부, 문교부, 외교부, 군정부 3:7, 지방관청, 성(省)공서, 세무감독서 등은 2:8이었다고 한다.[71] 이에 비해 1935년 중국에서 간행된 자료에 기초하여 산정된 비율은 194쪽의 표에 나와 있는데, 일계의 비율이 전반적으로 수치가 높다(다만 이 자료는 중국에서 간행되었기 때문에 당연하게도 '만주국'이라는 국적도 '만계'라는 표현도 없이 일률적으로 중국 국적으로 취급하고 있다. '러'는 러시아를 뜻한다). 다만 일계 관리의 총수에 대해서는 건국 당초 "소수로써 요소를 장악함에 주된 의미를 둔다"라고 하여[72] 중앙정부 600명 가운데 일계 120명 즉 20%를 한도로 하고 있었지만, 1933년 5월 일계 관리 총수는 1233명에 달했고, 나아가 1935년 발표에 의하면 거의 3년 만에 2386명 즉 48%로 총수·비율 모두 현저히 비대화되었다. 일만 비율도 또한 일본인에 의한 만주국 통치를 인사 면에서 표면화시키지 않기 위한 규율로 설정된 것이었는데, 관동군의 우려에도 불구하고 일계 비율의 상승이라는 추세는 막을 수 없었다. 관동군이 파악하고 있는 범위 내에서도 1935년 5월 "일만인의 비율은 중앙관청에서 이미 1:1을 초과했고 국도국(國道局) 같은 데에서 일인의 수는 실로 총원의 90%를 점한다"라고 보고하고 있다.[73] 또한 각부의 상황에 대해서도 "각부 모두 비율의 배가 되는 일인을 채용하고 있다"라는 것이 실정이었다.[74]

그런데 이상과 같은 두 가지 인사규율에서도 국무원의 총무청만은 별도로 취급하여 우두머리인 총무장관(한때 총무청장이라 불렸다) 이하

만주국 관리의 기관별 인원과 일계 점유율

중앙기관	상서부	궁내부	참의부	입법원	국무원	민정부	외교부	군정부	재정부	실업부	교통부	사법부	문교부	蒙政部	최고법원	최고검찰청	감찰원	합계
전체인원	7	108	18	22	492	1148	144	222	1406	344	583	132	100	72	35	33	73	4939
중	6	96	9	18	90	610	76	124	773	158	344	66	60	7	3	3	31	2474
몽							11							30				41
일	1	12	9	4	402	500	68	87	633	186	239	66	40	35	32	30	42	2386
러					38													38
일계 점유율(%)	14.3	11.1	50	18.2	81.7	43.6	47.2	39.2	45	54.1	41	50	40	48.6	91.4	90.9	57.5	48.3

지방기관	펑톈성공서	지린성공서	헤이룽장성공서	러허성공서	빈장성공서	진저우성공서	안둥성공서	젠다오성공서	산장성공서	헤이허성공서	베이만시공서	신징시공서	하얼빈시공서	싱안동분성공서	싱안남분성공서	싱안서분성공서	싱안북분성공서	합계	중앙지방기관총계
전체인원	244	211	180	123	210	130	133	75	93	61	42	74	195	103	117	75	95	2161	7100
중	134	124	92	70	117	77	78	51	55	29	31	46	126	1		3	9	1043	3517
몽														67	79	39	56	241	282
일	110	87	88	53	93	53	55	24	38	32	9	27	61	35	38	33	27	863	3249
러							2	1		8						3		14	52
일계 점유율(%)	45.1	41.2	48.9	43.1	44.3	40.8	41.4	32	40.9	52.5	21.4	36.5	31.3	34	32.5	44	28.4	39.9	45.8

① 《위'만주국' 관리 국적통계표》(1935년 12월 간행, 출판사 등 미상, 상하이 푸단(復旦대학 소장)에 의거해 작성.
② 덧붙여 말하자면 만주국 정부가 발표한 1936년 3월 31일 현재 위임관 이상의 관리 수는 중앙 4652명, 지방 2141명이다.

차장·처장·과장 등은 모두 일계 정위이고, 일만 비율도 7 : 3이 기준이 되긴 했으나, 항상 일계가 80% 이상을 차지했다. 특히 주계(主計)처, 인사처, 기획처 등의 주요한 사무를 관장하는 부서에서는 실질상 일계가 독점하는 것이 보통이었다. 이처럼 국무원 총무청이 다른 기관 관청과 달리 일계 관리에 의한 독점을 전제로 하는 구성을 취하고 있었던 것은 그것이야말로 "내면적으로는 우리 제국의 정치적 위력을 감입시키는 중앙독재주의"를 구현하기 위한 기관에 다름 아니었기 때문이다.[75]

관동군이 신국가 건설구상으로 전환한 이래, 가장 관심을 기울이고 가장 주의를 쏟은 것은 어떻게 하면 관동군 혹은 일본 정부의 의향을 확실하게 만주국 통치에 반영시켜서 "뜻대로 움직이는"가 하는 것이었다. 그래서 우선 고안된 것이 군사·외교 고문을 비롯하여 "각종 정치기관에도 제국의 고문을 파견하고 실권을 이에 주어, 그로 하여금 지도·감독하게 한다"라는 마쓰키 다모쓰의 안이었다.[76] 마쓰키는 또한 정치 지도기관으로서 일본인으로 구성되는 고문부를 설치하는 구상도 내비치고 있다.

그러나 고문 또는 고문부를 두는 것에 대해서는 독립국가 체재를 손상할 뿐만 아니라 중국 측 참가자의 자존심에 상처를 입힐 우려가 있다고 반대하는 의견도 강했다. 또한 재만 일본인, 특히 만주청년연맹 등으로부터는 민족협화의 이념에 비추어 보아도 "일본인이 고문 또는 자문으로 정치에 관여하는 것은 좋지 않고 국가의 직접적인 구성분자로 참여하는 게 득책이다"라는 의견이 제출되었다.[77] 나아가 이시하라 간지도 "지나 관리를 감독하는 의미를 가지는 고문 등을 두지 않아야 한다"라고 역설하여 일본인이 중국인과 평등한 입장에서 관리로 정치에 직접적으로 참여할 필요성을 주장하고 있다.[78]

이러한 분위기를 타고 떠오른 것이 참의부를 설치하는 안이었다. 관동군이 1932년 1월 4일 중앙정부와의 절충을 위해 상경하는 이타가키에게 준 지시에 따르면 만주인·몽골인 각각 1명, 한인(漢人)·일본인 각각 3명으로 참의부를 구성하고 "우리 제국의 의지, 희망 등은 당해(當該) 일본인 참의를 거쳐 만몽 중앙정부에 전달하는 것으로 한다"라는 구상이 드러나 있다. 그러나 원수의 자문기관인 참의부에 3명을 두는 것으로 일본의 통치 의사를 중앙정부에 전달하여 그것을 관철시키는 것은 쉽지 않다는 우려도 강했다. 그래서 1월 22일에 "참의부의 권한에 의해 국가의 최고의지를 억제"함과 동시에 더욱 직접적으로 "일본인도 내부에 들어가 일을 한다"라는 방침이 제기되었고, 이때 나아가 "국무원의 권한을 확대하여 비서청에서 인사예산(주계국)을 장악하고 비서청과 실업청에 일본인을 들이"도록 결정했다.[79] 이처럼 최종적으로는 일본인 참의와 국무원의 일본인 관리를 두 개의 기둥으로 하여 일본의 만주국 통치가 이루어지게 되었다. 이것이 푸이 서한에서 관동군 사령관이 일본인 참의와 일본인 관리의 임명·해직 권한을 가지는 것을 약속하도록 한 이유였다. 관동군은 이 인사권을 활용하여 자신의 의사를 만주국 통치에 반영시킬 방도를 얻었던 것이다.

그리고 1월 22일에는 그와 더불어 "입법원은 형식적인 것으로 하고 실제로는 독재 중앙집권제로 한다"라는 것이 확인되었고,[80] 국무원에 권한을 집중하여 이를 일본인 관리가 장악하는 것이 바로 독재 중앙집권제라고 인식하고 있었다. 또한 국무원 내의 비서청으로 상정되었던 부서가 실제로는 총무청으로 발족되었다. 그리고 여기서 인사(사람)·재원(돈)·자원(물건)의 "행정 3요소를 통해 제반 행정을 통제"할 방법이 채택되었다.[81] 이것이 총무청 중심주의 또는 국무원 중심주의라 불린 통치 방식이었고, 그 획기성에 대해서는 다음과 같이 주장되었다.

> 이제 막 건국한 국가로서 더욱 나은 행정적 효과를 거두기 위해서는 분산주의보다 집중주의가 좋고, 일단 각부에서 총무청으로 제시된 행정 사항이 동청 각 기관에 의해 재검토된 다음 국무원 회의를 거쳐 다시 각부에 방사되어 실행에 옮긴다는, 이른바 총무청 중심주의의 행정 조직은 과도기에 가장 이상적인 방식이고, 여기에 신국가의 특색이 있다.[82]

그러나 총무청 중심주의는 결코 과도기의 편의적 방책에 그치는 것이 아니었다. 오히려 만주국 통치기구 개변의 주안은 일관되게 총무청 중심주의를 한층 철저히 하고 강화하는 데 놓였다. 총무청 중심주의의 강화가 오로지 주목적이었다는 것은 총무청의 권한이 확대일로에 있었음을 의미한다. 그리고 총무청 중심주의의 획기성을 주장했던 것과 마찬가지로 총무청도 또한 "만주국의 정치 조직 가운데 가장 특이한 존재"라고 선전했다.[83] 총무청의 기능에 대해서는 "굳이 일본에서 그 예를 든다면 기획원과 법제국, 내각정보부를 합친 것이다. 그러나 그 권한도 일의 내용도 그 셋을 합병한 것보다 훨씬 크다. 말하자면 만주국의 중추신경 같은 역할을 담당하고 있다"라고 설명한다.[84] 다만 일본과 비교한 것 중에서는 내각서기국에 해당한다는 설도 있었다.

어쨌건 총무청의 존재는 일본의 기존 관청에 없는 신기축을 내세우는 것이라 하여, "그 정신에 있어서 기존 국가의 행정상 폐해를 감안하여 최신의 제도를 적용한 혁신적 기운의 발현"이라고 칭송되었다.[85]

그러나 총무청은 관제상으로 말하면 어디까지나 국무총리대신이 직재하는 "부내의 기밀·인사·주계(세입·세출의 예산) 및 수요에 관한 사항"(국무원 관제, 제8조)을 처리하기 위해 만들어진 보좌기관, 막료 조직에 지나지 않았다. 다만 총무장관이 국무총리대신의 명을 받아 총무청의 사무를 처리하도록(제10조) 되어 있고, 비서처·인사처·주계처·수용처 등의 분과규정도 총무장관의 손에 맡겨져 있었다(제17조).[86] 이 때문에 실질적으로 총무장관이 국정상의 기밀과 인사, 재정을 장악했고 각처에 배치된 일계 관리의 손에 의해 주요 정무가 결정·수행되었던 것이다. 예산편성을 예로 들면, 입법원이 개설되지 않았기 때문에 주계처의 일계 관리가 정한 예산이 결정예산이 되고 국무원 회의의 의결과 참의부의 자문은 완전히 형식적인 수속에 불과했는데, 이 점은 만주국 전 기간을 통해 변한 적이 없었다. 그것은 확실히 독재적 중앙집권제라고 하기에 알맞았는데, 그에 따라 주민의 의사와는 관계없이 일본의 만주국 경영목적에 따른 예산의 중점배분이 가능하게 되었다.

그러면 만주국 통치에서 총무청을 중심으로 한 이러한 독재 중앙집권제를 채택하는 안은 어디서 나타났던 것일까? 아마도 이 안은 1932년 1월 15일부터 관동군 통치부 주최로 열린, 신국가의 법제에 관한 자문회의에서 로야마 마사미치(蠟山政道) 도쿄제대 교수에게 시사 받은 것을 마쓰키 다모쓰가 구체적으로 입안한 것이라 추측된다.

로야마는 회의가 끝난 23일 만철 사원클럽의 강연에서 중국 둥베이 지방은 식민적 성격을 완전히 벗어나지 못하고 있고 민중의 정치의식도 낮으므로 그에 적당한 정치 조직이 안출되어야 함을 강조했다. 그리고 구체적으로는 "이곳에 세워져야 할 정치 조직은 아무래도 어떤 형태로든 과두적·독재적이고, 또한 어떤 민족이 다른 민족을 지도하는 그런 정치 조직이어야 한다"라고 말하며 일본 민족의 주도에 의한 과두적·독재적 통치형태를 취할 것을 주장했다. 과두적·독재적이라는 입장에서는 민족 평등의 공민권에 기초한 입헌정체는 당연히 부정되고 "능률적이고 공정한 정부, 부패가 없는 정부를 만드는 일은 공민권보다도 중대한 것"이라고 단정한다.[87] 각 민족의 평등한 공민권을 전제로 하여 국·성·현·정촌의 각 단위에서 공민의회를 개설해 분권적인 자치국가를 건설하자고 주장하던 다치바나 시라키는 로야마의 이러한 논의에 대해 재빨리 비판의 붓을 잡았다. 다치바나는 "독재제는 민주제와 같지 않고 민주제에는 능률이 낮고 효과가 더디다는 결점이 불가피하게 따르겠지만, 그러나 독재제에 반드시 수반되는 무시무시한 파괴작용을 피할 수 있다"라고 하여[88] 일본 민족의 주도성을 부정하고 민주적 정치형태의 채택을 다시 호소했다. 다치바나는 이처럼 "능률이 낮아도 안전성이 높은 민주주의"인가 "능률이 높지만 위험성도 높은 독재주의"인가 하는 선택을 요구했으나, 최소의 통치 비용으로 최대의 성과를 만주국으로부터 얻는 것을 지상 과제로 삼고 있던 관동군 입장에서는 다소의 위험성보다 높은 능률 쪽이 중요했다는 것은 당연할 터이다. 또한 R. 미헬스(Michels)의 '과두제의 철칙(Iron Law of Oligarchy)'*을 인용할 필요도 없이 조직으로서의 기능적 합리화가 추구되는 만큼 그 정점에 있는 기획입안과 중앙집행의 지위가 강화되고 소수자의 손에 실권이 집중되어 가는 경향이 있음은 부정할 수 없다. 그리고 그것은 바로 "소수로써 요소를 장악하는 주의"(《대만몽 방책》)를 채택한 관동군에게도 유리한 것이었다.

그러니까 총무청 중심주의의 채택은 한편으로 행정효율의 추구에 적합하면서 동시에 다른 한편으로 그 실권을 가진 소수자를 통제하기만 하면 만주국 전체의 통치를 간접적으로 유도할 수 있다는 점에서도 관동군에게 가장 좋은 방책으로 보였다. 그리고 구체적으로는 총무장관 주재하에 총무청 차장, 일계의 각부 총무사장이나 차장, 처장 등이 참석하여 열린 정례사무 연락회의(이 회의는 정식명칭이 없이 차장회의, 수요회의로 불렸고, 1941년 이후에는 화요회의 등으로도 불렸다)에서 국무원 회의에 상정할 의안이 심의·결정되었다. 그러니까 관제상 아무런 근거도 없는 이 회의에서 만주국의 정책이 실질적으로 결정되었고, 총무청 중심주의란 결국 일계 관리가 정책결정 권한을 장악하는 시스템에 불과했던 것이다. 이 점에 대해 총무청 주계처장 및 총무청 차장 등을 역임했던 후루미 다다유키는 "만주국의 본질, 특히 일본과의 관계를 생각할 경우 총무청 중심주의는 잘 만들어진 제도라고 하지 않을 수 없다"라고 평가하며, 다음과 같이 말하고 있다.[89]

---

* 어떠한 집단이라도 지배 집단은 극히 소수이고, 나머지의 압도적 다수가 피지배자 집단이라는 사회 법칙. 미헬스는 사회 집단이 집단으로서 행동하려면 기능적 합리성의 요구에 따라 조직을 가지게 되고, 소수지배는 필연적 법칙이 된다고 생각했다. 즉 소수지배를 사회 조직의 내재적·항존적 특질로 본 것이다.

일계 관리로 똘똘 뭉친 총무청을 활용한다면 관동군이 만주국에 직접 간섭·압박하지 않으면서도 반일 정책 또는 행동을 막을 수 있다. 왜냐 하면 만주국의 중요 정책, 법안은 모두 국무원 회의의 심의 결정에 의해, 나아가 참의부의 심의·의견 답신을 거쳐 집정의 재가에 의해 결정 되는데, 총무청은 국법상 국책결정에 대해 아무런 권한을 가지지 않지 만 사전 체크가 가능하기 때문이다.[90]

여기서는 국법상 아무런 권한을 가지지 않은 기관이 국책을 실질 적으로 결정하는 데 대해서 어떤 의문도 품고 있지 않을 뿐만 아니라 그것을 자찬하기까지 하고 있는데, 그들이 중국인에 대해 자랑했을 일 본의 근대적 법치주의가 어떠한 성질을 가지고 있었는지를 무의식적 으로 발설하고 있다. 그러나 법적으로 권한이 없다는 것을 알면서도 총무청 중심주의는 칭송되었고 그에 따라 만주국 통치가 '능률적'으로 수행되어 갔다. 그리하여 총무청은 만주국의 권력핵이 되었던 것이다. 그리고 그 권력핵을 다시 통제하고 있던 것이 관동군이고, 그것을 제 어하는 방법이 내면 지도라 불리는 것이었다.

이러한 내면 지도는 내면 지도권이라고도 하는데, 이것 또한 권리 라고는 하지만 만주국 국법에 근거를 둔 것은 아니었다. 외국 군대인 관동군이 만주국 통치를 지도하는 것은 내정간섭 이외에 아무것도 아 니었다. 다만 관동군으로서는 앞에서 말한 혼조·푸이 협정에서 결정 된 관동군 사령관의 일본인 관리 임면권을 통해 재직 시의 업무 수행 에 대해서도 지도권이 부수된다고 해석하고 있었다. 그러나 원래 적법 성을 문제시하지 않았기 때문에 '내면(內面)' 지도라고 부를 뿐이지, 인사권을 배경으로 한 사실상의 강제력이 그 본질이었다고 보아야 할 것이다. 다만 일본 정부는 관동군이 내면 지도를 통해 일본의 통치 의사를 실현하려는 것을 용인하고 있었는데, 1933년 8월 8일의 각의 결정인 〈만주국 지도 방침 요강〉에서는 "만주국에 대한 지도는 현재 제도의 관동군 사령관 겸 재만(일본) 제국 대사의 내면적 통할하에서 주로 일계 관리를 통해 실질적으로 이를 행사케 한다"라고 규정했다. 또한 이와 더불어 "일계 관리는 만주국 운영의 중핵이어야 하기에 (…) 그 통제에 편리하도록 하기 위해 총무청 중심의 현재 제도를 유지한다"라고 하여[91] 관동군에 의한 내면 지도와 총무청 중심주의를 표리일체의 것으로 중시하고 있었음을 알 수 있다.

그리고 정략·정무를 담당하는 관동군 참모부 제3과(나중에 제4과)가 내면 지도기관으로서 만주국 통치업무를 담당하게 되었다. 정치·행정상의 중요 사항 및 일계 관리의 채용 등의 결정에 관해서는 총무청에서 제3과에 연락하고 그 심사를 거쳐 관동군 참모장 명의로 총무장관에게 "무슨무슨 건 승인함을 명(命)에 의해 통지한다"라고 하는 승낙장 혹은 내락을 얻도록 요구하였다. 이외에 제3과는 관동군 헌병사령부·군정부·고문부를 비롯한 재만 일본 군인의 인사권도 쥐고 있어서 이를 통해 치안숙정공작과 군사정책에 대한 지도도 행하고 있었다. 그야말로 일본의 만주국 경영 전반에 걸친 사령탑으로 기능했던 것이다. 그리하여 만주국에 대한 일본의 국책 수행에 대해서는 "오로지 관동군으로 하여금 이에 임하게 하고, 그 실행은 신국가가 독립국이라는 체면을 유지하도록 될 수 있으면 만주국 명의로 하지만 일계 관리, 특히 총무장관을 통해 이의 실현을 도모한다"라고 하고 있다.[92]

이처럼 만주국 정치를 결정했던 것은, 괴뢰국가·보호국화라는 국제 여론의 비난을 피하기 위해 표면상으로는 현지 중국인의 자주적 발의의 의해 정치적 결정이 이루어지는 형식을 취하면서도 내면적으로는 관동군의 지도하에 일계 관리에 의해 일본의 통치 의사를 어떻게 효율적으로 실현하는가 하는 요청이었다. 일만 정위이건, 일만 비율이건, 총무청 중심주의건, 내면 지도건 모두 국법상의 권한과 사실상의 권한이라는 양면성을 표상하면서도 그 어긋남을 호도하기 위한 미봉책이며 권모술수에 지나지 않았다.

그리하여 이러한 표면과 내면의 괴리라는 모순을 가지고 있으면서 만주국으로 하여금 "영원히 우리 국책에 순응하게 하는" 것, 그것이 일·만 관계의 기조가 되었던 것이다.[93]

제4장

경방의 장책은
항상 일본제국과 협력동심

왕도낙토의 차질과 일만일체화의 도정

 만주국은 피와 공포를 대가로 치르면서도 많은 사람들의 다종다양한 꿈을 요람으로서 키워갈 터였다. 그러나 타산은 꿈을 몰아내고 이해(利害)는 희망을 앗아갔다. 건국이념은 단지 현실을 호도하고 은폐하는 기능을 할 뿐이었다. 사람들은 만주국에 걸었던 꿈이 환상이었음을 싫든 좋든 깨달을 수밖에 없었으며, 그것이 처음부터 자기 수중에 없었다는 것을 호되게 경험하게 되었던 것이다.

 만주국은 이미 건국과 동시에 냉엄한 현실정치라는 격투장(arena) 가운데에서 격렬하게 움직이고 있었다. 국제적인 비난 속에서 독립국가로서의 정통성을 어떻게 주장하고 구체적으로 국가를 어떻게 운영해 갔던가? 그리고 그 과제를 수행하기 위해서 만주국과 일본은 어떤 관계를 만들었고, 그것을 누가 어떻게 담당해 갔던가? 그 실태야말로 만주국이 어떤 국가로 존재했던가를 보여주는 것에 다름 아닐 터이다. 과연 만주국에 관여한 일본인과 중국인들은 어떤 생각을 가지고 어떤 언동을 했던가, 그것은 또한 만주국이라는 복합민족국가의 어떤 특성을 표상하는 것일까?

이 장에서는 만주국에서의 국가와 개인의 관계에 초점을 맞추어 그를 통해 만주국의 정치적 초상이 가진 특징을 그려보겠다. 그리고 그 시도는 바로 일본 근대국가란 어떤 것이며 일본인은 그것을 어떻게 파악하고 어떻게 그것에 관계해 왔는가 하는 질문과도 연관될 것이다. 왜냐하면 이 장 뒷부분에서 명확하게 밝혀지듯이 만주국이란 일본이라는 국가를 투영하는 거울로서 존재하고 만주국의 초상을 본다는 것은 바로 일본 국가의 상을, 어느 면에서는 응축하고 어느 면에서는 확대하여 비추어 보는 것이기 때문이다. 그리고 그것은 동시에 일본이 또 만주국으로부터 반사되는 빛을 통해 자국의 존재를 어떻게 규정해 갔는가도 보여주는 것이다.

그것을 염두에 두면서 키메라로서의 만주국의 변모를 추적하고, 그 최후를 끝까지 지켜보도록 하자.

1. 근화일조(槿花一朝)의 꿈―쫓기는 나날

만주 문제가 일단락지어지자, 어떻게든 그 땅에서 사업을 시도하고자 하는 이른바 수완가, 투기꾼, 모리배 같은 무리들이 서둘러 물밀듯이 몰려갔다. 만몽과는 특수한 관계에 있는 이곳 오사카시에서도 재빨리 상업회의소, 실업단체 등에서 무리를 지어 시찰이라는 명목하에 이권이 될 만한 것이 없는지 찾아보게 되었다.[1]

만주국 건국이 일정에 오르기 시작한 1932년 1월 22일자《규슈일일신문》은 오사카에서의 동태를 전하며 상업의 기회가 만몽의 땅에서 싹트고 있음을 보도하고 있다. 이러한 논조는 이권과 상업기회의 가능성을 시사하는 데 그치지 않고 사업의 확실성을 강조하는 쪽으로 점차 톤이 높아져 여러 신문에서 빈번히 나타나게 되었는데, 그것이 또한 만주국의 출현을 기대하는 여론을 조장하는 상승효과를 낳았다. 그리고 만주국의 출현과 더불어 이 논조는 정점에 도달하였고, 희망의 땅에 대한 열기는 더욱더 높아져 갔다.

만주가 건국되고 다음날인 3월 2일자《오사카아사히신문》은 펑톈에서 온 특별전문으로서 미쓰이(三井)·미쓰비시(三菱)·스미토모(住友)·오쿠라(大倉) 등의 재벌 외에 "절망의 밑바닥에 떨어져 있던 중소 상공업자도 기사회생의 신천지를 찾아 폭풍과 같은 만몽열의 한가운데로 뛰어들어 만몽으로! 만몽으로! 쇄도"하고 있다고 전하고 "우리나라에, 만몽국가의 건설 및 이에 따른 신경제 정세의 발생은 말 그대로 경제적 구세주이고 (…) 신만주국의 건국과 더불어 만몽의 천지에는 빛나는 경제적 여명이 도래하고 있다"라고 말하고 있다.[2] 또한 농촌을 중심으로 17만 부의 발행부수를 자랑하는 잡지《가정의 빛(家の光)》 등에서도 "만몽 이민열, 전국으로 퍼지다"와 같은 기사가 매호마다 넘쳐나게 된다.

만주국 건국이 왜 일본에 경제적 구세주일 수 있는가? 그리고 왜 만몽이 기사회생의 신천지로 여겨졌는가? 물론 그것은 확고한 근거가 있는 전망은 아니었다. 그것은 단순한 희망적 관측에 불과했다. 어쩌면 그런 지나친 기대를 토로한 것은, 세계공황에 휩싸이고 냉해·홍작에 내몰려 밑바닥으로 떨어진 일본경제가 처한 막다른 길을 돌파할 마지막 탈출구를 만주국에서 구할 수밖에 없었다는 사실을 반영한 것이기도 했다. 1931년, 궁핍한 농촌에서는 돈을 받고 딸을 파는 일이 속출하여 '딸지옥'이라 불리는 사태가 출현했고, 노동쟁의 건수는 1945년 이전 기간을 통틀어 최고조에 달했으며, 도쿄제국대학 법학부 졸업생의 취업률은 겨우 26%로 최저를 기록했다. 나아가 내무성 사회국 발표에 따르면, 1932년 1월의 전국 실업자 수는 48만 5885명에 달했다. 각지에서 쌀을 요구하는 데모가 빈발했고, 7월 문부성은 농어촌 결식 아동이 20만 명을 넘어섰다고 공표했다. 나아가 생활고로 부모자식의 동반 자살이 잇달았고, 1900년 사인(死因)통계조사 개시 이래 자살 사망률이 가장 높았던 것도 이 해였다. 이러한 사회·경제 상황에 대한 절망감과 폐색감이 이면에서는 만주국에 대한 희망이 되었고, 그것이 '만몽으로! 만주국으로!'라는 만몽열, 만주국 붐을 비등시켜 갔던 것이다.

그리하여 일본 국내에서 만주국에 대한 기대가 이상하리만치 높아지고 있던 1932년 8월, 야나이하라 다다오는 "일본에서조차 이렇게까지 만주 문제에 대해 흥분하고 있는데 만주 현지에서는 어떤 열광적 기운이 넘쳐나고 있을까 하는 기대를 가지고" 만주국으로 건너갔다.[3] 그러나 야나이하라를 기다리고 있었던 것은 의외로, 끓어오르는 흥분이 아니라 일본보다도 훨씬 가라앉은 고요였다고 한다. 왜 그런가? 야나이하라는 견문의 결과로, "결국 일본은 '기대' 때문에 여전히 흥분하고 있지만 만주는 '현실' 때문에 상당히 정신을 차린 모양이다"라는 판단을 내리고 있다.[4] 그러나 도대체 만주는 어떠한 '현실' 때문에 정신을 차린 것일까? 그 이유로는, 과대하게 선전된 만몽의 자원과 이권에 대해 "일만 경제블록이건, 산업의 개발, 철도 신선(新線)의 부설이건, 이민 문제건, 그 지도정신이 국방상·군사상의 견지를 가미함이 현저한" 상황이 생겨났는데,[5] 그 때문에 건국 이전과 비교하면 오히려 일본인의 활동이 크게 제약되었다는 점을 들 수 있다. 이러한 사태는 관동군이 만주국을 건국한 의도를 생각하면 오히려 당연한 귀결이다. 그러나 만주국의 일본인들이 건국 후 반년 남짓 지나서 기묘한 고요함 가운데로 되돌아오고 있었던 다른 원인으로서는 1931년 9월 18일에 일어난 류타오후 사건 이래 열에 들뜬 듯 말하고 꿈으로 그려왔던 신국가의 상이 건국 이후 하루하루 그 '현실'적 모습을 드러냄에 따라 급속하게 열기가 식어간 것을 들 수 있다.

일본인 관리 가운데는 건국 당시에는 왕도주의를 기조로 하여 일종의 이상을 품고 신기축을 가진 국가를 건설하려는 운동이 있었다. 그러나 이상주의의 지지자인 다이유호카이 계열의 관리는 지난 5월의 …… (다섯 글자 삭제. '5·15사건'인 듯—인용자)에 의해 실각했다. 이상주의자는 지금은 은둔자이다. 그리고 제국주의 시대임을 보여주는 과정이 법칙대로 진행되고 있다. 그것을 보는 것은 근세 식민정책의 과학적 연구자인 나의 학문적 만족이었다.[6]

도쿄제국대학 식민정책학 교수였던 야나이하라 다다오가 통찰했던 것처럼 세계정치에서의 모범과 신기축을 표방한 만주국에서도 "제국주의 시대임을 보여주는 과정이 법칙대로 진행되고 있었던" 것이다. 아무리 고매한 이상을 내걸어도 식민지는 식민지로서의 법칙에 따라 수탈의 대상으로밖에 취급되지 않는다는 것이 그의 식민정책의 과학적 연구가 가르쳐주는 현실이고, 만주국도 그 법칙의 예외가 될 수 없었다고 야나이하라는 보고 있었던 것이다. 그러면 야나이하라는 그것의 확인을 "나의 학문적 만족"이라 표현했던 것일까. 그렇지는 않을 것이다. 야나이하라는 일찍부터 만주 문제를 일본 제국주의와 중국 국민주의의 충돌로 파악하고 만주국은 그 충돌에서 생겨난 산물이라고 보아, 만주국을 동북 민중의 자주적 발의에 의한 것이라고 보는 견해를 강하게 부정하고 있었다. 그리고 만주국 건국에 대해서도 "일본의 대(對)지나 정책의 근저는 지나의 근대 통일국가화를 도와주는 데 있어야 한다"라고 단언하며 "화근은 각 국민 사이에 악의를 퍼뜨리는 혼령이다"라는 경구를 적어 두었다.[7] 야나이하라의 관점에서 보면 아무리 아름답고 높은 이상을 구가하더라도 만주국 건국은 중국의 통일은 커녕 분열을 촉진하여 일·중 사이의 이반을 격화시키는 것에 지나지 않았다. 동북군벌과 국민정부를 공격함으로써 자국의 정당성을 강조하는 '오족협화', '왕도낙토' 등의 건국이념은 아무리 아름답게 들리더라도 각 국민 사이에 악의를 퍼뜨리는 것에 지나지 않았던 것이다. 그에게는 '이상주의자'야말로 실은 화근이 되는 혼령으로 보였을지도 모른다. 그리고 아무리 환상을 퍼뜨려 보아도 제국주의의 냉엄한 현실에 의해 그것들은 모두 사라져버릴 것이고, 국민의 윤리감각을 착란시키지 않기 위해서도 사라져야 한다는 것이, '학문적 만족'이라는 표현에 담긴 고통스런 함의가 아니었을까.

　그 해석이 맞는지 여부는 놔두고, 야나이하라의 눈앞에는, 건국으로부터 겨우 150일 남짓 지났음에도, 왕도주의를 기조로 하여 신기축을 가진 신국가를 건설하려 했던 운동이 크게 후퇴하고 "이상주의자는 은둔자"로 비치는 정경이 출현하고 있었다. 야나이하라의 그러한 관찰이 옳다고 한다면 도대체 그동안 어떤 사태가 진행되고 있었던 것일까?

1931년 11월 본부 요원 23명으로 출발한 자치지도부는 군벌일소, 현민자치에 의한 선정주의를 내걸고 각 현에 들어가 현(縣) 단위의 건국 공작에 크게 기여했는데, 건국 후인 1932년 3월 15일 그 임무를 마쳤다고 하여 폐지되었다. 해산할 때의 지도부원 수는 234명에 달했고 그 수로 보면 신정부 내부에서 일계 관리의 일대 세력으로 군림할 수 있었을 것이다. 그러나 건국이라는 목표하에 일치단결하여 운동하고 있는 동안에는 드러나지 않았던 다이유호카이 계열과 만주청년연맹 계열 사이의 불화가, 아이러니하게도 "동심협력하여 과거 일체의 악풍을 버리고 이상경의 건설에 용왕매진하자"라고 외치던,[8] 건국을 목전에 둔 시기에 표면화되었던 것이다. 그리고 그 대립은 신정부의 인사 전형을 어떻게 하고 자치지도부의 임무를 어떠한 형태로 이어갈 것인가를 둘러싸고 결정적인 균열을 낳게 되었다. 자치지도부원 대다수는 전쟁의 포연이 피어오르는 지방에 뛰어들어 몸을 바쳐 무급으로 건국운동을 추진하고 있었던 만큼, 당연히 신정부 내에 일계 관리로 등용될 것이라는 기대를 가지고 있었다. 그러나 정작 발표된 인사에서는 대학 졸업자가 많은 다이유호카이 계열의 부원은 다수 채용되었지만 만주청년연맹 계열은 가나이 쇼지 등이 펑톈성 정부에 채용된 것 말고는 중앙정부에는 거의 채용되지 않고 내팽개쳐진 형국이 되었다. 이런 인사 전형은 신정부의 조직·관제를 기초한 마쓰키 다모쓰 등이 작성한 인사 리스트를 토대로, 관동군 참모 와치 다카지(和知鷹二)와 다이유호카이의 가사기 요시아키가 담당했고, 이에 아마카스 마사히코(甘粕正彦)와 다이유호카이의 나카노 고이쓰가 가세해 진행되었다. 가사기는 만철 다롄본사 인사과의 인사계장을 역임한 적도 있어 만철로부터 신국가에 인재를 들여보내는 교섭에서는 순조롭게 일을 처리했던 반면에, 자신의 신앙과 정치신조를 토대로 살신봉공·보살도를 실천하는 '홍아이상의 실천자'라는 기준으로 인재를 걸러냈기 때문에 만주청년연맹 계열 대다수가 선발에서 누락되는 결과가 되어 불만과 반발을 초래하게 되었다. 그러나 원래 만주에 거주하는 다양한 직업을 가진 사람들로 구성된 집단이었던 만주청년연맹은 신국가의 관리가 되는 사람, 관동군 특무부에 남는 사람, 원래의 직업으로 복귀하는 사람, 그리고 임관되지 않은 채 재야에서 운동을 계속하려는 사람으로 갈라져 통일행동을 취하지 않았기 때문에 건국이 되자 사실상 해산하지 않을 수 없게 되었다(해산식은 1932년 10월 2일).

이처럼 '민족협화'라는 슬로건을 내걸고 만주국 건국운동에 참여했던 만주청년연맹 사람들 대다수는 만주국 경영에 참가하지 못하여 큰 실망과 울분을 품고 만주국 정치의 무대로부터 사라져 갔다.

이에 비해 가사기 등의 다이유호카이 계열 사람들은 정부에 새로 설치된 자정국(資政局)에 자리를 잡고 만주국 정부 내에서 큰 세력을 가지게 되었다. 그러나 자정국도 또한 태어난 지 거의 4개월 만에 해산되어 다이유호카이 계열 사람들은 만주청년연맹 사람들 이상의 울분과 원한을 품고 정부로부터 쫓겨나게 되었다. 그러면 왜 자정국은 태어났고 그리고 곧 폐지되는 운명에 빠졌던 것일까?

만주국 건국을 맞아 '왕도사회 창조의 모태'라고까지 불렀던 자치지도부의 폐지와 더불어 그때까지 자치지도부가 담당하고 있던 건국정신의 침투, 자치사상의 보급, 시정의 창달 등의 기능을 어떤 기관에서 어떻게 계승할 것인가가 당연히 문제가 되었다. 가사기는 건국이상의 현현, 도의정치 추진의 지도기관으로 정부 내에 국무원과 나란히 집정 직속의 자정원을 두어 현(縣) 자치지도원 등의 인사를 장악하고, 건국이상을 선양하기 위해 홍법처(원래 홍보처弘報處라고 해야 하지만 불교적 신조로 인해, 더욱 높은 차원에서 법=진리를 전도하는 사명을 띤다고 하여 홍법처弘法處가 되었다), 연구부, 훈련소를 두자고 제언했다. 이에 대해 정부조직법 입안을 담당하고 있던 마쓰키 다모쓰 등은 국정운용의 이원화를 초래할 우려가 있는, 국무원과 병행하는 자정원 설치안에 반대하여 지방행정의 지도감독은 내무행정의 주관관청인 민정부의 업무로 할 것을 주장하며 양보하지 않았다. 결국 관동군의 조정에 의해 국무총리의 직할기관으로 자정국을 두기로 결정하였고, 홍법처에서 ① 건국정신의 선전, ② 민력 함양, 민심 선도, ③ 자치사상의 보급을 관장하게 되었다. 또한 연구소와 훈련소(자치 훈련소를 개조. 주임은 구치다 야스노부口田康信)를 부설하여 사실상 자치지도부의 주요 업무를 계승했다. 다만 지방행정, 지방인사에 관해서는 민정부 지방사의 소관으로 정했다.

이처럼 집정 직속의 자정원 설치안은 실현되지 못했으나 자정국에 들어간 다이유호카이 계열의 현 자치지도원들은 "자치지도는 하늘의 명을 받아 행하는 신성한 것이어서 일개 총무장관 같은 자의 명령에 따를 수는 없다"라는 자긍심을 가지고[9] 가사기 밑에서 국무원에 대항하는 자세를 보였다. 이것은 총무장관 고마이 도쿠조와 가사기의 충돌로 표면화되었다. 고마이에 의하면 "자정국은 지방 각 현에서 종래 자치지도원으로 활동하던 자들을 펑텐 및 신징에 규합하여 현 참사회라는 것을 조직하고 그것을 직접 집정과 연결하려는 계획을 가지고 있었다. (…) 이것은 한 국가 내에 두 정부를 조직하려는 계획이고 한편으로 말하면 집정의 위엄을 표면에 내세워 현재의 정부에 대해 칼을 겨누려는 일종의 반역 행위"로 비치는 행동이라고 해석했다.[10] 또한 가사기 등은 "홍아의 지사에게 육법전서는 필요 없다"라고 하며 법삼장(法三章)*의 왕도주의를 통해 이상국가를 현현함을 목표로 삼고 있었기 때문에 근대적 법치국가의 형성을 서두르는 정부 중추부와 마쓰키 다모쓰 등의 법제국 그룹과의 대립이 격화되었다. 나아가 가사기 등은 지방자치, 지방분권을 이상으로 삼았기에, 민정부가 추진하는 중앙집권적인 지방제도의 정비에 반대하였고, 현 자치지도원 대다수는 주관관청인 민정부를 무시하는 태도로 나왔기 때문에 가사기와 다이유호카이의 맹우인 민정부 총무사장 나카노 고이쓰와의 관계도 소원해졌다. 게다가 5·15사건**의 용의자로 만주국에 잠행한 다치바나 고

---

* 한(漢) 고조가 진(秦)의 번잡하고 가혹한 법을 폐지하고 살인·상해·절도만을 벌하는 법을 만들었다는 데서 유래한 고사성어. 법률을 간소하게 하는 것을 의미한다.

** 1932년 5월 15일 일본에서 일어난 해군 급진파 청년 장교를 중심으로 한 쿠데타 사건. 이노우에 닛쇼(井上日召) 등과 관계가 있던 해군 장교들이 오카와 슈메이로부터 자금 원조를 받아 육군사관학교 생도와 협력하여 수상 관저, 내대신 관저, 세이유카이(政友會) 본부, 일본은행, 경시청 등을 습격하고 이누카이 수상을 사살했다. 한편 아이쿄주쿠(愛鄕塾) 생도로 구성된 농민결사대도 도쿄 근교의 변전소를 파괴하고 혼란한 틈을 타

자부로(橘孝三郎)*를 다이유호카이 계열 사람들이 비호한 사건이 발각되었고 또한 자정국 훈련생 모집을 혼조 관동군 사령관 및 고마이 총무장관과 상의하지 않고 무단으로 시행하였으며, 그 시험관 가운데 5·15사건에 관계한 오카와 슈메이가 들어가 있었다는 것 등이 겹쳐, 자정국을 둘러싼 분규의 수습이 건국 직후의 만주국에 있어 중대한 정치 과제가 되었다.

사태가 이 지경에 이르자 관동군은 총무청 중심주의에 의한 내면지도를 굳건히 하면서 고마이 총무장관하에서 일계 관리의 결속을 도모하는 것이 타당하다고 판단하여 자정국 폐지를 단행하였다. 그리하여 7월에 가사기 이하 32명의 자정국원, 현 자치지도원의 면직과 자정국의 해산이 선고되었고, 새로 현(縣) 관제가 공포되어 현 자치지도원은 현 참사관으로 바뀌었다. 이러한 경위로 자치지도부의 도통을 잇는다고 자부했던 자정국도 겨우 4개월 만에 사라졌던 것이다. 만몽의 땅에 묻히겠다는 각오를 가진 인재들을 결집하여 만주국에서부터 흥아의 큰 파도를 일으키려는 의기를 가진 가사기 등 다이유호카이 계열 사람들도 정부로부터 쫓겨났다. 야나이하라 다다오가 관찰했던 것처럼, 확실히 "왕도주의를 기조로 한 이상주의자는 실각하여 지금은 은둔자"라는 상황이 생겨났던 것이다.

서 오카와 슈메이 등에 의한 개조 정권의 수립을 기도했으나 실패했다. 일본 파시즘이 대두하는 계기가 되었다.

* 1893~1974. 국가주의 운동가. 이바라키현 출신. 농본주의를 주장하며 1929년 미토시 교외에 아이쿄카이(愛鄕會), 1931년에 아이쿄주쿠를 창립하여 청년들을 지도하였고, 학생들을 이끌고 5·15사건에 가담하였다가 체포되었다. 1940년 감형되어 출옥했다. 저서에《농본유신론》등이 있다.

자정국을 둘러싼 문제에 대해서는, 그것을 신생 만주국이 직면한 국가 형성의 기본 방침의 대립, 즉 관치주의와 자치주의, 법치주의와 왕도주의, 중앙집권주의와 지방분권주의의 대립으로 파악하는 시각도 있어 왔다. 그러나 과연 가사기 등이 주장했던 것처럼, 그것을 제국주의·권익주의에 의한 만주국 지배에 대항해, 만몽 3천만 민중의 행복을 위해, 자치주의·연대주의·이상주의에 기초한 낙토건설을 위해 저항한 것이었다고 보는 것은 정당할까. 아마도 아니라고 해야 할 것이다. 그렇게 말하는 것은, 그들이 주장하는 자치나 분권이나 이상은 누구에 의한 자치이고 누구를 위한 분권이며 누구의 이상이었던가와 관련되는데, 그들이 '목민관'을 자처했다는 사실 하나만을 가지고도 그 의미는 분명할 터이다. 자치주의라고 하건 왕도주의라고 하건, 그것은 어디까지나 관동군 및 일본에 의한 만주국 통치를 다른 면에서 지탱하고 추진하는 것에 지나지 않았다. 다치바나 시라키는 가사기 등의 운동에 대해 "대중은, 봉건정신과 동양정신을 혼동하는 이론이나 종교개혁과 민중협화를 혼효한 '관념의 유희'에 흥미를 느낄 수 있을 정도로 한가롭지도 행복하지도 않다는 것을 명심해야 한다"라고 예리한 비판을 가했는데,[11] 그것은 정말 정곡을 찌르는 것이었다.

그러나 사람은 오히려 행복하기 않기 때문에 거꾸로 꿈을 동경하고 이데올로기나 '관념의 유희'에 굳이 몸을 맡기려 하는지도 모른다. 만주국의 건설이야말로 더러움으로 가득 찬 세계에 왕도낙토라는 이상사회의 모범을 제시하기 위한 영광스러운 실천이라는 꿈은 그 후에도 커다란 흡인력을 가지고 일본 청년들을 바다 건너로 끌어 모았다는 것을 역시 사실로서 인정하지 않을 수 없다. 자정국 해산에 따라 그 훈

런소가 대동학원으로 개조되었는데, 그 후로는 이곳이 자치지도부의 도통을 계승한다고 주장하였다. '이상주의의 꿈'의 온상이 된 대동학원에서는 만주국 해체까지 19기에 걸쳐 약 4천 명에 이르는 졸업생이 배출되었다. 그들은 대동학원의 모토가 된 '무아지순(無我至純)', '정신부난(挺身赴難)'을 신조로 하여 '오족협화', '왕도낙토' 건설을 위해 극한벽원의 땅으로 흩어져 들어갔는데, 반만항일군과 총격전을 벌이며 대지를 피로 물들이는 일도 적지 않았다.

그리하여 꿈을 위해 목숨을 바친 일본인과 그 꿈 때문에 고향을 빼앗기고 집을 빼앗기고 육친을 빼앗기고 목숨마저 빼앗긴 중국인들의 존재를 아는지 모르는지, 일본 국내에서는 다음과 같은 글이 죄업(罪業)을 아름다운 꿈으로 미화하듯 끊임없이 배양되어 갔다.

어떤 정치적 오탁에도 물들지 않고 더욱 솔직한 이 새로운 세계관의 표현에 감동받았다. (…) 사실이 어떤지 알지 못하나, 그처럼 명백하게 만주국은 전진했다. 즉 '만주국'은 지금 이미 프랑스 공화국, 소비에트 연방 이후 최초로 그와는 다른 의미에서 새롭고 과감한 문명이상과 그 세계관의 표현이다.[12]

"사실이 어떤지 알지 못하나"라고 하면서도 만주국을 "다른 의미에서 새롭고 과감한 문명이상과 그 세계관의 표현이다"라고 단언하는 이 무서운 레토릭.

실로 화근이 되는 것은 젊은이들에게 환몽을 퍼뜨리는 언령이다.

2. 왕도주의의 퇴각 — 얼어붙은 건국이념

그런데 이처럼 건국운동의 중요한 민간 측 담당자였던 자치지도부 사람들이 모두 자기 의지와는 반대로 차츰차츰 중앙정부로부터 멀어지고 만주국에서 쫓겨나는 사태가 진행되어 가는 가운데, 소기의 목적을 순조롭게 달성한 관동군 참모들은 자기 세상을 구가하고 있었을까.

물론 중앙 성부(省部)와 외무성 등의 강한 반대에 직면해 있던 단계에서는 "재만 군인 유지는 일시 일본의 국적을 이탈하여 목적달성에 돌진한다"라는 공동의 목적으로[13] 연결되어 있었다. 그러나 주요 작전이 거의 종료되고 신국가에 어떻게 참여할 것인가, 신국가에 대해 무엇을 요구할 것인지가 과제가 되자 관동군 막료들의 결속에도 또한 틈이 생기기 시작했다. 개별적 입장차이 때문에 불협화음이 생겼고 그것은 상호불신이 되어 드러났다. 가타쿠라 다다시에 의하면 건국 직후 이미 막료들 사이에서는 "사사건건 갑론을박하는" 상황이 되었고[14] 특히 "정책 통치를 주임무로 하는 총무과*에 대해, 다른 과원들은 이에 참여할 수 없고 너무나 말단적인 일에만 종사한다는 오해로 인해 불만을 품"기에 이르렀다고[15] 한다. 만주국 통치에 열의를 가진 막료와, 정략에 가담하는 것은 떳떳하지 못한 행동이라고 생각하는 막료 사이의 균열이 깊어져 갔다. 이러한 분위기 속에서 실행의 이타가키, 지략의 이시하라라고 나란히 불리던, 그토록 대단한 콤비 사이에서도 신국가 건국이념에 대한 이시하라의 집념이 강해짐에 따라 거리가 생겨나,

---

* 만주국 국무원 총무과를 말하는 것으로, 나중에 총무청이 된다.

"이시하라 참모는 인사 및 그 외의 정책에 관여하지 못하고 이타가키 참모의 처치에 만족할 수 없었기에 불만을 터뜨리"게 되었다.[16] 더욱이 "신국가에 대한 여러 막료의 대책이 일관되지 않는데, 이시하라 참모는 성격상 특히 변화가 많다. 이타가키 참모는 가장 인내심이 강하다"라는 평가로 보면,[17] 관동군의 건국목적에서 일탈하여 '오족협화', '왕도낙토' 건설로 돌진해 가는 이시하라에 대해 다른 참모들이 불신과 불만을 가지고 있었음을 엿볼 수 있다.

그리고 사실 만주국 및 그 통치 방식을 둘러싼 이시하라의 생각은 아주 진폭이 큰 것이었다. 1931년 12월 2일의 "중앙정부를 완전히 일본에 위탁해야 한다"라는 주장은,[18] 1932년 1월 25일에는 "일본인과 지나인은 완전히 평등한 지위를 가지도록 해야 한다"로[19] 백팔십도 전환을 보이고 있다. 다만 이때는 아직 행정 능력으로 보아 "고급관리에는 상당히 많은 일본인을 채용하고 하급에 이를수록 지나인 관리가 증가하는 것은 자연스럽다"라고 하여[20] 일본인의 주도성을 인정하고 있다. 그러나 4월 22일 문서에서는 "신국가의 정치는 재만 각 민족의 공평한 참여에 의해 공명하게 행한다. (…) 각 민족은 완전히 평등한 사회적·경제적 계획을 운영할" 것을 오바타 도시로(小畑敏四郞) 참모본부 제3부장에게 진언하는 등, 완전한 민족평등에 의한 통치 방침으로 전환했다. 이 방침이, 만몽에서의 일본의 국책 수행을 일계의 참의와 관리에 대한 군사령부의 내면 지도를 통해 행하고자 하는 관동군의 합의를 부정하는 것이었음은 말할 것도 없다. 그뿐만 아니라 그것은 만주국 건국에서 관동군이 당연한 전제로 삼았던 "문호 개방, 기회균등주의를 표방하면서도 원칙적으로 일본 및 일본인의 이익을 도모함을 가장 큰 의의로 한다"라는 것에도²¹ 반하는 것이었다.

이시하라의 이러한 변모는 다른 참모들에게, 국제 여론 및 일본 국내의 반대를 무릅쓰고 만주국을 건국시킨 의의를 소멸시켜버리는 폭론으로 여겨졌으리라는 것은 상상하기 어렵지 않다. "도대체 무엇을 위해 위험을 무릅쓰고 큰 희생을 치렀는가?" 이러한 참모들의 반발과 의심을 무시하며 이시하라의 주장은 더욱더 수위를 높여갔다. 6월에 들어서면 이시하라는 독자적인 만주국 통치방침을 내세우며 관동군에 의한 정책 지도를 방기할 구상을 주장하기 시작했다. 이시하라는 다른 참모들로부터 점점 유리되어 갔고, 양측의 불협화음은 점점 심해져 갔다. 그리고 관동군을 대신해 새롭게 만주국의 최고 정책 결정을 담당하는 기관으로 이시하라가 상정한 것은 만주국협화회였다. 이시하라는 만주국 통치의 현실과 장래에 대한 구상을, 이소가이 렌스케(磯谷廉介) 육군 보임과장에게 보낸 문서에서 다음과 같이 적고 있다.

지금은 군사령관이 주권자로서 최고 정책을 결정한다. (…) 군사령관이 결정하는 최고 정책은 창춘 정부로 하여금 실행하게 한다. 즉 국무총리·총무장관은 군사령관의 정무총감이다. (…) 그러나 영구히 군사령관을 만주국의 주권자로 둘 수는 없기 때문에 될 수 있는 한 빨리 그 후계자를 양성해야 한다. 그러면 그 후계자는 전제군주인 푸이인가? 그렇지 않다. 아니면 자유주의에 의한 민중의 대표기관인 입법의회인가? 그렇지 않다. 통제주의에 따르는 민중의 대표기관인 어떤 정치적 단체여야 한다고 나는 단언하지 않을 수 없다. 만주국협화회는 실로 이 목적을 위해 설립된 것이다. 견실하고 순조로운 발전에 의해 그 모임이 3천만 대중의 지지를 획득할 수 있게 되어서야 비로소 군사령관에게서 주권을 넘겨받아 그 모임이 입안·기획하는 최고 정책을 정부가 실행하게 된다.[22]

여기에는 정부조직법상 "집정은 만주국을 통치한다"고 규정되어 있음에도 불구하고 타국 군대 사령관이 주권자로 군림하고 있는 만주국 통치의 실태가 자명한 것으로 이야기되고 있다. 관제와 사실상의 권력 사이의 이러한 어긋남이야말로 괴뢰국가의 본질을 잘 보여준다는 것은 말할 것도 없을 것이다. 그러나 이시하라는 그것에 대해서는 조금도 의문을 가지고 있지 않다. 어떤 의미에서는 현실주의적인 그러한 인식이, 푸이와 입법원에 기대를 품지 않고 곧장 일당독재형의 정치시스템을 지향하게 한 것이다.

그러면 여기서 장래 만주국 정책 결정의 핵으로 상정되어 있는 만주국협화회란 어떤 정치 조직이었는지 살펴보자.

만주국협화회는, 만주국 건국 후 자치지도부의 계승 형태를 모색하고 있던 만주청년연맹의 야마구치 주지와 오자와 가이사쿠 등이 위징위안·롼전둬(阮振鐸) 등과 함께 결성한 만주협화당에 그 연원이 있다. 이시하라는 와치 참모와 가사기 등이 신국가의 인사를 독점적으로 결정하는 것을 혐오하고 있었고, 가사기도 이시하라를 군전략 제일주의의 군벌로 비난하여, 양자 간의 대립은 깊어 갔다. 그러한 다툼은 저절로 가사기 등의 다이유호카이를 엽관(獵官)운동 단체로 지탄하고 있던 야마구치 및 오자와 등과 이시하라를 가깝게 만들었다. 이시하라는, 민간운동을 통해 건국이념의 침투를 도모하려는 야마구치 등의 만주협화당을 지원함으로써 관동군 막료에게는 받아들여질 리 없는 만주국 통치 구조의 개혁을 실현하려 했던 것이다.

야마구치 등은 만주국 건국의 본질을 3천만 민중의 민주혁명이라고 파악했다. 그러한 인식 자체가 이미 문제적임은 말할 것도 없다. 그러나 어쨌건 그들은 만주국 건국이 민주혁명이면서도 그것이 관동군의 지도원조에 의한 변칙적인 혁명이었기 때문에 혁명에 필요한 두 가지 요소, 그러니까 "지도원리와 의식통일"이[23] 결여되어 있다는 인식을 가지고 있었다. 그리고 변칙적 혁명에 결여된 지도원리로서 '민족협화'를 들고 이를 통해 재만 3천만 민중의 의식통일을 도모할 것을 만주협화당의 목적으로 정했다. 1932년 3월 중순에 기초된 선언서에서는 "치안 유지에 전념하고 민생의 복리증진을 도모함은 물론, 종래의 민족적 편견을 버리고 현주(現住) 민족의 대동단결을 꾀하며 일치협력으로써 민중정치의 실현과 경제기구의 개변에 매진한다"고 하였고,[24] 그에 따라 "자본주의의 중압"과 "공산주의의 착란"에 우롱당하지 않는 사회를 실현하는 것을 운동 목표로 내세웠다. 이러한 만주협화당 구상을 지지하는 가운데 이시하라는 "일국일당 원칙을 취하지 않으면 기초가 박약한 만주국에서는 여러 당이 난립하여 민족투쟁에 빠질 우려가 있다"라고 하여[25] 일당독재체제를 제안했다. 또한 "소련의 공산당도, 중국의 국민당도 당비는 국고에서 받아 쓰고 있다. 이것은 근대정당의 통칙이다"라는, 이시하라의 브레인 미야자키 마사요시(宮崎正義)의 의견을 받아들여 당비는 국고에서 지급하는 안을 만들고, 이것을 특별법으로 제정하는 교령안을 기초했다. 이미 여러 번 언급했듯이 중국국민당의 일당전제와 '적비의 침략', '공산주의의 착란'을 비난하고 이를 배척하는 것을 목적으로 내걸면서도 실상은 기구와 운영 형태를, 대항하는 적에게서 모범을 취한다는 만주국의 법과 정치상의 특징적 사태가 여기서도 일어나고 있었다.

어쨌든 만주협화당에 관한 이러한 교령안은 4월 15일 일단 국무원 회의에서 의결되었으나 집정의 재가는 내려지지 않았는데, 이것과는 별도로 가타쿠라 다다시에 의해 "국가권력의 보호를 받는 당부(黨部)의 조직"으로서[26] '입헌왕도회'를 결성하는 구상이 제출되어, 양자를 조정한 형태로 만주협화당은 만주협화회로 명칭을 변경하여 7월 25일 국무원에서 발회식이 거행되었다. 일시적으로 보류되었던 협화당 문제가 갑자기 진전을 보게 된 배경에는, 그와 비슷한 조직목적을 가지고 있어서 둘 사이의 관계가 문제시되던 자정국이 7월 5일에 폐지됨에 따라 건국정신의 보급을 담당할 국민교화단체가 필요하게 되었다는 사정도 있었다.

만주국협화회는 창립선언에서 자본주의, 공산주의, 삼민주의를 배격함을 강조하고 "건국정신을 준수하며 왕도를 주의로 하고 민족협화를 이념으로 하여, 국가의 기초를 강고히 하고, 왕도정치를 선화(宣化)한다"라고 발표했다.[27] 이 선언만을 보는 한, 만주국협화회는 야마구치 등이 당초 기획하고 있던, 민족협화를 지도원리로 하여 지본주의와 공산주의를 부정하고 만주국의 이데올로기 통합을 도모하는 사상교화 조직이긴 했다. 그러나 그 임원으로는 명예총재에 푸이, 명예고문에 혼조 관동군 사령관, 회장에 정샤오쉬 국무총리, 명예이사에 하시모토 도라노스케 참모장, 고마이 도쿠조 총무장관, 이타가키 참모 등이 이름을 올렸으며 경비도 국고 보조금이 충당되는 등 관동군과 만주국 정부의 공인하에 결성된 상의하달식 관제기관으로서의 색채가 전면에 드러나 있었던 것은 부정할 수 없다. 그러한 한, 관동군의 지도원조에 의지했기 때문에 만주국 건국이 변칙적인 민주혁명이 되었다는 반성에서 출발하여 관동군과는 선을 긋고자 한 만주협화당의 결성취지는 완전히 사라져버렸고, 재야에서 재만 3천만 민중의 의식통일을 도모한다던 초심도 사라져버렸다. 어쨌든 만주청년연맹에 의해 제기된 '민족협화'라는 슬로건은, 만주청년연맹이 해체된 후에도 만주국협화회의 활동이념으로 이어지게 되었다. 그러나 협화회를 만주국 통치 속에 어떻게 위치짓고 어떻게 활동시켜 가는가에 대해서 관동군, 이시하라, 만주국 정부, 그리고 야마구치·오자와 등의 민간 참가자 사이에 합의가 존재하고 있었던 것은 아니다. 그 때문에 결국 협화회운동을 둘러싸고 관동군과 정부, 그리고 야마구치 그룹 사이에 분란이 생기게 되었다.

그런데 이시하라가 만주국협화회를 장래의 주권자로 설정한 것은, "3천만 대중을 장악하여 만주국을 이상적 낙토로 만들고, 진정한 일만협화, 일지친선의 열매를 거둔다. 이에 의해서만 우리 일본 민족은 동아의 왕자로서 백인종에 대해 최후의 결승전을 시도할 수 있다"라고 했던 것처럼,[28] 이시하라의 숙원인 세계 최종전에서 승리하기 위해 그것이 필수적이었기 때문이다. 협화회도 또한 그 한계 내에서 만주국을 이상의 낙토로 하고 일만협화와 일지친선을 희구하는 것이었지 그 자체가 자기 목적화되어 있었던 것은 결코 아니었다. 그 때문에 이시하라를, 왕도낙토와 민족협화의 실현을 추구한 이상주의자로 규정한 야마구치 주지 등의 평가에는 의문이 든다. 이시하라는 그 정도로 바닥

이 얕은 군사 전략가가 아니었고, 자신이 만들어낸 허구에 빠져 자신의 숙원을 잊어버릴 정도로 느슨하지도 않았다. "만주국을 이상적 낙토로 만들어 일만협화와 일지친선을 도모한다"라는 주장이 담겨 있는 똑같은 문서에, 만주국 경영에 관해 다음과 같은 조건이 달려 있었던 것으로도 이를 충분히 짐작할 수 있다.

① 만약 우리들이 민중의 지지를 얻을 전망이 충분히 있다면 지나 요인(栗人)의 방해가 있더라도 단연히 이를 우리 영토로 삼는다.
② 만약 지나 민중의 지지를 얻기가 힘들 때는 우리들 스스로 그 능력이 없다고 인정하고 만몽에서 퇴거하거나, 아니면 탄압에 기대어 그들을 착취한다.[29]

이상주의로 보이는 이시하라의 담론도 실은 이러한 최후의 방책을 감춘, 냉철하고 현실적인 만주국 통치기술의 일환으로 표명되어 있음에 지나지 않는다. 그리고 이시하라는 물론이고 혼조·이타가키 등도 만주국 통치 자체가 그들의 최종적인 달성 목표라고는 생각하지 않았다. 자신의 의견을 쉽게 드러내지 않았던 혼조조차도 "일본의 개조를 만주로부터 이끌어내고 싶다"라고 단언하고 있는 것처럼[30] 국내 개조의 책원지로서 만주국은 존재 의의를 가지고 있었던 것이다. 그러나 만주국 건국까지는 관동군이 일본의 성부와 일본 정부를 리드했던 것은 사실이지만, 건국 이후 그 위상은 급격하게 변화되었다. 이미 5·15사건을 계기로 정당 내각이 붕괴되었고 거국일치 내각의 성립과 함께 군부는 관료, 정당과 나란히 통치 주체로서 일본 정부의 전면에 나섰다.

그러한 육군 중앙에, 만주사변 과정에서 양성된 하극상의 풍기를 쇄신하고 "중앙은 파견기관이 처단할 수 있는 것만을 지시할 필요가 있다"라고 큰소리치는 관동군에 대해[31] 통제력을 회복하는 것은 초미의 과제가 되었다. 그러나 동시에 관동군을 포함한 육군 전체로서는 외무성·대장성·척무성·상공성 등의 의향을 될 수 있는 한 배제하면서 관동군의 군사행동에 의한 성과인 만주국의 통치에서 절대적 우위를 획득해 갈 필요가 있었다.

1932년 8월 이타가키 세이시로를 제외한, 혼조 시게루, 이시하라 간지, 가타쿠라 다다시, 와치 다카시, 다케시타 요시하루(竹下義晴) 등 건국을 주도한 막료들의 전출은 이러한 육군 중앙의 통제 회복의 필요성에서 나온 것이었다. 이러한 진용 일신은 "중앙 통제력의 신장을 의미하고, 군웅할거적 창업 시대의 만주 인사를 정돈하는 것"이었다.[32] 이때 관동군 사령관이 만주 파견 특명전권대사와 관동장관을 겸임하여 삼위일체를 이루게 되고, 또한 관동군 사령관이 혼조 중장에서 무토 노부요시(武藤信義) 대장으로, 참모장이 하시모토 소장에서 전 육군 차관 고이소 구니아키 중장으로 바뀌어 관동군의 위상이 격상된 것은, 만주국으로의 군부의 조직적 진출과 일본 정부 내에서의 만주국 통치에 대한 군부의 발언권 강화를 목적으로 한 것이었다. 그리고 관동군이 성부의 통제 내에 있는 한, 관동군이 만주국 통치기관으로서 정책 입안 능력과 감독 기능을 제고하는 것은 일본 정부 내에서의 성부의 지위를 높이는 것과도 연결되어 성부도 관동군의 기능 확충을 인정하게 된다. 무토, 고이소의 부임과 더불어 만주국의 정무지도를 담당하는 참모부 제3과와 특무부가 인적으로도 확충되고 또한 만철경제조사회 등의 협력을 얻음으로써 관동군의 만주국 통치 능력은 증대했다.

진용 쇄신은 어느 측면에서는 만주국 통치 방침의 전환을 의미하기도 했다. 혼조에 따르면 만주국 통치의 기본 방침은 "만주에서 금융자본 및 정당의 세력을 절대로 배제하고 싶다"라는 점에 있었다.[33] 그러나 고이소 등은 "만주에는 재벌이 들어올 수 없다는 표찰이 세워져 있다는 기존의 데마고기에 휩쓸리지 말고 국익을 위한 정책이라는 넓은 시각으로 과감한 경제 진출"을 종용하는 방향으로 전환해 갔다.[34] 이시하라는 만주국을 떠날 때, 유일하게 혼자 남은 이타가키에게 뒷일을 부탁하며, 만철 부속지 행정권의 반환, 치외법권 철폐, 군의 정치적 간섭 배제, 장래의 주권자로서 만주국협화회의 육성, 만주개발에서의 일본인의 특권 폐지 등의 방침을 철저히 할 것을 의뢰했다. 그러나 일본으로 귀환한 이시하라는 나가타 데쓰잔(永田鐵山) 참모본부 제2부장과의 면담에서 "만주는 순차적으로 영토로 삼을 방침"이라는 말을 듣고 아연했다고 한다.[35] 또한 만주국에서는 협화회의 존재를 부인하는 고이소가 이에 압박을 가해 1934년에 들어서면 일계 관리 사이에서는 협화회 해산론까지 나오기에 이르렀다. 그리고 9월의 개조에 의해, 야마구치 주지 사무국 차장을 비롯한 만주청년연맹, 만주협화당의 계보를 이어 왔던 사람들은 중앙사무국 등으로부터 쫓겨나고, 그를 대신해 사카타니 기이치(阪谷希一) 총무청 차장 이하 일계 관리가 들어와 협화회에 대한 관료통제는 점점 강화되어 갔다. 협화회의 이러한 변화는 이시하라가 구상한, 만몽 3천만 민중의 지지에 기초한, 주권자가 될 정당으로의 성장을 보여주는 것이 아니라, 관동군의 내면 지도를 받는 일계 관리가 주권자의 역할을 해왔다는 것을 보여주는 것이다.

이미 1932년 7월 《도쿄아사히신문》은 "젊은 고등관이 만주국으로 뼈를 묻을 각오로 간다"(7월 10일), "평화의 의용병 출발"(12일)이라는 제목으로 호시노 나오키 등 대장성 관료의 만주국 파견을 보도했다. 이후 체신성·내무성·사법성·상공성 등 각 성청에서 만주국 일계 관리가 되기 위해 잇달아 관료들이 바다를 건너가, "정부의 각 성이 만주에 지점을 여는" 상황이 벌어졌다.

야마구치 주지는 이러한 추이에 대해 만주국의 역사는 1932년 8월까지이고 그 이후에는 관동군의 지도 방침이 완전히 달라져 이를 확실하게 구별하여 파악해야 한다고 주장한다. 그러니까 혼조 시대의 지도 방침이 "만주국의 보호육성에 있었"다면, 그 이후는 "자본주의에 기초하여 만주국을 일본의 속국으로 만들고 식민지로 만드는 데 있었다"라는 것이다.[36] 그것은 또한 "독립 원조에서 속국화로, 민족협화주의에서 권익주의(제국주의)로"의 전환으로 도식화되었다.[37] 그러나 그 전환은 질적 변화라기보다 어떤 방식이 목적 달성에 더욱 효율적인가 하는, 판단의 농담(濃淡) 차이에 지나지 않은 것이 아닐까. 그것은 이시하라 구상에서 본 대로이다. 만주국 통치를 통해 "군부 주도로 혁신적이고 강력한 정책을 추진하여 일만일체의 국방국가"를 건설한다는 점에서는[38] 혼조 시대와 그 이후는 아무런 차이도 없었던 것이다. 그러니까 그를 위해 자금과 인재를 어떻게 조달하는가의 차이였을 뿐이다. 그러나 만주국 건국을 함께 추진했던 사람들에게, 1932년 8월의 관동군 인사이동은 어둠의 시작으로 감지되었음은 부정할 수 없다. 다치바나 시라키도 1934년 3월 "나는 재작년(1932) 여름 이래, 만주국에 관한 모든 정치적·경제적·사회적 현상에 대해 단 하나도 유쾌한 소식을 접한 적이 없다"라고 하였고,[39] 또한 "빈농 본위의 왕도사회"의 건설에 대해서도 "객관적 방면에 대해 말하면 나의 전망은 한층 음울하지 않을 수 없다"라는 어두운 예감에 사로잡혀 있었다.[40]

이미 가사기 요시아키와 구치다 야스노부 등 다이유호카이의 리더들은 만주국에서 쫓겨나 일본에서 범아시아운동의 길을 모색하고 있었다. 가사기 등을 추방하여 일계 관리에 의한 통치의 길을 열었고 정샤오쉬 국무총리 등 만계 고관과 반목했던 고마이 도쿠조 총무장관도 가사기 등의 추방으로부터 3개월 후인 10월에는 총무장관직에서 물러났는데, 일계 관리의 진출과 더불어 만주국 정부와의 관계가 소원해지자 결국 만주국을 떠나게 되었다. 가사기와 절교한 나카노 고이쓰도 고마이와 마찬가지로 10월에는 민정부 총무사장에서 물러나 러허성 총무청장이 되었지만 뜻을 이루지 못한 채 표연히 만주국을 떠나 동남아시아에서 불귀의 객이 되었다. 그리고 협화회를 통해 '민족협화', '왕도낙토'의 건국이념을 지도하려 했던 야마구치 주지와 오자와 가이사쿠 등 구만주협화당 사람들은 협화회 중앙에서 멀어졌고 그 후 '야마구치는 무단장(牡丹江)성으로, 오자와는 베이징으로'라는 식으로 흩어지게 되었다. 그들을 지원했던 이시하라, 그리고 혼조도 이미 만주국에는 없었다. 다치바나는 그 무렵 "깊은 삭막감을 느낀다"라는 한 구절을 남기고 있다. 다치바나가 주재한 《만주평론》은, 만주국을 둘러싼 새로운 사조의 출현에 고민하다가 실업가에서 왕도주의 신봉자로 전환했으나 뜻을 이루지 못한 채 죽은 기시 기시로(貴志貴四郎)를 추도한다면서 다음 한 구절을 추도문으로 바쳤다.

왕도주의의 이론가, 실천가는 정치전선에서 총퇴각을 개시했다. (…) 중
대하고 명백한 일은 왕도주의가 현실적으로 벌판 한가운데에서 실험되
는 대신 시험관 속으로 방부 처리되어 세계 자본주의 박람회인 만주관
의 쇼윈도에 장식됨으로써 선전적 기능밖에 가지지 못하게 된 광경이
다. 왕도주의 이데올로기는 자살이 아니라 타살되고 있다.[41]

그리하여 만주국 건국과 더불어 일어났던 일본의 '만주열'도, 경
기 회복과 함께 일시적 광기도 썰물이 빠지듯 식어갔다. 그리고 때마
침 일본 국내에서는 사토 하치로 작사, 도쿠토미 시게루(德富繁) 작곡
〈까치가 고목에 앉아〉의 중얼거리는 듯한 멜로디가 읊조려지고 있
었다.

형은 만주에 갔지
총(銃)이 눈물로 빛났어
까치가 춥게도 울어서
형은 더 춥다네

만주의 겨울은 영하 40도나 된다고 한다. 그 혹한의 땅, 북방의 땅
에서 건국이념은 급속하게 얼어붙어 가고 있었다.
빛이 강렬했던 만큼 그림자도 짙었다.

3. 형극의 길 — 만주국 승인과 정샤오쉬

국제적 비난의 소용돌이 속에서 만주국을 창출한 일본의 다음 과제는 '위국(僞國)', '괴뢰국가'라 여겨지던 만주국을 어떻게 하면 독립국으로 승인시킬까 하는 것이었다. 그를 위해서는 일본이 먼저 만주국을 승인해야 했다. 그러나 일본 국내에서는 국제연맹과, 강경한 비승인 정책을 취하는 미국 등의 태도를 고려하는 신중론도 뿌리 깊었다. 그러나 일본이 만주국을 승인하지 않고 있는 데 대해서는 일본이 만주를 '제2의 조선'으로 만들려고 병탄의 시기를 기다리고 있는 게 아닌가, 혹은 너무 벅차서 버리려는 것은 아닐까 하는 시각도 나타났지만, 만주국을 고립시키지 않기 위해 조기에 승인해야 한다는 의견이 대세가 되었다. 그리하여 1932년 6월 14일 중의원 본회의에서 만주국 승인 결의안이 만장일치로 가결되었다. 이어서 8월 19일에 정부는 각의에서 만주국 승인에 관한 〈일만의정서〉를 결정하였고, 관동군 사령관 겸 특명전권대사로 임명된 무토 노부요시는 이것을 들고 만주에 봉임하였다. 그는 만주국 정부와 〈일만의정서〉 체결에 관한 교섭에 들어가, 국무총리 정샤오쉬를 회담 상대로 하여 철도·항만·수로·항공로 등의 관리를 관동군에 위탁할 것, 일만합작의 항공회사를 설립할 것, 광업권을 일본 또는 일만 합병회사에 허여할 것을 내용으로 하는 협정을 차례차례 맺어 갔다.

이러한 움직임에 이어 우치다 고사이(內田康哉)* 외상은 8월 25일,

---

* 1865~1936. 외교관. 도쿄제대 법과 졸업 후 외무성에 근무. 공사 및 대사를 역임한 후

제63회 임시의회에서 외교연설을 통해 만주국 승인이야말로 "만몽의 사태를 안정시키고 나아가 극동의 항구적 평화를 불러올 유일한 해결 방법"이라고 하며[42] 승인을 실행할 것을 언명했다. 그리고 이 연설에 대한 질의에 대해 우치다 외상은 일본에 의한 만주국 승인이 공정하고 적법함은 의문의 여지가 없다고 하고 나서 "이 문제를 위해서는 이른바 거국일치, 나라를 초토로 만들더라도 이 주장을 관철시키는 데에는 한 발자국도 물러나지 않겠다는 결심을 가지고 있다"라고 답변했다.[43] 이것이 우치다의 '초토 외교' 연설이라 불리는 것이다. 그리고 이런 자세를 가지고 9월 15일 "일본국은 만주국이 주민의 의지에 기초하여 스스로 독립된 한 국가를 이루기에 이르렀음을 확인한다"라는 이유를 들어[44] 만주국 승인에 나섰던 것이다. 건국으로부터 반년이 되어서야 가까스로 맞이한 만주국의 법적 승인에 대해 일본의 언론매체는 일제히 환영의 뜻을 표명했는데, 대략 다음과 같은 논설이 지면을 장식했다.

> 만주국 승인의 날이 마침내 왔다. 만주국의 절실한 소망과 우리나라의 열렬한 신념이 서로 얽히고 맺어져, 세계사에 신기원을 획하고 동아화평을 보증하는 초석으로서 독립국의 신생이, 순치보차(脣齒輔車)·공존공영의 관계에 있는 일본에 의해 공공연하게 그 독립을 축복받는 날이 왔다.[45]

1911년 제2차 사이온지(西園寺) 내각의 외상을 역임하였다. 이후 만철 총재, 추밀고문관에 취임했고, 1932년에는 사이토(齋藤) 내각의 외상으로 만주국 승인, 국제연맹 탈퇴 등 강경 외교를 취하여 시데하라의 협조 외교에 대비되는 초토 외교라 불렸다.

그러나 이 승인도 또한 9월 4일 완성된 리튼 조사단 보고서가 공표되기 전에 독립국가 만주국을 기정사실화해 두려는 기획에서 나온 것이었다. 생각한 대로 역시 리튼 보고서는 "현재의 정권은 순수하고 자발적인 독립운동에 의해 출현한 것이라고는 생각되지 않는다"라고 명기하고 있어,[46] 앞에서 말한 〈일만의정서〉의 승인과는 정면에서 대립하는 것이었다. 국제연맹은 1933년 2월 24일 이른바 만주국 비승인 결의안을 찬성 42, 반대 1(일본), 기권 1(샴: Siam, 지금의 태국)로 채택해, 일본 대표단은 총회에서 퇴장하였고 3월 27일 정식으로 국제연맹 탈퇴를 통고하기에 이르렀다. 이것이 만주국 승인에 대한 값비싼 대가였고 일본은 일만 공동방위의 대가로 국제적 고립이라는 험로를 걷지 않을 수 없었다. 그것은 또한 1932년 1월 7일 〈스팀슨 독트린(Stimson Doctrine)〉에 의해 만주국 비승인 원칙을 내세운 미국과의 대립 초점을 만들어 태평양전쟁 개전의 저류가 되어 갔다.

그런데 9월 15일의 〈일만의정서〉 조인식장의 광경에 대해 《호치(報知)신문》(9월 16일)은, 무토 전권대사가 서명조인에 이른 것을 축하하는 의미로 인사를 했을 때 "정샤오쉬 국무총리가 만면에 웃음을 띠며 마찬가지로 인사로 답하고 서로 감개무량한 얼굴로 굳센 악수를 나눈 후 가볍게 인사하고 자리에 앉았"다고 보도하고 있다. 그러나 무토 전권대사 수행원으로 그 자리에 입회한 요네자와 기쿠지(米澤菊二) 일등서기관이 남긴 메모에 따르면 무토의 인사에 대해 정샤오쉬가 보인 반응은 전혀 달랐다.

정총리는 재빨리 답사를 하려 했으나 말하지 못하고 다만 입을 우물쭈

물하고 안면신경을 극도로 움칠움칠하며 울 것 같은 얼굴로 5초, 10초, 30초를 보냈다. 발언하려고 하나 되지 않았다. 마음속의 동요, 폭풍과도 같은 복잡한 격정이 교차하고 있음을 떠올리기에 충분했다.[47]

정샤오쉬[*]는 조인 6일 전에 갑자기 사직서를 내고 국무원에 등원하기를 거부하고 있었는데, 그 원인으로는 고마이 도쿠조 총무장관과의 갈등을 들 수 있다. 이 대립은 건국 직후부터 생겼는데, 1932년 7월 10일의 〈하타 슌로쿠(畑俊六) 일지〉에도 "정총리는 신물이 났는지 사직한다고 말했는데 일본 측은 그것을 막는 데 고심하다가 잠시 (사직을) 보류하게 하였다"라고 기록되어 있다.[48] 그러나 이번의 사의는 아주 굳었다. 그러나 관동군으로서는 조인을 목전에 두고 국무총리를 경질할 수도 없었기 때문에 조인 후 고마이를 전직시킨다는 조건으로 사의를 번복시켜 겨우 조인까지 끌고 왔다. 정샤오쉬와 고마이의 반목은 만주국 정부 내에서는 공공연한 사실이었는데, 요네자와는 정샤오쉬의 사의는 단순한 고마이 배척에 머물지 않는 게 아닐까 하는 판단을 가지고 있었다. 그러니까 "조인에 의해 매국노라는 오명을 뒤집어쓰고 지나 4억 민중으로부터 끝까지 만주 포기의 원흉으로 지목될 것을 두려워해 조인할 날이 가까워짐에 따라 번민 끝에 그 책임을 면하려고 사

---

[*] 1860~1938. 청말·만주국의 관료, 학자, 문인. 푸젠성 출신. 1882년 향시에 장원급제한 후 청나라의 주일 공사관원을 거쳐 고베 영사를 지냈고, 귀국 후 한커우 철로총판, 후난 포정사 등을 역임했다. 1911년 신해혁명 후에는 톈진의 청실 내무부 판사처에서 일하고 선통제의 교육에 종사했다. 청조의 부흥을 원하여 만주국 초대총리가 되었다. 또 송대의 풍격을 가진 시인으로도 유명하다.

직을 신청하지 않았을까"라고 추측하고 있다.[49] 그 때문에 최종 국면에서 정샤오쉬가 조인을 거절하지는 않을까 하는 우려가 사라지지 않았는데, 정총리 얼굴에 일어난 이상한 경련을 보고 요네자와는 한시라도 빨리 조인을 끝내려고 원래 먼저 했어야 할 날짜 기입을 나중으로 돌리고 우선 서명을 요구했다고 한다.

확실히 앞에서 말한 대로 푸이·혼조 서한과 무토·정 협정을 포함한 이 〈일만의정서〉에 의해 만주국 통치의 실권을 일본이 법적으로도 장악하게 된 것은 명확했다. 쇼와 천황은 무토 노부요시 관동군 사령관 겸 특명전권대사를 친보(親補)*하는 자리에서 구두로 "장쉐량 시대보다도 한층 선정을 베풀도록 노력하라"라는 훈시를 했다고 한다.[50] 천황은 만주국의 존재를 인정함과 동시에 그 정치적 실권이 누구 수중에 있는지를 모두 알고 있었던 것이다.

그리고 이것을 가장 절실하게 통감하고 있었던 것은 정부조직법상 오직 한 명뿐인 국무대신으로서, 국정 수행의 최고책임자라고 규정되어 있으면서도 일계 관리인 총무장관에게 이사(頤使: 턱으로 내리는 지시)를 받는 굴욕을 감수하지 않을 수 없었던 정샤오쉬였다. 건국이 되자마자 신징을 방문해 만주국의 장래에 대한 포부를 묻는 야노 진이치에게 정샤오쉬는 귀찮다는 듯이 "나는 고용되어 온 떠돌이 배우[旅役者]이지 무대감독이 아니다. 또한 각본도 다른 사람이 쓴 것으로, 나는 다만그 줄거리를 통보받기만 할 뿐이어서 당신의 질문에는 답할 수 없다"라고 하며 씁쓸하게 웃었다고 한다.[51] 일본의 만주사 권위자로서 만주

---

* 천황이 특정한 관직을 친히 임명하는 것.

국 건국의 정당성을 주장하고 왕도정치의 의의를 고창한 야노, 그에게 한 정샤오쉬의 대답, 이러한 문답 가운데 만주국에 대한 생각과 현실 사이의 틈이 선명하게 대비를 이루며 나타나 있다. 그리고 여기서 정샤오쉬가 "고용된 떠돌이 배우"라고 한 것은 푸젠(福建)성 푸저우(福州)에서 태어나 멀리 새북(塞北)의 땅에서 지기도 없이 이름뿐인 지위에 올라 있는 자신을 한껏 비꼰 평가였으리라. 그러나 그것은 또한 거짓 없는 실감이었음에 틀림없다.

국무총리라고는 하지만 그의 지위는 '시치아 등의 지린성계', '짱스이 등의 펑텐성계', '장징후이 등의 헤이룽장성계'의 3파정립의 균형 위에 서 있는 것에 지나지 않았다. 국무원 내에서도 '시치아는 재정부', '짱스이는 민정부', '장징후이는 군정부'라는 거점을, 불완전하나마 그럭저럭 가지며 수하를 이끌고 있음에 반해, 정샤오쉬에게는 지탱해 줄 인맥도 없었고, 관제상의 기반이어야 할 총무청은 일계 관리로 채워져 만계에 대한 일대 적국을 이루고 있었다. 당연히 현지 사람들의 지지도 없었고 현지 사람들에 대한 영향력도 전혀 없었다. 그리고 원래대로 한다면 정샤오쉬의 정치 기반이 되어야 할 터인 청조 복벽파는 정샤오쉬가 국무총리가 되기 위해 푸이를 집정이라는 지위에 앉혔다고 하여 일제히 정샤오쉬에 대해 반발했고, 특히 뤄전위, 천바오친(陳寶琛), 바오시(寶熙), 후스아이(胡嗣瑗) 등은 각각 재상을 자임하고 있었던 만큼 공공연히 정샤오쉬의 행동을 지탄하는 상황이었다. 게다가 청조부흥을 숙원으로 삼고 있는 정샤오쉬에게 치명적이었던 것은, 후스아이 등의 무고도 있고 해서 푸이와의 사이에 깊은 골이 생겨나 〈일만의정서〉 조인 이후에 푸이가 정샤오쉬를 경질할 생각을 가지기에 이르렀다는 것이다. 그러나 비록 사임한다 해도 이미 정샤오쉬 등은 만리장성을 넘어 고향으로 돌아갈 수 없었다. 왜냐하면 1932년 3월 5일에는 중국공산당 만주성위원회가, 12일에는 난징 국민정부가 만주국부인 성명을 발표하였고, 더불어 국민정부는 중국인의 만주국 참가를 매국 행위라 하며 치죄법 및 도비징치조례에 따라 엄하게 처단할 것을 선명하고 있었기 때문이다.

정샤오쉬의 희망은 결국 중국 둥베이 지방을 국제 공동관리하에 두고, 그 아래에서 제제를 실현하는 것밖에 없었다. 그 희망이 실현되기 위해서는 역설적이지만 리튼 조사단이, 만주국을 '위국'이라 비난하는 중화민국의 주장을 받아들여 만주국의 독립성을 부정하고 중국 둥베이 지방을 국제 관리하에 두는 안을 내고, 이를 일본이 받아들일 필요가 있었다. 그리고 리튼 보고서는 바로 정샤오쉬의 희망과 일치되는 것이었고 그다음은 일본이 어떻게 나올까에 달려 있었다. 그런데 사태의 갈림길이던 1933년 1월 일본군은 산하이관(山海關)을 점령했고, 무토 관동군 사령관은 "작전행동상 결말을 지을 중요한 시기가 목전에 다가왔다"라고 하여 당초부터 만주국의 판도로 상정되어 있던 러허성을 점령하는 군사행동에 나섰으며, 이윽고 일본이 국제연맹을 탈퇴함에 이르러, 국제 공동관리에 의해 일본의 굴레로부터 벗어난다는 정샤오쉬의 희망은 무너졌다. 정샤오쉬는 의기소침해졌고, 총무청 중심주의를 착착 강화하며 만주국 통치의 실권을 장악해 가는 관동군과 일계 관리에 대한 격렬한 불만을 가슴속에서 태워갔다. 그러나 그에게 가능한 유일한 저항은 관동군과 일계 관리에 의해 이루어지는 정치적 결정에 대해 침묵으로 대응하는 것밖에 없었다. 정샤오쉬는 국무총리(대신)의 지위에 있던 3년 남짓한 기간에 국정의 최고결정기관인 국무원 회의에서 침묵을 지키며 한 마디도 하지 않았다고 한다. 그러나 정무는 방기하지 않았는데, 야기암(夜起庵)이라는 호처럼 매일 새벽 3시 기상, 8시 출근, 오후 4시 퇴청이라는 식으로 시계바늘처럼 행동하며 국무의 중요문서를 사열하고 법령 원본과 사령 등에 모두 직접 서명하는 것 외에 매일 집무일지를 기록하고 있었다고 일본인 비서관 시라이 야스시(白井康)는 증언하고 있다.[52]

그러한 집무태도를 가진 정샤오쉬에게 가장 참기 힘든 굴욕은 아마도 그들을 그런 입장에 빠뜨리고 그것을 강요하고 있던 일본인이 마음속으로는 그들을 매국노라 경멸하는 것이 아니었을까. 물론 만주국을 세우고 그것을 지지하고 있는 일본인 입에서는 속뜻이야 어쨌든 그런 말은 나오지 않았다. 그것을 감히 말할 수 있었던 것은 일본의 국책과 국내 여론에 저항해서라도 국제적 신의를 지키려 했던 사람이다.

만주사변에서 만주국 건국에 이르는 사태의 추이를 구미 여행 도중 지켜보고 있던 오자키 유키오(尾崎行雄)*는 영국에 머물던 중 친우 이누카이 쓰요시가 흉변을 당했다는 소식을 접하고 자신도 암살될 것을 각오하며 일본의 앞날에 대한 의견서를 냈는데, 귀국 후 생명을 건 결의를 표명하기 위해 〈묘비를 대신하여〉라는 제목으로 잡지 《개조》 1933년 1월호에 그 일부를 발표했다. 그러나 오히려 여기서 주목하고

---

* 1858~1954. 정당정치가. 호는 가쿠도(咢堂). 가나가와현 출신. 게이오기주쿠에서 공부하고 개진당 창립에 참가하여 제1회 의회 이래 25회 연속 중의원 의원을 지냈다. 그동안 제1차 호헌운동으로 활약을 보여 '헌정의 신'이라 불렸다. 도쿄시장, 법무대신 등을 역임했고, 2차대전 동안에는 익찬선거를 비판하여 고발당하기도 했다.

싶은 것은 공표되지 않은, 만주국에 관한 부분이다. 만주국을 독립국으로 승인하여 국제연맹과 대립하고 있는 상황에 대해 오자키는 "만주 재주 3천만인으로 하여금 자유투표를 하게 한다면 그 대부분은 만주국을 반대할 것이다. 또한 일본의 무력 및 재력의 원조가 없으면 만주국은 아마 몇 개월 버티지 못하고 무너질 것이다. (…) 그렇다면 과연 만주국은 세상 일반이 인정하는 것처럼 일본의 괴뢰이지 결코 독립국가는 아니다. 이와 체결한 조약을 국제적 가치가 있다고 하는 것은 결국 불가능한 도로(徒勞)에 지나지 않는다. 이런 견지에서 세계열국과 대항하는 것은 이미 실추된 국제적 신의를 완전히 무너뜨리는 것으로 끝날 것이다"라고 단언했다.[53] 올바른 말이리라. 그리고 이 경세(警世)의 글은 다음과 같이 계속된다.

하물며 만주국 요인이란 자는 소수의 예외는 있지만 대체로 사리사욕을 위해 나라를 판 불량한 인물에 지나지 않는다. 이 매국적 인물을 이용하여 세공을 하기 때문에 일본국은 정신적으로도 물질적으로도 대단한 손해를 입는다. (…)
전 세계의 반대로 말미암아 죽는 것이, 매국적 인물의 집합체인 만주국을 도와 이것과 동반 자살하는 것보다 더 기분 좋게 죽을 수 있는 게 아닐까.
　　주민의 소망에 따라 스스로 결정했다는 말 따위
　　하이칼라 흉내는 그만두라.
제국 정부는 한편으로 사상 선도 따위를 말하는가 하면 다른 한편으로는 매국적 행위를 추천 장려한다.

나라를 파는 무리들의 도움으로 나라를 세우고서

　　어찌 충의의 도를 말하리오.[54]

　　여기서 오자키가 지적하고 있는 일본 정부가 처한 모순은, 건국 직후인 1932년 3월 25일 국무원령 제2호에 의해 "교과 과정에서는 사서, 효경을 사용하여 강의하고 예교를 존숭하게 한다"라고 하여 도의국가의 건설을 내건 만주국 정부에 더욱 심각한 문제였을 터이다. 그리고 개인적으로는 유교의 신실한 신자이자 실행자로서 만주국을 왕도국가로 만들기 위해 문교를 존중하여 문교부를 설치하고 총장을 겸무하고 있던 정샤오쉬가, 다른 사람이 지적할 필요도 없이 스스로 통절히 느끼고 있었던 배리였음에 틀림없다. 아마 정샤오쉬 자신이 그 모순을 통감하고 있었을 것이다. 그와 오랜 친교가 있었던 마사키 나오히코(正木直彦)가 정샤오쉬를 방문하여 "총리처럼 중후한 군자가 대각(臺閣)에서 보필의 임을 다하는 만주국은 안태할 것"이라 칭송한 데 대해 정샤오쉬는 30년간의 정근(精勤)의 장(狀)을 말한 후 "그렇지만 한 사람도 나를 따라오는 자가 없고 감화의 힘도 없다"라고 그의 고립된 입장을 개탄했다고 한다. 그러한 고립에 빠져 있음에도 불구하고 정샤오쉬가 여전히 국무총리 자리를 고집한 것은 "구(舊)조정을 전청(前淸)이라 하는데, 이미 전청이 있었으면 어찌 후청(後淸)이 없겠는가"라는,[55] 망집과도 같은 왕조 부흥에 대한 격정으로 그가 여전히 들끓고 있었기 때문이다. 정샤오쉬에게는 일본인에 의해 좌우되는 만주제국 따윈 무용지물이었고 후청왕조를 재흥시켜 베이징 자금성에 돌아가는 것만이 살아갈 희망이었다. 그리고 그것만이 매국노라는 오명을 벗겨줄 유일하게 남은 방도였다.

　그러나 그 길도 막혔다. 아니 스스로 닫았다고 하는 편이 옳을지도 모르겠다. 정샤오쉬는 그의 입장에서 가장 조심해야 했을 금기, 그러니까 일본비판이라는 터부를 깨버렸던 것이다. 그가 도쿄 공사관에 근무하던 1893년 무렵부터 지기였던 나가오 우잔(長尾雨山)은 정샤오쉬의 사람됨을 "자신의 생각과 다르면 어디까지나 자기 의견을 말하는 사람이다. 그 대신에 일단 약속한 것을 나중에 뒤집는 일은 결코 없다"라고 평가하고 있다.[56] 그런 정샤오쉬가 인종으로 일관했던 것은, 어쨌든 푸이를 황제에 복귀시켜 제제를 통해 만주국의 자립을 도모하는 것에 최후의 희망을 부여잡고 있었기 때문이리라. 그러나 제제로의 이행에 대해서도 청조의 복벽을 부정하는 관동군과 격렬한 각축이 생겨나고 상호대립이 두드러졌다. 그런 분위기하에서는 건국 이래의 지론이었던 미병설(弭兵說: 전쟁을 하지 않는다는 설)과 영세중립국인 스위스를 만주국의 모범국으로 삼는다는 설조차도 관동군에 반대할 의도를 품은 반군사상이 아닌가 하는 의심을 받게 되었다. 정샤오쉬도 또한 제제 이행과 함께 정치적 실권을 조직법의 규정대로 황제가 장악해야 함을 기회 있을 때마다 "필수방재지하(必須放在地下: 반드시 땅 밑에 놓아두어야 한다)"라는 형태로 암암리에 요구해 갔다.[57] 그러나 제제 실시 후 1년 동안의 경위는 차례차례로 정샤오쉬의 희망을 무너뜨렸고 일만일체화라는 명목 아래 일본에 대한 종속화가 진전되어 갔다. 정샤오쉬는 마침내 참고 있던 자신의 불만을 제제 1주년 건국기념일에 토로했다.

만주국은 안겨 있는 어린아이와 같다. 지금 손을 놓아 이것을 걷도록 해야 한다. (…) 그러나 아이를 안은 자, 만약 오로지 오랫동안 이것을 수중에 품어두고 있으면 자립의 날은 없다. (…) 이에 이르러 우리 만주국이 아직 잘 서지도 못하는 상황, 일본 정부가 기어이 손을 놓아 서도록 하지 않는 상황, 이것이 오늘날 명백한 바이다.[58]

정샤오쉬는 이렇게 말한 후 침통한 어조로 '용렬무능(庸劣無能)'이라는 말로 스스로를 책했다고 한다. 이 연설은 당연히 일본 비판으로 크게 다루어졌다. 관동군은 정샤오쉬에게 최후의 선고를 내렸다. 그리고 관동군의 분노를 감지한 푸이는 정샤오쉬를 변호하지 않았는데, "마음속의 불만을 드러내는 것은 총리대신으로서 아주 신중하지 못한 행동이다. (…) 총리로서의 수완과 태도에 결여된 바가 있다"라고 하며[59] 스스로 경질 의사가 있음을 재빨리 전달했다. 정샤오쉬도 또한, 1935년 방일 이후 일본 천황에 대한 충성을 이야기하는 데 열중하기 시작했던 푸이에 대한 충성심을 잃어버렸다.

정샤오쉬가 총리에서 물러날 때의 에피소드로서 호시노 나오키는 "(정샤오쉬에게는) 상당히 불만이 많았던 모양이다. 자기 마음을 묘사하여 '즐겁도다, 옥두(玉斗)를 내던진 것과 같다'라고 하는 시 한 편을 지어 일부 사람들의 비난을 샀다. 옥두란 옥으로 만든 잔. 옛날 초나라 항우의 참모 범증(范增)이 항우와 의논하지 않고 그만두었다. 그때 옥두를 바닥에 던져 울분을 풀고 즐거움을 구했다는 이야기가 있다. 이 고사를 인용한 것이다"라는 증언을 남기고 있다.[60] 정샤오쉬의 진의가 어떠했는지는 알 수 없지만 이러한 언동 탓도 있었는지 퇴관 후 그의 생활은 크게 제약되었다. 그 모습은 다음과 같았다고 한다.

은행에 저금해 둔 건국 공로금조차 찾을 수 없었고 베이징에 가서 거주하는 것도 허락받지 못했다. 헌병의 삼엄한 감시 속에서 시를 짓지도 못하고 어쩔 수 없이 집에 틀어박혀 붓글씨로 세월을 보내고 있었다. 그러다 1938년 창춘에서 급사했다. (…) 그러나 그에게는 아무런 병도 없었고 그 죽음은 갑작스러운 것이었다. 진짜 사인은 누구도 모른다.[61]

정샤오쉬의 사인에 대해 푸이의 《나의 전반생》에서는 일본인에 의해 암살되었다는 소문이 있다고 적혀 있다. 그러나 실제로는 감기가 더친 데다 장질이 병발하여 죽은 것으로, 횡사는 아니었다. 창춘(신징)에서 사망하여 국장 형식으로 장례가 치러졌음에도 불구하고 푸이는 물론이고 그 주변 인사들이 사인조차 알지 못했다는 사실에, 그의 말로가 어떠한 것이었는지가 암시되어 있을지도 모른다. 정샤오쉬의 사후, 그의 비서로 일한 적이 있는 일본인 오타 도요오 (太田外世雄)는 태이(太夷: 정샤오쉬의 자) 정신을 강구하는 고학사(顧學社)를 만들고, 자택 뒤뜰에 태이 신사를 건립하여 정샤오쉬의 초상을 모셨다. 유족의 강한 요망에도 불구하고 관동군과 만주국 정부는 그의 묘를 관내에 쓰는 것을 허락하지 않았기 때문이다.

"한 사람도 나를 따르는 자 없고 감화의 힘도 없다"라고 개탄했던 정샤오쉬. 그러한 그를 사후에도 따랐던 유일한 사람이 중국인이 아니라 일본인이었다는 사실은 그에게 다행이었을까, 아니 불행이었다고 해야 할까.

그런데 오자키가 만주국 중국인 요인을 매국노라 비난했던 1933년, 정샤오쉬는 〈묘비를 대신하여〉를 게재한 잡지《개조》에 다음과 같은 글을 써 보냈다.

獨立自可當雷霆

뇌정(雷霆)이란 거센 천둥을 말하고, 나아가 분노도 의미한다. 과연 정샤오쉬는 어떤 생각을 담아서 이러한 "독립은 스스로 천둥을 감당할 수 있다"라는 글을 휘호로 썼으며, 이를 통해 오자키의 지탄에 어떻게 응수하려 했던 것일까.

정샤오쉬가 '양노한간(洋奴漢奸: 외국이 말하는 대로 하는 매국노)'의 오명을 벗을 날은 영원히 사라졌다.

4. 국화와 난초 ― 제제 만주국과 천황제의 수입

1934년 3월 1일 오전 8시 반, 수도 신징 교외 싱화(杏花)촌의 순톈(順天) 광장에 설치된 천단에 오른 푸이는 천명을 받들어 즉위했음을 하늘에 보고하는 고천례(告天禮)를 거행했다. 하늘은 맑았으나 섭씨 영하 12도, 강한 남서풍이 휘몰아치는 가운데 양 어깨에 금룡 자수를 놓은 용포를 입고, 머리에 붉은 술과 진주를 장식하고, 주위에 가죽을 댄 원형모를 쓰고 사슴가죽 부츠를 신는 청조의 예장을 하고 고천례를 포

함한 교제(郊祭)의식*을 마친 푸이는 서둘러 제궁으로 돌아갔다.[62]

제반 사항을 간결하면서도 아주 정숙하게 치르다. 연도에 봉축자가 여기저기 담을 이루고 있었다. 일본 거류민들은 많았으나 만주시민은 비교적 적었다. 대동광장에서 교제장에 이르는 동안은 다만 경계하는 군경을 볼 수 있을 뿐 한 사람의 배관자도 볼 수 없는 것은 어쩐지 삭막함을 느끼게 하였다.

푸이의 시종무관 이시마루 시즈마(石丸志都磨)는 그날의 모습을 일기에 이렇게 기록하고 있다. 열렬한 제제 추진론자였던 이시마루조차 적막감을 느낄 수밖에 없었던 이 연도(沿道)의 모습은 제제에 대한 회의를 감추려고도 하지 않았던 외국인 통신원들에게 조금 다른 의미에서 관심을 끄는 풍경으로 보였다. 그중 한 사람인 E. 스노는 "5만의 군대가, 완전히 사람의 그림자도 없는 반마일의 길 양측에 2열로 마주보고 서 있다. 착검한 총을 가진 일본군이 착검하지 않은 만주국군 배후에 섰다. 이것이 황제를 맞이하는 환영진이다. 황제의 행진에 대해 민중의 박수도 없고 환호도 없다. (…) 모든 것이 정지해 있다"라고 제제를 맞이하는 만주국의 이상하기조차 한 정적을 전하며 푸이 즉위의 의미를 암시하고 있다.[63]

그리고 같은 날 정오부터 이번에는 근민루(勤民樓)에서 만주국 육

---

* 교사(郊祀)라고도 한다. 중국에서 지배자, 즉 주로 천자가 수도 100리 밖에서 행하던 제천의식을 가리킨다.

해공군 대원수 정장을 입고 등극의식을 거행했다. 식전 후 〈즉위조서〉를 발표하였고 제제 실시와 함께 원호를 강덕(康德)으로 하고 국호를 만주제국으로 한다고 포고했다. 〈즉위조서〉는 "모든 수국(守國)의 원도(遠圖), 경방(經邦)의 장책(長策)은 항상 일본제국과 협력동심, 이로써 영고(永固)를 기한다"라고 하여 국가의 방위, 국가의 경륜·경영의 모든 면에 걸쳐 일본과 일심이 되어 협력해 가는 것이 만주국이 영구히 존립해 가기 위한 필수조건임을 주장했다. 이후 검은 박달나무로 만든 일본제 왕좌에 앉은 푸이는 베이징에서 온 아이신줴뤄 일족과 청의 구신들로부터 삼궤구고(三跪九叩: 세 번 무릎을 꿇고 아홉 번 머리를 땅에 대는 예) 조하(朝賀)의 예를 받고 황제가 되는 의식을 마쳤다.

그리하여 유제(幼帝) 선통제로 제위에 올라, 1917년 잠시 동안의 복벽을 거쳐 역사의 무대로부터 퇴장했던 푸이는 여기서 만주제국의 강덕제로 다시 등장하게 되었다. 그러나 그것은 열광적인 앵콜의 환호성에 의한 것이 아니었다. 황제 앞에는 다만 재만 일본인과 협화회에 의해 동원된 소수의 현지 중국인들이 몰아치는 삭풍 속에서 얼어붙은 듯 침묵 속에 서 있는 모습뿐이었다. 그것은 "왕도를 송창·구가하는 인민은 지정(至情)을 다해 천명에 따라 집정이 제위에 오를 것을 청원해 마지않았다"라는[64] 제제 채용의 공식적 이유가 허구에 지나지 않음을 여실히 말해주는 것이었다. 그러나 민의·민심이라는 점에 관해서는 관동군도 일본 정부도, 그리고 푸이·정샤오쉬 등도 거의 문제 삼지 않았다. 아니 오히려 민의에 기초한 집정의 지위를 천의·천명에 기초한 황제로 바꾸는 것이 제제 채용의 목적으로서 공공연하게 이야기되기까지 했던 것이다. 건국으로부터 2년, 국제연맹에서도 탈퇴한 일본은 더 이상 중화민국의 입헌공화제를 의식하며 대항적으로 정체를 유지해 갈 필요가 없어졌다.

관동군과 일본 정부에 제제 채용의 과제는, 어떻게 하면 청조 복벽이라는 성격을 불식시키는가에 있었다. 한편 푸이와 정샤오쉬 등에게 유일·최대의 관심사는 오로지 제제 채용을 청조의 조업(祖業) 회복으로 실현시키는 데 있었다. 그리고 이 문제를 둘러싼 대립의 초점이 즉위 시에 착용할 의상의 문제로 표면화되었다. 푸이 등은 황제 즉위의 예복으로 용포를 입기를 완강하게 주장하였고, 관동군은 푸이의 제위는 청 왕조의 부활이 아니라 만주제국의 창출임을 보여주기 위해 만주국 육해공군 대원수의 정장 차림으로 즉위할 것을 주장했다. 그러나 푸이 등은 용포의 착용을 요구하며 양보하지 않았는데, 양자의 타협과 흥정의 결과가 용포에 의한 교제의식과 대원수 정장에 의한 등극의식을 병행하는 형식이 되었던 것이다. 그리고 아이신줴뤄 일족과 청조 구신에 의한 삼궤구고의 예를 받음으로써 강덕제로서의 즉위를 청조 복벽으로 해석하고 싶었던 푸이의 요구를 일단 만족시키는 형식이 되었다. 그러나 공식적으로는 푸이의 즉위가 청조 복벽이 아님이 일관되게 주장되었기 때문에 정샤오쉬조차 "자칫 잘못해서 청조의 복벽이 되는 것은 건국의 이상과 사명에 충실한 정부가 결코 취해서는 안 될 바"라고 언명하지 않을 수 없었다.[65] 〈황제 즉위 대외성명서〉도 또한 "우리 만주제국 황제는 하늘을 받들고 운(運)을 받아 만주제국을 신창(新創)하고 이로써 제1대 황제가 된다. 스스로 청국의 복벽과 회연(迴然: 멀리 떨어짐)하여 이와 같지 않다"라고 새로 수립된 제국의 제1대 황제임을 강조했다.[66]

그 정도로 청조 복벽과 혼동될 우려가 있어 그것을 열심히 없애려고 하면서까지 관동군과 일본 정부는 왜 이 시기에 기어이 제제 채용에 나섰던 것일까?

만주국에 제제를 채용하고 일본과 똑같은 국체로 한다는 방침은 일찍이 종사당(宗社黨)의 만몽독립운동을 지지하고 청조 복벽 공작에도 관계한 적이 있는 고이소 구니아키 관동군 참모장 아래에서 추진되었다. 고이소는 부임으로부터 거의 반년 후인 1933년 2월 23일 육군 중앙에, 푸이를 황제로 등극시킬 적당한 "시기를 사변 종말기로 예상한다"라는 조회 전보를 보내[67] 러허작전 종료와 함께 조기에 제제로 이행하고 싶다는 뜻을 전했다. 이에 대한 육군차관의 회답은 "푸이를 황제로 하는 건에 관해서는 특별한 사정이 없는 한 아직 논의하지 않는 게 적당하다"라는 것이었다. 이 방침은 같은 해 8월 8일의 각의 결정 〈만주국 지도방침 요강〉에서도 답습되어 "만주국은 입헌군주제를 궁극의 목표로 하지만 당분간은 현 체제를 유지"한다고 했다.[68] 그러나 이러한 결정에도 불구하고 고이소의 요청에 의해, 총무청장 엔도 류사쿠(遠藤柳作)는 제제 실시를 만주국 정치의 제1과제로 추진했다. 엔도는 고이소 외에 국무고문 우사미 가쓰오(宇佐美勝夫), 이시마루 시즈마(石丸志都磨) 시종무관, 만주국 궁내부 차장 이리에 간이치(入江貫一), 일본인 참의 지쿠시 구마시치(筑紫熊七), 다나베 하루미치(田邊治通) 등과 함께 일찍이 제제 이행안을 작성하여 일본 정부와 교섭에 들어갔다. 이러한 움직임과 병행하여 관동군은 참모부 제3과장 하라다 구마키치(原田熊吉)를 도쿄에 파견하여, 제제를 지지하는 현지의 분위기를 전하고 육군 중앙의 동의를 얻었는데, 12월 22일 이윽고 일본 정부는 제제 실시를 결정하기에 이르렀다.

그 각의 결정에서는 건국 이래 2년이 다 된 "금일 아직 과도적인 집정제도를 유지하고 있고, 게다가 금후 어떠한 정체를 채용해야 하는가도 결정되지 않았기 때문에 만주국 요인은 물론이고 일반 민심에 적지 않은 불안을 주고 있는" 현상은 바람직하지 않다, 그래서 군주제를 실시하여 정체 문제에 결착을 짓는 것은 "아주 시의적절하다고 인정된다"라는 판단을 표시했다. 그러니까 민심안정을 위해 정체의 확립이 불가결하다고 보았던 것이다. 그러나 이런 언사에도 불구하고 제제 실시가 정말로 민심을 중시한 것이었던가는 아주 의심스럽다. 그것은 동일한 문서 속에, 제제를 실시함에 있어 "주권재민의 사상을 배제하고 또한 만주국 국무의 진전과 제국 국책의 수행을 저해 또는 견제하는 일이 없도록"이라고 하여[69] 일본의 국책 추진을 위해 국무원의 강화 등을 요구하고 있는 것에서도 알 수 있다. 민심의 중시는커녕 만주국 통치로부터 현지 중국인의 의사를 배제하고 일본의 만주국 통치를 원활히 수행하는 것에 주안이 놓여 있었던 것이다.

그리고 이 시기 제제 실시를 통해 일본의 국책을 원활히 수행할 필요성이 강조된 것은 "쇼와 11년(1936) 전후로 위기 100%의 국난이 예상되는 일본은 적어도 그 이전에 일만 조성(造成)의 천업을 부동의 지위로까지 진척시켜 둘 필요가 있다"라고 지쿠시 구마시치 참의가 단정하고 있었던 것처럼,[70] 이른바 1936년 위기에 대응하기 위한 것이기도 했다. 이 1936년 위기라는 주장은 런던 해군군축조약하에서 일본의 건함 상황이 1936년에 미·영에 비해 열세에 처한다는 것, 1932년에 시작된 소련의 제2차 5개년 계획이 완성기를 맞아 군사력이 강화되리라는 것 등을 이유로 들어, 일본에 대한 국제적 위협이 이 시기에 가장 고조될 거라는 주장이다. 그것은 위기감을 부채질함으로써 군사력의 증강과 정치적 발언권의 확대를 꾀하는 군부의 프로파간다였지만, 대소전의 첨병에 있는 만주국으로서는 소련의 국력·군사력의 강화가 위협으로 다가왔던 것은 부정할 수 없다. 그 위기감이 만주국을 제제로 급발진시킨 원동력이 되어 다음과 같은 논의로 모아져 갔다.

제국 비상시의 최고조기인 1936년에는 만주의 사태를 통해 정세의 모든 전환에 대처하기 위해, 이를 통일·안정된 상태에 둘 필요가 있다. 이를 위해 채택해야 할 수단은, 원래 하나만 가지고는 부족하지만 만주국 군주제의 확립으로써 그 가장 적절한 조치로 한다. (…) 그리하여 군주제의 확립이 하루라도 빠르면 1936년의 만주국 사태의 안정에 하루를 벌 수 있기에 그 시기는 될 수 있는 한 가까워질 필요가 있다.[71]

그러면 제제로 하는 것이 왜 만주국의 안정과 국제적 위기에 대처할 수 있는 가장 좋은 방책이 될 수 있는 것일까? 일본이 제제를 채용한 의도에 대해 E. 스노는 푸이를 괴뢰황제로 삼음으로써 "일본 측의 의도를 모두 황제의 생각이라고 하면서 만주국의 제반 사건을 간단하게 처리할 수 있다. 정식의 영토병합협정에 푸이가 서명하는 경우에도, 만주국이 중국, 소련, 기타 열강에 선전포고하는 경우에도 더욱 적은 수고와 비용으로 이를 처리할 수 있다"라고 생각했기 때문이라고 추정하고 있다.[72] 물론 이런 저의가 있었다고는 하지만 일본 측의 문서에서 그런 점이 표면에 드러난 적은 없다. 오히려 그 대부분은 민주공화제에 대한 이데올로기적 반발이거나 "일본도 제제이기 때문에 역시 저쪽도 같은 형태가 되는 편이 좋다"라는 의견으로 표명되었음에 지나지 않았다.[73] 그러나 당시 일본인에게 국체를 명징(明徵)하는 것은 그 자체로 충분한 정치적 의의를 가진 것이었음을 잊어서는 안 된다.* 또한 타이완과 조선이라는 식민지와의 균형과 통일적 지배라는 관점에서도 제제가 바람직하다고 생각하기도 했다. 그러나 현실적인 요청은 로야마 마사미치가 지적하고 있는 것처럼, "모든 수국(守國)의 원도, 경방의 장책은 일본제국과 협력동심"하는 형태로 만주국을 통치하면서 "만주국의 국가기구와 정치 양식이 우리 일본과 현저히 격절되는 것은 불가능"하다고 본 점이 컸다고 생각된다.[74] 그것은 이미 일계 관리의 진출에 의해 진행된, 일본의 법률체계, 행정 양식의 이식의 결과이기도 하면서 나아가 강력하게 일만일체화를 추진하기 위한 전제이기도 했던 것이다.

그리고 제제 실시와 더불어 정부조직법은 조직법으로 개정되었고, 중화민국의 대총통에 대부분 준거하고 있던 집정에 대한 규정은 대일본제국 헌법의 천황 규정에 의거하여 개정되었다. 황제의 지위가 형식

---

* 이와 관련하여 당시 일본 국내에서 일어나고 있던 국체명징운동을 살펴볼 필요가 있다. 군부, 우익이 천황기관설을 배격하며 국체명징 문제를 제기했는데, 1935년 2월 귀족원에서 미노베 다쓰키치(美濃部達吉)의 천황기관설을 배격하는 연설이 행해졌고, 곧이어 불경죄로 미노베가 고발되었다. 군부, 우익 외에 세이유카이도 내각을 무너뜨리기 위해 이에 동조하였는데, 4월 오카다 내각은 미노베의 저서를 발금 처분하며, 8월과 10월 두 차례에 걸쳐 국체명징을 성명했다. 미노베는 9월 귀족원 의원을 사임하였고, 이후 언론통제가 강화된다. 정부는 나아가 11월 교학쇄신평의회를 설치하여 1937년에 《국체의 본의》를 간행하였는데, 여기서는 자유주의·민주주의의 기초로서의 개인주의를 배격하고 황실을 종가로 하는 '일대 가족국가'로 일본을 규정했다.

적으로 얼마나 천황과 비슷한지는, 주된 개정 부분을 다음의 표에서 대조해 보면 금방 알 수 있다.

만주제국 조직법	대일본제국 헌법
제1장 황제	제1장 천황
제1조 만주제국은 황제가 이를 통치한다.	제1조 대일본제국은 만세일계의 천황이 이를 통치한다.
제위의 계승은 따로 정하는 바에 의한다.	제2조 황위는 황실전범이 정하는 바에 의하여 황남자손이 이를 계승한다.
제2조 황제의 존엄은 침해되지 않는다.	제3조 천황은 신성하며 침해받지 않는다.
제3조 황제는 나라의 원수로서 통치권을 총람하고 본법의 조규에 의해 이를 행한다.	제4조 천황은 나라의 원수로서 통치권을 총람하고 이 헌법의 조규에 의해 이를 행한다.

이처럼 전 인민에 대해 시정상의 모든 책임을 지는 집정의 지위는, 존엄불가침이고 국무상으로도 형법상으로도 책임을 추궁당하지 않는 황제의 지위로 크게 전환했다. 그러나 말할 것도 없이 만주제국에서 법제상의 규정은 조금도 내실을 보증하는 것이 아니었다.

예를 들면 황제는 "육해공군을 통솔한다"(조직법, 제11조)라고 하여 대일본제국 헌법에 있는 "천황은 육해군을 통수한다"(제11조)와 규정상으로는 거의 동일했다. 그러나 만주제국에서는 육해군 조례에 의해 황제의 통솔(통수)권은 군정부대신(제제로의 이행에 따라 각부 총장은 대신으로 개칭되었다)에 위임되어 있어, 황제는 천황처럼 자신의 고굉(股

肱: 팔과 다리)처럼 의지하며 친재(親裁)할 군대를 가지지는 못했다. 그렇다고 군정부대신이 통솔권을 장악하고 있었는가 하면 실은 그것도 인정되지 않았다. 만주국군은 만주국의 관제와 법규에는 전혀 드러나지 않는 시스템으로 움직이고 있었기 때문이다. 그것이 군정부 고문제였다. 군정부 고문은 신분상 관동군 사령부 소속으로 어디까지나 일본군 군인이지 만주국과는 법적으로 아무런 관련도 없었다. 그럼에도 불구하고 군정부 고문, 특히 최고고문은 절대적인 권한을 장악하고 있었는데, 최고고문을 지낸 사사키 도이치(佐々木到一)의 증언에 따르면 "공공연한 관제는 아니다. 그러나 실제로 최고고문은 군정부대신과 동격이고 최고고문의 승인이 없으면 군령이나 부령은 물론이고 모든 명령, 훈령 등은 효력이 발생하지 않는 것이 관례였다. 이에 관해서는 만인 측에서 누구도 의심을 가지는 자가 없었다"고 한다.[75] 군정부대신과 동격이라고 하면서 최고고문의 승인 없이는 일체의 명령이 효력을 발하지 못한다면 최고고문이 군정부대신보다 실질적으로 우위에 있는 셈이 된다. 이러한 시스템에 의해 움직이고 있던 것이 만주국군이며 황제 즉위 때 총검을 차지 않은 만주국군의 배후에 착검한 총을 가진 일본군이 나란히 서 있었던 그 배열이야말로 두 군대의 성격을 단적으로 보여주는 구도였다고 할 수 있다. 그리고 또한 만주국 육해공군 대원수의 정장 차림으로 거행한 즉위식전을 관동군이 주최했다는 사실에는 당사자들의 의도를 넘어 만주제국에서 강덕제 푸이의 역할과 위치가 아주 상징적으로 드러나 있는 것이다.

이처럼 제제의 채용과 더불어 만주국은 "수국의 원도, 경방의 장책"을 일본에 맡기고 협력동심이라는 명목하에 예속의 길을 걷게 되었다. 또한 푸이는 존엄불가침의 지위를 얻는 대신에 정치적 실권을 법적으로 잃게 되었다. 그러니까 "국무총리대신은 황제를 보필하여 그 책임을 진다"(조직법, 제4조)라고 하여 정치적으로 책임을 지지 않는 황제를 대신해 국무총리대신이 보필 책임을 지는 형식으로 행정상의 총괄자가 되었던 것이다. 그러나 이러한 국무총리대신에의 권한 집중이란 총무청 중심주의에 의한 일계 관리에의 권한 집중일 뿐이었다. 나아가 관동군과 푸이의 관계도 "관동군은 고압전원 같은 것이고 나는 정확·민활한 모터 같은 것"으로[76] 움직여 갔던 것이다.

이처럼 일계 관리와 관동군에 의해 실질적으로 통치된 만주제국에서 푸이는 황제로서의 권위와 실력을 요구했다. 그리고 푸이는 그 방책을 1935년 최초의 방일에서 발견했다. 그것은 "일본에서의 천황의 지위는 만주국에서의 나의 지위와 같기에, 일본인은 천황에게 하는 것과 똑같이 나에게도 해야 할 것이다"라는 논리에 따라[77] 천황의 권위에 스스로를 동화하고 일체화하는 것이었다. 푸이는 회란(回鑾: 귀국) 후인 5월 2일 〈회란훈민조서〉를 발하여 "짐, 일본 천황폐하와 정신일체이므로 너희 중서(衆庶)는 진정으로 우러러 이 뜻을 체득하고 우방과 일덕일심으로써 양국 영구의 기초를 전정(奠定: 다짐)하여 동방도덕의 진의를 발양하여야 한다"라고 선명했던 것이다.[78] 이 조서는 일만 친선관계의 '대헌장'이라 불리며, "천황폐하의 정신과 일체인 이상, 양 제국은 모든 것에 있어서 일체이고 일만은 일덕일심일체(一德一心一體)이다"라고 하는 논조가 흘러넘치게 되었다. 그리하여 이 일만 일덕일심, 정신일체의 강조는 일본 측에서 강제한 것 이상으로 푸이 자신의 발의이며, 조서 초안에 "짐, 일본 천황폐하와 정신일체다"라는 자구는 직접 가필한 것이었다. 또한 푸이는 〈회란훈민조서〉 환발(渙發: 임금의 명령을 널리 세상에 알림) 전날 일본인·만주인 문무관 요인을 궁중에 모아 40분이나 되는 긴 연설을 했다. 푸이에 의하면 그 연설은 "사전에 일본인과 전혀 상담하지 않았고 원고도 준비하지 않았지만 청산유수였다"고 한다.[79] 푸이의 자서전에서는 이 연설에서 "만주국 황제에 불충한 자가 있으면 그것은 곧 일본천황에 대한 불충이고 일본천황에 불충한 자가 있으면 바로 만주국 황제에 불충하는 것"이라고 훈시했다고 기록되어 있다.[80] 푸이는 자신과 천황을 정신일체로 함으로써 자신에 대한 충성을 확보하고자 했고 그것이 불가능하더라도 천황에 대한 불충이라는 낙인을 들고 나옴으로써 일계 관리와 관동군을 견제할 수 있기를 바랐다. 천황에 대한 재만 일본인의 충성심을 역이용했던 것이다.

그러나 푸이의 전략은 반드시 성공을 거두지는 못했다. 일계 관리와 관동군 군인들에게 푸이를 천황과 동일시해야 할 필연성 같은 것은 어디에도 존재하지 않았기 때문이다. 그럼에도 불구하고 일본인은 만주국의 제제를 천황제와 유사한 형태로 만드는 것에는 이상할 정도로 열의를 보였다. 천황제의 황실에 대응하여 제실이 만들어졌고, 국화 문장에 대응하여 제제 실시 후 일본식으로 난화(蘭花)가 문장이 되었다. 이외에 궁성(宮城)에 대응한 제궁(帝宮), 행행(行幸)에 대응한 순수(巡狩: 나중에 순행巡幸), 어진영(御眞影)에 대응한 어용(御容: 나중에 어영御影), 황위에 대응한 제위, 황후에 대응한 제후라는 식으로 만주국 제제는 천황제의 모조(模造)로서 만들어져 갔던 것이다. 그러나 그 신경질적이기까지 한 용어의 분별적 사용이 보여주고 있는 것은 황제와 천황의 동일화보다 차이화에 대한 지향이 강하다는 점이다. 일만 일덕 일심이라고 하면서 황제는 어디까지나 천황의 하위에 선 '작은 황제'로서 위치지어져 있었던 것이다. 그리고 관동군은 거꾸로 일계 관리와 관동군을 견제하려 한 푸이의 논리를 다시금 되받아쳤다. "만주국 황제는 하늘의 뜻, 즉 천황의 대어심(大御心)에 기초하여 제위에 오른 것으로 황도연방의 중심인 천황을 받들고 천황의 대어심으로써 마음을 이루는 것을 재위의 조건으로 한다"라고 하며[81] 천황에 대한 충성과 종속이 재위의 조건임을 노골적으로 드러냈던 것이다. 게다가 "관동군 사령관은 천황의 미나시로(御名代)*로서 황제의 사부이며 후견자여야 한다"고 하여[82] 관동군 사령관이야말로 천황의 대어심으로 황제를 교도하고 후견하는 사람이라고 선언하였다. 이렇게 하여 관동군 사령관은 황제 위에 선 '태상황(太上皇)'이라 여기기에 이르렀다. 이에 대응하기 위해 푸이는 관동군조차 건드릴 수 없는 근원적이고 초월적인 요소로써 천황과 자신을 동일화하여 일계 관리와 관동군을 누르고 황제로서 누구보다 우월한 권위를 가질 방도를 모색하게 되었다.

그리하여 이윽고 푸이는 자신이 살아갈 의미였을 청조 조종을 제사지내는 것을 그만두고 천황의 조신인 아마테라스오미카미(天照大神)를 건국의 신으로 받들며 일본의 신도를 국교로 정함으로써 아라히토가미(現人神) 천황과 동일한 신격 및 권위를 얻는 길을 선택하기에 이른다. 물론 그것은 푸이 자신이 생각해낸 것은 아니고 관동군과의

---

* 고대 일본에서 천황·황후·황자의 이름을 전하기 위해 그 이름 또는 거소의 이름을 붙인 황실의 사유민을 일컫는다.

접촉 과정에서 떠오른 것이었다. 관동군은 1937년 8월 일만 일덕일심과 민족협화를 철저히 하기 위해 만주국 각 민족 신앙의 중심이 되는 신을 정하고 건국신묘를 창건할 것을 만주국 정부에 요망했다. 정부는 국무원 기획처와 협화회 중앙본부에서 논의했지만 제사지낼 신에 관해 여러 가지 설이 분분하여 결론을 얻지 못한 채 중단되고 말았다.

그러나 1940년 황기 2600년 경축을 위해 두 번째 방일을 앞둔 푸이는 황실 사무를 담당한 요시오카 야스나오(吉岡安直)의 발의를 받아들이는 형태로 건국신묘를 창건하고 아마테라스오미카미를 봉사(奉祀)할 것을 결의했던 것이다. 일본에서 귀국하자마자 푸이는 7월 15일 〈국본 전정조서〉를 발했다. 거기서는 만주국 건국과 흥륭이 모두 아마테라스오미카미의 신휴(神庥: 신의 비호)와 천황폐하의 보우(보호)에 의한다는 인식이 강조되었다. 게다가 "삼가 건국신묘를 세워 아마테라스오미카미를 봉사하고 숭경(崇敬)을 다하며, 몸을 바쳐 국민의 복지를 기원하고 그를 모범으로 삼고 영전(永典)으로 삼아 (…) 간절히 바라건대 국본(國本)이 유신(惟神)의 길로 안정되며 국강(國綱)은 충효의 가르침에 따른다"라고 선언했다. 이 조서 이후 만주국은 "아마테라스오미카미의 신휴와 천황폐하의 보우"에 의해 존립하는 것으로 여겨지게 되었고, 일만일체화는 동일한 건국신을 가지는 것으로까지 나아갔다. 그리고 이세(伊勢) 신궁*에 대응하여 건국신묘가, 야스쿠니(靖國) 신사에 대응하여 건국충령묘가 건립되었다. 이러한 과잉동화라고도 할 만한 시도에 대해서는 일찍이 일본 정부 및 황실, 일본의 신도가(神道家),

---

* 일본 미에현 이세시에 있는 황실의 종묘.

나아가서는 만주국 정부, 관동군 내부에서도 우려의 목소리가 있었다. 푸이가 쇼와 천황에게 아마테라스오미카미를 만주국에 맞아들이기를 희망했을 때도 천황은 "폐하가 그렇게 바라는 이상 그 뜻에 따르지 않을 수 없다"라고만 대답했을 뿐, 궁중으로부터 신체(神体)인 거울을 봉납해 달라는 부탁은 들어주지 않았던 것이다. 가타쿠라 다다시는 일기에서 "오늘날 만주 황제는 건국신묘와 요시오카 소장을 이용하여 제위의 안태를 꾀한다"(1940년 7월 7일)라는 소감을 기록하고 있다.[83]

확실히 건국신묘를 궁정 내에 창건하고 스스로 아마테라스오미카미를 봉사하는 것은 제위의 안태와 관련되었을지도 모른다. 그러나 조상 숭배를 첫째로 하는 중국인의 관습을 짓밟고 타국의 신을 봉사하려는 시도는, 푸이 자신이 인정하고 있듯이, 조상을 바꾸는 것으로서 "전 동북인민의 조소와 매도"를 불러왔다.[84] 아니 그에 그치지 않고 "누구라도 신묘 앞을 지나갈 때는 90도로 절을 해야 하고, 그러지 않으면 〈불경(죄) 처벌법〉에 의해 처벌되"는 고통과 재액을 사람들에게 강요하게 되었던 것이다.[85] 게다가 모든 중국인의 조소와 매도, 그리고 고통과 재액을 대가로 하여 푸이가 손에 넣으려 한, 천황과 동등한 지위와 권위는 결국 푸이의 수중에 들어오지 않았다. 처음부터 푸이의 제국에는 원래 제국이라면 가지고 있어야 할 가장 근본이 되는 세 가지가 결여되어 있었다고 독일의 어느 저널리스트는 보고 있었다. 그 세 가지란 헌법, 궁전, 황족이었다. 만주국에서는 황족을 제족이라 불렀는데, 그에 대한 법적 규정도 없어서 황제(皇弟) 푸체(溥傑)*조차 제족

---

* 1907~1994. 푸이의 동생. 일본 귀족이 다니는 가쿠슈인(學習院)·육군사관학교·육군대

으로 인정되지 않아 아들이 없는 푸이에게 제족은 한 사람도 없었던 것이다. 그리고 이 헌법 없는 국가, 궁전 없는 궁정, 황족 없는 황제에 의해 통치되는 국가인 만주제국을 보고 '삼무국가(三無國家, Three have-not nation)'라 불렀다고 한다.[86] 그러나 고독한 황제가 군림하고 있는 제국에 가장 필요하면서도 정작 없었던 것은 헌법도 궁전도 황족도 아닌, 무엇보다도 황제를 환호로 맞이하는 국민이 아니었을까.

현재 중국 창춘시에는 미완성의 황궁이 전후 중국 사람들 손에 의해 완성되어 디즈(地質)학원으로 장대한 모습을 드러내고 있다. 그러나 푸이가 원래 지헤이 각운국(吉黑榷運局)*을 개장한 궁정에 있었을 때 관동군 사령부와 국무원 각부는 이미 광대한 대지에 천수각(天守閣), 국회의사당, 가부키좌, 구단(九段)회관, 도쿄 국립박물관 등을 떠올리게 하는 청사를 차례차례 완성하여 그 위용을 자랑하고 있었다. 권력은 눈에 보이는 형태로 정연하게 배치되어 정치적 공간 장치를 형태 짓고 있었다. 그리고 '성'이라 불린 관동군 사령부에 비해 너무나 빈한한 궁정에 있으면서 푸이는 "때리고 호통치고 점보고 약 먹고 두려워할" 뿐인 생활을 보내고 있었던 것이다.[87] 그것이 푸이가 꿈속에서도 다시 즉위할 날만을 그리던 바로 그 황제 자리의 현실이었고 천황과 동일시하려 했으나 결국 할 수 없었던 것의 귀결이었다. "역사상의 대

학을 졸업하고 만주국 군인이 되었다. 2차대전 후 소련에 억류되었다가 1960년에 특사로 풀려났다. 이후 전국인민대표대회 대표가 되었다. 그는 일본 귀족의 딸인 하오(浩, 일본명 히로)와 정략결혼을 하였는데, 하오의 자전인 《'유전의 왕비'의 쇼와사》에 그에 대한 기록이 있다.

* 지린성과 헤이룽장성의 소금·담배 등의 전매를 담당하는 관청.

사건과 대인물은 두 번 나타난다"라는 헤겔의 말에 "다만 한 번은 비극으로 두 번째는 희극으로"라고 덧붙여야 한다고 마르크스는《루이 보나파르트의 브뤼메르 18일》에 적고 있는데, 푸이의 강덕제로서의 군림도 이에 해당할지 모르겠다.

청조 마지막 황제 선통제는 만주제국 초대 황제 강덕제로서 다시 한 번 역사의 무대에 나타났지만, 그 후 다시 제위에 오르는 일은 없었다.

5. 일만일체의 배리 — 통치를 둘러싼 대립

"만주국의 구성요소인 각 민족은 거의 예외 없이 사변 초기의 열렬한 기대를 점차, 그러나 직선적으로 냉각시켜 가고 있다."[88] 부자유스러운 발을 이끌고 만주사변 이래 만주 각지를 걸어 다녔던 인상을 다치바나 시라키는 그렇게 기록하고 있다. 만주국에 대동사회를 실현한다는 꿈을 걸었던 다치바나. 그리고 "만주국의 구성요소인 각 민족이 그들이 창조한 국가에 만족하여 그것을 지지하는 것, 환언하면 국민의식을 각 민족 사이에 부식하는 것"을[89] 만주국 존립의 불가결한 조건으로 보고 그것을 확인하기 위해 각지를 직접 방문했던 다치바나. 그런 다치바나가 보기에 건국으로부터 2년 반이 지난 시점에 만주국에 대한 각 민족의 태도는 그의 희망과는 "정반대의 방향을 가리키는 것"이라 하지 않을 수 없는[90] 상태가 되어 있었다.

그러나 다치바나의 고충을 떠나, 일본인을 제외한 각 민족 사람들이 당초부터 만주국을 자신이 창조한 국가로 생각하며 기대를 품고 있었는지, 그것조차 실은 문제였다. 일반 사람들은 말할 것도 없다. 건국 공작에 가담하여 신정부에 이름을 올린 사람들에게도 만주국과 그 정부가 자신들이 창조한 자신들의 것이라는 의식은 희박했다. 그리고 그런 만큼 거꾸로 일본인의 만주국 지배에 대한 반발도 가슴속에서 끓어오르고 있었던 것이다. 그러면 왜 만주국 관리가 되었는가? 이러한 E. 스노의 질문에 대해 어느 중국인 관리는 만주국 관청에서 일하고 있는 중국인 대다수는 자기 재산과 신변의 안전을 지키기 위해서, 혹은 도망가면 가족이 모두 살해될 것이 두려워서 어쩔 수 없이 여기에 머물러 있는 것이지 결코 좋아서 일하고 있는 건 아니며, 또한 많은 중국인 관리는 반일감정을 가지고 있고 성과 시의 공무원 중에는 반만항일운동을 은밀히 원조하고 있는 사람도 많다고 어렵게 대답했다고 한다.[91] 게다가 이러한 반발은 어쩔 수 없어서 만주국 관리가 된 사람들에 한정된 것이 아니었다. 그러한 감정은 만주국에 적극적으로 참가했던 사람들에게도 마찬가지로 공유되고 있었다.

불이 났을 때에는 소방대를 꺼릴 수 없다. 어떤 것이라도 환영한다. 그러나 진화 후 어떤 집을 건축하는가는 집주인의 권한이지 소방대가 이래라 저래라 주문할 사항이 아니다.[92]

이렇게 발언한 교통부 총장 딩젠슈(丁鑑修)에 대해 기쿠치는 "단언컨대 그는 시종일관 친일파의 한 사람이었다"라고[93] 덧붙이고 있다.

기쿠치의 말대로 1910년 와세다대학 정치경제학과를 졸업한 딩젠슈는 만주사변 발발 후 재빨리 관동군에 협력하여 펑톈 지방유지회 위원, 선하이 철로보안유지회 회장, 둥베이 교통위원회 위원장을 지내며 건국 공작을 지지하였고, 건국 후에도 교통부 총장(대신), 실업부대신, 만주전업(電業) 사장 등을 역임한 친일파 만주국 요인 가운데 한 사람이었다. 그러한 그가 이래라 저래라 주문을 받으며 일본 뜻대로 움직이는 것에 대해 불쾌감을 토로하지 않을 수 없었던 것이다. 그리고 얼마나 일본의 뜻대로 움직이고 있었는가를 보여주는, 딩젠슈에 얽힌 에피소드가 그루(Joseph Clark Grew)*의 《체일 10년》에 기록되어 있다. 1932년 7월, 딩젠슈는 만주국 승인을 요구하기 위해 일본에 와 있었고 거기서 내외 기자단과 회견을 하게 되었다.

딩젠슈가 들어서자 갑자기 일곱 명 정도의 일본 관리가 그를 둘러싸버렸다. 외국 특파원들은 이것 참 재미있는 일이구나 하고 생각했다. 그래서 한 사람이 "당신은 만주국의 완전한 독립에 찬성합니까?"라고 질문하자 그는 그렇다고 했다. 그러자 일본인 가운데 한 명이 무언가 그의 귀에 대고 수군거리고 나니까 딩젠슈는 "만주인의 민족자결에 따라……"라고 덧붙이는 것이었다. 다른 특파원이 일본의 만주국 승인에 대해 질문하자 그는 또 대답했다. 조금 전의 일본 관리가 일어나 무언가 그의 귀에 속삭이자 딩젠슈는 "그리고 우리들은 마찬가지로 미합중국

---

* 1880~1965. 미국 외교관. 1932년에서 1941년까지 주일 대사를 역임하고 태평양전쟁 개시 후 귀국하였다. 그 후 국무성 극동국장, 국무차관을 역임하였다. 포츠담선언을 기초할 때 트루먼 대통령에게 천황제 존속을 건의했다.

의 승인도 희망합니다"라고 덧붙였다. 너무나도 어처구니가 없어서 특파원들은 금방이라도 큰 소리로 웃을 것 같았다.[94]

이 희화화된 장면이 만주국 통치의 일상이었다. 아니 만주국에서는 이런 장면조차 겉으로는 드러나지 않았다. 관동군의 내면 지도하에 일계 관리의 손에서 아무런 거리낌 없이 통치가 진행되고 있었기 때문이다. 그것이 "기묘하게도 일본의 지배에 대해 가장 격렬한 반감을 가지고 있는 자는 그로 인해 이익을 얻는 무리이다"라는 상황을 낳고 있었다.[95] 그들이야말로 매일매일 굴욕적인 입장을 강요당해, 마음속에 은밀히 증오와 반감을 증폭시킬 수밖에 없었기 때문이다. 특히 일본에서 관리를 데려옴에 따라 "하급관리부터 타이피스트까지 일본인이 들어와서 모든 것이 일본식이 되고 일본의 관공서가 되어버렸다"라고 하여[96] 각 관청에서 근무하는 중국인의 분노는 강했다.

만주국의 각 민족이 기대를 냉각시키고 있다고 다치바나가 보도한 1934년 11월, 오쿠라 긴모치(大藏公望)는 쇼와연구회에서 만주사정 시찰보고를 했는데, 그 보고에서 어느 만주국 중국인 대신이 털어놓은 불평을 다음과 같이 전하고 있다. 조금 길지만 중요한 증언이기에 그대로 인용한다.

만주국의 현재 상황은 하나도 좋은 것이 없다. 예를 들면 혼조 장군 당시 중앙정부의 관리는 만주인 6에 대해 일본인 4였다. 그런데 현재는 일본인 9에 만주인 1의 비율이다(오쿠라의 주석: 실제는 일본인 72%, 만주인 28%). 그러한 만주인 관리도 아첨하는 놈, 학력 없는 놈만 채용하고 이를 두고 또 무능하다고 하고 있다. 공문서와 그 외 관공서의 일은 죄다 일본식이다. 그들이 만주국 정부를 빼앗을 심산이라고밖에 생각할 수 없다. 봉급도 일반 만주인 관리는 170원 이상은 받을 수 없고 게다가 그만큼 받는 자는 손으로 꼽을 정도밖에 없다. 일본인은 거기다 가봉(加俸)이 80% 붙는다. 도대체 이 나라의 주인이 누군지 모르겠다. 군(軍)은 물러나면서 만주국의 정치를 맡긴다고 언명했지만 그것은 만주국의 일계 관리에게 맡긴다는 것에 지나지 않았다. 게다가 일계 관리에게는 아예 근본 방침이 없다. 만주국 성립 당시 우리들은 일본인과 만주인이 상호 제휴하여 훌륭한 신국가를 건설할 생각이었는데 이런 상황에서는 아무것도 할 기분이 아니다. 화폐 통일만은 오직 하나 일본이 이뤄낸 개선이라고 하지만 그 외에는 모든 것이 장쉐량 시대보다 나빠졌다. 이런 상황에서 만약 일러전쟁이라도 발발한다면 전 만주인은 일본에 반항해서 일어설 것이다.[97]

이 증언을 소개한 오쿠라는 그것이 결코 중국인 측에서 나온 일방적인 견해가 아님을 강조하면서 재만 일본인의 증언도 함께 소개하고 있다. 그에 따르면 신국가에 대한 불평의 원인으로는 아편 전매관·헌병·경찰관의 횡포, 일계 관리의 전횡, 자위를 위한 총기의 몰수 등을 들면서 "만약 지금 군대가 물러난다면 일본인은 전부 살해된다고 해도 과언이 아닌" 상황에 있으며 또한 군부 고관도 "지금 만약 일러전쟁이 일어난다면 일본군 가운데 10개 사단 정도는 만주인을 상대로 싸워야 한다"라고 말했다고 한다.[98] 이들 일본인의 증언은 아마도 현지에서 일상적으로 타민족과 접촉하고 있던 사람들의 거짓 없는 실감이었음에 틀림없다. 그러나 이들 증언을 인용할 필요도 없이 중국인 고관이 든 것 대부분을 관동군과 일계 관리가 사실로 인정하고 있었다.

예를 들면 일계·만계의 급여 격차는 건국 당초부터 일만 비율의 문제와 함께 일계와 만계 간 대립의 초점을 이루었던 것이다. 그 큰 격차를 시정하기 위해 제정된 1934년 6월의 〈문관에 대한 봉급령〉마저도, 각 민족의 생활 정도와 양태에 상당한 차이가 있고 실정에 대응할 필요가 있다고 하여 일계의 천임관(薦任官: 일본의 주임관奏任官*에 해당)에게 본봉의 40%, 위임관(委任官: 일본의 판임관判任官**에 해당)에게 80%의 특별 진첩(津貼: 수당)을 주었을 정도이다. 이때 각 민족은 일률평등의 대우를 받아야 하고 일본이 친선국이라고 한다면 민족평등에 의해 그것을 보여주어야 한다는 논리를 주장했던 시치아·장옌칭·딩젠슈 등에게, 그러한 기안을 본 총무청 주계처 급여과장 후루미 다다유키는 대체로 다음과 같은 요지의 답을 했다고 한다. "평등을 말하기 위해서는 우선 능력이 평등한지를 생각해야 한다. 일본인은 능력이 뛰어나기 때문에 당연히 봉급도 높아야 한다. 게다가 일본인의 생활수준은 높은데, 태어날 때부터 백미를 먹었기 때문에 만인처럼 고량을 먹어서는 안 된다. 또한 친선을 말한다면 일본인에게 조금 더 가져가라고 말하는 것이야말로 진정한 친선이다."[99] 이러한 급여의 민족 차별은 민족협화의 실천을 숭상하던 대동학원 학생들의 큰 반발을 불러일

---

*   고등관 가운데 내각총리대신 등의 기관장이 주천(奏薦)하여 임명한 관리를 가리키는 말로, 3등 이하의 고등관이 이에 해당한다. 2등 이상의 고등관은 칙임관이라 부른다.

** 각 성 대신, 부현 지사 등의 권한으로 임면되는 관리. 고등관 아래에 있는 관리.

으켰으나 결국 그대로 시행되었다. 이에 저항하여 조선인 학생이 국외로 떠나는 사태가 발생한 것에 대해, 이시가키 데이이치(石垣貞一)는 "동기생들에게 깊은 상흔이 되었고 지금도 가슴속의 상처로 남아 있다"라고 추억하고 있다.[100] 이러한 급여의 민족 차별은 1938년 9월에 공포된 문관 급여령에서도 큰 문제가 되었으나 형식적 평등화는 능력 없는 만계를 후대하고 근면하고 능력 있는 일계를 냉대하게 된다는 논의도 나와, 능력주의라는 명목하에 직무진첩과 연공가봉 등에 의한 급여의 민족 차별은 끝내 해소되지 않았다. 1939년에 만주국에서 일본 상공성으로 돌아간 시나 에쓰사부로(椎名悅三郎)는 "천 원 가까운 월급이 갑자기 2백 몇 십 원으로 떨어졌"다고 분노했는데,[101] 경우에 따라서는 일본의 4~5배나 되는 고액의 월급도 일본의 관료가 만주국으로 건너가는 한 원인이 되기도 했다.

그러나 급여의 격차 이상으로 일계와 만계의 거리를 넓힌 것은, 인사권이 일계에 장악되어 있다는 사실이었다. 만주제국의 조직법에서는 "황제는 관제를 정하고 관리를 임면하며 그 봉급을 정한다"(제9조)라고 되어 있고 그것은 국무총리대신의 보필에 의해 행해지는 것이었다. 그러나 그 관제대권이 실질적으로 누구의 수중에 있었던가? 그에 대해서는, 국무총리대신 정샤오쉬가 사임했을 때, 황제 푸이가 민정부 대신 짱스이를 밀고, 정샤오쉬가 젠다오 성장 차원성(蔡運升)을 후임으로 추천했음에도 불구하고, 관동군의 명령에 따라 참의부 의장 장징후이가 취임했던 사실이 여실히 말해준다. 장징후이의 기용에 대해 국무원 비서처장인 가미오 가즈하루(神尾弌春)는 "일본어를 모르고 한적(漢籍)도 읽을 줄 모르며 국정에 대해 발언할 것 같지도 않다는 것을 관동군이 높이 샀던 것이리라"라고 추측하고 있다.[102] 그리고 이 인사와 더불어 만주국 정부 내의 양대 세력을 이끌고 있던 짱스이는 참의부 의장으로, 시치아는 궁내부대신으로 전임되었다. 일찍이 차기 국무총리로 거론되던 짱스이의 정치적 역량은 모두들 인정하는 바였고 푸이도 그를 활용하여 발언력을 강화하려는 희망을 가지고 있었다는 점, 그리고 시치아가 일만 비율과 일만의 급여 격차에 대한 격렬한 비판자이면서 만몽동지 협진회를 결성하여 만몽민족의 단결을 도모하며 한(漢)민족과 협화회에 대항하는 자세를 보이고 있었던 점 등을 감안하면, 이 조치가 두 사람의 실력자를 정치의 중추로부터 탈락시켜버리려는 의도에서 나온 것이 분명하다. 이미 1934년 10월, 4성제를 10성제로 바꾸어 중앙통제 강화를 도모한 성제개혁 때에 성장 겸무가 해제된 두 사람은 자신의 권력 기반으로부터 멀어져 거기로부터도 뿌리가 뽑혀버렸는데, 이제 다시 참의부와 궁내부에 갇히게 되어 정치적 영향력을 현저하게 상실해 갔다.

이에 비해 하얼빈이라는 권력 기반을 잃은 이래로 "가을 석양을 생각나게 한다"고 평가받아 짱스이, 시치아보다 한참 뒤처진 감이 있던 장징후이는 정치적 세력이 취약하기 때문에 오히려 국무총리대신에 오르게 되었다. 장징후이는 장쭤린과 함께 일러전쟁 때 일본군에 호응하여 러시아와 싸운 경험 때문에 만주국은 중국인만의 나라라고 생각해서는 안 되고 일본인·만주인이 함께 자기 나라라고 생각해야 한다는 생각을 가지고 있었다. 그리고 "이 기초에 서서야 비로소 만주는 번영한다. 젊은 사람은 이 역사를 알지 못하고 일본인을 방해한다. 이것은 잘못된 것이다"라는 만주국관을 공언하고 있었다고 한다.[103] 이것도 당연히 장징후이를 발탁한 요인이 되었을 것이다. 장징후이는 만계 관리로부터 '하오하오(好好) 선생'이라 불렸을 정도로 관동군과 총무장관의 지시에 "예! 예!" 하면서 복종하는 예스맨으로 여겨지고 있었다. 그러나 정확하게 평가하면 장징후이는 만주국 통치에 관여할 적극적 의사를 처음부터 가지고 있지 않았다고 해야 할지도 모르겠다. 장징후이의 비서를 10년 동안 지낸 마쓰모토 마스오(松本益雄)에 의하면 장징후이는 "틈만 나면 혼자 이 방(총리실) 안에서 정좌나 사경(寫經: 경전을 베끼는 일)에 빠져 있었다. (…) 그런 모습에는 어딘지 깨달음을 구하는 고승을 연상시키는 면이 있었다"라고 한다.[104] 마쓰모토는 또한 장징후이가 "인사 같은 것에 대해서도 거의 말을 하지 않았으며 사람에 대한 호오(好惡) 등도 전혀 얼굴에 드러내지 않"는 태도를 견지하였고, 국무원 회의에서도 총무청안에 "반대 의견을 고집한 예는 일찍이 없었다"라고도 증언하고 있다.[105]

이러한 정치행동을 취한 장징후이 아래에서 총무청 중심주의가 더욱 진전된 것은 말할 것도 없다. 이미 언급했던 것처럼 제제의 시행에 따라 황제에게 부여된 대권의 행사는 국무총리대신의 보필에 의해서만 합법적이라고 규정되어 있기 때문에 국무총리대신은 정무에 관해 누구보다 강대한 권한을 가지게 되었다. 국무총리대신에게만 권한이 집중되는 이러한 국제(國制)는 "솔직히 말하면 변태적인 것 중에서도 가장 변태적인, 동서고금에 비할 데가 없는 국가"라 평가되는 것이었는데,[106] 이 강대한 권한이 실은 그대로 총무장관에 의해 행사되었던 것이다. 그 때문에 행정기구 개혁도, 만계 정위 포스트의 경질도 모두 총무장관을 중심으로 한 일계 관리에 의해 결정되었는데, 그것을 장징후이에게 제시하면 "장총리가 언제나처럼 조금의 동요도 없이 자세히 보고 '좋아, 이걸로 하지'라고 답하"면[107] 일단 낙착을 보는 식이었다. 이러한 시스템에 의해 인사가 결정되는 이상 임면의 기준이, 총무청이 추진하는 정책에 대해 협력적인지 아닌지에 기우는 것은 필연적이리라. 나고야 고공(名古屋高工)을 졸업하고 뛰어난 일본어로 만주사변 후 정계에 진출하여 재정부대신, 경제부대신을 역임했던 한윈제(韓雲階)가 면직된 것은 농지 강제매수와 산업통제를 비판했기 때문이라고 한다. 실업부대신 딩젠슈가 만주전업(電業) 사장으로, 민생부대신 쑨치창(孫其昌)이 참의부 참의로 쫓겨난 것도 경제정책에 대해 불만을 터트렸기 때문이라 한다. "관동군이 모든 인물을 평가하는 유일한 척도는 일본에 대한 태도였다"라고 푸이는 말하고 있는데,[108] 총무청의 일계 관리도 또한 만계 관리에게 동일한 척도를 적용했던 것이다.

그렇기 때문에 그런 평가 기준을 취하는 한, 중국 정계·경제계와 긴밀히 연결되어 있지 않지만 일본의 정책 방침과 행정 양식에 대한 이해를 가진 일본 유학 경험자가 중용되는 것은 당연한 일이리라. 1942년 9월 건국 10주년을 맞아 행해진 인사 대이동은 정말로 "건국 공작 이래의 잡다한 일들"을 일소하고 일본 체제 경험자를 동원하여 전시체제의 확립을 지향했던 것이다. 이 이동에 의해 "이른바 '건국팀'이라 불리는 늙은 대신이 일선에서 전면적으로 물러나고 이들을 대신해 청년 시대에 일본 교육을 깊이 받은 신진기예가 일제히 발탁되었다."[109] 이때 구츠헝(谷次亨: 교통부대신, 도쿄고등사범 졸업), 옌촨푸(閻傳紱: 사법부대신, 도쿄제대 경제학부 졸업), 싱스롄(邢士廉: 치안부대신, 일본 육군사관학교 기병과 졸업), 위안전둬(阮振鐸: 경제부대신, 만철 남만의학당 졸업), 루

위안산(盧元善: 총무청 차장, 미야기 현립농학교 졸업), 왕윈칭(王允卿: 특명 전권대사, 메이지대학 법과 졸업), 쉬샤오칭(徐紹卿: 펑톈성장, 도쿄제대 농학부 졸업), 왕셴웨이(王賢瑋: 펑톈시장, 도호쿠제대 공학부 졸업), 왕쯔헝(王子衡: 빈장성장, 와세다대학 정치경제과 졸업), 쉬자환(徐家桓: 통계처장, 교토제대 법학부 졸업), 왕칭장(王慶璋: 우정총국장, 도쿄공업대학 졸업) 등이 만계 관리의 중추로 전면에 나서게 되었다. 그러나 이 인사에 의해 만계 관리로의 권한 이양이 이루어진 것은 아니었다. '이등황민'이라는 험담도 있었던 것처럼 어디까지나 일본어에 능통하여 만계 포스트이면서 일계에 준하는 편의성을 평가했음에 지나지 않는다. 그것은 이 인사에 관해 "신진을 발탁했다고 자찬해 보아도 충분한 조치는 되지 않을 것이다. (…) 국민의 대부분이 만계이기 때문에 대신은 모두 만계로 채워져야 한다는 생각은 너무 안이하다. 그런 것을 하나하나 신경 쓰면 협화도 국방도 불가능할 것이다"라는 비판이 나온 것으로도 알 수 있다.[110]

이러한 인사에 대해서도 장징후이는 전혀 이의를 제기하지 않았고, 또한 일본과의 협력을 최우선시하여 자원과 식량의 공출에도 적극적으로 응하는 자세를 무너뜨리지 않았다. 그 때문에 그는 '야오샤게 이샤(要啥給啥: 요구하는 것은 뭐든 준다)' 국무총리대신이라 평가되었다. 그리고 일·만 관계를 '같은 끈으로 묶인 두 마리의 잠자리'에 비유하였으며, 아주 낮은 가격으로 식량을 파는 것에 대한 불만의 목소리에 대해서도 기근 같은 건 "바지 끈을 꽉 조이면 된다[勒緊褲腰帶]"라고[111] 질책하는 등, 그는 일본 측으로부터 일만 친선을 몸으로 실천한다고 칭찬을 받으며 크게 선전되었던 것이다. 또한 일·독·이 삼국동맹을 지지하고 태평양전쟁이 발발하자 재빨리 이에 대한 지원을 표명했으며 왕자오밍 정부를 방문해 일본과의 '동고동락, 동주공제(同舟共濟)'를 호소하는 등, 장징후이는 일관되게 대일협력의 선두에 서 있었다. 그것은 "몸에 밴 노예근성[滿身奴骨]"이라 보일 정도였지만, 그러한 장징후이도 역시 일본의 만주국 통치와 대중국정책에 대해 "내심으로는 상당히 심한 비판이 있었던 것 같았다"라고[112] 마쓰모토 마스오는 관찰하고 있다. 예를 들면 일본의 개척 이민자를 위한 개간지 강제매수에 대해서는 반대를 계속하며 호시노 나오키에게도 가끔 선처를 요구하는 한편, 마쓰모토를 고이소 구니아키 척무대신에게 파견하여 발본적인 개선을 요구했다고 한다. 또한 일중전쟁의 발발을 통탄할 일로 생각하고 조기 해결을 도모하기 위해서는 "일본군은 절대로 난징을 함락해서는 안 된다. 함락하기 전에 어떻게든 화평 방법을 강구해야 한다"라고 단언하고[113] 그 해결을 위해 필요하면 어디든 달려갈 각오를 호시노에게 전했다고 한다.[114] 그러나 장징후이가 내심 가장 분개하고 있었던 것은 일본인이 중국인에 대해 모멸감을 갖고 대하는 것이었는데, 일본어를 알지 못하는 장징후이였으나 '유에쓰칸(優越感)'이라는 말로 일본인을 꾸짖었다고 한다.

이러한 민족협화, 일만일체를 부르짖는 만주국에서 타민족에 대한 일본인의 우월감에 기초한 언동이 눈을 뜨고 볼 수 없을 정도였다는 것은 대본영 육군부 연구반이 정리한《해외지 방인(邦人)의 언동으로 본 국민교육자료(안)》(1940년 5월)에서도 시급한 시정을 요구하지 않을 수 없을 정도였다. 그 가운데 관리들 사이의 대립에 대해서는 다음과 같이 지적되어 있다.

대부분의 일인 관리는 입으로 민족협화의 국책 수행을 부르짖으면서도 아직 내지 관리의 구투를 벗지 못했기에 시정을 요구한다. 게다가 식민지 관리의 폐해인 타민족에 대한 우월감이 강하기 때문에 의식·무의식 속에 수많은 오류를 범하여 만인 관리 이하 일반 만인과의 사이에 대립이 생기고 있다. 그리하여 일인 관리 대 만인 관리의 대립은 주로 일인 관리의 독단전횡과 급여상의 우대 및 만인 관리에 대한 멸시의 경향에 대한 만계 관리의 반감에서 기인한다.[115]

이러한 대립이 생긴 원인으로는 일본과 중국의 행정 처리 방식이 다르다는 것도 이야기되고 있었다. 즉 "일계 관리는 공문을 부하가 답신마저 기안하여 상사에게 가지고 가지만, 만계 관리의 구습은 상사가 열람하고 필요한 지시를 내려 부하에게 주는 식인데 이런 일에서부터 의외로 의견 대립을 불러왔다"는 것이다.[116] 그러나 문제는 이런 행정 양식의 차이가 명확할 경우에는 반드시 일본식이 근대적 문명국가의 것이고 중국식은 봉건적인 것이어서 일본식으로 '개선'되어야 했다는 점에 있다. 그러한 우월감이 나아가 대립을 강화시키고, 양자의 골을 깊게 만들었다. 그리고 이러한 행정의 일본화가 초래한 폐해에 대해 일계 관리도 당연히 인식하고 있기는 했다. 그것은 건국 10년의 치정을 돌이켜 보며 총무청 차장 후루미 다다유키가 한편으로 민족협화에 의한 나라 만들기의 성공을 강조하면서도 다른 한편으로 동시에 다음과 같은 사실이 발생하고 있음을 감출 수 없었던 것으로도 명확할 터이다.

만주국이 복합민족국가이고 그 구성분자 대부분이 만주민족(한漢민족, 만주족)이기 때문에 당연히 만계의 활동 분야를 확대하고 만주국 건설에 대한 최대의 기여·공헌을 기대하지 않으면 안 됨에도 불구하고 일본적 법제·기구 등 제반 제도 이식의 상당수는 만계가 적극적으로 활동할 길을 좁히는 결과를 초래했다. 또한 만계 대중을 대상으로 하는 제일선 현실정치 면에서는 제반 정책의 고도화, 행정의 복잡화는 그들의 이해협력을 곤란하게 만들어 정치·행정의 능률을 현저히 저하시키고 있다.[117]

그러면 이 사실을 인정하면서 이에 어떻게 대처해야 한다는 것인가? 후루미의 해답은 이렇다. "일본적 제반 제도 및 행정 운영 양식은 그 목적·정신에서 아무런 변개의 필요가 없고" 오히려 교통·위생·광공(鑛工) 등의 부문에서는 더욱 "광범위하게 일본적 제도, 행정을 도입할 필요가 있다." 다만 "일반적으로는 일본적인 것의 좋은 점을 만주식으로 여과 흡수되도록 고안·개변을 요하고 특히 제일선 행정은 단순 소박할 정도로 낮추어야 한다." 그러나 제일선 행정을 단순 소박할 정도로 낮춘다는 것은 실은 아주 실현 곤란한 일이라고 후루미는 본다. 왜 그러한가? "일본적 의식·성격하에서 만주적 형태 기술을 살리는 일은 지자(智者)에게서 어리석음을 구하는 것과 같이 어려움을 띠"기 때문이라고 한다. 후루미는 같은 글에서 "일본 민족의 '척도'는 타민족에 대해 융통성이 부족하다. (…) 따라서 이 '척도'를 기초로 하여 세워진 집은 타민족에게는 정말 살기 힘들고 때로는 들어가고 싶지 않은 일조차 있는" 것을[118] 일본 민족은 크게 반성해야 한다고 역설하고 있다. 그러니 그렇게 말한 후루미 자신이, 일본적 의식으로 만주국에 적응된 형태와 기술을 낳는 것을 "지자에게서 어리석음을 구하는 것과 같다"고 뻔뻔스럽게 단정하고 있는 것이다. 뼛속까지 스며든 이러한 의식이야말로, 만신노골(滿身奴骨)이라 비난받았던 장징후이조차 분노를 숨기지 않았던 일본인의 '유에쓰칸' 그 자체가 아니었을까. 그리하여 만주국 행정의 중추를 담당할 만계 참사관도 '허차(喝茶), 두바오(讀報), 랴오톈(聊天)', 그러니까 차를 마시고, 신문을 읽고, 세상 돌아가는 이야기를 하는 것 외에는 아무것도 하지 않는 삼사관(三事官)으로밖에 취급받지 못하고 나날이 일계에 대한 반감을 키워갔던 것이다.

"만주는 일·만 제휴의 나라가 아니라 일·만 투쟁의 나라다." 관동군 막료가 토로한 이 감회야말로 일만일체를 담당한 사람들이 몸으로 보여준 만주국의 실상이었다.

6. 메타모르포제―키메라의 변신

1937년 9월, 육군 참모 작전부장에서 물러난 이시하라 간지는 관동군 참모 부장(副長)으로 전보되었다. 만주국 건국의 중심인물로서 일약 영웅적 존재로 떠받들어지며 개선장군처럼 돌아온 후 거의 5년 만의 관동군 근무였다. 그러나 만주국의 장래에 큰 희망을 품고 의기양양하게 귀환했을 때와는 달리 이시하라의 마음속에는 일중전쟁에 돌입한 일본이 "머지않아 커다란 실패를 안고 중국에서, 타이완에서, 조선에서, 그리고 세계 각지에서 좁은 국토로 퇴각하지 않으면 안 될 운명"에 빠지는 것은 아닐까 하는 생각이[119] 무겁게 드리워져 있었다. 그리고 그러한 사태의 씨앗을 뿌린 것이 다름 아닌 만주국 건국을 주도한 이시하라 등의 관동군 참모들이었음을 이시하라는 통절히 깨닫고 있었다.

본래 사령관 "마음대로 군대를 진퇴시키는 것은 사형에 처한다"라는 육군 형법을 엄격히 적용하면 만주사변을 일으킨 혼조 시게루 사령관 이하 관동군 참모들은 군법회의에서 심문을 받아야 할 것이었다. 그럼에도 불구하고 혼조는 대장으로 진급하고 남작을 수여받은 데다 시종무관장의 중책에 임명되고, 이시하라 등에 대해서도 진급 서훈의 논공행상이 이루어졌기 때문에, 군율과 명령계통을 무시하더라도 결과만 좋다면 상을 받는다는 풍조가 군부 막료 사이에 만연하게 되었다. 그리하여 파견 군인들의 공명심은 작은 이익을 버리고 큰 이익을 취하려고 내몽 공작과 화북에 대한 정치적·군사적 진출로 내달리게 되었고, 이러한 풍조는 이윽고 1937년 7월 7일 루거우차오(盧溝橋) 사건*의 발발로 나타났던 것이다. 이시하라는 불확대 방침을 취했으나 무토 아키라(武藤章)·다나카 신이치(田中新一) 등의 확대파를 제어할 수 없었고, 오히려 이시하라 추방 책동에 의해 관동군으로 전출되기에

---

* 1937년 7월 7일 중일전쟁의 발단이 된 양국 군대의 충돌 사건. 펑타이(豊臺)에 주둔한 일본군 일부가 루거우차오 부근에서 야간연습을 하고 있던 중 몇 발의 총소리가 난 후 사병 한 명이 행방불명되었다. 사병은 용변 중이어서 20분 후에 대열에 복귀했으나, 일본군은 중국군 측으로부터 사격을 받았다는 것을 구실로 펑타이에 있는 보병 연대 주력을 즉각 출동시켜 중국군을 공격해, 다음날 루거우차오를 점령하였다. 7월 11일에는 중국 측의 양보로 현지협정을 맺어 사건이 해결되는 기미를 보였으나 일본 정부는 강경한 태도를 보이면서 군대를 증파하고 28일 베이징, 톈진에 대한 총공격을 개시하였다. 이것이 전면전으로 확대되어 중일전쟁이 발발하게 되었다.

이르렀다.

그리하여 건국으로부터 5년 반이 지난 만주국에 이시하라는 다시
섰다. 그러나 그가 거기서 본 것은 일찍이 자신이 그리던, 성장을 꿈
꾸는 만주국과는 완전히 동떨어진 모습이었다. 일중전쟁 확대를 저지
할 수 없었고 참모본부에서 쫓겨났으며 지금 다시 만주국의 현실에 배
반당한 이시하라는 특유의 격렬한 어조로 관동군과 일계 관리가 통치
하는 만주국에 대한 비판을 펼쳐간다. 우에다 겐키치(植田謙吉) 관동
군 사령관에 대해 일계 관리의 감봉과 인원 정리를 요구하고, 협화회
중앙본부장 하시모토 '도라'노스케 중장을 '네코'노스케로 부르며* 사
람들 앞에서 매도했다. 도조 히데키(東條英機)** 관동군 참모장을 군조
(軍曹: 한국군 체계에서 '중사'에 해당) 혹은 상등병이라 깎아 내리는 동시
에, 내면 지도권을 장악한 관동군 제4과장 가타쿠라 다다시를 황제를
능가하는 만주국의 임금이라 비아냥거렸다. 또한 관동군 사령관의 호
화스러운 관사를 가리키며 "도둑 두목의 집을 보라. (…) 만주는 독립
국이다. 그것을 그들은 도적질했다. 만주국 황제의 집은 국민의 현실
을 고려하여 주거의 개축을 거절하고 있는데 도둑 근성을 가진 일본인

---

*   '호랑이'라는 뜻의 '토라(虎)'를 '고양이'라는 뜻의 '네코(猫)'로 바꿔 부르며 조롱하였다
  는 의미.

** 1884~1948. 육군대장. 정치가. 도쿄 출신. 육군대학 졸업. 육군성 정비국 초대 동원과장
  으로 총력전 준비를 추진하였고, 이후 참모본부 제1과장 등을 역임하였다. 나가타 데쓰
  잔 등과 함께 통제파의 중심인물이다. 1937년 관동군 참모장, 육군차관을 거쳐 제2차,
  제3차 고노에 내각의 육군대신을 역임했고, 영국 및 미국과의 개전을 주장하여 1941년
  에 수상이 된 후 태평양전쟁을 개시했다. 육군대신, 내무대신 등을 겸임하며 독재 권력
  을 휘둘렀고, 1944년에는 참모총장도 겸임했으나 그해 7월에 사이판 패전으로 사임했
  다. 전후 도쿄재판에서 A급 전범으로 교수형에 처해졌다.

은 이를 이상하다고도 생각하지 않는다"라고 통렬하게 비난하며,[120] 우에다 관동군 사령관에게 숙사의 이전을 정중하게 요청했을 뿐만 아니라 군사령관으로서 부적격이라고 직언한다. 이러한 언동이 관동군 수뇌와 일계 관리 사이에서 격렬한 감정적 대립을 불러일으키지 않을 리 없었다. 특히 도조 히데키와의 대립은 증오라고 할 수 있을 정도로 격렬했고, 오랫동안 사제라고도 동지라고도 할 수 있는 관계를 유지해온 가타쿠라 다다시와도 회복할 수 없는 균열이 생겼다.

1938년 8월, 이시하라는 "군부 횡포의 소리가 천하에 가득 찼다. (…) 군부는 본연의 임무로 복귀해야 할 시기가 왔다고 믿는다. 세상보다 앞서 병사들을 전진시킨 관동군은 이제 세상보다 먼저 싸움을 거두어야 한다. 곧 군은 주도면밀한 계획 아래 될 수 있는 한 빨리 만주국의 내면 지도를 철회하고 만주국의 독립을 완성할 필요가 있다"라는 의견서 〈관동군 사령관의 만주국 내면 지도권 철회에 대하여〉를 제출했다.[121] 여기서 이시하라는 내면 지도기관인 제4과를 폐지하여 협화회에 국책 결정권을 줄 것, 정치적 독립을 달성하기 위해 행정관을 만주국에서 자급하는 체제를 만들 것, 중앙정치는 치안, 재판, 징세, 통제경제만을 장악하고 그 외의 행정을 자치로 돌릴 것, 지방에서도 "성차장, 부현장 등 장관을 '로봇'화할 우려"가 있는 일계 정위의 관직을 폐지할 것, 만철 및 관동주를 만주국에 양여할 것 등을 제안했다. 그러나 그 어느 것도 수용될 리 없었기에 이시하라는 만주국에서 몸을 둘 곳을 잃어갔다. 아마카스 마사히코는 "이시하라가 만주에 있는 것은 오늘날에는 만주국에 이득이 되지 않기에 나는 그에게 돌아가라"고 최후통첩을 했다고 한다.[122] 7년 전 만곡(萬斛)의 눈물을 삼키며 독립국가

안으로 전환한 이시하라는 이제 그 만주국이 일본의 종속국가가 되어 버린 것에 만곡의 울분을 품고 사표를 제출하고는 협화회복을 입은 채 초연히 만주국을 떠나지 않을 수 없었다. 그리하여 이를 마지막으로 이시하라는 다시는 만주국에 발을 들여놓지 않았다. 만주국은 명실상부하게 이시하라의 손을 떠나고 말았던 것이다.

아니 이시하라가 만주국에 부임한 1937년에는 이미 만주국이, 건국에 가담한 사람들의 손에서 훨씬 멀어져 능리형(能吏型) 군인, 행정 테크노크라트, 특수회사 경영자라는 철의 삼각추에 의해 운영되는 체제가 되어 있었던 것이다. 그 체제를 상징하는 것이 '2키 3스케'라 불린 호시노 나오키(총무장관), 도조 히데키(관동군 헌병사령관, 관동군 참모장), 기시 노부스케(산업부 차장, 총무청 차장), 아유카와 요시스케(鮎川義介: 만주중공업 총재), 마쓰오카 요스케(松岡洋右: 만철 총재)이다. 그리고 물론 그들을 정점으로 하여 피라미드 저변에 이르기까지 그들과 똑같은 사람들이 수없이 우글거리고 있었다. 또한 일·만 관계에 대해서도 이시하라가 생각하고 있던 것 이상으로 일체화의 움직임이 착착, 게다가 아주 교묘하게 진행되고 있었던 것이다. 1937년 12월 치외법권의 철폐와 만철 부속지 행정권의 이양이 최종적으로 실시되고 동시에 다른 제3국에 대해서도 치외법권을 인정하지 않게 되었기 때문에, 만주국은 주권을 회복하고 독립성을 확보하는 형태를 갖추었다. 이 치외법권의 철폐에 대해서는 "일덕일심의 장의(仗義)에 의해 일본이 만주국의 건전한 발달을 희구하며 대승적 견지에서 내린 하사품에 다름 아니다. (…) 그리하여 국민 가운데 치외법권이라는 갑옷을 쓴 민족의 존재도 사라져 각 민족이 함께 맨얼굴, 맨손으로 악수하면서 협화를 즐길 수 있"게 되었다면서,[123] 일본이 민족협화를 위해 자진해서 특권을 방기했다고 선전했다. 그러나 반드시 이것을 은혜로운 조치라고 볼 수는 없다. 왜냐하면 치외법권 철폐에 의해 만주국은 일본 국민에게 전 영역에 걸쳐 거주왕래의 자유, 농공상 및 그 외 공적이거나 사적인 일체의 직업을 가질 자유, 토지소유권 및 그 외 각종 권리를 향수할 수 있도록 보증하고, 이에 의해 만주사변 이전부터 문제가 되던 일본인의 재만 권익이 모두 공식적으로 확인되었기 때문이다. 게다가 조약에 의해 신사·교육·병무 등에 관한 행정은 일본 정부가 행한다고 한 것 외에 "일본국 신민은 어떠한 경우에도 만주국 인민에 비해 불이익한 대우를 받지 않는다"라고 규정하고 있어,[124] 일본인에 관한 한 맨얼굴, 맨손은 결코 아니었던 것이다. 그러니까 외국을 배제하고 일본인에게 만주국을 일본국내와 동일화한 것이 치외법권 철폐이고 이에 의해 일본과 만주국의 행정 일체화가 도모되었던 것이다.

그리고 이처럼 만주국을 법적으로 일본과 동일 상태에 두고 일본인의 만주 진출을 용이하게 하기 위해서라도 만주국의 전반적 일본화가 필수요건이었다. 지쿠시 구마시치는 푸이가 1935년 5월의 〈회란훈민조서〉에서 선시(宣示)했던 일만 일덕일심을 언급하며 당시부터 "일·만 양국관계를 부모와 자식의 관계로 만들기 위해서는 만주국의 정치·경제·문교·사상 그 외 일체를 적어도 제국의 그것과 비슷한 형태로 재건하지 않는 한 일덕일심의 실태를 현현하는 것은 불가능하다"라고 역설했다.[125] 만주국의 정치와 그 외 일체를 일본의 그것과 비슷하게 만드는 역할을 담당한 것, 그것이 일본에서 들여보낸 행정 테크노크라트, 즉 일계 관리였던 것이다. 그리고 이 일계 관리에 의해 당초 중화민국에 대항적으로 형성된 국제(國制)가 일본 천황제 국가의 '상사형(相似型)' 체제로 재구축되어 갔다. 1937년에는 형법·형사소송법·민법·상인통법(商人通法) 등의 모든 상행위 관련법, 민사소송법, 강제집행법 등의 법령의 일본화가 어느 정도 달성되었다. 그리고 치외법권 철폐를 앞둔 1937년 7월의 감찰원 폐지 등을 포함한 행정기구의 대개혁은 이미 만주국이 중화민국의 국제와 법령에 준거할 필요도 없을 정도로 일본의 체제에 가까운 형태로 재구축되었음을 보여준 것이기도 했다.

그리하여 나날이 일본의 모조 국가로서 만주국을 형성해 갔던 일계 관리에 대해 현지에서 이를 목도하고 있던 모리시마 모리토(森島守人)가 "나는 이 사람들에 의해 군의 전횡적인 수법이 견제되리라 기대하고 있었지만 그 기대는 완전히 어긋났다. 그들이 행한 것은 만주의 실정과 만인의 풍속, 습관, 심리를 이해하지 않고 오로지 이데올로기에 사로잡힌 획일적 행정과 법규만능의 행정일 뿐이었고, 내지에서조차 비난의 표적이었던 속료(屬僚: 관료에게 종속되는) 정치를 만주에 이식하여, 그 때문에 '토비(土匪)'에 버금가는 '법비(法匪)'라는 신조어마저 만들어지기에 이르렀다"라고 증언하고 있는 것은[126] 일계 관리에 의한 만주국가 통치의 특질을 드러내는 것으로서 주목된다. 순천안민·인애·왕도와 협력이라는 다양한 아시아적 언사, 그리고 서양 여러 나라들의 제국주의적 지배에 대한 반발과 그로부터의 해방이라는 만주국 건국이념에도 불구하고 만주국 통치의 정당성 근거는 결국 서양 근대가 낳은 법에 의한 지배에서 구해졌고, 그것이 또한 만주국의 문명화이자 근대국가로서의 표징이라고 여겨졌던 것이다. 즉 '문명을 보

	궁내성	내각	외무성	내무성	대장성	육군성	해군성	사법성	문부성	농림성	상공성	체신성	철도성	척무성	후생성	회계검사원	계
퇴관자 수	8	4	31	65	23	14		114	20	64	35	18	3	4	11	3	417
귀국 후 재임관자 수	1		7	14	4			16		11	11	6		2	3		75

① 원사료의 제목은 〈만주국 관리가 되기 위해 퇴관한 자의 인원조사〉, 《고노에 후미마로 공 관계자료》, 요메이(陽明)문고 소장.
② 원사료에는 비고에, "내무성의 지방부국, 척무성 관계 외지 등을 포함하지 않는다. 관동국은 미집계"라는 단서가 붙어 있다.

급시키는 사명(mission civilisatrice)'이 지배의 정당화 근거가 되었다는 점에서, 일본도 또한 자신이 비판한 바로 그 서양 제국주의의 식민지 지배와 다르지 않았던 것이다. 아니 법규의 적용에 대해 일본인이 엄밀하면 엄밀할수록 현지 사람들에게는 재액이었을지도 모르겠다.

어쨌든 1932년 7월 대장성의 호시노 나오키, 후루미 다다유키, 마쓰다 레이스케(松田令輔), 다무라 도시오(田村敏雄), 야마나시 다케오(山梨武夫), 아오키 미노루(青木實), 데라사키 히데오(寺崎英雄) 등의 파견으로 시작된 행정 테크노크라트의 만주국 진출은, 위의 표에서 보는 것처럼 일본 각 성에서 고등관이었던 사람만을 헤아려 보아도 상당 수에 이르렀다. 물론 이러한 관료의 파견은 아무 생각 없이 추진된 것은 아니고 만주국 통치정책 과제와 그 변천을 밀접하게 반영한 것이었다. 즉 건국에서 1936년에 이르는, 치안 숙정과 재정 확립이 국가존립의 급무라고 판단되었던 시기에는 금융·재정의 기반 정비와 통화통일을 위해 호시노 등 대장성에서 파견된 사람들 외에 사카타니 기이치(阪谷希一), 겐다 마쓰조(源田松三) 등의 대장성 출신자가 초빙되었고, 또한 치안 유지와 지방제도의 정비를 위해 1932년에는 내무성에서 와카야마현 지사였던 시미즈 료사쿠(清水良策) 외에 시나가와 가즈에(品川主計) 등 21명의 간부직원이 파견됨과 동시에, 관동청에서 다케우치 도쿠카이(竹內德亥), 호시코 도시오(星子敏雄), 시오바라 도키자부로(塩原時三郞) 등이 채용되었다. 이 시기는 또한 우정·통신의 정비도 중요한 정책 과제였는데, 이에 대처하기 위해 체신성에서 후지와라 야스아키(藤原保明), 이이노 다케오(飯野毅雄), 오카모토 다다오(岡本忠雄) 등이 파견되었다. 더욱이 치안 유지는 만주국에 있어 일관된 난제였기 때문에 내무성에서는 그 후로도 다케우치 데쓰오(武內哲夫), 스스키다 요시토모(薄田美朝), 오쓰보 야스오(大坪保雄), 오즈 도시오(大津敏男), 간 다로(菅太郞) 등을 보냈고, 역대 총무장관 재임자 6명 중 4명이 내무성 출신으로 현지사 경험자인 엔도 류사쿠, 나가오카 류이치로(長岡隆一郞), 오다쓰 시게오(大達茂雄), 다케베 로쿠조(武部六藏)로 채워졌다. 혹시 이러한 인사는 만주국 통치가 일본 내정의 연장으로서 일본의 현 정도로 취급되고 있었다는 것을 보여주기라도 하는 것일까. 어쨌건 1933년 치외법권 철폐가 과제로 떠오르자 법령 기초와 사법제도 정비를 위해 사법성에서의 파견이 급증했는데, 후루다 마사타케(古田正武), 마에노 시게루(前野茂), 오이카와 도쿠스케(及川德助), 시바 겐분(柴硯文), 아오키 사지히코(青木佐治彦), 스가와라 다쓰오(菅原達郞), 무토 도미오, 이노 에이이치(井野英一) 등이 끊이지 않고 현해탄을 건너갔다. 사법성에서 파견된 사람들 대다수는 사법관이었기 때문에 3년 후 동기들과 똑같은 대우로 현직 복직을 보증하는 조치가 취해져 로테이션도 빨랐다. 그중에는 건국과 함께 만주국에 건너가 문교부 총무사장이 된 미나가와 도요하루(皆川豊治) 외에 협화회 총무부장이 된 스가와라와 홍보처장이 된 무토처럼 사법 이외의 분야로 활동의 장을 넓혀간 사법관도 적지 않았다.

이처럼 대장·내무·체신·사법 각 성에 일계 관리가 투입됨으로써 1937년까지 독립국가로서의 체제를 정비한 만주국은 그다음 정책 과제로 산업개발을 들었다. 원래 만몽의 각종 자원을 개발하여 일본의 종합 국방력을 증강하는 것은 관동군이 만몽을 지배하고자 한 가장 큰 이유이고 생산력 확충은 만주국 전 시기를 통해 일관되게 추구된 것이었다. 그러나 건국에서 1936년 무렵까지는, 가장 규모가 컸을 때는 30만 명에 이른다고 하는 반만항일운동의 진압으로 눈코 뜰 새가 없었기 때문에, 겨우 1936년에야 만주 산업개발이 정책의 중심 과제로 부각되기에 이르렀다. 그리하여 1937년부터 1941년에 걸친 산업개발 중시 시대로 돌입한다. 이 시대를 상징하는 것이 산업개발 5개년 계획이었다. 그리고 이에 필요한 자금 조달을 위해 관동군은 아유카와 요시스케*의 닛산(日産) 콘체른을 만주국으로 이주시켜 만주중공업개발 주식회사를 설립하게 했다. 그리고 이 정책 추진을 담당하기 위해 초청된 것이 상공성·농림성·척무성 등의 관료였다.

---

* 1880~1967. 실업가. 야마구치현 출신. 도쿄공과대학 졸업 후 시바우라(芝浦) 제작소를 거쳐 도바타(戸畑) 주물을 창립하였다. 1927년 구하라 광업을 정리하여 사장이 된 후 '니혼산교(日本産業, 약칭 닛산)'로 개칭하였다. 산하에 니혼 광업, 히타치 제작소, 니혼 수산, 닛산 자동차 등을 거느리는 닛산 콘체른을 형성했다. 1937년에는 만주중공업개발을 설립하였고, 전후에는 추방 해제 이후 참의원 의원이 되어 일본 중소기업정치연맹을 결성했다.

상공성에서는 건국 이후 다카하시 고준(高橋康順), 오노 기시치로(小野儀七郎), 미노베 요지(美濃部洋次) 등을 보냈는데, 문서과장이었던 기시 노부스케는 "만주의 산업행정에 대해서는 관동군 제4과가 자기 마음대로 하고 있다. 군인이라서 예상이 빗나가는 때도 꽤 많다. (…) 이래서는 안 된다. 산업행정에 대해서는 상공성의 가장 우수한 인원이 처리하고 군인으로부터 산업행정을 빼앗아야 한다. 어쨌든 자신이 하지 않으면 안 된다"라는 생각을 가지고 인재의 파견을 꾀했다고 한다.[127] 그 권유에 응한 것이 시나 에쓰사부로 등 17명이었다. 33년 실업부 계획과장으로 봉임한 시나는 산업개발을 위해서는 자원조사가 불가결하다고 하며 임시 산업조사국을 창설해, 여기서 수집된 데이터는 그 후의 중요 산업 통계법의 입안과 개척지의 선정, 댐 건설 등에 활용되었다. 상공성에서는 시나에 이어 간다 노보루(神田暹), 이나무라 도시조(稻村稔三) 등이 파견되었고, 1936년에는 기시 노부스케가 만주로 건너갔는데, 그 후로는 기시 밑에서 통제경제가 추진되었다. 그리고 이 시기 산업개발 5개년 계획 및 1939년부터의 북변진흥 3개년 계획에 이어 중요 정책으로 추진된 것이 100만 호 이주 20년 계획에 기초한 개척정책(이상의 세 가지가 만주국 3대 국책이라고 불린다)인데, 20년간 100만 호 500만 명의 이주가 목표로 설정되었다. 이것은 20년 후의 만주국 총인구를 5천만 명이라 추정하면 그 가운데 10%를 일본인이 점하도록 설정된 것이었다. 이 개척정책과 그에 수반된 농업정책을 실시하기 위해 농림성에서 노다 기요타케(野田淸武), 이노우에 슌타로(井上俊太郎), 이라코 겐조(五十子卷三), 이시자카 히로시(石坂弘), 구스미 요시오(楠見義男) 등이, 또한 척식성에서 이나가키 이쿠오(稻垣征夫), 모리

시게 다테오(森重千夫) 등이 파견되었다. 나아가 농림차관이었던 고다이라 곤이치(小平權一)가 만주양곡 이사장, 흥농 합작사 중앙회 이사장으로, 척무차관이었던 쓰보가미 데이지(坪上貞二)가 만주척식공사 총재가 되었던 것도 이 시기의 특징을 잘 보여주는 것이다. 그러나 일중전쟁의 확대, 그리고 1939년 독일 개전 등의 영향을 받고, 나아가 노동력과 자재의 결핍, 통제경제에서의 자원배급의 정체 등에 의해 이들 산업개발에 관련된 정책 과제 대부분은 소기의 성과를 거두지 못한 채 끝났다.

그리고 1941년 12월 태평양전쟁 발발 이후, 만주국의 모든 정책은 일본의 전쟁 수행에 기여·공헌하는 것에 집중된다. 그래서 철강·석탄의 증산과 더불어 '일본의 식량 창고'로서 각종 식량의 통제 수하(蒐荷)가 최우선 과제가 되었는데, 일본으로의 식량 공급 요청은 1945년에는 300만 톤에 달하고 있다. 이 시기에는 새로운 점령 지역의 군정요원으로 일본인 관료의 수요가 높았던 점과 식량의 증산·수하에는 만주국의 실정에 통달할 필요도 있어서 새로운 관료 파견은 극히 제한되었다.

그런데 이처럼 일본에서 만주국으로 관료가 파견될 때에는 일계 관리 임면권을 가진 관동군의 지명·초청에 의하는 형식을 밟았지만 실질적인 인선은 일본 정부의 각 성마다 따로 행해지고 있었다. 이것은 관동군이 독자적으로 조달할 수 있는 인재의 범위가 극히 제한되어 있다는 이유와 함께, 각 성도 또한 "성내에서도 장래성 있는 우수한 인재를 현지에 보"냄으로써[128] 만주국 경영의 주도권을 잡는 동시에 인재의 육성도 도모하려 했기 때문이다.

이미 말했던 것처럼 대(對)만주 행정체제로서는 1932년 7월, 관동군 사령관이 임시 특명전권대사와 관동장관을 겸하는 삼위일체제도가 성립되어 있었지만, 이것은 어디까지나 권한을 한 사람이 겸할 뿐이지 행정기관 자체가 통합되어 있었던 것은 아니다. 그 때문에 군 중앙과 관동군은 재만 행정기관을 통합하여 이를 수중에 장악할 기구개혁을 겨냥해 1934년 12월 대만주 사무국의 설치와 관동장관의 폐지를 통해 이위일체라 불리는 체제를 실현시켰다. 이 기구개혁에 의해 그 때까지 외무성, 척무성이 가지고 있던 재만 행정권의 대부분이 관동군 사령관의 통할하에 놓이게 되었다. 그러나 이것은 일본의 만주국 지배가 관동군의 독재체제하에 놓였다는 것과 바로 연결되지는 않는다. 그것은 다른 면에서 보면 "외교·영사 사무 이외의 모든 산업·행정·경찰권을 내각 직속의 대만주 사무국에 귀속"시키는 것이기도 했기 때문이다.[129] 결국 관동군이 만주국 통치를 전담하려는 사태에 대해 "내각 가운데 역시 민간 부문에서 만주국 건국의 창업에 관련을 가지는 기관이 생겨나지 않으면 안 된다고 하는 (…) 민간 부문으로부터의 엄청난 압력이랄까 욕구가 일어났"다는 사실이[130] 대만주 사무국 창설의 원동력이 되었던 것이다.

그리하여 육군대신을 총재로 하는 대만주 사무국에는 대장, 내무, 척무, 상공, 육군 등 관계 각 성의 국장으로 구성되는 참여회의가 부설되었고, 또한 각 성의 만몽 전문가가 사무관으로 모이게 되었다. 이에 의해 "대만주 각 행정에 대해서는 각 성 총참여의 정신"으로[131] 일본 정부가 총체적으로 만주국 통치에 참획하고 정책 조정에 임하게 되었다. 구체적으로는 만주국에서 실시하고자 하는 정책 과제가 발생한 경우, "육군성이 관동군에게 연락을 받아 대만주 사무국에 가지고 가서, 대만주 사무국에서 각 사항별로 각 성에 연락하여 양해를 얻은 후 육군성을 거쳐 관동군으로 되돌아와, 그런 후 만주국에 대해 '오케이' 하는 방식이었다. 일본 측의 요청도 동일한 루트를 거쳐 만주국 총무성으로 전달되었다"는 식이다.[132] 물론 이러한 공식 루트 외에 만주국으로 파견된 관료는 출신 성청의 의향을 정책에 반영하고 있었고 일·만 두 나라 간 협의기관으로 설치된 일만 경제공동위원회, 일만 식량회의 등을 통해서도 일본 각 성청의 통치 의사가 만주국 정부에 전달되었다. 만주국의 관제에서 만주국의 법과 정책은 '각부―총무청―국무원 회의―참의부 회의―황제'라는 간단한 회로에 의해 결정되는 방식이었다. 그럼에도 불구하고 만주국의 정책 결정 과정의 실태는 288쪽의 그림에 나타난 것과 같다. 그것이 아주 복잡한 것은 물론이고 관제와도 현저한 격차가 있었음은 얼핏 보아도 알 것이다. 그리고 이것이야말로 독립국가 만주국의 '독립성'의 질이 어떠한 것이었는지를 여실히 보여주는 것이었다.

이처럼 만주국 통치가 '각 성의 총참여' 체제로 진행되어 만주국으로 가는 인사파견이 각 성의 총체적·조직적 대응으로 제도화됨으로써 파견 관료의 신분 보장이 당연히 문제가 되었다. 그래서 만주국이라는 외국의 관료가 되기 위해 퇴관한 자에 대해서도 만주국 관리로서의 재직 연수를 일본의 그것으로 환산하여 복직을 보장하는 제도를 1936년부터 검토하기 시작하여 1940년에 칙령 제881호로 공포했다. 만주국 정부가 일본인 관료에게는 외국 정부임은 말할 것도 없지만, 그 관리가 되는 것은 국내 각 성청으로 전출되는 것과 질적으로 거의 다를 바

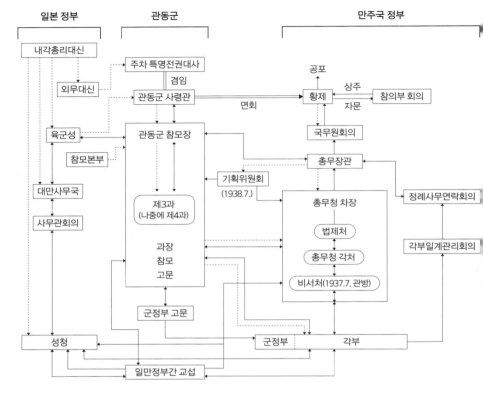

만주국 정책 결정 회로

① ──▶ 는 정책 결정 회로, ·····▶ 는 지휘계통.
② 대만주 사무국은 1942년 11월 1일 폐지. 대동아(大東亞)성 만주사무국으로 이관.

없었다. 그리고 태평양전쟁의 발발과 더불어 이른바 대동아공영권을
형성한 일본은 그 통치기구로서 1942년 11월 대동아성을 설치했다.
이에 의해 척무성과 대만주 사무국은 폐지되었고 만주국 통치의 통
제기관으로 대동아성 내에 만주 사무국이 설치되었다. 만주 사무국은
'만주국에 관한 외정(外政) 사항' 등을 관할하게 되었는데, 도조 히데키

수상은 "대동아권 내에는 외교가 없다"라고 공언하였기에 만주국 통치도 또한 외교가 아니라 내정의 일부로 간주하기에 이르렀다. 충칭(重慶) 방송이 이 조치에 대해 "만주국 및 함락 지역에서 속성(速成)되는 괴뢰 정부 치하에 있는 지역은 앞으로 정식으로 일본의 식민지가 되어 일본 정부 직할의 통치 지역이 될 것이다"라고 논평한 것도 결코 잘못 본 것이 아니었다.[133] 그리하여 외국인 만주국으로의 관료 파견이 국내로의 전출과 마찬가지로 처우되면서 만주국의 통치도 직할 통치와 거의 동등하게 취급되었다. C. 슈미트(Schmitt)가 영국, 프랑스의 식민지 지배 방법을 비판하며 평했던 것처럼, 일본에게 만주국은 국내법적으로는 외국으로서 차이를 두면서도 국제법적으로는 국내와 마찬가지로 타국을 배제하는(staatsrechtlich Ausland, völkerrechtlich Innland) 위치에 서게 되었다.

일·만 관계는 이처럼 독립국으로서의 대등한 관계에서 점점 일본 국내에 준하는 지위로 전화해 갔는데, 이러한 변화는 만주국에서 공표된 문서에서도 명백하게 볼 수 있다. 그러니까 〈건국선언〉(1932년 3월 1일)에는 단지 "이웃에게 손을 빌린다"라고 되어 있지만 〈일만의정서〉(1932년 9월 15일)에는 "일만 양국 간의 선린 관계"라고 되어 있다. 이어서 〈회란훈민조서〉(1935년 5월 2일)에는 "우방과 일덕일심"이라고 해서 '우방'으로 되어 있고, 〈협화회 창립 5주년 기념일 칙어〉(1936년 7월 25일)에서는 "맹방 일본제국에 의지하여 영구히 변하지 않는다"라고 하여 '맹방'으로 바뀌었다. 그리고 〈건국 10주년 조서〉(1942년 3월 1일)에서 "대동아 성전에 힘써 친방(親邦)의 대업을 봉익(奉翼)하고"라고 하여 '친방'이라는 말이 사용되었다. 이 친방의 '친(親)'이란 '친하다'라는 의미가 아니라 '부모'를 가리킨다. 그러니까 호칭이 바뀔 적마다 대등한 관계에서 비대등적 상하관계가 되어 일·만 관계는 "명명(明明)하게 그를 거울로 삼음은 부모와 같이, 목목(穆穆)하게(공손하게) 그를 사랑함은 자식처럼"이라는 친자관계에 비유되었다. 그리고 여기서 말하는 친자관계란 "보본(報本)*의 지성(至誠)을 다한다"(〈건국 10주년 조서〉)라고 하듯이 부모의 은혜에 보답하기 위해 일방적으로 지성과 효양(孝養)을 다해야 한다는 것에 역점이 있었다. 만주국 농민이 기아로 고통을 당하면서 공출한 양곡과 무상의 강제노동이 그 효양의 표시였다. 푸이는 자서전 《나의 전반생》에서 만주국 최후 6년 동안 일본으로 수출된 곡물은 합계 3,662만 톤, 1938년 이후 강제징용에 의해 무상노동을 한 사람은 매년 250만 명에 이른다고 적고 있다.

그리고 이러한 일·만 관계의 변화는 당연히 만주국의 건국이념 자체에 변질을 가져오게 되었다. 즉 "양국의 일체화는 실로 그 근원을 일본 조국(肇國: 건국)의 대이상인 사해동포, 공존공영의 정신, 즉 팔굉일우의 대정신과, 이와 궤를 같이하는 순천안민, 오족협화를 본의로 하는 만주국 건국이 합류합체한 것이다"라고 하였고,[134] 만주국 건국도 팔굉일우라는 황도정신의 현현으로 이야기되었다. 교토제국대학 교수 마키 겐지(牧健二)는 이미 1934년에 "지금 만주국이 왕도국가를 이루기 위해서는 힘을 다해 일본의 황도주의를 참고로 하여 왕가가 영구적으로 태평하도록 해야 한다"라고 왕도주의에서 황도주의로의 전환이 필요함을 강조했는데,[135] 1938년에는 만주국에서도 다음과 같은 우

---

* 태어나거나 자란 근본을 잊지 않고 그 은혜를 갚음.

려가 표명되기에 이른다.

건국 당초는 온통 왕도 일색이었다. 그것이 지금은 어느 사이엔가 황도
로 바뀌어 있다. 게다가 바뀐 이유는 아무도 알려주지 않는다. (…) 그러
나 여기서 우려되는 것이 하나 있다. 그것은 일본이 동양의 맹주로 신성
한 정책을 선전하고 있는 이상, 너무 무반성적인 독선을 행하면 얼마 가
지 않아 일본 천자님의 멘츠(체면)를 손상시킬 우려가 있다. 이것은 상
당히 중대한 문제이다.[136]

그러나 왕도에서 황도로 전환한 이유는 밝히지 않은 채 "만주국은
천황의 대어심에 의한 도의세계 창건의 제일보적 현현"이라는 주장은
마치 건국 당초부터 자명한 이념인 것처럼 구가되어 간다.[137] 그리고
주일 만주국 대사 리샤오경(李紹庚)은 "우리나라의 근본 사상은 일본
유신(惟神)의 도(道)로 생성·발전·귀일하여 우리나라는 일본의 조국
(肇國) 정신인 팔굉일우의 현소(顯昭)로서 대동아공영권의 장자(長子)
가 되었다"라고까지 했다.[138] 이러한 변화도, 만주국의 국가내용이 변
화했다기보다 그 본질이 점차 드러남에 지나지 않는다고 보는 것이 타
당할지도 모르겠다.

그러나 이처럼 "팔굉일우의 황모(皇謨)를 입어 (…) 아마테라스오
미카미의 신위(神威)에 의해 비로소 출현할 수 있었던 것"이라 하여[139]
왕도입국이라는 건국이념을 부정당한 만주국에서는 또 하나의 건국
이념인 민족협화도 크게 변질될 수밖에 없었다. 종래 민족협화의 의의
는 "단지 모든 민족이 투쟁을 멈추고 화합한다는 정도의 이해에 머물

고 있었으나, 지금 '민족협화'란 건국이상의 실현을 향해 모든 민족이 한 방향으로 정진하기 위한 필요조건이요, 그것은 평면적인 융화관계가 아니라 지도적·선도적 민족, 즉 일본인의 건국이상 실현에 대한 봉사 정신을 중심으로 하여 다른 민족이 그를 추종·노력하는 것이다"라고 하기에 이르렀다.[140]

민족협화도 또한 평면적이고 평등한 공존을 의미하는 것이 아니라 지도민족인 일본인에게 봉사하고 추종하는 수직적·계통적 지도, 추종관계로 전화되었다. 이제 더 이상 그것은 어떤 의미에서도 민족협화라고는 할 수 없는 것이 되어버렸다.

그리하여 태평양전쟁의 발발과 더불어 왕도입국, 민족협화라는 건국이념조차도 소급하여 변경시켜버렸다. 그것이 건국이념의 종언을 의미함은 말할 것도 없다. 이미 몸속에 들어간 일계 관리가 추진한 천황제의 감입에 의해 키메라의 육체 일부, 즉 용(황제와 중국)의 부분은 뼈와 살 모두 양(천황제 국가)으로 변하여 원형을 상실하고 말았던 것이다.

이제 키메라는 사자의 머리와 양의 몸통을 가진 괴수로 변신(metamorphose)하고 있었다.

7. 사생존망, 손을 놓을 수 없어 — 일본주국(洲國)의 운명

이처럼 나날이 일본 국가 혹은 천황제로 동화되는 방향으로 변태를 계속해 가던 만주국을 지칭하여, 프랑스의 어느 작가는 만추리아(만주)를 풍자해 만캥추리아(마네킹 왕국)라 불렀다고 한다. 물론 프랑스어의 만캥(mannequin)에는 타인이 말하는 대로 따르는 사람, 즉 괴뢰라는 의미가 들어 있다. 또한 마찬가지로 어느 미국인 사업가는 만주국을 여행한 감상으로, 만주국은 일본주국(Japanchukuo)이라 부르는 게 어울린다고 말했다고 한다. 확실히 일본 국내와 동일시되어 그 통치도 일본 내정의 연장처럼 취급되었던 만주국은 만캥추리아 혹은 저팬추쿼라 부르는 것이 지당하다고 할 수 있을지도 모르겠다. 그러나 문제는 그러한 모습하에서 일본과 만주국이 서로 투영과 반사를 반복하면서 어떻게 변화했는가 하는 것이다. 그러니까 만주국을 가짐으로써 일본 자신이 어떻게 규정되었으며, 어떻게 변용되지 않을 수 없었는가를 해명하지 않고는 진정으로 만주국이 가진 역사적 의의를 알 수 없는 것이 아닐까.

그런데 그 상호성을 우선 만주국에 적용해서 말하자면, 이미 지적했던 것처럼 일본적 행정문화가 강제되고 게다가 거기에 익숙하지 않은 중국인 관리는 무능한 부류로 취급되었다. 그것이 초래한 의미는 다음과 같은 증언에 잘 나타나 있다.

만계는 무능할지도 모른다. 그러나 유럽 정치학을 일본 학교에서 번역하여 만주에 가지고 와서 조직의 망으로 덮어씌우는 것보다 만계 쪽이 만인에 대해서는 더 잘 알 것이다. 게다가 일계라면 적합·부적합을 묻지 않고 전 만주에 빈틈없이 머릿수만큼 자리를 마련해 두고 있는 것은 무슨 이유인가. 민의와 아무 상관없는 통역정치, 이것이 신흥만주국의 현재 상황이다. 이런 식으로 만인은 점차 생기가 없어져 간다. 국민적 감격도 흥분도 일어날 리 없다. 만주국은 도대체 어떻게 되는 것인가.

(…) 일덕일심이란 어느 정도를 말하는지 알 수 없지만 한인을 로봇으로 만들어 두고서는 일덕일심을 바랄 수 없고, 일본인에게 우월감을 가지게 하는 제도를 만들어 두고서 아무리 우월감을 드러내지 말라고 해도 소용없는 짓이다.[141]

이 글이 쓰인 후 일본화가 더욱 강해지기는 했을망정 개선된 적은 결국 없었다는 것을 생각하면, 이런 비판이 그 이후 두드러지게 나타나지 않았다고 해도 그것은 결코 일본의 법과 정치 양식이 받아들여지고 정착되어 갔음을 보여주는 것은 아닐 터이다. 침묵만큼 바다 모를 절망의 깊이를 보여주는 것은 없는 것이다.

그러나 만주국에서 이루어진 정책·행정·입법을, 일본의 그것이 직접 이식되고 직역적으로 적용된 것이라고만 할 수는 없다. 미국의 잡지 《포춘(Fortune)》의 〈일본〉 특집호(1944년 4월)가 적절하게 만주국 정부를 '육군 만주학교 문관부'라고[142] 부른 것에서도 명확하게 드러나듯이, 만주국은 그 자체가 하나의 실험실, 연수실의 역할을 가지고 있었기 때문이다. 그러니까 《포춘》지의 견해에 따르면 아직 일본 본토를 마음대로 할 수 있는 정치력도 지식도 없었던 일본 육군은 "만주를 연습대 삼아 사람과 조직을 가동해 보려 했던 것이다. 그리하여 만주국을 은밀히 그 연수실로 결정한 관동군은, 여기서 크게는 정치·경제에서부터 작게는 일상다반사, 주민의 기거 왕래에 이르기까지 하나도 빠짐없이 한손에 장악할 계획을 다듬어 갔다. 오늘날 정치의 전면에 선 인물은 여기서 연수를 쌓아온 것이다"라는 것이다.[143] 여기에는 물론 과장이 있다. 그러나 군인으로는 도조 히데키, 고이소 구니아키 등이

294

내각 총리대신이 된 것 외에, 문관으로는 엔도 류사쿠, 다나베 하루미 치가 내각 서기국장, 호시노 나오키가 기획원 총재·내각 서기관장, 오 다쓰 시게오가 내무차관이 되었다. 또한 1941년 상공성에서는 상공대 신 기시 노부스케 밑에 차관 시나 에쓰사부로, 총무국장 간다 노보루, 총무과장 모리 히데오토(毛利英於菟)라는 식으로 만주국에서 온 귀환 자들이 나란히 들어서는 인사가 나타났다. 관동군 막료를 보아도 육군 대신이 된 이타가키 세이시로, 군무국장이 된 무토 아키라, 내각 종합 계획국 장관이 된 아키나가 쓰키조(秋永月三), 이케다 스미히사(池田純 久), 총력전 연구소장이 된 이무라 조(飯村穰) 등 총력전 수행에 중요한 역할을 담당한 군인이 배출되었다.

나아가 전후까지 시간의 폭을 넓혀 보면 각료와 국회의원, 지방공 공단체의 수장이 된 일계 관리의 수는 아주 많아서, 만주국이 인사 연 수실로서 가진 기능을 부정할 수는 없을 것이다. 또한 "대장성의 일류 인물, 즉 미래의 대장성을 짊어질 인물"을 선발하여[144] 만주국으로 보 낸다는 식으로 인사 연수의 기능을 만주국에 맡기고 있었던 것은 대장 성만이 아니었던 것이다.

그리고 정책과 입법, 나아가 행정기구를 보아도, 만주국이 일본보 다 먼저 실험적·선행적으로 시행한 사례가 적지 않다. 원래 만몽 점령 의 주요 목적 가운데 하나가 "우리 국정(國情)은 오히려 신속하게 국가 를 추동하여 대외발전으로 돌진시키면서 그 도중 상황에 의해 국내의 개조를 단행한다"는 것이었듯이,[145] 국내 개조를 단행하기 위한 도약대 나 실험대로서의 역할을 만주에 기대하고 있었다. 또한 사실 만주국에 는 "일본 본토에서 불가능한 바를 여기서 추구하고자 하는 열정에 휩싸"인 사람들이 모여들기도 했던 것이다.[146] 그 행정적 중핵이 된 것이 국무원 총무청이었다. 총무청은 관동군의 무력과 기밀비를 배경으로 "계획 통제 기능의 정비 강화"를 일관되게 추구하였고 그에 따라 "간명하고 강력한 정치의 확립"을 지향했던 것이다.[147] 그러한 가운데 총무청 기획처와 기획위원회 등의 국책기획·정책입안기관이 설치되었고 그것이 만주국 행정의 특징이 된 기획정치·계획정치로 나타났다. 이 기획-지도-경영, 계획-통제-동원 등의 일련의 주요개념을 띠고 나타났던 통제주의·계획주의는 미국의 테일러주의와 소련의 고스플란(Gosplan),* 나치 독일의 4개년 계획 등의 영향을 크게 받은 것이었다. 그리고 그러한 기획정치·계획정치라 불린 것이 만주국에서 어떻게든 가능했던 것은 의회의 견제도 없어 행정이 민의와 관계없이 운영되는 시스템이었기 때문에 그러했음에 지나지 않는다.

산업개발 5개년 계획, 북변진흥 3개년 계획, 100만 호 이주 20개년 계획이라는 3대 국책을 비롯하여 종합입지계획, 자흥촌 설치 5개년 계획, 농산물 증산 10개년 계획 등 만주국 행정은 계획 책정에 쫓기고 있다는 감조차 있다. 물론 그런 계획과 기획의 분출은 실효성을 수반하지 않은 채 대부분이 '탁상 계획'이 되어 "흙냄새 없는 기획정치―헛도는 정치"라 평가되지 않을 수 없는 운명에 있기도 했지만 말이다.[148]

그렇다고는 하지만, 예를 들어 종합입지계획은 일본의 국토 계획

---

* 소련 각료회의 국가계획위원회(Gosudarstvennyi Planovyi Komitet Soveta Ministrov)의 약칭. 소련의 경제계획을 세우는 중앙기관으로서 공산주의사회의 물질적·기술적 기초 마련, 국민 생활수준 향상, 국방력 강화, 생산 증대와 효율의 증대를 도모하는 것이 목적이었다.

에 선행하여 그 모델이 되었고, 모리 히데오토와 미노베 요지 등이 만주국에서 기획정치의 수법을 배워서, 나중에 기획원과 종합계획국에서 계획 책정을 리드하는 등, 기획정치가 일본으로 환류하여 영향을 준 것도 무시할 수 없다. 또한 국책기획기관인 총무청 기획처(1935년 11월 설치)도, 일본의 기획청 및 그것을 개조한 기획원(모두 1937년 설치)에 선행한 것이었다. 나아가 국방국가를 형성하기 위한 강력한 국책 통합 및 추진기관의 설치 구상에서는 만주국의 국무원과 총무청이 모델로 부각되었다. 예를 들면 이시하라 간지가 아사하라 겐조(淺原健三)와 미야자키 마사요시 등에게 조직하도록 했던 일·만 재정경제연구회에서 입안한 〈정치행정기구 개혁안〉(1936)에서는 내각제를 폐지하고 국무원을 창설해 국무원에 경제참모본부나 총무청을 직속시켜 인사와 예산을 장악하는 안이 제기되었는데 육군이 1937년에 완성한 〈주요산업 5개년 계획 요강 실시에 관한 정책대강안〉에서도 총무청의 설치가 요구되고 있다. 이외에 개별 법안과 정책에 대해서도 만주국에서 실험한 후에 일본 국내에서 실시하게 된 예가 적지 않은데, 여기서는 그 실례로 미곡관리제도를 들기로 한다. 만주국의 미곡관리법은 일본의 농림성에서 만주국으로 파견된 고다이라 곤이치를 중심으로 기초된 것인데, 왜 만주국에서 기초되었는가에 대해서 "미곡관리법의 의도는 당시 일본에서 점차 문제가 되고 있던 미곡의 국가 관리를 우선 만주에서 실험적으로 실시했던 것"이라고 설명하고 있다.[149] 일본에서 직접 실시해서 벌어질 혼란을 미연에 방지하기 위해 만주국이 그 실험대로 사용되었던 것이다.

그러나 동시대에 만주국에서 실험적으로 시행되다가 일본으로 유입된 것 가운데 가장 센세이셔널하게 다루어진 것은 의회정치를 부정하고 일국일당제를 채택하는 협화회와 그 이데올로기였다. 1936년 9월, 우에다 겐키치 관동군 사령관은 "민주적·유물적·서양적 정치에 빠질 우려가 큰 의회정치는 만주국의 본질상 이를 채택하는 것은 좋지 않다"라고 하여[150] 의회정치를 배척하고 협화회를 정치적 실천조직체로 삼는다고 성명했다. 이 문서는 2·26사건[*] 이후 급속하게 정치적 개입을 꾀하기 시작한 군부의 의회정치 비판으로서, 정당정치가의 위기감과 반발을 불러일으키게 되었다. 그리고 1937년 1월 21일 세이유카이(政友會)의 하마다 구니마쓰(浜田國松)는 중의원 본회의에서 군부가 정치의 추진력이라 자임하며 정치·경제의 여러 영역에 진출하고 있는 상황을 이 협화회 이데올로기의 채택이라고 보면서 다음과 같이 지적하고 있다.

만주의 이 정치사상이라는 것은 일본 내지로도 자연스레 들여올 수 있고 또 들여오고 싶은 사상 같이 생각됩니다. (…) 군민 일치협력의 신체제에 의해 강력 정치를 단행하여 헌정 상도(常道)론을 배척한다고 하면

---

[*] 1936년 2월 26일 새벽, 황도파 청년 장교 22명이 하사관, 병사 1,400여 명을 이끌고 일으킨 쿠데타 사건. 황도파 청년 장교는 기타 잇키와 결탁하여 무력에 의한 국가 개조를 계획하였다. 사이토 내대신, 다카하시 대장성 대신, 와타나베 교육총감을 사살하고, 스즈키 시종장에게 중상을 입혔다. 또한 육군성, 참모본부, 국회, 수상 관저 등을 점거하여 육군 수뇌부에 국가 개조의 단행을 요청했다. 육군 수뇌부는 계엄령을 선포했으나 해군, 재계가 쿠데타에 반대하는 것을 보고 탄압으로 전환하였고, 반란군에 대한 규정도 '결기', '점거', '소요', '반란'으로 변해갔다. 29일 반란군을 진압하고 주모자와 이론적 지도자인 기타 잇키 등을 사형시키고 황도파 관계자를 대거 처벌했다. 이후 통제파가 실권을 장악하고 오카다 내각이 사퇴했으며 군의 정치적 발언권이 강화되었다.

그 정신에 완전히 들어맞는 게 아니겠습니까. 이 이데올로기는 황해를 횡단하고 현해탄을 건너 일본 내지에 이미 상륙한 것입니다.[151]

이러한 하마다의 발언은 협화회 비판을 통해 군부의 정치 개입에 경종을 울린 것이지 협화회나 그 이데올로기가 구체적으로 일본에 어떻게 들어오고 있는가를 지적한 것은 아니었다. 협화회가 현실적으로 일본 정치운동의 모델로 간주되기에 이른 것은 고노에(近衛) 신체제운동*의 결과로 1940년 10월 다이세이요쿠산카이(大政翼贊會)가 조직된 후였다. 거기서는 "만주의 협화회운동이 일본의 기성 정당운동에 치명적 영향을 준 것은 간과할 수 없는 사실이고 다이세이요쿠산카이의 성립을 보더라도, 또한 협력회의의 실시 등을 보더라도 이것은 틀림없이 협화회운동을 참고로 한 것이다"라는 견해가 나타났는데,[152] 사실 다이세이요쿠산카이의 협력회의에서 나타난 '중의통재(衆議統裁)'라는 조직 운영 방식은[153] 협화회의 전국연합협의회에서 사용되던 것이었다. 이 중의통재 방식이란 만주 겐코쿠(建國)대학 부총장 사쿠타

---

* 1940년 고노에 후미마로를 중심으로 추진된 정치운동. 중일전쟁의 장기화, 유럽전쟁, 그에 수반된 정치·경제상의 위기, 국민의 불만 증대 등을 타개하기 위해 새로운 국민 조직을 만들려는 운동이 1940년 5월부터 전개되었다. 그해 6월 고노에가 본격적으로 신체제운동에 나서서 각 정당, 노동조합도 자발적으로 해산하였고, 군부도 요나이 내각 타도, 고노에 내각 수립운동을 했다. 7월 제2차 고노에 내각이 성립된 후 신체제준비회가 결성되었고, 고노에는 '만민익찬(萬民翼贊)', '상의하달·하의상달'을 주장하며 10월에는 다이세이요쿠산카이를 성립시켰다. "천황 위에 군림하는 바쿠후를 만들려고 한다"라고 비판하는 보수적 내무관료, 기성 정당의 주류, 군부, 우익 등의 방해로 정치지도의 일원화에 실패하여, 광범위한 국민 조직의 확립은 불가능했다. 그러나 2차대전 당시 국민동원 조직으로서 총력전 수행의 밑거름이 되었다.

쇼이치(作田莊一)가 만장일치주의를 대체하는 것으로 안출한 것인데, 의장이 "구성원의 의견동향을 통달(通達)하여 국가 및 국민에게 일관된 건설적 목적의식하에 통재귀일"하는 채결 방식으로서,[154] 일종의 지도자 원리에 기초한 것이었다.

이러한 사례에 한정되지 않고 식민지 혹은 그에 상응하는 국가를 가진 국가의 국민은 식민지를 지배하는 원리에 의해 아무래도 스스로가 지배를 받게 된다. 그리고 일본이 만주국의 친방(親邦)으로 일체화되어 움직이는 한, 일본에서 만주국으로 투사된 것은, 결국 그 빛과 그늘이 한층 강화된 형태로 만주국에서 일본으로 반사되어 오는 것이다. 확실히 만주국은 일본의 실험대, 실험국가로서 구상되었고 또한 현실적으로도 그렇게 기능했다. 그러나 그것은 대부분 쌍방향적 흐름이었고, 또한 피드백되면서 보정되어 갔던 것이다. 주요산업통제법이건 국가총동원법이건, 국토 계획이건, 혹은 다이세이요쿠산카이의 도·부·현 지부장을 지사가 겸임하는 등 행정조직과의 일체화가 진행되면, 같은 시기에 협화회에서도 성장 등의 행정기관의 장이 협화회의 성부장 등을 겸임하는 식으로 정부와 협화회의 이위일체제가 실시되었다. 다치바나 시라키와 함께《만주평론》을 만들고, 또한 협화회운동의 대변인 역할을 했던 고야마 사다토모는 "만주국은 신진국가이기 때문에 신체제를 펼 경우 항상 백지로 되돌아가 예상외로 쉽게 이를 시도할 수 있다. 만주사변 때에도 식자들은 일본의 서정갱신을 도모하기 위해 만몽 문제의 해결을 선행해야 한다는 의식마저 가지고 있었다"라고 실험국가로서의 만주국의 선도성을 역설한 후[155] 다음과 같이 논의를 진전시키고 있다.

만주에서 시도하고 일본에 응용해서 일본이 건국정신에 기초하여 크게 발을 내딛으면 만주는 당연히 그 지배적 영향을 받는 식의 사태가 장래 영원히 그리고 몇 번이나 몇 번이나 반복될 것인가.[156]

정말 악순환이야말로 영원하다. 일본과 만주국은 마치 마주보고 있는 거울상처럼 일본은 만주국의 상 속으로, 만주국은 일본의 상 속으로 각각을 투영시켜 무한의 상을 겹쳐간다. 그리하여 그 모든 것이 자기이고 그 모든 것이 타자인 것처럼 진위를 가리기 힘들게 되어 간다. 그렇게 하여 일본도 만주국에서 반사되는 빛에 의해 자신의 상을 일그러뜨리고 있었다고 한다면, 만주국이라는 한쪽 거울 면이 파괴되어 사라짐으로써 일본도 또한 본래의 자기 모습을 회복할 수 있었다고 할 수 있는 것은 아닐까.

그러나 일·만 양국이 긴밀한 상호성을 갖고 움직이지 않을 수 없었던 것은, 그처럼 이데올로기·정책·입법 등의 수준에 머무는 것이 아니었다. 전황의 악화는 만주국으로부터 공출된 식량과 철강 등이 없으면 아시아·태평양 전쟁을 수행하기가 곤란할 정도로 절박한 상황이었기 때문이다. 류훼이(劉惠吾)·류쉐자오(劉學照)가 엮은 《일본 제국주의 침화사략》에 의하면, "1932년부터 1944년 사이에 일본은 2억 2300여만 톤의 석탄, 1100여 만 톤의 선철, 580여 톤의 철강을 둥베이에서 약탈했다"라고 한다.[157] 일본에 만주국은 존립을 위한 불가결의 조건이었다. 그리고 물론 만주국에는 일본의 존속이야말로 국가존립의 요건이었다. 일본이 대(對)영미 선전포고를 한 당일, 푸이는 〈시국에 관한 조서〉를 발하여 "사생존망, 결코 손을 놓을 수 없다. (…) 온 국민이 봉공의 성(誠)을 다하고 모든 국력으로 맹방의 싸움을 돕는다"라고 맹세 했다.[158] 말 그대로 정말 양국은 사생존망, 손을 놓을 수 없는 동생공사 (同生共死)의 관계를 유지한 채 죽음의 나락으로 전락해 갔던 것이다.

그리하여 1945년 8월 9일 소련군의 대일 참전, 8월 14일 일본의 포츠담 선언 수락, 그에 수반된 관동군의 무장 해제에 이어, 17일 국무원 회의에서 만주국은 해체를 결의했고, 18일 오전 1시경 황제 푸이는 몽진지(蒙塵地)인 통화(通化)성 다리즈(大栗子)에서 만주국 해체와 황제 퇴위의 조서를 읽어 내려갔고, 이로써 만주국은 그 역사에 종지부를 찍었다.

이 조서의 초고에는, 절대로 빼먹어서는 안 되는 "아마테라스오미카미의 신휴와 천황폐하의 보우에 의해"라는 말이 남아 있었다. 그러나 하시모토 도라노스케(제사부祭祀府 총재)가 쓴웃음을 지으며 그것을 지우고 말았다.[159]

푸이는 《나의 전반생》에 이렇게 적고 있는데, 만주국 해체와 퇴위가 "아마테라스오미카미의 신휴와 천황폐하의 보우에 의한" 것이라고 해서는, 확실히 하시모토가 아니더라도 쓴웃음을 금할 수 없었을 것이다. 그러나 또한 이것만큼 만주국이라는 국가가 존속하고 나아가 붕괴한 조건을 잘 표현한 것도 없을는지 모른다.

이렇게 퇴위한 푸이는 고관과 일일이 악수하며 작별 인사를 해나갔다. 장징후이 국무총리대신은 고령을 부끄러워하지 않고 일본의 패전을 통탄했는데, 이를 본 한 중국인 고관이 큰 소리로 조소했다고 한다.[160] 그 고관이란 푸이를 만주국 황제로 만드는 데 힘을 다했고, 만주국 건국 시 창춘 역두에서 황룡기를 든 만주 구신 영란단을 이끌고 있던 시치아, 만주국 국무총리대신이 될 희망을 가지고 있으면서도 정치적 실권에서 멀어져 궁내부대신이 된 바로 그 시치아였다. 시치아는 왜 주위를 무시하고 큰 소리로 조소하며 광태를 연출했을까? 이런 상황에서도 일본이라는 친방에 집착하는 것에 대한 분노였을까, 아니면 자기도 포함하여 일본 따위에 모든 것을 걸었던 사람들에 대한 조소이기라도 했을까, 아니면 만주국이라는 나라가 연기한 한바탕 희극 자체에 대한 것이었을까, 지금은 확인할 길도 없다. 그러나 어찌되었건 중국인 고관과 종자들은 많건 적건 시치아와 똑같은 감회를 품고 있었을 것이다. 퇴위식이 끝나자마자, 황제에게 수종해야 할 궁내부대신 시치아를 비롯해 중국인 고관들은 새로운 호구의 길을 찾아 거미 새끼가 흩어지듯 앞을 다투어 사방으로 흩어져버렸고, 다리즈를 떠나는 푸이를 전송하는 중국인 고관은 한 사람도 없었다고 한다.

그리고 마침 그와 때를 같이하여 창춘이라는 이름으로 되돌아간 옛 수도에 있는 만주영화협회 이사장실의 칠판에는 아마카스 마사히코*의 필적으로 어떤 문구가 휘갈겨져 있었다고 한다. 아마카스란 말할 것도 없이 오스기 사카에(大杉榮) 살해 사건으로 알려진 그 육군

---

* 1891~1945. 육군 군인. 센다이시 출신. 1912년 육군사관학교 졸업. 1923년 간토대지진이 일어났을 때 헌병 분대장으로서 무정부주의자 오스기 사카에, 이토 노에 등을 교살(아마카스 사건)하여 군법회의에서 징역 10년의 판결을 받았으나 사면에 의해 3년 후에 출옥하여 육군 기밀비로 프랑스로 건너갔다. 1929년 귀국하여 오카와 슈메이의 인도로 만주로 건너갔는데, 관동군에 협력하여 만주사변을 비롯한 건국 공작에 가담하였다. 만주국협화회 중앙본부 총무부장, 만주영화협회 이사장 등을 역임하였다.

헌병 대위였던 아마카스이다. 그는 1929년 만주로 건너간 후 관동군과 호응하여 특무공작에 종사했고, 만주국 건국 공작에서는 하얼빈에서 모략을 실행하고 푸이를 경호하는 등 다방면으로 암약했다. 건국 후에는 민정부 경무사장, 궁내부 자의(諮議), 만주로 들어오는 쿠리를 통제하는 대동공사 주재자, 협화회 중앙본부 총무부장, 만주영화협회 이사장을 역임하는 등 만주국 통치에 은밀한 발언력을 가진 정치적 실력자 가운데 한 명이었다. "낮에는 관동군 사령부가 만주국을 지배하고, 밤에는 아마카스가 지배한다"라고 했던[161] 그 아마카스가 손수 칠판에 쓴 문구는 다음과 같다.

큰 도박, 원금도 이자도 없이 빈털터리

이 문구가 얼마만큼 아마카스의 심정을 반영한 것인지는 알 수 없다. 만주국이 관동군에게, 그리고 일본에 얼마나 큰 도박이었는가 하는 것은, 되느냐 안 되느냐 하는 기분으로 일으킨 만주사변에서 시작하여 건국, 만주국 승인, 국제연맹 탈퇴 등등의 일련의 결단이, 확실한 전망도 없이 기정사실을 만든 후 되느냐 안 되느냐에 내기를 거는 행동 양식을 계속 취해왔던 점으로 보아도 틀림없는 사실이다.

그리하여 8월 20일 아침 아마카스는 청산가리를 먹고 스스로 목숨을 끊었다. 아마카스도 또한 일본에는 몸 둘 곳이 없어서 만주국이라는 대도박에 목숨을 걸고 살아온 부류였다. 그 아마카스가 나름대로 꿈꾸었던 만주국이 이 세상에서 사라졌을 때, 그를 이 세상과 연결하고 있었던 끈은 아무것도 없었을지 모른다. 아마카스도 또한 그 일원으로 참가하여 세운 만주국과 운명을 같이했던 것이다. 만주국과 순장한 것이었다.

그러나 그것은 오스기 사카에 살해 사건으로 근대 일본의 어두운 한 부분을 온몸으로 받아들여 그에 책임을 진 인간이 만주국을 세우는 데서도 다시 한 번 받아들여야 했던 책임을, 누구에게 전가하지도 않고 그 나름의 방법으로 짊어진 최후의 방법이었을지도 모르겠다. 아마카스의 유해는 3천 명의 일인·만인들이 뒤를 따르는 가운데 만영(滿映) 본사 뒤편에 있는 후시(湖西)회관까지 소방용 수레로 운반되었다. 오른쪽 손잡이를 일본인이, 왼쪽 손잡이를 중국인이 끌었고 장례 행렬은 1km나 되었다고 한다.[162] 만주국이 소멸한 후 아마카스의 유해를 끌고 장례 행렬에 참가한 중국인들은 도대체 어떤 생각을 품고 발길을 옮겼던 것일까. 덕으로써 원한을 갚는다는 것이었을까, 아니면 아마카스와 함께 만주국을 영원히 장사지내고 새로운 국가를 맞이하기 위해 한 걸음 한 걸음 나아갔던 것일까.

그리고 아마카스의 장례가 행해지던 8월 20일, 대동대가(大同大街)에 있던 관동군 총사령부 청사로, 진주해온 소련군 카바료프 대장 등이 들어섰다.

그날 이미 멀리 시베리아 땅에서 푸이는 억류생활을 시작하고 있었다.

키메라, 그 실상과 허상

1. 만주국의 양면성 — 민족의 협화와 반목

이렇게 만주국은 태어났고 또 사라졌다.

4천년이나 되는 치란흥망(治亂興亡)의 중국 역사에서 보면 13년 5개월 남짓한 세월 따위는 겨우 한순간의 광망(光芒)에 지나지 않는다고밖에 말할 수 없을 것이다. 그러나 역사의 무게는 시간의 길이에 의해 헤아릴 수 없다. 역사의 무게로 느껴지는 것, 그것은 거기에서 살았던 사람들의 애증의 총량으로밖에 헤아릴 수 없는 것이 아닐까. 그리고 또한 만주국을 지금 돌이켜 보고 또 논의하는 것에 모종의 의의가 있다고 한다면, 그 이념과 현실 양쪽에 잉태되어 있던 격렬한 애증의 층 가운데 진정으로 이어받아야 할 것은 무엇이고 비판해야 할 것은 무엇인가를 확정하는 것일 터이다. 아무리 언어가 아름답고 관념이 숭고하다 해도 내실을 묻지 않고서는 손쉽게 그 역사적 의미를 거론하기란 불가능한 것이다.

그래서 국가로서의 모습을 그리는 데 주안을 두었기 때문에, 당연히 다루어야 했지만 유보해 둔 측면을 살펴보면서 이 책을 끝내기로 하자. 〈서장〉에서 말했던 다양한 만주국상과 만주국론을 어떻게 생각해야 하는가에 대해 내 나름의 입장을 밝히는 것으로 결론을 대신하겠다.

당시 우리들 일본 청년은 만주 땅에 민족협화하는 이상국가를 건설하고자 정열을 불태우며 만주국으로 달려갔다. 그리고 나라 만들기에 정혼(精魂)을 기울였다. (…) 민족협화의 이상은 역사의 발전과 더불어 점점 빛을 더해갈 것이다. 이것 없이는 세계의 항구평화는 있을 수 없다고 믿는다. 그런 의미에서도 만주국 건국의 이상은 영원히 살아 있을 것이다.[1]

후루미는 만주국의 역사적 의의를 이렇게 총괄하고 있다. 이처럼 만주국이 내건 민족협화를, 금후 세계평화를 달성하기 위한 기초로 삼을 수 있다고 주장하는 논자는 적지 않다. 그리고 지금도 여전히 세계 각지에서 민족분쟁이 끊이지 않아 날마다 보도되는 유혈사태를 접함에 따라, 민족이 협화할 필요성을 더욱 통감하게 된다. 민족이 다르다는 것이 왜 그 정도까지 증오의 감정을 낳는 것일까? 왜 차이를 존중할 수 없는 것일까? 그런 생각은 20세기의 최후 단계에 선 지금 점점 깊어간다. 그러나 그것이 과연, 만주국이 낳은 민족협화라는 이상이 "역사의 발전과 함께 점점 빛을 더해간다"는 것과 바로 연결되는 것일까.

만주의 일본인은 일상생활의 다양한 측면에서 중국인을 차별하고 있었다. 파티와 연회 등에서 같은 원탁을 둘러싸고 같은 요리를 먹으며 같은 술을 마시고 있는데 일본인에게는 하얀 밥이 중국인에게는 고량 밥이 나오는 것이다.[2]

일상다반(日常茶飯)이라는 말이 있는데, 바로 그 밥을 가지고 눈에 보이는 차별을 했던 것이 민족협화와 만주국의 일상이었던 것이다. "만주국이 만들어지자 일등은 일본인, 이등은 조선인, 삼등은 한·만인으로 구별하고, 배급 식량도 일본인에게는 백미, 조선인에게는 백미 반 고량 반, 중국인에게는 고량으로 나누었고, 급료에도 차이를 두었다"라고 한다.[3] 이러한 식량의 격차에 대해 그러한 정책을 추진한 사람 중 한 명이었던 후루미는 다음과 같이 말하고 있다. "나는 이 방법이 옳았다고 생각하지만 역시 비난은 나왔다. 일본인에게만 쌀을 배급하고 자기들 만계에게는 쌀을 먹여주지 않는다는 것인데, 실제로 그들은 쌀을 보통은 먹지 않았던 것이다. 그건 어쨌든 방식으로서는 옳았다고 믿고 있다."[*][4] 여기에 드러나는, 민족차별에 대한 무자각과 그것을 지적받아도 문제가 어디에 있는지를 알지 못하는 무감각, 그것은 결코 후루미 한 사람만의 것은 아니었을 터이다. 그러나 지금은 그것의 옳고 그름에 대해 불필요한 말을 하는 것보다 다음으로 넘어가서 만주국

---

*   완바오산 사건을 다룬 이태준의 단편소설 〈농군〉(1939)에는 다음과 같은 대목이 있다. "자기넨 베농사를 지을 줄도 모르거니와 이밥을 못 먹는다는 것이다. 고소하지도 않을 뿐만 아니라 배가 아퍼진다는 것이다." 일본인과 똑같이 말하고 있는 이태준이 자리한 위치가 어디에 있는지를 말해주는 것이라 하지 않을 수 없다.

육군군관학교의 실정에 대한 증언을 읽는 것이 나을 것 같다. 육군군
관학교는 겐코쿠대학과 나란히 만주국의 무·문의 최고학부이고 민족
협화의 국가를 담당할 엘리트 양성소라 여겨지던 학교이다. 거기서는
일상이 어떠했을까?

> 군관학교 생도는 중국인과 일본인이 각각 절반씩 차지하고 있었다. 커
> 리큘럼, 교재 등은 똑같았지만 생활에 대한 대우에는 하늘과 땅 차이가
> 있었다. 복장에 대해서 말하자면 일본인 생도는 위에서 아래까지 전부
> 신품이었지만 중국인 생도는 외출복 외에는 대부분이 낡은 것이었다.
> 침구와 그 외 생활용품도 복장과 마찬가지로 일본인 생도는 새것, 중국
> 인 생도는 낡은 것이었다.
> 식사에도 차별이 있었다. 일본인 생도는 주식으로 쌀밥, 반찬은 영양이
> 풍부한 것을 먹었다. 중국인 생도의 식사는 고량뿐으로, 그것도 말과 소
> 에게 먹이는 사료용의 붉은 고량이었다. 그때 위병이나 위궤양에 걸린
> 생도들은 사십 몇 년이 지난 지금도 가끔 지병으로 고생하고 있다. 이것
> 이 '민족적 억압'이 드러난 한 사례임은 명백하다.[5]

이에 비해 겐코쿠대학에서는 일계 학생의 주장으로 처음부터 모든
학생이 평등하게 쌀과 고량을 혼식했다고 한다.[6] 또한 이러한 조치를
취한 학교에 대한 신문기사도 적지 않다. 그러나 이것이 신문기사가
된다는 사실은 식사의 차별이 일반적이었음을 역설적으로 증거하는
것인데, 일본인 이외에 쌀밥을 먹으면 '경제범'으로 처벌받았다고 한
다. 또한 급료의 차별은 다음 표에서 일례를 볼 수 있고, 전차에서도 특

일본인 경영 기업에서의 임금격차

		공장		광산	
		실수임금 (엔)	일본인 동성에 대한 비율	실수임금 (엔)	일본인 동성에 대한 비율
남성	일본인	3.78	100	3.33	100
	조선인	1.52	40.2	1.30	39.0
	중국인	1.09	28.8	0.98	29.4
여성	일본인	1.82	100	–	–
	조선인	0.76	41.8	1.02	–
	중국인	0.53	29.1	0.30	–

※ 1939년 8월 노공(勞工)협회 조사.《만주노동연감》(1940년판)에 의거.

등은 일본인, 보통은 중국인이 타게 되어 있어서 특등에 중국인이 타는 것은 허용되지 않았다고 한다.[7] 나아가 민족협화의 내실을 보여주는 다른 예로 다음과 같은 사료가 있다.

만주국에서는 관동군 사령관이 일계 관리를 위해 특별히 '복무심득(服務心得)'이라는 수첩을 작성·배포했다고 한다. 이에 대해서는 지금까지 일본에서 그 내용이 소개된 적은 없었던 것 같다. 후루미는 〈관리심득〉이라는 명칭으로 일만 비율이 적혀 있었다고 하지만,[8] 전체적으로 어떤 것이었는지는 명확하지 않다. 그래서 지금은, 국무총리대신 비서를 지낸 왕쯔헝이 같은 방에서 근무했던 마쓰모토 마스오의《복무수지(服務須知)》를 보고 적어두었다는 메모를 통해 그 내용을 엿볼 수밖에 없다. 이 사료에는 모순도 있고 해서 전폭적으로 신뢰할 수는 없으나, 어쨌든 거기에는 "조선민족과 한(漢)민족 사이는 소원하게 해야 하지 친밀하게 만들어서는 안 된다. 양 민족이 충돌했을 경우 그 시비가 동등하다면 조선민족 편을 들고 한(漢)민족을 억누른다. 조선민족에게 잘못이 있으면 한(漢)민족과 동등하게 다루어야 한다"라는 항목 외에 각 민족의 민족성과 그에 대한 대응책이 상세히 기록되어 있었다고 한다. 그중에는 만계 관리에 대해 "친일파이건 반일파이건 그들의 언론, 행동, 공적·사적 생활에는 모두 주의해야 한다. '우리 민족이 아니면 그 마음은 반드시 다르다'라는 말을 잊어서는 안 된다"라고 적혀 있었으며, 또한 "일본인을 제외한 타민족의 재산은 오로지 축소·감소시켜야 할 뿐 이것을 증가시켜서는 안 된다"라고도 적혀 있었다고 한다.[9] 이것이 모두 진실이라고는 생각되지 않는다. 그러나 그 방증을 보자면, 예를 들어 관동 헌병대가 정한 〈대만주 전시 특별대책〉에는 "복합민족 상호간의 반목, 이간 대책과 상호이용"[10]이 임무의 하나로 거론되고 있어 민족협화는커녕 민족 간의 반목·이간을 도모하는 것을 통치수단으로 여기고 있었음을 알 수 있다.

그러나 만주국에서 민족협화가 잉태하고 있었던 최대의 문제는 그것을 추진해 나가는 데 일본인이 가지고 있던 자민족 중심주의 (ethnocentrism)가 아니었을까.

실로 우리 야마토 민족은 안으로 우수한 자질과 탁월한 실력을 가지고 있고, 밖으로 관대함과 인자함으로 타민족을 지도·유액(誘掖)하고 그 모자라는 부분을 보충하도록 편달하며, 복종하지 않는 자를 복종시킴으로써 도의(道義) 세계의 완성으로 함께 가야 할, 하늘이 준 사명을 가지고 있다.[11]

여기에는 일본의 1930년대 시대정신을 반영한 스테레오타입의 과장도 있어 오늘날에는 다소 가감해서 읽을 필요가 있다. 그러나 그렇다고 하더라도 역시 독선적이고 자의식 과잉적인 일본 민족관이 담겨 있음은 부정할 수 없다. 이러한 의식에서 벗어날 수 없는 사람들에 의해서는, 정치적·경제적·문화적으로 침범하거나 침범당하는 것 이외의 관계로서 협화가 달성될 수 없을 것이다. 그리고 사실 '민족의 도가니'였던 만주국에서 일본인은 거의 다른 민족과 섞이는 일 없이 따로 살고 있었다.

확실히 복합민족국가 만주국에서의 역사적 경험은, 일본인이 처음으로 대규모로 참가한, 인종·언어·습속·가치관이 다른 사람들과 공존하는 다민족사회 형성의 시도였다. 그러나 현실적으로 이루어진 것은 이질적인 것의 공존에 대한 지향이 아니라, 동질성에 대한 복종을 협화가 달성된 사회로 간주하는 것이었다. 그 때문에 지도와 추종에 의한 굳은 통합을 지향했다. 그것은 반면에 이질적인 것을, "복종하지 않는" 것으로서 배제해 가는 형태로 나타나, '토비', '숙정 공작'과 함께 헌병대, 특무기관, 비밀정탐기관인 보안국을 통한 반대자의 '소멸' 공작과, '사상불량자'를 사상교정보도원 및 보호감찰소 등에 수용하는 사상 '교정' 공작 등을 강행했던 것이다.

아마도 진정한 민족협화란, 이질적인 민족과 문화가 혼재하면서 충돌과 마찰을 일으키고 그러한 부딪힘이 발생시키는 스파크를 활력원으로 하여 새로운 사회 편성과 문화를 형성해 감으로써 생겨날 것이다. 그렇다고 한다면 그것은 마음에 장벽을 쌓아두고, 타민족에게 문명과 규율을 주는 자라는 높은 위치에 자신을 놓아둔 일본인, 다양성을 무질서로 파악한 일본인에 의해서는 달성될 리 없었던 것이다.

아니 일본인뿐만 아니다. 침략이라는 사태하에서는 아무리 숭고하고 탁월한 민족이라도 민족협화를 실현하는 것은 불가능하다. 또한 그것이 가능한 민족이라면 처음부터 타민족을 침략하여 그들의 꿈을 강제하지도 않을 것이다. 일본인에 의해 창도된 민족협화에 대해 "'협'이란 협조, '화'란 야마토(大和)", 즉 민족협화란 "야마토 민족의 중국 침략에 협조하는 것", 그렇게 중국 둥베이 사람들은 야유하고 있었다고 한다.

민족협화는 확실히 인류의 꿈이면서 동시에 필수 전제이기도 하다. 그러나 똑같은 민족협화라고 하지만, 어떤 의미에서도 만주국의 그것에 대해 "이상은 영원히 살아 있다" 따위의 말은 할 수 없다고 나는 생각한다.

2. 안거낙업 ─ 눈은 칼과 같이

산업교통의 개척을 도모하고 이로써 지(支)·선(鮮)·몽(蒙), 그 외 만주 재주 각 민족의 복지를 증진하고 만주를 진정한 안락경으로 만들어 공존공영을 꾀한다.[12]

지나 민중의 이익을 존중하고 안거낙업의 이상을 실현시켜, 이로써 만몽의 개발에 공헌한다.[13]

이처럼 관동군은 만주 영유를 통해 재만 제민족의 공존공영을 꾀하고, 만주에 안락경, 안거낙업의 땅을 실현한다는 통치이념을 내걸고 있었다. 이것을 이어받아 만주국 건국의 여러 문서에도 '안거낙업', '공존공영' 외에 '순천안민', '경제개발', '인민의 안녕', '복리의 증진', '민생안정' 따위의 캐치프레이즈가 춤추게 되었다. 그러면 과연 만주국은 '건국선언'이 약속한 "반드시 경내 일체의 민족으로 하여금 기뻐하며 춘대에 오르게 하"는 경지에 도달할 수 있었던 것일까?

여기에 만주국 최고검찰청이 정리한 《만주국 개척지 범죄 개요》(1941)라는 사료가 있다. 거기에는 개척 용지 매수에 관해 다음과 같은 증언이 실려 있다.

지린성 화뎬(樺甸)현 조선인 농민 ― 갈 곳도 없는 우리들에게 11월이나 12월경에 가옥을 넘기라는 것은 간접적으로 우리들을 죽이는 것이라는 생각이 든다. 실로 슬픈 일이다.

지린성 어무(額穆)현 중국인 지주 ― 만척(만주척식공사)이 매수하는 지가로는 어떠한 불량지라도 매수할 수 없으며 매도할 의향도 없다(고 답했더니) 현직원에게 얻어맞았다. 다음날 결국 현공서 직원이 와서 3백 상(晌)을 4만 원에 강제적으로 매수하도록 결정되었는데, 개인 간의 매매라면 10만 원이 넘을 것을, 당국이 취하는 것은 너무 부당한 매수라 가족 일동이 비탄에 빠져 살고 있는 상태이고 이는 진정한 왕도낙토 건설의 주지에 반하는 것.

지린성 어무현 중국인 농민 — 비적은 금품을 약탈하지만 땅까지 빼앗지는 않는다. 만척은 농민 생활의 기초가 되는 토지를 강제 매수한다. 토지를 잃는 것은 농민으로서 가장 고통스러운 일이다.[14]

농민의 생명인 토지를 빼앗았을 뿐만 아니라 갈 곳 없는 혹한의 땅에서 한겨울에 집에서 쫓아냈다. 중국 사람들이 '開拓局(카퉈쥐)'를 '開刀局(카퉈쥐)', 즉 '사람 죽이는 국'이라 부른 것도 당연할 일이다. 1938년 산장(三江)성 바오칭(寶清)현에서 이러한 개척 용지 강제매수에 가담했던 쓰쿠이 노부야(津久井信也)는 오족협화·왕도낙토의 이념에 끌려 만주로 건너가, 대동학원을 졸업하고 '무아지순'을 받들며 중국인과의 접점을 찾아 농촌으로 들어간 사람이다. 그는 강제매수를 접했을 때의 생각을 다음과 같이 적고 있다.

토지에 집착하는 농민의 의욕을 짓밟고, 울고 호소하고 엎드려 절하며 애원하는 것을 압살하면서 매수를 강행해야 했는데, 몇 푼 되지 않는 매수가격을 밀어 붙어야 했을 때, 이래서는 개척단이 입식했다고 해도 오히려 장래에 화를 남길 우려가 있을 뿐만 아니라 나의 행동에 대한 죄의식마저 느꼈다.[15]

이렇게 하여 수십 년의 세월에 걸쳐 중국인·조선인 농민에 의해 개척되고, 또 거기서 강제적으로 쫓겨난 사람들의 원한이 서린 땅, 그것이야말로 일본 농민과 중소 상공업의 정리 통합에 따른 전직자, 만몽개척청소년의용대 등에게 제공된 '희망의 땅', '신천지'에 다름 아니

316

었던 것이다. 그리고 일본 개척 이민자들도 일본 국내의 경제적 모순
을 등에 짊어지고 게다가 "유사시에는 현지 후방병참의 만전에 힘쓴
다"라는[16] 국방의 일환을 담당한 사람들이었다. 그러나 물론 이러한 개
척 이민 정책에 의해 모순이 해결될 리도 없었다. 그것은 모순을 수출
하여 중국인·조선인 농민들과 일본인 개척 이민자들 사이의 모순을
증폭시켰음에 지나지 않았다. 아니면 일본 개척 이민자들도 또한 국책
에 의해 가해자가 될 운명이었다는 의미에서 피해자라고 해야 할지도
모르겠다.

그러나 안거낙업을 지향해야 할 땅에서 나타난 사태는 이에 그치
지 않았다. '비민(匪民) 분리' 공작을 위한 집단부락 건설, 과도한 농산
물 수하, 노무공출, 강제저축, 금속헌납운동 등등. 이러한 운동의 전면
에 서 있던 쓰쿠이 노부야의 증언을 다시 들어보자.

보리(勃利)현과 바오칭현(산장성)에서 항일 의용군과 총격전을 벌이면
서, 집단부락 건설을 위해 불태워지는 민가의 화염을 바라보면서, 포로
가 된 항일 소년대와 문답을 거듭하면서, '만주국'의 '건국이념'과 인민
이 가진 민족의식 사이의 거리가 먼 것을 생각하고, 그것을 연결시킬 방
법인 토벌집가(討伐集家) 공작에서 느끼는 죄악감으로 오뇌하며 전전
반측의 밤을 항일군 포위하의 전선 부락에서 보냈다. 그리고 이러한 환
경속에서 '루거우챠오 사건' 발발의 보도를 접하고 '만주국 건국'의 미
래에 대해 큰 좌절감을 맛보았다.

관특연(관동군 특별연습)·태평양전쟁 발발의 해, 나는 퉁양(通陽)현(지
린성)에 있었는데, 이 해부터 군정의 요구가 급격하게 증대했다. 농산물

의 출하, 노무자의 징발은 점점 확대되는 전쟁의 내용에 비례하여 심해졌고 식량사정은 이윽고 현내 일부 빈가에 기아 사태를 낳았으며 군 공사나 탄광에서의 비인도적인 노무관리는 많은 사상자를 속발시켰는데, 둥안(東安)성 미산(密山)현을 시찰했을 때 현의 노무자 시체가 이슬비 속에 열 몇 구 널려 있는 것을 보고 나는 이제 죄의식을 넘어 천벌을 예감했다.[17]

또한 관동군 치치하얼 헌병대의 헌병이었던 쓰치야 요시오(土屋芳雄)는 1944년 한겨울에 헤이룽장성 린뎬(林甸)현을 방문했을 때, "통제경제가 극한에 달해서 우리들 농민의 생활은 최저의 지경까지 몰려 있다. (…) 이 부근에는 더 이상 옷도 이불도 없는 집이 있다. 그중에는 발가벗고 생활하는 아이도 있다"라는 늙은 중국인 농민의 말을 들었다고 한다.[18] 북만주에서도 굴지의 곡창지대 일각에서, 한겨울에 입을 것도 없는 생활을 할 리가 없다고 이상하게 생각한 쓰치야였지만, 실제로 벌거벗은 아이 두 명을 보고는 할 말을 잃었다고 한다. 사정을 들어보니 아버지는 2년 전 노무공출로 나간 뒤 생사불명이라고 한다. 쓰치야는 이 '노무 사냥'에 의해 긁어모은 중국인 노무자가 진지 구축 등 작전상 필요한 시설 건설에 관계한 경우, 가차 없이 총살되거나 생매장되는 것을 알고 있었기 때문에, 아이들 아버지의 운명을 보지 않아도 알 수 있었다고 한다. 그리고 돌아오는 길에 캉안(康安) 경찰서에서 일계 경찰관이 아무렇지도 않은 듯 "그런 건 여기서는 조금도 드문 일이 아니에요. 이 근처 마을에서는 갓 태어난 아기를, 풀을 깐 '소쿠리' 속에 발가벗겨서 키우고 있지요. 그것도 한두 명이 아니죠. 많아요"라는 말을 듣고 다시 충격을 받는다.[19] 그러나 충격은 그에 멈추지 않았다. "조사 결과 그 곳에서는 그나마 적은 편이고 러허성의 장성선(長城線) 부근에서는 주민 대다수가 벌거숭이나 마찬가지로 생활하고 있지만, 손을 댈 수가 없다는 것을 알고 아무런 조치도 취하지 못하고 그냥 물러났"다.[20]

영하 3,40도나 되는 혹한의 땅에서 벌거숭이나 마찬가지인 생활을 하는 것이 어떤 의미에서 "즐거워하며 춘대에 오르는 것 같은", 즉 큰 은혜를 받으며 따뜻한 봄날의 햇살 아래에서 평안을 즐긴다는 안거낙업의 경지인 것일까. 전범이 된 쓰치야는 나중에 중국 시인의 시에서 "눈[雪]은 칼과 같이⋯⋯"라는 구절을 발견하고 큰 충격을 받았다고 한다. 칼이 사람을 찌르듯 눈이 내리는 국가, 그것이 일본인 이외 사람들이 본 만주국이었다. 만주국에서의 생활, 특히 1941년 이후 만주국에서 살았다는 것은 춘풍태탕(春風駘蕩)은커녕 추상열일(秋霜烈日)의 나날을 보냈음을 의미할 뿐이다.

중국에서는 만주국이 채택한 정책을 총괄하여 삼광(三光)정책이라 표현한다. 삼광이란 군사적 측면에서는 '살광(殺光: 다 죽인다)', '창광(搶光: 다 빼앗는다)', '소광(燒光: 다 태운다)'이고, 경제면에서는 '수광(搜光: 다 찾는다)', '괄광(刮光: 다 짜낸다)', '창광(搶光: 다 빼앗는다)'이라는 뜻이다. 어쩌면 이것을 단순한 말장난이자 과장이라 해석하는 사람도 있을지 모르겠다. 그러나 만약 다 빼앗지 않고 조금이라도 남겨둔 것이 있다면 그 누가 부모로서 자기 아이를 영하 3,40도에서 옷 하나 입히지 않고 방치해 둘 수 있겠는가.

루쉰은 동북항일연군의 고투를 그린 샤오쥔(蕭軍)의 장편소설《팔월의 향촌(八月的鄉村)》(1935)의 서문에서 작가의 모든 생각이 다음과 일체가 되어 있음에 주목하고 있다.

잃어버린 하늘, 토지, 수난을 받는 인민, 그리하여 잃어버린 풀, 고량, 귀뚜라미, 모기[失去的天空, 土地, 受難的人民, 以至失去的茂草, 高粱, 蟋蟀, 蚊子].

토지와 풀과 고량을 빼앗겼을 뿐만 아니라, 하늘 그리고 피해가 될 뿐인 모기조차 빼앗겼다는 샤오쥔의 절규, 그리고 거기에 한없는 공감을 보내는 루쉰─여기에는 빼앗긴 자의 떨리는 슬픔과 바닥 모를 분노가 있다. 억누른 격정이 있다.

이러한 피를 토하는 언어 앞에서, 만주국의 성과를 "1945년 8월 태평양전쟁에 패하여 중국에 반환했을 때는 일찍이 광야였던 땅은 수많은 근대도시를 가지게 되었고, 동양에서도 굴지의 근대산업을 가진 땅이 되어 있었다. (…) 그 동기야 어찌되었건 일본인의 노력이 이를 주도했다는 것도 또한 역사적 사실이다"라고[21] 일본인에 의한 '개발'과 그 '유산'을 자랑하는 것이 얼마나 헛되며 또한 얼마나 무분별하게 들리는가.

혁혁한 개발은 벌거벗은 아이들에게 옷 한 벌조차 주지 못했던 것이다.

3. 왕도국가 — 국민 없는 병영국가

끝까지 쫓아가 찌른 토비의 피 솟구치는 얼굴
아직 어린 티가 눈 속 깊이 남아 있네 (스다 고야栖田光哉)

선연한 피에 젖은 손으로 모래를
쥐고 있구나 죽어가는 지나 병사 (호리우치 요시하루堀內喜春)

치안 공작에 쓰러지는 병사 지금도 있어
34구의 유골 슬프구나 (가토 다마키加藤鐶)

비적토벌 재미있다는 편지 보내온
전장의 친구에게 마음이 가닿네 (아키카와 도시오秋川十四夫)

만주의 흥분이 가라앉고 요즘
싸워 죽은 병사 대여섯 명씩 (다니 가나에谷鼎)[22]

이것들은 전부 만주국의 '비적토벌'을 노래한 것이다. 거기에는 각각의 입장에서 만주국을 본 시선과 감응이 있다. 그러나 그 밑바닥에 공통적으로 흐르고 있는 생각은 민족협화·왕도낙토여야 할 만주국에서 "왜 사람들이 서로 죽이고 서로 증오해야 하는가" 하는, 부조리에 대한 형언할 수 없는 안타까움이 아닐까.

그러나 입장을 바꾸어 반만항일의 입장에서 보면, "왜 우리들이 토지를 빼앗기고 고향을 떠나 유랑의 나날을 보내야 하는가"라는 부조리에 대한 애타는 분노야말로 손에 총을 쥐게 하는 것이었다. 반만항일을 한 사람들에게 왕도국가 만주국이 어떠한 것으로 존재했고 어떻게 그들을 가로막고 서 있었던가. 그 한 가지 사례로 1936년 4월 26일자로 동북인민혁명군 제4군이 빈장(濱江)성 후린(虎林)현 일대에 뿌린 삐라를 보자.

항일구국을 위해 군중에게 고하는 글

공·농·학 각계 동포들이여!

이 5년간 일적(日賊)의 피비린내 나는 통치하에 우리들의 부모와 형제는 얼마나 그들에게 도살되었는지 모른다. 우리들 아내, 누나, 누이동생, 형수 가운데 그들에게 강간당한 자, 강박에 의해 기녀가 된 자, 우리 집이 불태워진 것, 토지증명서와 총기를 몰수당한 것 등등이 얼마나 많은지 모른다. 우리 민족의 상공인은 모두 그들에 의해 도산당했다.

중국인은 매일 곳곳에서 도살당해 강물에 던져지고, 소사(燒死), 생매장, 교살, 옥사 등의 다양한 위해는 헤아릴 수 없다. 더욱이 빈사·동사·아사 현상이 있다. 또한 일적은 이에 만족하지 않고, 병사를 징발하여 중국인을 스스로 살육케 하고 집단부락으로 하여금 중국인을 일망타진 살육한다.[23]

여기에 열거되어 있는 소행에 대해 다시 상술할 필요는 없을 것이다. 그러나 마지막에 거론하고 있는 집단부락에 의해 "일망타진 살육"

당한다는 것은 어떤 의미일까? 집단부락이란 치안 불량 지구에 분산된 주거지를 한 장소에 강제적으로 이주시킴으로써, 주민이 '비적'과 내통하여 식량이나 무기탄약, 정보를 제공하는 루트를 끊고 더불어 토벌대의 거점으로 삼기 위해 건설한 것이다. 이것은 당연히 무주(無住)지대의 설정과 집가 공작에 의해 진행되었는데, 집단부락은 외호(外壕)로 둘러싸인 가운데 높이 3미터 정도의 토담을 쌓고 네 귀퉁이에 망루와 포대를 설치하여 네 개의 문으로 출입하도록 만들어졌다. 그리고 12세 이상의 주민에게는 지문채취를 한 뒤, 주거증, 통행 허가증, 구매 휴대물품 허가증의 소지를 강제했다. 부락 내에는 경찰 파출소나 촌공서가 설치되어 10인 이상의 무장경관이 감시를 담당하고 있었다. 나아가 청장년 남녀로 자위단을 편성하여 군사훈련 외에 도로·통신 시설 공사장으로 내몰았다. 또한 '통비(通匪)'자에 대한 밀고가 장려되고 상금제도도 마련되었다. 이것이 정부가 '왕도소사회'라고 부른 집단부락의 실태인데, 집단부락이란 요새 또는 병영 그 자체였다. 이러한 집단부락은 젠다오성을 비롯해 지린·헤이룽장·안둥·펑톈 등의 각 성에 건설되었는데, 그 주거 조건이 열악했기 때문에 마구간에 빗대 '인구간'이라 부를 정도였다. 집단부락 건설을 위해 농민은 오랫동안 살던 집과 토지를 떠나 강제로 이주당했는데, 그것이 얼마나 농민에게 고통을 주었는지 "농가 앞에 서서 공작반에게 집을 불태우라고 명령했을 때, 늙은이, 어린이, 부녀자들이 울부짖으며 가구류를 꺼내는 모습을 보고는 단장의 아픔을 느꼈다"라고,[24] 집단부락 건설의 정당성을 강조하는《만주국사 ― 각론》에서조차 기록하지 않을 수 없을 정도였다.

이러한 집단부락 건설과 더불어 치안 확보를 위해 실시된 것이 보갑(保甲)제도이다. 보갑 조직이란 "우선 10호를 최소단위로 하는 패(牌)를 조직하고, 촌 또는 이에 준하는 구역 내의 패를 모아 갑으로 하고, 한 경찰의 관할구역 내의 갑으로써 최대단위인 보를 조직한다"는 것인데,[25] 시가지에서는 대개 10패를 1갑이라 했다. 그리고 보갑제도의 기초단위인 패에서는 연좌제가 적용되어 패 가운데 치안을 어지럽히는 자가 나온 경우 패 전체가 연대책임을 지고 연좌금이라는 벌금을 물게 되어 있었다. 그러나 패 내의 범죄를 미연에 방지하거나 경찰에 통보한 경우에는 연좌금이 감면되었다. 나아가 보갑 내에서는 18세 이상, 40세 미만의 남자에 의해 자위단이 조직되어 경찰 기능과 자위 기능을 하도록 요구되었다. 보갑제는 전국적으로 시행되어 1935년 말에는 보의 수가 1,458, 패의 수가 44만을 넘기에 이르렀다고 보고되고 있다.[26] 보갑제도 또한 주민을 서로 감시하게 하여 치안 유지와 반만항일운동을 진압할 목적을 가지고 있었다.

이러한 집단부락과 보갑제(1937년 이후 가촌街村제)의 실시에 의해 왕도국가 만주국은 생활 기반의 말단까지 반만항일운동과 일상적으로 싸우기 위한 조직으로 편성되고 국가 전체가 병영화해 갔다. 즉 병영국가(garrison state)가 된 것이다. 아니 만주국은 왕도국가라는 도의국가이기 때문에 반대자는 있어서는 안 되고 반대자는 말살되어야 한다는 요청 아래, 어떤 사람이 다른 사람을, 다른 사람을 어떤 사람이 감시해야 한다고 하는, 헤겔이《법철학》에서 말한 정진정명(正眞正銘)의 '갤리(galley)선으로서의 국가'였다고 할 수 있을지도 모르겠다.

거기서는 도의성과 인애, 나아가서는 문명에 기초한 법치가 주장되면서도 군대와 경찰관에게 '임진격살'이라는 권능이 인정되었다.

'임진격살(臨陣格殺)'이란 '토비' 토벌 시, 상황에 따라 "재량에 의해 이를 조치할 수 있"다는 것으로,[27] 그러니까 만주국에 적대한다고 판단된 경우, 그 자리에서 살해할 수 있다는 것이다. 이 '임진격살'의 권능은 건국 직후인 1932년 9월에 제정된 〈잠행징치(暫行懲治) 도비법〉에서 규정된 것이다. 그러나 이 법률이 1941년 12월에 폐지되고 이를 대신하여 〈치안유지법〉이 시행된 후에도 '임진격살'은 "당분간 그 효력을 가진다"고 하였기 때문에 실질적으로 만주국 붕괴 때까지 존속했던 것이다. '법비'로 매도될 정도로 온갖 법을 제정하고 사법제도의 정비를 문명적 통치라고 과시했던 만주국의 또 다른 얼굴이 여기에서 뚜렷이 드러났던 것이다. 그것은 법치주의라는 체제에 구애받지 않을 정도로 왕도국가에 대한 저항이 뿌리 깊고 일관되게 존재하고 있었다는 것의 증거이기도 하다.

이러한 집단부락과 보갑제 등은 반만항일운동의 공세에 대해, 이른바 방어적으로 병영국가화의 방향을 선택했음에 지나지 않았다. 그러나 일중전쟁의 장기화, 장구펑(張鼓峰) 사건(1938), 노몬한(Nomonhan)·하얼하(Khalkha)강 사건(1939, 하얼하강 전쟁—역자) 등의 군사 충돌에 의한 소련·몽골과의 국경 긴장의 고조에 따라, 만주국은 더욱 적극적인 인민동원에 의해 국내 체제를 전시체제로 재편성해 갈 필요성에 처하게 되었다.

1937년 산업개발 5개년 계획 실시에 즈음하여 관동군은 만주국의 "조직 운영을 평시보다 더욱 힘써서 전투태세에 가깝게 만들고 속히 물심양면에 걸쳐 전쟁 준비를 완성하도록 지도한다"라고 정하고[28] 이해부터 배당제에 의한 모병제에 착수했다. 그리고 1940년 4월 국병법

(國兵法)을 공포하여 징병제 채택을 단행하고 이를 통해 "국군의 중핵을 이루는 사병의 소양 개선 및 인민의 중견 분자의 연성"을 지향했다.[29] 국병법에 의해 징병된 중국인에 대해서는 건국이념의 주입과 치안유지군으로서의 연습에 중점이 놓여 병영이 만주국에 대한 충성심을 세뇌시키는 교육의 장이 되었다.

이와 병행해서 만주국 정부는 인민 총복역주의를 주창하며, 장정 남자는 병영에 복역하지 않는 한, 국가에 대한 근로봉공에 종사해야 한다는 국민근로봉공법을 1942년 11월에 공포했다. 나치 전국민근로봉공제도(Arbeitsdienst)를 모방했다고 하는 국민근로봉공제는 "제국 청년으로 하여금 고도국방국가건설 사업에 정신(挺身)케 하고 (…) 국가에 대한 봉공관념을 왕성하게 하며, 이로써 건국의 이상 달성을 향해 매진케 한다"(국민근로봉공법 제1조)라는 목적을 내걸고 있었다. 이 법을 통해 19세부터 3년 사이에, 누계 12개월에 걸쳐 근로봉사대원으로 국가에 대해 근로 봉사하도록 의무화했다. 이처럼 "병영이 국민을 연성(練成)하는 도장이라면, 이에 뒤지지 않는 도장에 수용하여, 국병의 의무를 지지 않는 청년을 연성할 필요가 있다"라고 했듯이,[30] 징병과 근로봉사를 양 축으로 하여 '국민연성'을 진행하면서 국가에 대한 충성의 확보를 도모했다.

그러나 국병법에 의해 징병된 중국인에게 만주국은 지켜야 할 국가라는 실감을 가지기에는 너무 멀었고, 이에 비해 '토벌'해야 할 '비적'은 너무나도 가까운 동포였다. 당연히 사기도 낮고 도망자도 적지 않았다. 또한 생산비 50% 이하의 수매 가격으로 양곡공출을 강요당하고 있던 사람들에게, 1년 중 3개월 동안 근로봉사를 강제하는 국민근로봉공법에 따를 여유 따위는 있을 리 없었고 여기서도 도망자·기피자가 속출했기 때문에, 동원은 극히 곤란하게 되었다. 이러한 정황에 대처하기 위해 만주국 정부는 '국민'의 총체적 파악을 목적으로 국내에 거주하는 15세 이상의 남자에게 열 손가락의 지문을 날인한 국민수첩을 교부하는 국민수첩제를 1944년 1월부터 시행했다. 이에 의해 "나라의 총력발휘에 필요한 인적 자원의 실태를 파악하고, 더불어 제국 인민의 신분 증명의 용도로 제공하며, 이로써 국정의 원활한 운영, 특히 근로동원체제의 확립"(국민수첩법 제1조)을 꾀하려 했던 것이다.

그러나 국병법과 국민근로봉공법에 의한 '국민총복역'과 '국민연성', 국민수첩법에 의한 '국민'의 신분 증명과 그 실태 파악, 그리고 그러한 것을 통한 '국민' 동원에 의한 고도국방국가건설이라는 만주국 정부의 필사적인 정책 시도에도 불구하고, 사실은 4천 3백 몇 만이라는 만주국 거주자 가운데 법적으로는 단 한 사람의 만주국 국민도 없었다.

왜 그런가? 그것은 다양한 시안과 초안이 작성되었음에도 불구하고 만주국에서는 끝끝내 국적법이 제정되지 않았기 때문이다. 그리고 지금 남아 있는 시안과 초안을 검토한 범위 내에서 말하자면, 만주국에서 국적법이 제정되지 않았던 것은 입법기술상의 어려움 때문이 아니었다.

국적법 제정을 막은 최대의 원인, 그것은 만주국을 민족협화, 왕도국가의 이상국가라 하면서도 일본국적을 떠나 만주국적으로 옮기기를 격렬하게 거부해 왔던 재만 일본인의 마음이었다고 나는 생각한다.

왕도낙토 만주국이란 국민 없는 병영국가가 되지 않을 수 없었던 것이다.

4. 키메라의 사멸

이처럼 민족협화, 안거낙업, 왕도낙토를 구가한 만주국은 민족 차별, 강제 수탈, 병영국가라는 색채를 벗기 어려웠다. 게다가 그 국가는 국민 없는 복합민족국가, 모자이크 국가라고 해야 할 국가였다. 혹은 그것은 지배기구, 통치기구만으로 성립된 '장치(apparatus)로서의 국가'에 불과했다고 보아야 할지도 모르겠다.

그러나 만주국이 지배 구조로서의 국가 형성에 비해 국민 형성과 국민 통합의 측면에서 달성도가 낮았다는 것은 반드시 만주국이 국민 형성에 무관심했음을 의미하는 것은 아니다. 아니 오히려 국민 형성이 결여되었다는 사실이 명백한 만큼, 충분한 내면적 강제동화 없이는 해체되고 말 것이라는 강박관념이 작동하고 있었다. 그러나 그러한 자기 동일화의 대상은 황제 푸이에게서 찾을 수 있는 것이 아니었다. 그렇다기보다 이미 황제 푸이 자신이 아마테라스오미카미와 천황에 귀의했고 또한 만주국 자체가 유신도(惟神道)에 국본을 정한 이상, 국가의 구성원에게 자기 동일화의 대상을 준다고 하더라도 유신도 이외에는 있을 수 없었던 것이리라.

그리하여 사자의 머리와 양의 몸통으로 변신한 키메라(그것은 바로 일본 그 자체였는데)에 대한 자기 동일화가 강제되어 가게 된다.

1937년 만주국은 학제를 공포했는데 거기서 정해진 언어교육의 기본 방침은 "일본어는 일만 일덕일심의 정신에 기초한 국어의 하나로서 중시한다"라는 것이었다. 그리하여 일본어가 만주어(만주국에서는 중국어, 중국인이라는 용어는 금지어였고 중국어는 만주어라 불렸다), 몽골

어와 더불어 만주국의 국어, 게다가 만주국 전 지역에서 익혀야 하는 제1국어로 정해져 "일본어의 습득은 어떤 학교에서도 필수이며 장래의 만주국에서 공통어는 일본어로 약속되어 있다"라고 하기에 이르렀다.[31] 만주국 총인구에서 일본인이 점하는 비율이 최대 3%가 채 되지 않았음에도 불구하고 말이다.

그리고 언어 다음은 종교인데, 일본인조차 이해하기 어려운 유신도에 대한 신앙이 타민족에게 강요되었다. 그리하여 1945년까지 295개나 되는 신사가 건립되어 참배를 해야 할 뿐만 아니라 그 앞을 지나갈 때는 탈모, 최경례가 강요되었다. 나아가 각 학교 교정에도 건국신묘, 건국충령묘를 세워 아침저녁으로 참배를 하게 했다. 그와 동시에 천황제를 모방한 학교 행사가 진행되었는데, 황제의 어영과 조서의 필사본이 봉안전(奉安殿)에 안치되어 화재가 났을 때는 몸을 희생해서라도 지켜야 한다는 의사(擬似) 천황제가 나타났다. 그리고 일본이 영·미와 개전한 지 1주년에 해당하는 1942년 12월 8일에는 국무원 포고 제17호로 〈국민훈〉이 제정되었는데, 그 내용은 다음과 같다.

> 하나, 국민은 건국의 연원이 유신의 도에서 시작된다는 것을 생각하여 아마테라스오미카미에게 숭경을 바치며 황제폐하께 충성을 다한다.
> 하나, 국민은 충효인의를 근본으로 하여 민족협화·도의국가의 완성에 노력한다.
> 하나, 국민은 근로를 숭상하고 공익을 넓히며 인보상친(鄰保相親)하고 직무에 정근하여 국운의 융창(隆昌)에 공헌한다.

하나, 국민은 굳세게 스스로 서며 절의를 존중하고 염치를 중시하며 예양(禮讓)을 뜻으로 하여 국풍의 현창을 도모한다.

하나, 국민은 총력을 다하여 건국의 이상을 실현하고 대동아공영의 달성에 매진한다.[32]

1940년의 〈국민전정조서〉와 마찬가지로, 이것이 국가의 근본을 유신의 도에서 구하고 일본의 신화를 받아들여 아마테라스오미카미를 신앙할 것을 강제한 것임은 명백하다. 그것은 또한 일본의 〈교육칙어〉 및 1937년 조선에서 제정된 〈황국신민서사〉와 똑같은 것인데, 이 〈국민훈〉의 복창을 포함한 학교의례는 다음과 같은 구성으로 되어 있다. 우선 국기게양(학교에 따라서는 일장기도 게양한다)이 있고, 건국신묘·궁성(일본의 황거)·제궁에 대한 요배를 하고 황군 즉 일본군의 무운장구와 전몰영령을 위한 묵도, 이어서 교장을 선두로 〈국민훈〉의 낭송과 훈화가 있고 그 가운데 황제폐하와 천황폐하라는 말이 나올 때는 교사, 학생 전원이 '차렷' 자세를 취하며 마지막으로 건국체조가 행해진다.

마찬가지의 행사가 일본인 군사고문에게 훈련·지휘를 받는 만주국군에서도 행해졌다. 우선 건국신묘와 궁성·제궁에 대한 요배, 황군을 위한 묵도 외에 일본과 마찬가지로 대원수인 황제가 내린 〈군인칙유〉 및 〈국민훈〉의 복창, 그리고 노리토(祝詞)*의 복창이 강제되었다. 그것은 관동군에 대해 비판적인 언사를 극력 피하고 있던 푸이의 동

---

* 일본 신사의 제례에서 복창되는 축복의 말.

생 푸췌조차 "관동군이 만주국군을 지도하는 것은 뭐 괜찮다고 해도, 동방 요배(遙拜)를 시키거나 그 노리토라 부르는 '가케마쿠모카시코키 아마테라스오미카미……'만은 그만둘 수 없을까. 게다가 못 외운다고 때리고 차는 건 난폭하기 짝이 없어!"라고 분노했을 정도였다.[33] 일본 육군사관학교를 졸업하고 육군대학에 진학한 푸췌조차 그만한 고통을 느꼈는데, 일본어도 모르는 일반 병사들에게 그것이 얼마나 큰 고행이었는지는 상상하기 어렵지 않다.

또한 일반 사람들도 일본인 헌병과 경찰관이 각지에서 검문하여 "너는 어느 나라 사람이냐"라고 일본어로 물을 때 '만주국인' 혹은 '만인'이라 대답하지 않는 자는 죽도록 맞았다고 한다.[34]

그렇다면 이처럼 무리한 형태로 진행된 '국민' 의식의 주입은 효과를 보았던 것일까? 1945년 8월 17일 만주 겐코쿠대학 조교수 니시모토 소스케(西元宗助)에게 조선인 학생과 중국인 학생이 작별 인사를 하려고 찾아와 각기 다음과 같이 말했다고 한다.

조선인 학생 ─ 선생님께서는 모르셨겠지만 제주도 출신 한둘을 빼고 우리들 겐다이(겐코쿠대학) 조선인 학생 대다수가 조선민족 독립운동 결사에 가담하고 있었습니다. 그러나 선생님, 조선이 일본의 예속에서 해방되고 독립해서야 비로소 한국과 일본은 진정으로 제휴할 수 있는 것입니다. 우리들은 조국의 독립과 재건을 위해 조선으로 돌아갑니다.

중국인 학생 ─ 선생님, 동방 요배라는 것이 매일 아침 겐다이에서 행해졌잖아요. 그때 우리들이 어떤 기분이었는지 알고 계십니까? 우리들은 그

때마다 제국주의 일본은 요패(要敗), 꼭 지라고 빌고 있었습니다. 그리고 묵도(默禱)라는 호령이 있었지요. 그 묵도!! 그것은 제국주의 일본을 타도하기 위해 칼을 간다는 마도(磨刀)의 신호로 받아들이고 있었습니다. 중국어로 묵도-마도는, 요배-요패와 마찬가지로 발음이 거의 같거든요. 선생님, 우리들은 선생님들의 선의는 느끼고 있었습니다. 그랬기 때문에 죄송하게 생각합니다. 그러나 선생님들의 선의가 어떤 것이었든, (…) 만주국의 실질이 제국주의 일본의 괴뢰정권에 지나지 않았다는 것은 유감스럽지만 명확한 사실이었습니다.[35]

키메라는 이미 사멸해 있었다. 8월 18일의 만주국 해체 선언을 기다릴 것도 없이. 게다가 신체 조직의 일부가 생명 기능을 상실한 괴사의 결과로, 그 중추로부터.

니시모토는 "이런 말을 들으면서 우리 '겐코쿠대학'이 무참하게 붕괴해 가는 굉음을 듣는 느낌이었다"라고 적었다.[36] 확실히 만주국 통치를 떠받칠 "정간동량(楨幹棟梁)의 인재를 기른다"라는 관점에서 말하자면,[37] 겐코쿠대학이 그 내부에서 오로지 만주국 붕괴와 일본의 패전을 바라며 사상의 칼날을 가는 학생들을 키우고 있었던 사실은 교육의 실패라고 말할 수 있을지도 모르겠다. 그러나 "건국정신의 신수를 체득하고 학문의 온오(蘊奧)를 연구하며 몸으로 이를 실천하여 도의세계 건설의 선각적 지도자가 될 인재를 양성한다"라는 건학정신에 비춰보면[38] 조선인 학생의 말이야말로 민족협화라는 건국정신의 신수를 체득하고 몸으로 이를 실천했다고 할 수 있는 것이 아닐까. 역설적으로 말하자면 겐코쿠대학은 이런 학생들을 키우고 있었다는 점에서 성공을 거두었고, "무참하게 붕괴"함으로써 비로소 건학의 목적을 달성할 수 있었다고 할 수 있을지도 모르겠다.

그리고 중국인 학생이 만감을 가지고 한 말, 즉 '선의가 어떤 것이었든 만주국의 실질이 제국주의 일본의 괴뢰정권에 지나지 않았다는 것은 유감스럽지만 명확한 사실이었다'라는 단호한 말만큼 키메라로서의 만주국의 존재를 정확하게 묘사하는 언어도 없을 것이다. 그리고 이 말만큼 키메라의 죽음을 장송하는 데 어울리는 말도 없을 것이다.

그럼에도 불구하고 이 책의 〈서장〉에서 다룬 것처럼 전후에도 그리고 현재에도 만주국을 "서양 정치학의 퍼핏 스테이트(괴뢰국가)라는 개념으로 규정하는 것은 아시아 역사 자체가 용납하지 않는다"라는 하야시 후사오의 주장에[39] 동조하고 공감하는 사람들이 적지 않다. 그리고 만주국은 결코 일본의 괴뢰국가가 아니며 일·만 관계를 서양의 정치학 개념으로 설명할 수 없다고 하는 이러한 주장은 전후에 비로소 나타나기 시작한 것이 아니라, 만주국의 독립국가로서의 정당성과 일·만 관계의 특수성을 드러내기 위해 일찍부터 사용되던 담론 양식이었다. 예를 들면 "지나에서는 만주국을 일본의 괴뢰라고 한다. 즉 일본에 대한 독립은 없다고 하는" 시각에 대해[40] 이의를 제기한 가나사키 겐은 일·만 관계에 대해 다음과 같이 말하고 있다.

원래 일만 양국의 관계는 구미에는 그 유례가 없는 관계이다. 만주국의 왕도정치가 구미의 정치학으로 설명될 수 없는 것처럼 황도국과 왕도국의 제휴는 구미의 국제법으로 규율할 수도 없고 그럴 필요도 없다. 우리들은 구미의 정치학으로는 알 수 없는 왕도정치를 하는 나라를 부조

(扶助)하는 것이다. 그 관계도 왕도적이며, 꼭 법률적인 것은 아니다. 구미의 국제법으로 규율할 수 있는 관계가 아니다.[41]

그렇다. 가나사키가 주장하는 것처럼 구미사회에서 생겨난 정치학과 법률학이 모든 사회의 모든 사실을 설명할 수 있다는 것은 지적 오만이고 그것을 보편적인 것처럼 강요하는 것은 지적 제국주의라고 할 수 있을 것이다. 그러나 일·만 관계가 진정으로 새로운 이념하에서 독자적인 국제관계를 창출했다고 한다면, 그것을 말하는 데 적합한 개념과 체계로써 구미의 정치학이나 법률학도 납득시킬 수 있을 만큼의 설명 능력을 제고해야 한다고도 말할 수 있을 것이다. 그런 노력 없이 구미의 정치학과 법률학에서 말하는 '괴뢰국가의 개념으로 규정하는 것은 아시아 역사 자체가 용납하지 않는다'라고 주장하는 것은 그 자체가 바로 지적 오만이고 지적 제국주의의 다른 형태라 하지 않을 수 없다. 그리고 또한 만주국을 괴뢰국가로 보는 것을 용납하지 않는 "아시아 역사 자체"란 도대체 어디의, 어떤 역사란 말인가. 건국 이래 일관되게 만주국을 괴뢰국가로 지탄해 왔던 중화민국과 삼십 몇 만이나 되는 반만항일군 전사들, 그리고 앞에서 든 겐코쿠대학의 중국인 학생은 "아시아 역사 자체"에는 포함되지 않는 것일까. 아시아를 거론할 때 우리들 일본인은, 과거에도 현재에도 항상 아시아 담론을 기만의 방패로 삼아 왔다. 만약 자신의 삶을 경멸할 생각이 없다면 21세기에는 이러한 '아시아'라는 담론으로 자신과 타자를 함께 속이는 일만큼은 절대로 하지 않았으면 하고 절실히 생각한다.

게다가 이러한 주장의 한편에서 일본이 아시아로 진출할 때, 또는 만주국 통치를 정당화할 때 그 근거로 삼았던 것은 구미의 정치학·법률학이었고, 구미 최신의 과학기술이었으며 문명이었다. 그리고 이 문명이야말로 야만을 낳았으며, 빼앗고, 빼앗기고, 증오하고, 증오를 당하고, 상처주고, 상처받고, 죽이고, 죽임을 당하는 것이 민족과 민족의 관계였던 시대, 즉 만주국(키메라)의 시대를 낳았던 것이다.

이 책을 통독한 분들께는 이미 키메라의 실상이 어떤 것이었는지는 명확해졌을 터라, 지금 새삼스레 그것이 괴뢰국가였는지를 다시 물을 필요도 없을 것이다. 다만 이에 관한 사료를 하나만 들어보면, 고마이 도쿠조에게 초대 총무장관으로 취임하기를 촉구했던 혼조 시게루 관동군 사령관은 그에게 "이른바 퍼핏 거번먼트를 만들어두고 그대로 달아나버린다는 건 너무 비겁하지 않는가?"라고 설득했다고 한다.[42] 만주국을 만든 당사자들인 이 두 사람에게 만주국이 괴뢰정권이었음은 너무나도 자명했던 것이다. 그리고 위 글이 실린《대만주국 건설록》은 1933년 주오코론샤(中央公論社)에서 공간되었기에 이것이 당시의 일본인에게도 또한 자명한 일로 받아들여지고 있었음은 틀림없는 사실이다.

그리고 이와 관련하여 또 한 가지 반드시 말해두고 싶은 것은 만주국 통치에서의 일본인의 '선의'라는 문제이다. 본문에서도 몇 번이나 다루었듯이 만주국의 이상에 공명했건 공명하지 않았건 간에 만주국을 존속시키려 노력했던 일본인이 처음부터 '악의'를 가지고 그에 참가했다고는 생각하지 않는다. 그것은 일본인인 나의 선입견임에 틀림없겠지만, 사람들은 모두 각자의 자리에서 각자의 방법으로 만주국에 대해 자기 나름대로 '선의'를 가지고 있었다고 생각한다. 그리고 그 '선의'와 '현실'의 어긋남에 대해 완전히 무감각했던 것도 아니다. 예를 들면 총무청 차장이었던 후루미 다다유키는 건국에서부터 10년간에 이르는 자신의 통치 체험을 되돌아보며 다음과 같이 술회하고 있다.

이 나라의 지도적 입장에 서서 중핵을 형성한 일본인 중에는 이른바 '선의의 악정'으로 고민했던 사람이 틀림없이 있을 것이다. 그러니까 일본적 의식, 성격, 방법으로 기획·실행한 결과가 실패로 나타난 것 말이다.[43]

이처럼 악정이었고 실패였다고 인식하면서도, 그러나 그것은 '선의'였기 때문에, 그리고 또한 일본의 행정이 만주의 그것보다 우월하다는 확신 아래 결국 악정을 시정하지 않았던 것이다. 그리고 이러한 '선의'를 밖으로 표출함으로써 만주국 통치를 정당화하려는 담론은 전후에도 여전히 뿌리가 깊어, 예를 들면 다카미야 다헤이(高宮太平)는 동시대를 살았던 경험에서 "만주국의 정치는 주민을 위해서는 나쁜 것이 아니었다"라고 만주국 통치를 총괄한 후,[44] 다만 배려가 적었던 점으로 행정의 일본화를 들고, "특히 법규의 남발은 법치에 익숙하지 않은 만인에게는 도저히 양해되기 힘들어 일계 관리를 '법비'라고까지 극언했다. 식민지 행정에 익숙하지 않은 일본인으로서는 선의의 과실(過失)이었다"라는 식으로 정리하고 있다.

'선의의 악정', '선의의 과실' ― 과연 '선의'면 모든 것이 용서되는 것일까. 이에 대해 논의되어야 할 점은 많다. 그러나 지금 여기서는 푸이가 자서전에서 인용하고 있는 《서경(書經)》의 한 구절로 이를 대신하겠다.

오히려 하늘이 만든 재난은 피할 수 있다. 자신이 만든 재난은 피할 수
없다.

그렇다. 자신이 만든 재난으로부터는 아무리 '선의'로 했다고 하더
라도 피할 수 없는 것이다.

그러면 마지막으로 그렇게 존속했고 사라져 갔던 만주국이란 어떠
한 역사적 위상을 가지고 있었던 것일까?

만주국, 그것을 이토 다케오(伊藤武雄)는 '환조(幻造)국가'라 불렀는
데, 아마도 그 인조국가를 일본 근대가 낳은 하나의 유토피아, 게다가
가장 가열(苛烈)하고 비참한 현실을 낳은 유토피아로 보는 것도 전혀
불가능하지 않을지도 모르겠다. 그러나 동시에 그것이 왕도낙토와 민
족협화라는 기치를 내세웠기 때문에 일본인의 도의감각을 착란시키
고 타민족에 대한 인간으로서의 감수성을 마비시켜버린 것도 결코 잊
어서는 안 될 것이다. 그러나 그러한 면을 포함하면서도 만주국이란
결국, 최후의 총무장관 다케베 로쿠조가 말한 것처럼, "만주국 자체가
일본 육군의 기밀비"로 존재했음에 지나지 않을는지도 모르겠다.[45] 아
니 비록 그렇다고 해도 근대 일본의 역사는 일·청, 일·러, 일·중, 그리
고 태평양전쟁을 거치면서, 만주국을 향해 흘러들어 갔다가 거기서 한
번은 두절되었던 것도 사실이다. 게다가 근대 일본이 형성했던 군대와
천황제와 관료제가 만주국에서 하나의 초점으로 응축되어 나타나고,
한편으로 만주국에서는 중국, 소련을 비롯한 여러 국가와의 관련 방식
이 또 다른 초점을 이루며 드러나 있다. 혹은 완전히 관점을 바꿔, 하나

의 전쟁이 다음 세계전쟁을 준비하던 시대, 공산주의혁명이 큰 공감을 부르고 있던 시대, 그것이 만주국을 잉태하고 길렀다고 볼 수도 있을 것이다. 그리고 틀림없이 거기에는 세계전쟁, 혁명, 민족, 아시아, 압박으로부터의 해방, 이상국가라는, 우리들의 세기인 20세기의 모든 과제가 그 자체로 혼돈된 채 던져져 꿈틀거리고 있었던 것이다. 그런 의미에서는 만주국을 추궁해 가는 것은 근대 일본의 문제, 그리고 20세기라는 시대가 낳은 문제를 척결해 가는 것과 곧바로 연결되어 있다고도 할 수 있지 않을까.

이처럼 키메라는 13년 5개월여의 생명을 '제국 일본'과 함께했다.

승패를 통해 역사를 말하는 게 큰 의미는 없다 해도, 이시하라 간지가 생각했던 것처럼 만주 영유가 "일본이 살아날 유일한 길"이었는지는 아주 의문스럽다. 그러나 만주국 건국이 근대 일본이 멸망해 가는 길이었다는 사실에는 조금의 의문도 있을 수 없다.

어쨌든 키메라, 만주국의 일생은 중국 둥베이 땅의 한없는 은혜를 게걸스레 먹어치우면서 시시각각 변태를 계속하다 그 모체(일본)와 생사를 함께했던 것이다. 그리스 신화의 키메라는 입에서 불을 뿜으며 대지를 황폐하게 만들고 가축을 약탈해 사라졌다고 한다.

그리고 키메라라는 서구어의 통례적 의미, 그것은 말할 것도 없이 환상, 더군다나 기괴한 환상을 의미한다. 그러나 그 기괴한 환상, 키메라를 위해서 얼마나 많은 비참함이 생겨나고 얼마나 많은 사람들의 운명이 농락당했던가.

"시간이 지나면 모든 환상은 사라진다"라고 읊은 이는 하기와라 사쿠타로(萩原朔太郎)였던가. 정말 지나간 일은 망망하고 꿈과 같이 덧없다. 만주국에 살았던 사람들도 대부분 귀적에 들어 지금은 존재하지 않는다. 1945년 소련의 대일 참전에 의해 만주국은 사멸했고, 지금은 이미 그로부터 46년이라는 세월이 흘렀다. 시간은 흘러 그 소련도 공산주의라는 환상과 함께 지상에서 모습을 감추었다. 그리고 드디어 세기가 바뀌려 하고 있다.

그러나 나라가 망하고 사람은 죽었어도 옛일은 엄연한 사실로 지금 존재한다. 그것이 사라진 듯이 생각되는 것은, 사람들의 마음이, 옛일의 교훈을 민족이 남겨야 할 기억으로 마음에 담아두기에는 너무나도 경박하여 타자의 고통에 대해 생각하고 있지 않기 때문일지도 모르겠다.

사람들의 꿈과 희망, 죄와 분노, 그리고 비참함과 한탄을 모으고, 사람들의 피와 땀과 눈물을 빨아들인 키메라, 만주국은 사라졌다. 그러나 그 처절한 역사를 양식으로 삼으면서 중국 둥베이의 대지는 끝없이 망망하게 오늘도 사람들을 싣고 유구(悠久)히 펼쳐져 있다.

후기

    그날 밤으로부터 이미 20년 이상의 세월이 흘렀지만 그때 받았던 뭐라 말하기 힘든 감정은 아직도, 때로는 강하게 때로는 약하게 밀려오는 파도처럼 되살아난다.

    그날 밤, 평소처럼 수업을 마치고 나가오 류이치(長尾龍一) 선생님 댁으로 찾아뵈었다. 아마 그날의 테마였던 대아시아주의에 대한 이야기의 연장이었을 것이다. "그러면 자네는 이건 어떻게 생각하나?"라고 예의 부드러운 미소를 지으며 책꽂이에서 꺼내신 것이 《가사기 요시아키 유방록(遺芳錄)》이었다. 대학에 들어온 지 얼마 되지 않아 지식도 독해력도 없는 내가 그 내용을 읽어낼 리도 만무했다. 그러나 그 행간에서 분출되는 노기를 띤 듯한 글에 압도되는 충격을 받았던 것만은 지금도 선명하게 기억에 남아 있다. 물론 그 인상은 시간이 흐르면서 내 안에서 증폭되었던 것일 뿐, 그때의 나는 그저 그때까지 접한 적 없는 글에 당황하고 전율하기만 했을지도 모르겠다. 다만 그 책에 수록

된 글에는 이상에 불타던 시대에 대한 긍지와 추모, 그리고 좌절과 추방에 대한 분노와 우울이라는 여러 감정이 뚜렷하게 표출되어 있었고, 거기에는 신앙을 함께하지 않는 자를 준열하게 거부하는 기운이 서려 있는 것만은 확실히 느껴졌다.

아마도 몇 년 후에 그 글을 처음 접했다면 그것도 세상에 흔히 있는 것이라며 아무런 감회도 없이 지나쳐버렸을 거라고 생각한다. 그러니까 그것은 나의 무지와 무경험이 일으킨 과잉반응에 지나지 않았다. 그러나 가사기 너머에 있는 만주국은 그날 밤부터 나에게, 어쩐지 다가가기 힘들지만 일단 발을 들여놓으면 어디까지든 빨려 들어가버릴 것 같은 칠흑의 어둠 같은 존재가 되었다. 나는 만주국이 발하는 독기 비슷한 것에 당황하면서도 만주국에 대해 쓰인 것이 있으면 찾아 읽고는 언제나 "이건 아냐"라는 위화감 비슷한 것을 품어 왔다. 그것은 항상 엷은 막 뒤에 있으면서 아무리 잡으려 해도 손에서 빠져나가버리고, 더군다나 내가 처음 느낀 그 인상과 아무래도 합치되지 않는 것이었다.

제임스 조이스는 "역사란 내가 깨어나고 싶다고 바라는 바로 그 악몽이다"라고 말했지만, 문맥은 달라도 나에게 만주국도 바로 거기서 깨어나고 싶다고 바라는 악몽이었다고 할 수 있을지도 모르겠다.

그러나 1986년도의 준비회를 거쳐 교토대학 인문과학연구소의 공동연구로 야마모토 유조(山本有造) 교수께서 〈'만주국' 연구〉를 시작하시게 되어, 나에게는 칠흑의 어둠이고 악몽인 만주국과 마주서게 되었다. 야마모토 교수를 비롯해 후루야 데쓰오(古屋哲夫), 니시무라 시게오(西村成雄), 소에지마 쇼이치(副島昭一), 이무라 데쓰로(井村哲郎),

오카다 히데키(岡田英樹), 미즈노 나오키(水野直樹), 마쓰노 슈지(松野周治), 마쓰모토 도시로(松本俊郎), 무라타 유코(村田裕子), 오쿠무라 히로시(奧村弘), 니시자와 야스히코(西澤泰彦), 야스토미 아유무(安冨步) 등 다양한 전공에서 해박한 지식을 축적하신 분들께 적지 않게 계발되었다. 그리하여 1992년 3월까지 계속된 공동 연구의 담론풍발(談論風發)의 장에 참석함으로써 어렴풋하면서도 조금씩 만주국의 윤곽이 떠오르는 듯한 느낌이 들었다.

그사이 1987년부터 1년간 미국 하버드대학 엔칭연구소에서 사료를 보던 중 만주국을 키메라로 포착하는 이미지가 점점 확실해졌다. 귀국 후, 늘 지도와 도움을 받고 있던 월간《주오코론(中央公論)》의 미야 가즈호(宮一穗) 씨와 만나 만주국에 대한 책의 감상 따위를 서로 이야기하고 있던 중, 미야 씨는 예민한 촉감으로 그것을 알아채고 이미지를 형상으로 만드는 길을 눈 깜짝할 사이에 닦아주셨다. 나는 다만 그 길을 따라 처음으로 나의 만주국상을 글로 만들었다. 그것이 〈최후의 '만주국' 붐을 읽는다〉(《주오코론》, 1989년 6월)였다. 이 작은 글에 대한 국내외의 반응은 찬반양론으로 갈렸기에, 이미지만을 던져놓고 그만둘 수는 없게 되었다. 어떻게 대답해야 할까. 주저한 끝에 "쓰지 않으면 아무것도 되지 않아요"라는 미야 씨의 한 마디에 나는 결심을 하게 되었고 그 뒤의 길은 주코(中公)신서 편집부장 하야카와 요시히코(早川幸彦) 씨가 제시해 주셨다.

나는 집필 약속을 한 후 천안문사건 직후의 중국에 건너가 중국인 일본연구자 양성을 위해 설립된 대학원인 베이징 일본학연구중심(센터)에서 수업을 담당하는 한편, 사료를 모으고 동료였던 조선민속연구자 노무라 신이치(野村伸一) 씨와 함께 중국 둥베이 지방을 돌아다녔다. 그것은 둥베이의 대지와 조선민족의 존재감을 깨닫는 귀중한 체험이었다. 그리고 1990년 이른 봄 귀국과 함께 집필에 착수했다. '1991년 만주사변 60주년까지는 어떻게 해서든 쓰겠다'는 심산이었다. 그러나 쓸 수 없었다. 무언가에 사로잡혀 있는 것처럼 연필을 쥔 채 한 글자도 쓰지 못하는 날이 며칠이나 계속되었다. 그래도 하야카와 씨의 재촉으로 1992년 3월에 제2장까지의 원고를 건넬 수 있었다. 시작한 이상 쓸 수 있을 것이라고 스스로도 생각했다. 그렇지만 또다시 쓸 수 없게 되었다. 한 절마다 한 편의 논문을 쓰는 것 이상의 고통과 무게가 덮쳐 왔다.

나는 쓰는 것에 두려움 같은 것을 느끼고 있었다. 현재 남아 있는 사료의 수백 배, 수천 배나 될, 소각되고 분실된 원사료 가운데야말로, 나아가 회상록 등으로 남기지 않고 발설조차 되지 않았던 깊은 침묵에 야말로 만주국의 진실이 감춰져 있을 것임이 틀림없기에, 나는 환상을 잡으려고 허공으로 손을 뻗고 있는 것은 아닐까 하는 불안과 초조감에 저항하며 몇 번이나 던져두었다가 하야카와 씨의 독려 편지와 전화로 다시 정신 차리기를 반복했다. 하야카와 씨도 반쯤 질려버렸던 게 아닐까. 그러나 왜 쓸 수 없는가 하는, 불평도 되지 못하는 나의 변명을 듣고서 하야카와 씨는 어쨌든 돌파구를 가리켜 보여주기를 정말 참을성 있게 거듭해 주셔서 겨우 여기까지 도달했다.

아마 만주국을 키메라로 포착하려 했던 이 책의 의도 자체가 이질적인 것의 접합 위에 이루어진 환상의 소산에 지나지 않을지도 모른다. 또한 만주국의 초상이라 제목을 붙였으면서도 도저히 그 살과 표정까지는 그려낼 수 없었다. 그러나 솔직히 말해 이것이 한계다. 지금은 그것을 만들고 거기서 살았던 사람들에게 만주국이란 무엇이었던가를 내가 이해하는 선에서 이러한 형태로 제출해볼 수밖에 없다. 그러나 말할 것도 없이 만주국의 진짜 모습은 일본에서 본 것만으로는 알 수 없다. 중국과 조선의 시점이 불가결하다. 그러나 너무 당연할 정도로 당연한 일이 일본인인 나에게는 가장 곤란한 것이었다. 중국과 조선 분들이 보면 일본인의 편견으로 가득 차 있고, 고찰도 일방적이라는 비판을 면하기 어려울 거라 생각하지만, 그 비판을 통해 앞으로도 역사를 공유하는 방향으로 나아가고 싶다고 생각한다.

책이라는 것은 전부 개인의 저작이라 하더라도 많은 사람들의 선행업적과 의견에 의존하지 않은 것이 없다. 그러나 이 책은 그 이상으로 많은 분들의 다양한 협조를 얻어서야 비로소 형태를 갖출 수 있었다. 우선 〈만주국' 연구〉 공동연구반 분들로부터 받은 학은은 헤아릴 수 없어 어떻게 이 감사의 마음을 표현하면 좋을지 모를 정도이다. 그러나 이 책은 어떤 의미에서도 공동연구반의 의견을 대표하는 것이 아니고 또 그렇게 될 수 있는 것도 아니다. 그뿐만 아니라 여러 가지 점에서 나의 시각과 반대 견해를 취하고 계시는 분들도 많다. 그것은 참고문헌에 든 저작을 한 번 살펴보면 금방 알 수 있을 것이다.

또한 미야 씨와의 대화가 없었으면 이 책은 태어날 수도 없었고, 하야카와 씨의 인내와 시의적절한 유도가 없었으면 아마 벌써 예전에 던져버렸으리라는 것은 이미 말한 대로다. 두 분의 두터운 정을 잊을 수 없다.

더욱이 1986년 현재 직장으로 옮긴 이래 중국에 대한 나의 엉뚱한 질문에 항상 즐겁게 가르침을 아끼지 않으셨던 하자마 나오키(狹間直樹), 요시카와 다다오(吉川忠夫), 오노 가즈코(小野和子), 모리 도키히코(森時彦), 이시카와 요시히로(石川禎浩) 씨가 없었다면, 도저히 이 정도의 책조차 쓸 수 없었음에 틀림없다. 여기서 감사의 마음을 표하고 싶다. 그리고 여기저기 정신없이 사료를 찾는 나에게 항상 웃는 얼굴로 대하며 곧바로 처리해 주셨던 연구소 도서실 직원 분들께도 오직 심심한 감사가 있을 따름이다.

덧붙여 사료뿐만 아니라 일상적으로 다양한 점에서 조력을 아끼지 않고 또한 게으른 나에게 활력을 불어넣어 주셨던 미나모토 료엔(源了圓), 이시다 다케시(石田雄), 시마다 겐지(島田虔次), 마쓰모토 산노스케(松本三之介), 아스카이 마사미치(飛鳥井雅道), 개번 매코맥(Gavan MacCormack), 구리하라 겐(栗原健), 마쓰오 다카요시(松尾尊兊), 오카다 도모요시(岡田與好), 히구치 요이치(樋口陽一), 사토 신이치(佐藤愼一), 스즈키 다다시(鈴木董), 다나카 신이치(田中愼一), 가네코 후미오(金子文夫), 가네코 마사루(金子勝), 히라노 겐이치로(平野健一郎), 하마구치 유코(浜口裕子), 시부야 유리(澁谷由里), 쓰치야 히데오(土屋英雄), 이와사키 류지(岩崎隆二), 히로오카 모리호(廣岡守穗), 야나기사와 아소부(柳澤遊), 아카바네 다카유키(赤羽孝之), 구마다 도시로(熊田俊郎), 이연강(李延江), 장계웅(張啓雄), 풍위(馮瑋), 하약부(賀躍夫) 씨께 깊은 감사의 인사를 드린다.

이 책은 위의 모든 분들이 힘을 보태주신 하사물이다.

마지막으로 1992년 10월 갑자기 지주막하출혈로 쓰러진 후 이제

일상생활로 복귀하려 하시는 어머니와 그를 돌보고 계시는 아버지의
건승을 빌지 않을 수 없다.

내 마음 여기서 사라진다.

1993년 5월

야마무로 신이치

보론

만주와 만주국의
역사적 의미는 무엇인가?

이 책은 '만주국의 초상'이라는 부제가 말해주듯 만주국이라는 국가의, 형상부터 변천·변용을 거쳐 괴멸에 이르는 역사적 과정을 주로 정치학·법정(法政)사상사적 관점에서 해명하는 데 주안을 두고 집필된 것이다. 그렇기 때문에 만주나 만주국의 역사적 의의를 그 전사와 2차대전 이후의 문제, 나아가 만주에 대한 이미지 등을 포함해 총체적으로 알고자 하는 독자들에게는 지면의 제약도 있고 해서 불충분한 점이 있었다.

또한 신서*라는 책의 성질상 그러한 문제에 관한 안내서로서의 역할을 다해야 한다는 것도 당연한 요청일 것이다. 그래서 여기에서는 가상문답의 형식을 빌려 '만주와 만주국의 역사적 의미는 무엇인가?'를

---

* 일본의 독특한 출판형식 가운데 하나. B6판보다 조금 작은 책으로, 비교적 가벼운 내용을 담고 있는 총서를 가리킨다. 이와나미쇼텐에서 발간하는 이와나미(岩波)신서(1938년부터 간행시작), 주오코론샤에서 발간하는 주코신서가 유명하다.

생각해 보기로 하는데, 독자들이 가질 법한 의문을 제시한 다음 그에 대해 간략하게 나의 의견을 말해보고자 한다. 읽기 쉽도록 하기 위해 사료를 인용할 때 표기법을 바꾼 경우가 있다는 것을 미리 말해둔다.

질문 1: 만주라는 것은 지명이면서 동시에 민족명이기도 하다는데, 원래 만주라는 명사는 어떠한 역사적 유래와 의미를 가지고 있는가?

일본이 1945년 이전에 만주라 불렀던 지역에는 여진족(女眞族)·여직족(女直族) 등으로 일컬어진 주르친이라는 민족이 살고 있었다. 이 민족은 불교 중에서도 지혜를 관장하고 동방을 진호(鎭護)하는 만주실리(曼珠室利)·문수사리(文殊師利)를 존숭하는 '만주' 보살(菩薩)신앙을 가지고 있었는데, 한자를 사용하게 된 후부터 이러한 '만주'라는 말과 발음이 같은 '滿洲' 혹은 '滿殊'라는 한자를 사용하게 되었다. 그리고 17세기 초에 건주여직(建州女直)의 태조 누르하치(성은 아이신줴뤄愛新覺羅)는 건주(建州)·해서(海西)·야인(野人) 등으로 나뉘어져 있던 여진(여직)족 전체를 통합하여 만든 국가를 만주구룬(Manju Gurun, 滿洲國·滿殊國)이라 불렀고, 민족명으로서는 주센 혹은 주션을 사용하게 되었다. 다만 명(明)과 조선의 왕조에 대해서는 아이신(Aisin, 金, 愛新)이라는 명칭도 사용하고 있었기 때문에, 금(대금大金) 혹은 후금(後金)이라고도 불렸지만, 본래의 만주어 국호는 만주였다. 그러나 1636년에 태종 홍타이지(皇太極)가 국호를 대청(大淸)이라 바꿈으로써 만주는 국호로서의 지위를 상실하고 이후에는 주센 등을 대신해 민족명으로 사용되게 되었다.

이 때문에 이민족인 청왕조를 무너뜨린 1911년 신해혁명에서는 '멸만흥한(滅滿興漢)'을 슬로건으로 내걸고 한족을 중심으로 만족(만주족)을 무너뜨리고 주권을 회복하고자 했는데, 이에 의해서 중화민국이 성립한 것이다. 이러한 경위를 보더라도 정복왕조가 일어난 만주 지역에 관동군이 만주족의 푸이를 원수로 하여 만주국을 세운 것은 중화민국의 다수를 점하는 한족의 입장에서는 받아들이기 어려운 일이었다고 할 수 있다. 다만 당시 일본 역사학계에서는 태종이 대청으로 국호를 바꿀 때 그전까지 쓰던 대금이나 후금이라는 국호를 말소하고 태종 누르하치의 존칭이기도 했던 '만주(滿住)'(누르하치는 만주 보살의 화신이라고 생각되었다)에서 만주라는 국호를 만들어냈다고 하는, 이치무라 산지로(市村瓚次郎)*의 위작설(僞作說)이 유력했다. 그 때문에 1932년에 건국된 만주국을 여진족의 만주그룬(만주국)의 부흥이라고 생각한 사람은 거의 없었다고 할 수 있다.

질문 2: 전후 일본에서는 '滿州'나 '滿州國'처럼 '州'라는 한자가 사용되고 있는데, 이 책에서는 왜 '滿洲'나 '滿洲國'처럼 '洲'라는 한자를 사용하고 있는가?

앞의 질문에서 대답한 대로 만주라는 말에 사용된 한자가 원래 滿

---

* 1864~1947. 한학자. 일본 동양사학의 개척자. 도쿄제대 교수. 저서로 《지나사요(支那史要)》, 《동양사통(東洋史統)》, 《지나사 연구》 등이 있다.

'洲'이지 滿'州'가 아니었다는 사실을 우선 거론해야겠는데, 동시에 물 수 변이 붙은 것은 왕조로서는 정통성 강조와도 관련되어 중요한 의미를 지닌다는 점을 생각할 필요가 있다. 중국 왕조는 자신의 정통성을 '木, 火, 土, 金, 水'의 오행으로 표현했는데, 청 직전의 왕조였던 명은 '火'를 상징으로 한 '화덕(火德)' 왕조였다. 이를 무너뜨리고 일어난 청왕조는 불을 이기는 물을 상징으로 삼아 '수덕(水德)' 왕조라 자칭하였기 때문에 왕조명도 물수 변의 청(淸), 민족명도 물수 변의 '滿洲'라고 하였다. 물수 변이 붙는 것은 지명이기 때문이라고 설명을 하는 사람도 있지만, 아궤이(阿桂)가 칙찬한《만주원류고(滿洲源流考)》(1778)에서는 만주가 부족명이지 결코 지명이 아니라고 주의를 촉구하고 있다. 다만 중국에서도 만주는 정식 명칭이 아니었다고 하지만, 청조 시대에는 동부 내몽골의 동쪽, 압록강·두만강 이북, 헤이룽장 이남의 땅을 가리키는 지역명으로 사용되는 경우가 있었다.

더욱이 19세기 말이 되면 중국에서는 그 지역을 랴오둥(遼東)·둥산성(東三省)·둥베이(東北) 등으로 불렀는데, 1907년에는 중국 본토와 마찬가지로 총독이 임명되었기 때문에 둥베이, 혹은 랴오둥(시대에 따라 성징盛京, 펑톈奉天)·지린·헤이룽장, 이 세 성으로 구성된다고 하여 둥산성이라 공식적으로 부르게 되었다. 이처럼 20세기에 만주라는 호칭은 어디까지나 일본인이 사용한 것이었고 중국에서는 지역명으로 사용하지 않았다는 사실을 염두에 두고, 게다가 고유명사와 역사적 명사에 대해서는 유래와 연혁에 기초한 정자 표기에 따른다는 입장에서 만주(滿洲) 또는 만주국(滿洲國)으로 표기했다.

질문 3: 일본에서는 역사적으로 이 지역을 어떻게 인식해 왔는가?

옛날에는 그 지역을 '숙신(肅愼)', '고구려(高句麗)'나 '요동(遼東)', '말갈(靺鞨)' 등으로 불렀는데, 698년에 건국된 발해와는, 발해사(渤海使)라는 사신이 190여 년에 걸쳐 34차례나 일본에 건너오는 등 많은 교류가 있었다. 그 후 요(遼)·금·원 등의 지배하에 있는 지역으로 인식하였고, 에도 시대에는 '달단(韃靼)' 혹은 '산단(山丹)', '흑룡(黑龍)', '오랑카이(兀良哈)' 등으로 불렀다. 헤이룽장 유역에 거주하고 있던 올챠(Olcha)가 쟌타라 불렸고 그 말이 아이누말로 바뀌면서 산단(山丹)이라고 불리게 된 것에서도 알 수 있듯이 산단인(山丹人)은 사할린 등에서 일본과 교역을 하고 있었다. 중국제 관복과 비단은 산단인이 만주 관인들로부터 받은 것이었는데, 그것이 아이누를 거쳐 일본으로 건너와 에조니시키(蝦夷錦)라는 이름으로 불리며 귀중품으로 취급받았다. 또한 그 지역이 '달단(韃靼)'으로 인식되었다는 것은 1644년에 15명의 에치젠(越前: 지금의 후쿠이현 동부 — 역자) 표류민이 성징(현재의 선양)과 베이징을 방문하고 귀국한 뒤에 진술한 구상서(口上書) 제목이 《달단표류기(韃靼漂流記)》라는 사실에서도 명확하다.

지리적 명칭으로서 만주를 지칭하게 된 경위는 명나라에서 청나라로 왕조가 교체될 시기였던 1644년 이후의 해외 소식을, 바쿠후(幕府)가 하야시 가호(林鵞峰, 슌사이春齋)*에게 명하여 편찬케 한 《화이변태

---

* 1618~1680. 에도 시대 전기의 주자학자. 하야시 라잔(林羅山)의 아들. 이름은 슌쇼(春勝). 삭발한 후 슌사이(春齋)라고 호를 지었다. 쇼군 도쿠가와 이에미쓰(德川家光) 밑에서 외교를 담당했다. 아버지 하야시 라잔이 편찬한 《본조편년록(本朝編年錄)》을 기초로

(華夷變態)》(가호가 죽은 후에는 아들 호코鳳岡가 이어받아 1724년까지 편수를 완료했다—역자)에 드러난 서술의 변천을 통해 엿볼 수 있다. 그에 따르면 당초 여진족을 가리켜 달단북로(韃靼北虜)라고 하였고, 이어서 청조를 달단·달로(韃虜)라 불렀다. 주자학을 신봉하는 하야시(林) 집안(호코는 초대 다이가쿠노카미大學頭)으로서는 주자학을 존중한 명조의 중화에 비추어, 청조를 달단·달로라는 이적(夷狄)으로 본 것은 당연할 것이다. 그러나 1684년 이래 강희제의 치세가 나가사키(長崎)로 입항한 중국인을 통해 전해지게 되자 "강희제의 본국 달단인"이라는 표현이 등장하게 되었고, 그것이 1687년에는 "강희제의 본국 만주" 혹은 "대청의 본국 만주"라 하여 달단 대신에 지역명으로 '만주'가 사용되었는데, 이후 이 용법이 정착해 갔다고 한다.

일본인의 지리적 인식에서 만주가 구체적으로 어떻게 파악되었는가를 보여주는 실례를 들면 1804년에 곤도 세이사이(近藤正齋, 주조重藏)*가 간행한 《변요분계도고(邊要分界圖考)》에는 "서쪽은 가라후토(사할린) 지방에서 만주 산단에 이르기까지 고금을 통해 아직 그 지리를 통달한 자 없고, (…) 하물며 극북(極北)의 절해(絶海), 융이(戎夷)의 소굴로서 이목으로 견문할 수 없는 지역이다"라고 한 것처럼 미개척의 변방으로서 '융이의 소굴', 그러니까 야만인의 주거지인 '변계(邊

《본조통감本朝通鑑》을 편집하였고 그 편찬소로서 고쿠시칸(國史館)을 설치하였다.
* 1771~1829. 에도 후기의 탐험가, 서지학자. 이름은 모리시게(守重). 바쿠후에 에조(蝦夷: 지금의 홋카이도) 지역 경비의 중요성을 건의하고 1798년 에조를 탐험했는데, 그 이후 쿠릴열도를 탐험하고, 러시아의 남하에 대항하는 북방 경비에 진력했다. 변경의 지리를 기록한 《변요분계도고(邊要分界圖考)》 등의 저서가 있다.

界)'로 여겨졌다. 다만 곤도는 1945년 이전에는 '만주지리학의 시조'로 불렸던 만큼, 이 저작에 수록된 〈만주고(滿洲考)〉에서는 중국과 일본의 사서를 넓게 섭렵하여 달단이나 오랑카이가 만주와 다르다는 것을 명쾌하게 설명하고 있다. 그 후 1811년 무렵에 다카하시 가게야스(高橋景保)*가 작성한 지도 〈일본변계약도(日本邊界略圖)〉에서 그 지역은 만주·성경(盛京)으로 표시되어 있고, 이것을 바탕으로 1832년 이후에 지볼트(Philipp Franz Balthasar von Siebold)**가 간행한 《일본》에서는 'Mandscheu'라 음역되어 있다.[1] 더욱이 1840년대 이후가 되면 이 지역을 만추리아(Manchuria)라고 적은 양학지리서 같은 책이 일본에 들어오게 되는데, 일본인이 이들 책으로부터 세계정세를 배우게 되었다는 점도 일본에서 만주가 지역명으로 정착된 요인이 되었다고 생각된다.

그리고 러시아나 미국이 개국을 요구하며 내항했던 바쿠후 말기가 되면 만주는 일본의 운명과 밀접한 관련을 가진 지역으로 인식되기에 이른다. 예를 들면 일·러 동맹론을 제창한 하시모토 사나이(橋本左

* 1785~1829. 에도 후기의 천문지리학자. 아버지 요시토키(至時)의 뒤를 이어 바쿠후의 덴몬카타(天文方)라는 관직에 있으면서 천문관측·측량·번역 등에 종사했다. 어학에 뛰어나 러시아어, 만주어에 달통했다고 한다. 이노 다다타카(伊能忠敬)의 전국측지사업을 감독·원조하여, 그의 실측을 바탕으로 1810년 《대일본여지전도(大日本輿地全圖)》를 작성했다.

** 1796~1866. 독일의 의학자, 박물학자. 1823년 네덜란드 상관(商館)의 의사로서 나가사키에 부임하여 일본의 동식물·지리·역사·언어를 연구하였다. 또한 나루타키주쿠(鳴瀧塾)를 개설하여 의술을 강의하고 실제로 진료도 했다. 1828년 귀국 시 짐 속에서 지도가 발견되어 문제가 되었다(지볼트 사건). 1859년 다시 일본으로 와서 바쿠후의 외사고문이 되었고, 1862년에 다시 귀국하였다. 저서로 《일본》, 《일본동물지》, 《일본식물지》 등이 있다.

內)*는 "산단, 만주 변두리, 조선국을 병탄하고 미주 혹은 인도 내에 영토를 가지지 않고서는 도무지 가망이 없다"라고 생각했고, 요시다 쇼인(吉田松陰)**이, 러시아·미국과의 조약을 준수한 후 "국력을 배양하여 취하기 쉬운 조선·만주·지나를 종속시켜 교역에서 러시아에 잃는 바는 또한 조선과 만주의 토지로 보상해야 한다"라고 주장한 것은 잘 알려져 있다. 이러한 논의를 근대 일본이 바쿠후 말기 이래 일관되게 조선과 만주의 영유를 기도해 왔다는 증거로 삼을 수도 있겠지만, 물론 이 단계에서는 아무런 현실적 뒷받침이 없는 몽상에 지나지 않았다.

다만 바쿠후 말기에는 이미 조선·만주의 문제가 러시아나 미국과의 관련을 벗어나 사고할 수 없는 상황이 되었다는 것은 주의해 둘 필요가 있다.

질문 4: 일본이 만주라 부르게 된 17세기 중엽 이후, 이 지역은 어떤 상태에 놓여 있었는가?

청조는 베이징에 들어간 후 그들의 발상 지역을 조종발상(祖宗發

---

* 1834~1859. 바쿠후 말기의 지사. 후쿠이 번사(藩士). 난학·의학을 배워 번의 양학을 진흥했다. 번주에게 인정받아 번의 혁신을 추진하였다. 웅번(雄藩)연합에 의한 통일국가 구상을 가지고 있었다. 쇼군 후계 문제에 연루되어 체포, 사형당하였다.

** 1830~1859. 바쿠후 말기의 지사. 조슈 번사. 병학에 통달하였고 해외사정에 밝았다고 한다. 1854년 미국 함대가 도래했을 때 시모타에서 밀항을 기도하다가 투옥되었다. 저서로《유혼록(留魂錄)》등이 있다.

祥)의 옛 땅(용흥龍興의 땅)이라 하며 신성시하였고, 이를 보호할 목적으로 행정상으로도 만주팔기(滿洲八旗, 만주주방滿洲駐防)라는 특별한 행정·군사 기구를 두고 성징 장군과 지린 장군을 배치하여 한(漢)민족 등 다른 민족의 진입·이주를 금지하는, 이른바 만주 '봉금(封禁)'이라 불리는 정책을 취했다. 그러나 이 봉금책에 의해 토지는 황폐해지고 인구도 감소했기 때문에 사실상 이를 완화하지 않을 수 없게 되어 19세기 전반에는 한(漢)민족의 유입이 추진되었다.

한편 17세기 중엽 이후 러시아인은 아무르강(헤이룽강)을 남하하며 청나라의 북방 지역을 위협하고 있었기 때문에 강희제는 반격에 나섰고, 결국 1689년 네르친스크조약에 의해 아르군강과 와싱안링(外興安嶺)에 국경선이 그어졌다. 그 이후로도 러시아는 남하정책을 포기하지 않았는데, 1858년 아이훈(愛琿)조약에 의해 러시아는 청나라로 하여금 아무르강 좌안의 영유와 쑹화강의 항행권 등을 인정케 했다. 청 왕조는 이를 부인하려 노력했지만 1860년 베이징조약으로 재확인해야 했을 뿐만 아니라 그에 덧붙여 우수리강 동안 지방을 할양하게 되었다. 하이산와이(海蔘崴)라 불린 작은 어촌이 '동방을 정복하라'는 의미를 가진 블라디보스토크가 되어 이곳을 중심으로 연해주가 러시아령으로 개발되어 간다.

또한 1858년에는 애로호 사건 때에 영국과 맺은 톈진조약으로 뉴좡(牛莊)이 개항됨으로써 남방에서도 외국의 권익이 확장되어 갔다. 이처럼 19세기 말 중국 동북부는 아시아에 남아 있는 최대의 식민지로 부상했다고 할 수 있다.

질문 5: 러시아와 영국 등이 진출하고 있던 시대에 일본은 어떤 식으로 만주에 관계했는가?

일본인이 만주에 들어가게 된 것은 1880년대인데, 1904년 일러전쟁 때 재만 일본인 수가 약 3천 명 정도였다고 하니까, 일청전쟁의 결과 맺어진 시모노세키조약으로 랴오둥반도를 할양받았을 때에도 중요했던 것은 이민자를 위한 용지 획득이라기보다 뤼순항의 장악 등 군사전략 거점의 확보라는 지정학적 의의였던 것으로 생각된다.

일본 측에서 보면 만주는 조선반도 너머에 존재하고 있기 때문에 직접적으로 문제가 되었다기보다는, 조선의 지정학적 중요성에 대한 인식이 먼저 존재했고, 그다음으로 접양지대로서 만주의 의미가 부각된 것이라고 생각된다. 그것을 상징적으로 보여주는 것이 1890년의 제1의회에서 행한 야마가타 아리토모(山縣有朋)*의 수상 연설에서 등장한 '주권선'과 '이익선'이라는 개념일 것이다. 이것은 기본적으로 이노우에 고와시(井上毅)**가 기초한 것인데, 주권선이라는 것은 국경선을 말하는 것으로 그 국경을 지키기 위해서는 국경선 앞에, 외적의 침공을 막기 위해 자기 영향력을 행사할 수 있는 지역을 두고, 그 지역 바

---

* 1838~1922. 군인, 정치가. 조슈 번사. 육군대장, 원수, 공작. 메이지유신 후 징병령을 제정하는 등으로 근대 육군을 창설하였다. 이후 내무대신, 수상을 역임하고, 청일전쟁에 제1군사령관, 러일전쟁에 참모총장으로 참전하였다. 이후 추밀원 의장, 겐로가 되었다. 군·관계에 거대한 파벌을 만들어 정계에서 절대적인 권력을 행사했다.

** 1843~1895. 정치가. 구마모토 번사. 자작 오쿠보 도시미치(大久保利通), 이토 히로부미의 브레인으로 활약하며 제국헌법 및 교육칙어, 군인칙유의 기초에 참가하였다. 추밀고문관, 문부대신을 역임하였다.

깥 경계선에 이익선을 긋고 그것을 지켜야 한다는 공간 인식에 기초한 국방론이다. 그러한 시각에서 보면 일본의 지정학적 조건 속에서 긴 국경선을 가진 일본열도 가운데 가장 약점이 되는, 옆구리를 찌르는 비수(단도)와도 같은 조선반도를 일차적으로 이익선으로 확보해야 하는 것이다. 그리고 그 비수로 침입해 오는 것이 중국과 러시아라고 한다면 일청전쟁, 일러전쟁은 피할 수 없는 필연성을 가진 것이 된다.

그리고 사실 이 두 전쟁을 거쳐 조선을 확보한 후에도 조선의 앞쪽인 만주, 나아가 몽골도 지배한다는 식으로 '만몽생명선'이라는 논의로 연결되어 갔다.

이처럼 이익선론은 끊임없이 국경 앞쪽에 또 다른 세력권을 만들어야 한다는 발상이 되었고, 그러지 않으면 안전하지 않다는 강박에 가까운 생각에 사로잡히게 되었다. 물론 이러한 견해가 나온 배경에는 제1의회에서 야마가타가 연설한 1890년이라는 연도가 문제가 된다. 다음해인 1891년에 러시아가 시베리아 횡단철도 건설에 착공할 예정이라는 사실이 거기에 크게 작용했을 터이다. 이미 1887년에 시베리아철도 착공 계획이 알려지자 8월 12일의《조야(朝野)신문》이 "이 철도는 시베리아를 개척하고 만주·몽골 북쪽지방에 번화한 경토(境土)를 현출시키는 결과가 있을 것임은 논의를 기다릴 필요도 없지만, 그 주된 목적은 여기에 있지 않고 오히려 군사상의 편리를 여는 데 있다"라고 간파했는데, 철도의 건설로 제정 러시아가 극동까지 쉽게 군사력을 전개할 수 있게 된다는 것은 누구라도 상상할 수 있는 사실이었다. 그때까지 니혼카이(日本海: 동해―역자) 너머 조선반도 저쪽에는 미개발의 황량한 대지인 만주가 있음에 지나지 않았지만, 시베리아철도의 개통으로 그 배후에 있는 강대한 유럽까지 이어지는 공간이 일본을 향해 밀려들어올 가능성이 열린 것이다. 유럽에 배치하고 있는, 세계 제일의 병력을 자랑하는 육군을 러시아가 2주일 만에 태평양 연안까지 실어 나를 수 있게 됨으로써 만주가 가진 군사적 의미는 비약적으로 증대하게 되었다.

다만 시베리아철도가 부설되어도 블라디보스토크가 겨울에 동결한다는 사실을 생각하면 그 자체의 위협은 반감된다. 오히려 더욱 큰 위협은 시베리아철도를 부설한 러시아가 부동항을 찾아 만주를 남하하여 한반도와 랴오둥반도에서 실질적 지배권을 쥐고 니혼카이(동해─역자)의 제해권을 독점해버리는 데 있었다. 그렇기 때문에 삼국간섭에 의해 일본이 반환할 수밖에 없었던 랴오둥반도에서 1898년 러시아가 뤼순·다롄의 조차권을 획득하고 시베리아철도와 연결되는 철도를 다롄까지 부설하여 다롄항을 구축하기 시작한 것은 일본에 있어 절박한 위협의 도래로서 위기감을 증대시키게 되었다. 일본이 1898년 서울과 부산을 잇는 경부철도 부설을 한국에 강제한 것은 이런 러시아철도에 의한 남하책에 대항하기 위한 북상정책에 다름 아니었다.

질문 6: 러시아의 만주 진출은 어떻게 일러전쟁으로 이어졌는가?

만주에서의 러시아의 존재가 동아시아 세계에서 갑자기 문제시된 것은 1900년의 의화단 사건이 계기가 되었다. 그러니까 의화단운동이 만주로 번져나가 하얼빈과 다롄을 잇는 철도의 약 3분의 2를 파괴당한 러시아는 철도 재건과 거류민 보호를 주장하며 출병했다. 그러나 1901년에 북청사변 최종 의정서가 맺어져 사건이 해결되었음에도 불구하고 러시아는 청국과 3차에 걸쳐 맺은 협정을 무시하고 군대를 철병하지 않았다. 이 문제는 일청전쟁에 의해 조선을 확보했다고 생각한 일본에는 만주와 국경을 접하는 조선반도로 러시아가 진출해 올 위험한 징조로서 묵과할 수 없는 사태였다.

이에 비해 이토 히로부미(伊藤博文)*나 이노우에 가오루(井上馨)** 등은 한국에서의 일본의 우월권을 러시아에 인정하게 하는 대신에 만주에서의 러시아의 우월권을 인정함으로써 일·러의 세력 범위를 정하고 충돌을 회피하자는 만한 교환론과 일·러 협상론을 주장했다. 그러나 가쓰라 다로(桂太郎),*** 고무라 주타로(小村壽太郎),**** 하야시 다다스(林董)***** 등은 러시아와 협상을 맺어도 남하를 막을 수는 없으며,

---

* 1841~1909. 정치가. 공작. 바쿠후를 무너뜨리는 토막(討幕)운동에 참가하고 유신 후 헌법제정의 중심인물이 되었다. 수상, 추밀원 의장, 귀족원 의장을 역임하고, 네 차례나 수상을 역임하였다. 세이유카이를 창설하고 1905년 조선통감이 되었다.

** 1835~1915. 정치가. 조슈 번사. 후작. 토막(討幕)운동에 참가하고, 메이지유신 이후 정부의 중심인물이 되어 요직을 역임하였다. 외상으로서 조약 개정을 시도했으나 좌절되었다. 재정·경제에도 힘을 쏟았다.

*** 1848~1913. 군인, 정치가. 육군대장. 조슈 번사. 공작. 야마가타 아리토모 밑에서 군제개혁을 추진하였다. 육군대신을 지낸 후 세 차례 수상으로 재직하며 영일동맹 체결, 러일전쟁, 한일합병조약 체결을 주도하였다. 제1차 헌정옹호운동으로 하야한 후 입헌동지회를 조직하였다.

**** 1855~1911. 외교관. 공작. 외무대신, 특명전권대사로서 영일동맹, 러일강화조약 개정, 한일합병을 주도하였다.

***** 1850~1913. 외교관. 외무성 관료로서 이와쿠라 사절단을 수행하고, 외교차관으로 조약개정을 주도하였다. 청국·러시아 공사를 역임하고, 영일동맹 체결을 주도하였다. 1906년 외상으로서 불일협약, 러일협약, 한일협약을 체결하였다.

그것을 효과적으로 억지하기 위해서는 러시아와 대결하는 영국과 일영동맹을 맺는 것이 유효하다고 주장하여 1901년 12월 겐로(元老) 회의에서 일영동맹 체결 방침이 결정되었다. 한편 러시아의 입장에서 보면 한국에서는 1896년에 조선국왕 고종이 서울의 러시아공사관에 피난하는 등 친러파의 세력이 강해졌을 뿐만 아니라 원래 만주에서는 일본이 러시아에 제공하거나 교환할 만한 권익 같은 것은 아무것도 없었기 때문에 만한 교환론 같은 논의는 성립할 수 없었을 것이다.

한편 현안이 된 만주는 어디까지나 중국령이었지만 만주에 출병한 러시아가 북만 국경지대에서 중국인 대량학살 사건을 일으키고, 게다가 사건 해결 후에도 러시아군이 계속 주류하고 있다는 사실이 중국의 내셔널리즘에 불을 지펴, 일본에 있던 중국인 유학생이 중심이 되어 거아의용대(拒俄義勇隊)가 결성된다. '俄'는 '俄羅斯', 즉 러시아를 지칭하며, 이 운동은 실력으로 러시아군을 배제하려는 것이었는데, 서태후와 광서제는 시안(西安)으로 도망가 있으면서 외교상의 문제가 발생할까봐 오히려 그 운동을 억압하며 러시아의 자주적 철수를 희망하고 있었다. 이것은 청조에 대한 불신감을 불러일으켜 반청혁명운동에 불을 지피게 되었다. 거아의용대는 군국민교육회(軍國民敎育會)를 거쳐서 최종적으로는 1905년에 도쿄에서 결성된 쑨원(孫文) 등의 중국동맹회(中國同盟會)로 연결된다. 그리하여 자신의 발상지였던 만주에서 러시아 문제에 잘못 대처한 것이 결과적으로 청조를 멸망으로 이끈 것이다. 만주는 청조의 기반인 만주족에게는 신성한 고토(故土)였지만 이미 만주를 떠난 지 약 270년이나 지났고 더군다나 그들도 한족화되었으며, 한족으로 보면 원래 만주라는 것은 중심에서 먼 관외(關外)의 땅이라는 생각이 있었기 때문에 만주의 방위에 그만큼 중요성을 두지 않았다고 할 수 있다. 그 때문에 이 지역에 일종의 에어포켓(하강기류)이 생겨났던 것은 사실이다.

그런 상태에서 러시아가 만주에 진출하고, 나아가 한국에 대한 영향력의 침투를 도모한 것은 일본의 위기감을 고조시켰다. 그리고 1904년에 시베리아철도가 개통되면 유럽에서 다롄까지 군사수송이 가능해지고 또한 뤼순과 다롄에 부동항을 가짐으로써 니혼카이(동해 — 역자)의 제해권을 획득하게 되기 때문에, 그렇지 않아도 군사력에 격차가 있는 일본이 러시아를 만주에서 배제할 수 있는 가능성은 더욱 낮아진다. 그런 이유로 러시아 육군 총병력 207만에 비해 일본 육군 24만이라는 압도적 열세에 놓여 있었음에도 불구하고 일본은 시베리아철도의 완성 이전에 일·러 개전에 돌입했다.

만주로 출진하면서 모리 오가이(森鷗外)*가 "철도가 베이징에 이르는 날 지나의 와해는 목전에 있고, 한반도가 먼저 멸망하면 우리나라가 어찌 평안할 것인가", "300년 동안 발호하던 러시아를 토벌할 때가 왔다"라며 병사들의 사기를 고무한 것은[2] 동아시아 세계로 진출하는 러시아의 철도가 어떻게 인식되고 있었는가 하는 정신 상황을 여실히 보여주고 있다.

---

* 1862~1922. 작가. 의사. 도쿄제대 의과 출신. 군의가 되어 유럽에 유학하고, 육군 군의 총감, 제실박물관장 등을 역임하였다. 문예에 조예가 깊어 서구문학의 소개·번역과 창작 및 비평을 하였다. 주된 작품으로 〈무희〉, 〈기러기〉, 〈아베일족〉 등이 있다.

질문 7: 일러전쟁의 결과 만주에서 일본의 위치는 어떻게 변화했는가?

일러전쟁에서 승리한 결과 일본은 1905년 일·러 강화조약(포츠머스조약) 및 〈만주에 관한 일·청 조약〉으로 러시아로부터 뤼순, 다롄 등 관동주의 조차권과 남만주철도의 경영권, 부속지 조차권 등을 이어받아 만주 통치의 기초를 다지게 되었다.

그러나 이러한 만주 통치는 새로운 국제분쟁을 불러왔다. 일본은 일러전쟁 개전과 더불어 전쟁 종결 후에는 만주를 환부한다고 청조에 약속하고 구미에 대해서도 통상 자유를 위해 만주를 개방한다고 하며 지원을 요청했다. 그러나 일·러 강화조약 체결 후에도 고다마 겐타로(兒玉源太郎)* 참모총장 등이 만주 점령지에서 군정서를 관할하는 관동총독부를 설치하는 등, 군사목적을 우선시하는 시책을 폈기 때문에 청조의 둥산성 당국 및 미국·영국과 충돌하게 되었다. 이에 대해 열국 협조, 문호개방주의를 견지해야 한다고 주장했던 한국통감 이토 히로부미는 사이온지 긴모치(西園寺公望)** 수상에게 1906년 5월 만주문제 협의회를 개최케 하여 군정의 점차적인 철폐, 다롄 개방, 관동총독의

---

* 1852~1906. 군인. 정치가. 육군대장. 자작. 일본 근대 군대의 창설에 공헌하였다. 타이완 총독, 육군대신, 내무대신, 문부대신을 역임하였다. 러일전쟁에 만주군 총참모장으로 활약하고 이후 참모총장이 되었다.

** 1849~1940. 정치가. 공작. 메이지유신에 참가한 후 프랑스에 유학했다. 귀국 후《도요지유(東洋自由)신문》사장을 역임하고 정계 입문 후 세이유카이 총재를 지냈고 두 차례 수상을 역임하였다. 1919년 파리강화회의 수석전권위원이 되었고, 말년에는 최후의 겐로(元老: 천황의 국사를 보좌)로서 수상의 추천을 담당하였다.

개칭 등을 결의안으로 제안했지만, "전후 만주경영의 유일한 요결은 양지에서는 철도경영의 가면을 쓰고 음지에서는 백방의 시설을 실행하는 데 있다"라고 생각한 고다마는 일본의 배타적·독점적 만주경영을 당연한 전제로 삼았다.[3] 이 때문에 이토는 "고다마 참모총장은 만주에서의 일본의 위치를 근본적으로 오해하고 있는 것 같다. 만주에서의 일본의 권리는 강화조약으로 러시아로부터 물려받은 것 이외에는 아무것도 없다. (…) 만주는 우리나라의 속지가 아니다. 순전히 청국 영토의 일부이다"라고 말했고,[4] 사이온지 수상도 이 취지에 따라 대처하게 되었다.

그러나 청국의 주권 존중에 의한 만주 개방이라는 이러한 방침은 1907년 러시아와의 협약을 거치면서 변경되어 일·러 양국이 만몽 통치를 확대하고 안정을 도모하는 방향으로 바뀌어 갔다.

즉 1907년 7월 제1차 일·러 협약 비밀협정에서 조선과 외몽골을 각각 일본과 러시아의 특수권익권으로 상호 인정하여 남만주를 일본의, 북만주를 러시아의 이익 범위로 결정했다. 그다음으로 1910년의 제2차 일·러 협약에서는 미국의 만주 진출을 저지하기 위해 철도권익 확보를 더욱 강화하기로 하는 등, 양국에 의한 만주의 현상 유지를 꾀했다.

만주에 대한 일본과 러시아의 배타적 지배를 위한 이러한 움직임은, 일·영 동맹을 맺어 러시아의 남하를 막고자 했던 영국과 일러전쟁에서 일본을 지원하여 전후 만주로의 경제적 진출을 꾀했던 미국의 반발을 낳게 된다. 특히 미국은 일러전쟁 직후에 철도왕 E. H. 해리먼*이 만주의 철도 매수를 시도하는 등 문호개방정책에 따라 만주로 진출하기를 기대하고 있었던 만큼 일본이 러시아와 짜고 진출 저지를 꾀하는 방침을 택한 것을 배신행위로 간주하게 되었다. 그리하여 1909년 일본과 러시아 양국 정부로부터 만주철도 중립화 제안을 거절당한 미국이 국무장관 P. C. 녹스(Knox)가 말한 것처럼 "매운 연기를 피워" 일본을 만주로부터 쫓아냄으로써 경제적인 지배력을 침투시키고자 하는 방침을 채택했기 때문에 만주는 일·미 대립의 무대로 부각되어 간다. 미국의 H. 리(Lea)는《일미 필전론》을 썼으며, 일본에서도《일본과 미국이 만약 싸운다면》이라는 제목의 일미전 가상소설이 속출한다. 이시하라 간지가 일·미 결전을 위해 만주 영유를 필연으로 생각했던 것도 이러한 역사적 문맥에서 나온 것이었다.

나아가 1911년 신해혁명으로 성립한 중화민국에서는 청조가 맺은 조약으로 국권이 침해된 데 대한 반발이 생겨난다. 만주에서도 러시아의 조차권을 계승한 뤼순·다롄의 조차기한이 끝남에 따라 1915년 일본이 21개조를 통해 조차기한 99년을 강요한 것은 국치로 간주되어 반일 국권회수운동을 불러일으켰고 일·중 관계는 격한 대립에 돌입했다. 이러한 배일운동에 대한 관동군의 대응이 만주사변으로 이어졌던 것이다.

---

* 1848~1909. 미국의 철도업자. 주식중매인이었다가 철도업에 진출하였다. 1893년에 유니언 퍼시픽 철도를 매수하고 이후 서던 퍼시픽 철도를 통합하였다. 동아시아 진출을 꾀해 남만주철도의 매수를 시도했으나 실패했다.

질문 8: 소련 성립 이전에는 러시아와 협약을 맺어 그 위협이 감퇴되었음에도 불구하고 일본은 중국의 격심한 반대를 무릅쓰고 만주에 왜 그렇게 집착하였는가?

일본은 1916년 제4차 일·러 협약*에 이르기까지 러시아와 협조하면서 만주경영의 확충을 꾀했지만 그것은 러시아와 적대관계가 해소되었다는 의미는 결코 아니었다. 그것을 명확히 보여주는 예가 1907년 일본이 최초로 책정한 〈제국주의 방침〉이었다. 거기에서는 우선 "만일 유사상황이 발생할 경우, 섬으로 이루어진 제국 내에서 작전하는 국방을 취해서는 안 되고 반드시 해외에서 공세를 취하지 않으면 우리나라 국방을 온전케 할 수 없다"라고 하여[5] 명확히 그전까지의 국내 방위형의 수비 방침에서 외정형(外征型)의 전방 진출 방침으로 대전환을 꾀하고 있다. 그것이 의미하는 바는 만주를 국방의 제일선으로 삼는다는 것이었다. 그다음으로 "미래의 적은 러시아가 첫째이고, 미·독·불이 그다음을 잇는다"라고 가상적국을 명시하고 있다.[6] 그리고 여기서도 만주는, 제일의 가상적국인 러시아를 맞아 싸우기 위한 주된 전장으로 상정되어 있고, 미국을 적국으로 간주한 것도 만주에서의 이권 충돌이

---

* 러일협약은 네 차례에 걸쳐 이루어졌다. ① 제1차: 1907년 7월 조인. 만주에서의 상호 특수이익과 일본에 조선, 러시아에 외몽골의 특수이익을 각각 상호 인정. ② 제2차: 1910년 7월 조인. 미국의 만철중립화안에 대항하여 만주의 현상 유지와 철도 이익 확보에 관한 상호 협력을 약속. ③ 제3차: 1912년 7월 조인. 4개국 차관단의 만주 진출과 신해혁명에 대응하여 내몽골에서의 양국의 이익 범위를 분할. ④ 제4차: 1916년 7월 조인. 양국에 적의를 가진 제3국의 중국 진출을 방해하고 전쟁이 일어날 경우 상호 원조하고 단독으로 강화를 맺지 않을 것을 약속. 이러한 네 차례의 협약은 1917년 러시아혁명 후 혁명정권에 의해 폐기되었다.

그 요인이 되었다. 게다가 "국방에 필요한 제국군의 병비의 표준은, 용병상 가장 중시해야 할 러·미의 병력에 대응해 동아에서 공세를 취할 수 있을 정도로 한다"라고 하여[7] 러시아와 미국을 능가하는 병력을 가지는 것을 목표로 했기 때문에 그 장비를 갖추기 위해서도 만주의 개발이 필수조건이 되었다. 그리하여 만주는 일본의 국방을 도모하기 위해 없어서는 안 될 전략적 요충지로 중시되게 되었다.

그러나 일본이 존속해 가기 위해서 만주의 확보가 불가결했다고 생각된 더욱 중요한 계기는 1차대전이었는데, 이 대전에 의해 종래의 전쟁 형태가 크게 변했다는 사실이 일본에 준 충격을 고려할 필요가 있다. 이 전쟁에서 처음으로 인류는 총력전이라는 전쟁 형태를 체험했다. 전쟁사 연구의 제1인자라 자부했던 이시하라 간지는 장래의 전쟁이 "전 국민의 전력"을 구사하는 섬멸·지구(持久)전이 될 거라 확신하고 마침내 싸워 이기기 위한 생산력의 확보를 중시했다. 그중에서도 무기를 생산하는 데에 가장 중요한 자원인 석탄과 철의 확보가 절대조건이 되었는데, 일본은 그러한 자원이 희소하고 그것을 안정적으로 공급할 수 있는 것은 만주뿐이며 그러기 위해서는 만주를 배타적으로 확보해둘 필요가 있다고 생각하기에 이르렀다.

그러한 의미에서 총력전체제가 준 충격은 심대했고 일본에 만주가 가지는 의미는 그때부터 다른 단계에 들어선 것이 아닐까 생각한다. 일러전쟁 후에 초대 만철 총재가 된 고토 신페이(後藤新平)* 시대

---

* 1857~1929. 정치가. 백작. 처음에는 의사였으나 정계에 입문하여 위생국장을 지낸 후 타이완 총독부 민정국장으로 식민지 통치의 기틀을 닦았다. 이후 만철 총재로서 식민지 경영에 수완을 발휘하였고 귀국 후에는 체신·내무·외무성 대신 및 도쿄 시장 등을 역임

의 만주의 경우 우선적으로 예상될 수 있는 제2의 일러전쟁에서 승리하기 위해 이민을 통해 만주 땅을 제압해 두는 것이 중요한 과제였다. 1906년 고토는 10년 이내에 50만 명을 만주로 이주시킬 것을 주장했는데, 만철을 경영하는 것도 이러한 이민을 추진하여 러시아를 군사적으로 견제하기 위한 것이기도 했다. 그 후 1909년에 고무라 주타로 외상이 만한 이민집중론을 주장하고, 1910년에는 20년간 100만 명을 만몽으로 보낼 것을 제창했던 것도 고토와 똑같은 생각에서 나온 것이었다. 물론 만철도 기업체인 이상 이익을 올릴 필요가 있고, 콩·고량 등의 생산지로서의 만주가 가진 의의는 컸을 테지만 이에 못지않게 1차 대전 후에는 푸순탄광이나 안산제철소가 있는 만주는 총력전을 수행하기 위한 필수적 전략물자의 제공지가 되었던 것이다. 이미 1차대전 중인 1918년에는 만주 등지로부터 군수자원을 공급하는 것을 전제로, 정부가 군수산업을 통합하는 〈군수공업동원법〉이 공포되었고 군수국도 설치되었다.

그러나 물론 만주를 전략물자 확보를 위한 기지로 간주했다고 해서 이 지역을 일본이 영유해야 한다는 것으로 바로 이어지는 것은 아니다. 마찬가지로 만주의 자원을 중시했다고 해도 다른 방법이 있을 수 있다. 이시바시 단잔(石橋湛山)*이 주장했듯이 영유하기보다 통상과

하였다. 간토대지진 부흥사업과 소련 외교에 진력했다.

* 1884~1973. 평론가, 정치가. 야마나시현 출신. 와세다대학 졸업. 도쿄경제신보사 사장을 거쳐 제1차 요시다 내각의 대장대신을 역임하였다. 전후 자민당 총재와 수상을 지냈다. 2차대전 이전에는 '소일본주의'를 주장하는 등 자유주의적 논진을 폈고 전후에도 중국·소련과의 교류에 진력하였다.

무역의 관계를 유지해 가는 쪽이 결국 안정적으로 자원을 확보할 수 있다는 것인데, 이는 만주 방기론으로 제언되었다. 확실히 방대한 비용을 들여서 식민지 지배를 계속하는 것보다 국제적인 공동개발에 참가하여 무역을 통해 일본으로 수입하는 편이, 쉽게 그리고 싸고 지속적으로 자원을 확보할 수 있는 방법이었을지도 모른다. 다만 경제적 패권을 구미가 장악하고 있었다는 점과 그 후의 경제 블록화라는 흐름을 생각하면 반드시 그러한 무역론을 낙관할 수 없었다는 반론도 가능하다.

실제로 1941년 일본이 남부 인도차이나에 진주했을 때 미국은 석유와 철의 수출을 정지했고 영국 및 네덜란드와 더불어 일본자산을 동결했다. 그것은 일본의 군사행동에 대한 경제제재였지만, 자유무역만으로 자원 확보가 가능했는지 여부는 역시 문제가 된다. 그러한 사태를 감안하면 1차대전을 관전한 다나카 기이치(田中義一)*나 이시하라 간지 등이 만주를 식민지로 영유해야만 철과 석탄을 안정적으로 확보할 수 있다고 상정한 역사적 이유도 아주 근거가 없는 것은 아니다. 그러나 그것은 만주 영유 이외에 다른 선택지가 없었다는 의미는 결코 아니다. 다만 만주를 확보하지 않으면 일본이 존립할 수 없다고 생각한 것은 1차대전 후의 세계사적 상황 속에서는 어디까지나 군사적 관점에서 보는 한, 하나의 선택지로서 상정될 수 있는 가능성임을 간과한 채 만주 문제를 논하는 것은 불가능할 것이다.

---

* 1864~1929. 군인, 정치가. 육군대장. 재향군인회 강화에 주력하였다. 하라 내각의 육군대신을 역임하고 1925년 세이유카이 총재가 되었다. 1927년에 수상이 되어 대중국 강경 외교를 추진하여 산둥 출병을 강행하였다. 장쭤린 폭살 사건으로 총사퇴하였다.

질문 9: 1차대전이 일본이나 만주에 준 충격은 총력전의 출현이라는 문제뿐이었는가?

총력전으로 전쟁 형태가 격변했다는 사실과 더불어 1차대전 후의 국제질서 구성 원리의 변화라는 문제를 무시하고는 20세기 세계사의 흐름을 놓칠 우려가 있다. 그것은 만주에서도 또한 결정적으로 중요한 의미를 가졌다. 즉 미국 대통령 T. W. 윌슨이 제창한 민족평등·민족자결의 원리가 만주에서 항일운동 및 국권회복운동의 사상적 구동력이 되었다. 그리고 윌슨이 제창한 민족자결사상에 의해 환기된 1919년 5·4운동 이후의 중국 내셔널리즘사상, 그중에서도 국민당의 삼민주의에 대항하는 것으로 제출된 것이 앞에서 언급한 민족협화라는 사상이기도 했다.

또한 조선에서 3·1독립운동 이후 민족자결사상이 고조된 것에 대해, 그러한 반일독립운동의 책원지였던 만주와의 국경지대를 제압하지 않으면 조선 통치가 위협받는다는 위기감이 있었기 때문에 만주사변 발발과 함께 조선 주둔군이 독단적으로 국경을 넘어 출병하게 되었다.

나아가 1차대전 와중에 탄생한 소비에트 정권과 공산주의사상이 조선, 나아가 일본으로 유입해 오는 것에 대한 방파제로서, 그러니까 적화방지의 전진기지라는 역할을 떠맡은 것이 만주였다는 점도 중요한 의의를 가진다. 이처럼 1차대전이 낳고 20세기 세계사를 뒤흔든 두 개의 중요한 사상 혹은 이데올로기였던 민족자결사상 및 공산주의에 가장 첨예하게 대응한 결과로서 만주국이 만들어지지 않을 수 없었다는 의미에서도 1차대전이 만주에 준 영향은 심대한 것이었다고 할 수 있다.

1차대전은 개전 당초 40일 정도 만에 끝나리라 예상되었음에도 불구하고 결국 4년에 이르는 수렁 속의 전쟁이 되었고 게다가 모든 생산물자를 쏟아부었으며 후방의 아녀자들마저 전쟁 수행의 한몫을 담당하도록 강제하기에 이르렀다. 그 의미는 당연히 총동원체제를 취한 만주국의 병영국가로서의 존재를 생각하는 데에도 결정적으로 중요하다.

질문 10: 정부나 군부의 정책적 관점, 혹은 세계사적 관점에서 본 만주상과는 별도로, 일본 국민에게 만주 이미지는 어떻게 형성되고 어떻게 변해 갔는가?

일본인이 만주로 이주하기 시작한 것은 1880년대로, 블라디보스토크에서 하바롭스크를 거쳐 만주북부로 유입되는 경우가 많았다고 하는데, 그 대다수는 당시 '낭자군(娘子軍)', '추업부(醜業婦)', '예창기(藝娼妓)' 등으로 불렸던 '북(北)의 가라유키'*들이었다.

일본인이 만주로 눈을 돌리게 된 것은 1890년대에 들어서부터인데, 역시 러시아에 의한 만주개발이 중요한 계기가 되었다. 러시아는 1898년에 만저우리(滿洲里)에서 하얼빈, 쑤이펀허(綏芬河: 러시아어로는 국경을 의미하는 포그라니 치나야)를 잇는 동청철도 건설에 착수했는데,

---

* 唐行. 에도 시대부터 2차대전에 걸쳐 일본에서 남방이나 외지로 돈을 벌러 나간 여성들을 가리킨다. 여기에는 매춘의 의미도 포함되어 있다.

이 철도는 1891년부터 건설 중이었던 시베리아철도와 연결되어 블라디보스토크까지 이어지는 것이었다. 게다가 1898년의 뤼순·다롄 조차조약에 의해 러시아는 하얼빈에서 다롄에 이르는 철도의 건설을 승인받았다. 이러한 철도건설에 따라 1898년에는 하얼빈의 도시건설이, 그리고 1899년에는 칭니와(靑泥窪)라 불리고 있던 일대에 '먼 곳'을 의미하는 다리니(일본군에 의해 1905년 2월 11일 이후 다롄이라 개칭되었다)라는 항만도시의 건설이 러시아인 사하로프의 주도에 의해 시작되었다. 그리고 결과적으로 말하자면 러시아인이 "황제는 야만적인 만주에 신의 은총으로 문명을 하사하려고 많은 희생을 치르셨다"라고 자부하는 건설 사업의 성과인 하얼빈과 다롄 그리고 그곳들을 잇는 남만주철도를 일본은 러시아로부터 이어받게 되었다.

이처럼 러시아에 의한 만주개발이 본격화하는 가운데 처음으로 만주로 관심을 이끈 저작이 가쓰 가이슈(勝海舟)*를 사숙하고 있던 오고시 헤이리쿠(小越平陸)의 《만주여행기》(1901)였다. 오고시는 만주어로 '어망을 말리는 곳'을 뜻했던 하얼빈의 도시건설과 동청철도 연선으로 입식하는 러시아인의 상황 등을 실제 본 바에 따라 기록하며 식민을 위한 신천지가 만주에서 열리고 있음을 전했다. 그 후 1903년에는 도미즈 히론도(戶水寬人)가 견문록으로 《동아여행담》을 낸다. 도미즈는 일·러 개전의 주전론을 주장한 도쿄대 일곱 박사 가운데 한 사람으로,

---

* 1823~1899. 일본 근대 초기의 정치가. 해군 전습(傳習)을 위해 나가사키에 파견되었다가 미국으로 건너갔다. 귀국 후 해군조련소를 설립하고 군함 지휘를 맡았다. 바쿠후 측 대표로 에도성 반환을 담당하였는데, 메이지유신 후 그 공을 인정받아 참의, 해군경, 추밀고문관을 역임하였다. 백작. 저서에 《해군역사》, 《육군역사》, 《개국기원》 등이 있다.

러시아로 하여금 바이칼 동쪽을 할양하게 하라고 주장한 데서 '바이칼 박사'라는 별명을 가진 로마법 학자였는데, 이 여행기에서 만주에 대해 "오늘날 여전히 개간되지 않은 들판이 아주 많은데 이것을 모두 개간한다면 농작물만으로도 만주는 세계의 거대한 부의 원천이라 해도 좋을 것입니다. (…) 그 외에 광산도 충분히 많이 있기 때문에 만주를 점령하는 것은 보물 창고를 장악하는 것입니다"라고 했다.[8] 이로써 만주를 '세계의 거대한 부의 원천', '자원의 대보고'로 보고 그 영유를 주장하는 논의가 유포되어 가게 된다.

이러한 미개척의 보고라는 이미지는 만주로의 일본인 농업 이민을 장려하는 것이어서 이민 안내서의 출판으로 이어지는데, 그중 하나가 1911년에 간행된 《입신치부(立身致富) — 해외도항 안내》라는 책이다. 이 책은 남미를 포함해 세계 전체를 상대로 일본인이 이주를 통해 성공할 가능성을 말한 것인데, '우리나라 사람들의 발전의 땅인 만주'라는 제목을 내걸고 만주야말로 일본인 이주의 최적지임을 역설하고 있다. 즉 "토질이 비옥하고 산물이 풍부한 만주는 실로 동양의 거대한 부의 원천이다. 천연물의 무한한 보고이다. 매년 50만의 인구를 증식하는 일본인은 힘들여 멀리 남미나 남양까지 가지 않더라도 가까운 곳에 만주가 있다. 만주의 보물을 거머쥐는 것은 일본인 외에는 없다"라고 하며[9] 인구 문제의 해결을 위해서도 일본인의 만주이주를 권장하고 있다.

그러나 1931년 만주사변 발발 당시의 관동주·철도부속지·상부지(商埠地)를 합한 재만 일본인 수는 약 23만 명, 그중 농업 이민은 1천 명에 못 미치는 형편이었음을 생각하면, '세계의 거대한 부의 원천'이라는 이미지는 농업 이민을 끌어들일 만한 매력을 가지고 있지 못했다고 해야 할 것이다. 그것은 당시 일본인이 만주에 대해 어떤 이미지를 가지고 있었는가 하는 것과도 관련된다고 생각하는데, 예를 들면 1909년에 만철 총재 나카무라 요시코토(中村是公, 나카무라 고레키미)의 초대로 만주를 방문한 나쓰메 소세키(夏目漱石)는 《만한 여기저기》에서, 무리를 지어 우글대는 개미처럼 생명력에 넘치면서도 '혀가 없는 인간'처럼 묵묵히 일하는 존재로 중국인 쿠리(苦力)를 묘사하면서 만주에서는 인내와 정력이 '운명의 그늘'이 되어 있다고 관찰하고 있다. 또한 소세키는 소설 속에서도 만주에서 돌아온 사람을 섬뜩한, 일종의 파멸형 인간으로 그린 것에서도 알 수 있듯이 만주에 대해서는 개발도상의 동물적 에너지는 충만하지만 삭막한 공간이라며, 표현하기 힘든 위화감을 가지고 바라보고 있었다.

다만 그러한 미개하고 생명력이 흘러넘치는 공간이라는 이미지를 뒤집으면 일본에는 없는 자유로운 대평원이 펼쳐진 만주에 대한 동경이 되기도 해서, 한손에는 총을 들고 한손에는 말고삐를 쥐고 달려가는 마적이 활약하는 황야를 연상하게 되었다. 그러한 이미지를 환기하는 데에는, "나도 갈 테니 너도 가거라"로 시작해서 2절에서 "생각해보면 벌써 10여 년 지금은 만주의 대마적, 아시아 높은 고개에서 끊임없이 쏟아져 나오는 부하가 수천 명"이라고 노래하는 미야지마 이쿠호(宮島郁芳) 작곡의 〈마적의 노래〉 등과, 국문학자 이케다 기칸(池田龜鑑)이 이케다 후요(池田芙蓉)라는 필명으로 쓴 소년소설 《마적의 노래》에 그려진 다카바타케 가쇼(高畠華宵)의 미소년 마적 삽화 등의 영향이 컸다고 생각된다. 또한 일본에서 처음으로 만주에서 로케이션한 영화는 미국에서 돌아온 헨리 고타니(小谷)가 감독·촬영·출연을 겸한 1921년의 〈석양의 마을〉인데, 마적 때문에 위기에 직면한 일본 여행자가 두목 딸의 도움으로 도망간다는 줄거리를 가진 연애활극드라마였고, 1925년에 크게 유행한《마적의 노래》가 모토야마 유지(本山裕兒) 감독, 다카다 미노루(高田稔) 주연으로 영화화되었는데, 이것도 또한 미남 일본 청년이 마적에게 잡혀 생명의 위기에 처했을 때 그를 보고 한눈에 반한 두목 딸의 도움으로 살아난다는 액션 멜로드라마였다. 결국 만주는 마적이 발호하는 위험한 황야이지만, 연애와 로맨스와 모험이 기다리고 있는 땅이라는 미국 서부극과 유사한 이미지로 그려져 대륙웅비의 꿈을 자극했다.

더욱이 만주는 일본이 국운을 걸고 싸운 일러전쟁의 전쟁터라는 성지의 이미지가 있었다. 이미 일러전쟁에서도 랴오둥반도는, 직전의 일청전쟁에 의해 "일본 남자의 피를 치르고 얻은" 성지로 병사들은 인식하고 있었고,[10] 그것을 탈환하기 위해 상륙했다. 그리고 일러전쟁의 격전지인 뤼순의 203고지는, 가쓰스케(勝典)와 야스스케(保典)라는 두 아들이 전사한 노기 마레스케(乃木希典)*에 의해 '이령산(爾靈山)'이라 명명되어 수사영(水師營) 회견소와 각지에 건립된 충령탑 및 충혼비와 더불어, 관광여행과 수학여행의 명소가 되었다. 이러한 이미지가 침투해 가는 데에는 "여기 우리나라에서 몇 백리나 떨어진 먼 만주의 붉은 석양을 받으며 친구가 벌판 끝에 놓인 돌 아래에"라는 마시모 히센

---

*　1849~1912. 군인. 육군대장. 조슈 번사. 러일전쟁에서 제3군 사령관으로 뤼순을 공략하였다. 후에 가쿠슈인 원장을 역임한다. 메이지 천황의 장례일에 아내와 함께 자살했다.

(眞下飛泉) 작사의 군가 〈전우〉, 군신(軍神)이라 불린 해군의 히로세 다케오(廣瀬武夫)*를 노래한 문부성 창가 〈히로세 중좌〉와 육군의 다치바나 슈타(橘周太)**를 예찬한 가기야 도쿠사부로(鍵谷德三郎) 작사의 〈다치바나 중좌〉, 노기 마레스케와 러시아의 스테셀(Anatollii Mikhailovich Stessel) 장군***의 회견을 노래한 사사키 노부쓰나(佐佐木信綱) 작사의 〈수사영의 회견〉 등이 널리 불렸던 것, 그리고 사쿠라이 다다요시의 전쟁소설《육탄》(1906) 등의 영향도 컸을 터이다. 그것은 만주사변 직후에 만들어진 〈만주행진곡〉에서 "지난 일러전쟁에서 용사의 뼈를 묻은 충령탑을 올려다보라. 붉은 혈조에 물들어 석양을 받으며 하늘 높이 수천 리 광야에 솟아 있네"라고 노래하고 있는 것에서도 명확하다. 거의 30년이 지난 만주사변에서 병사들이 쉽사리 그러한 공간을 상상할 수 있을 정도로 일러전쟁에서의 희생은 '야마토 민족의 성지' 만주라는 이미지를 침투시켜 갔던 것이다.

그러나 그 결과 이시바시 단잔의 만주 방기론 같은 것에 대해서는 "10만의 생령과 20억의 국비"를 지불하고 얻은 신성한 땅을 무상으로 방기할 수 있는가 하는, 집착심에 호소하는 심정적 반론이 제기되었고, 이에 저항하기 어려웠다고 할 수 있다. 마찬가지로 만주야말로 '메

---

* 1868~1904. 군인. 해군중좌. 러시아주재 무관. 러일전쟁에서 뤼순 항구 봉쇄작전에 참전하였다가 행방불명이 된 부하를 수색하던 중에 전사하였다. 그에 대한 이야기는 교과서에도 실려서 '군신(軍神)'으로 선전되었다.

** 1865~1904. 군인. 육군보병중좌. 러일전쟁 때 랴오양 부근에서 전사하여 '군신'으로 선전되었다.

*** 1848~1915. 러시아 장군. 러일전쟁에서 뤼순 요새 사령관으로서 노기 대장과 수사영에서 회견하였다.

이지 천황 최대의 의덕(懿德)'이라는 이미지가 일본의 만주정책에 큰 걸림돌이 되었던 것은 부정할 수 없다.

질문 11: 일러전쟁에서 만주국 건국까지 이 지역에 대한 일본의 관여는 어떠한 기구와 제도를 통해 이루어졌는가?

그것은 시기에 따라 다른데 지면 관계상 개관하는 정도로 하겠다. 우선 확인해 둘 필요가 있는 것은, 일러전쟁에 의해 일본이 얻은 권익은 첫째로 뤼순·다롄 등 관동주의 조차권이고, 둘째로는 창춘에서 뤼순에 이르는 철도(남만철도) 및 그 지선의 경영권과 부속지 행정권, 그리고 푸순·옌타이(煙臺) 탄광 채굴권 등의 부속권익이 기본이었다는 점이다.

이 두 가지를 어떻게 유지·확대해 가는가가 일본에 의한 이른바 '만주경영'의 과제가 되는데, 전자를 관장했던 것이 관동총독부에서 관동청·관동국으로 이어지는 행정관청이고, 후자를 담당한 것이 남만주철도 주식회사(만철)였다. 그리고 전반적인 외교적 사항과 재만 국민보호에 관해서는 안동·선양·지린 등에 설치된 영사관과 각지의 영사관 분관이 이를 담당했다.

이 가운데 군정기관인 관동총독부는 앞에서 다루었던 만주문제협의회의 결의를 통해 1906년에 평시 조직인 관동도독부가 된다. 관동도독부는 관동주를 관할하는 것 외에도 철도부속지의 행정·사법권을 가지고 철도선로 보호를 위한 병력 사용권과 만철 업무의 감독권을 장악했다. 관동도독부는 조선의 3·1독립운동 등을 거울삼아 1919년에 폐지되었는데, 행정·경찰권과 만철에 대한 감독권은 관동청으로, 군 대통솔권은 신설된 관동군 사령부로 이관되었다. 관동청 장관인 관동 장관은 내각 총리대신(1929년 척무성 신설 이후에는 척무대신)의 지휘하 에 관동주와 만철의 업무감독 등의 정무를 담당했다. 군무를 담당한 관동군은, 포츠머스조약 추가약관으로 철도선로 보호를 위해 둘 수 있 게 된 1km당 15명, 총 1만 4419명 이하의 수비병이 전신이었는데, 사 령부가 신설됨으로써 행정기관인 관동청으로부터 독립하여 육군의 지휘하에 행동을 취할 수 있게 되었다.

또한 만철은 기본적으로는 철도회사였지만 조사부와 농업시험장, 중앙시험소, 지질조사소 등을 갖추고 탄광·제철소 등의 부속 사업, 호 텔·병원·신문사·영화제작소의 운영, 만주의과대학을 비롯한 교육기 관의 설치 등 광범위한 활동을 전개했다. 게다가 만철은 철도선로 양 측의 토지와 시가지를 철도부속지로 하여 그곳의 교육·토목·위생 등 에 관한 시설을 주관하였고, 거주민으로부터 수수료 및 그 외의 비용 을 징수할 권한이 주어지는 등 행정기관으로서도 기능했다. 그 부속지 는 1907년 러시아로부터 넘겨받았을 때 총면적 약 150만km²였던 것 이 1931년 만주사변 당시에는 약 483만km²로 확대되었다. 만철은 자 본의 절반이 정부 출자로서 국책 대행을 위한 반민반관 회사였기 때문 에, 일본 정부가 총재와 이사를 임명하고 경영에 관해서도 엄밀한 감 독을 행사했다.

이처럼 만주경영에 감독 권한이 서로 다른 관동청, 관동군 사령부, 만철, 영사관의 네 기관이 달라붙었기 때문에 다두정치(多頭政治)에 의한 대립과 모순이 발생하거나 통일성을 상실하는 등의 문제가 생겼다.

이와 더불어 만주 통치를 생각할 때 외무성 관할하의 영사관 등과 더불어 조선총독부의 존재도 고려할 필요가 있다. 물론 조선총독부의 권한이 만주까지 미치는 것은 아니었지만, 지린성 동부에서 두만강을 끼고 현재의 조선민주주의인민공화국과 접한 젠다오(間島) 지구의 문제와도 연관되어 복잡한 권력관계가 존재했다. 그곳은 조선족의 입식지로서 통치 주체를 둘러싸고 청조 말 이래 국제분쟁이 끊이지 않았는데, 1905년의 일·한 협약으로 외교권을 관장하게 된 일본이 청국과 교섭하여 1909년에 청국령으로 인정하는 젠다오협약을 체결했다. 이 협약에 의해 룽징(龍井)촌과 옌지(延吉, 局子街) 등을 외국인의 거주·무역을 위해 개방하였는데, 일본영사관 분관을 두어 재만 조선인의 민사·형사재판에는 일본영사관원이나 그 위임을 받은 관리가 입회하게 되었다. 그러나 젠다오 지구야말로 김일성 등의 항일무장 빨치산 활동의 거점으로도 잘 알려져 있는 만큼 조선 통치와 만주국의 안정을 도모하기 위해서도, 이곳에 대한 강력한 경찰 권력의 행사에는 조선총독부로서도 무관심할 수 없었던 것이다. 게다가 젠다오 지구뿐만 아니라 조선족의 통치에 대해서는 조선총독부 쪽이 오랜 경험과 정보를 가지고 있었기 때문에 만주국 건국 후에도 1937년의 치외법권 철폐까지는 만주국 내의 조선인에 대해 일본영사관과 조선총독부와 만주국 정부가 삼중의 관장권을 행사한다고 하는 복잡한 문제가 생기게 되었다.

질문 12: 1919년 정식으로 관동군 사령부가 설치된 후 1931년 만주사변까지 12년 정도의 단기간에 어떻게 관동군이 만주에서 주도권을 쥐게 되었는가?

일화로 자주 이야기되듯 만주국 성립 이전에는 만철 총재의 연회에서 관동군 사령관이나 장교는 말석을 차지하는 것이 당연시되었던 것 같다. 원래 관동군에는 만철 연선의 경비라는 역할밖에 주어지지 않았는데, 1차대전 이후 일본의 총력전체제와 소련과의 전쟁에 대비한 병참기지 만주라는 위치가 부여됨에 따라 관동군의 지위도 점차 높아져 갔다. 게다가 1차대전 후 민족자결사상의 세계적인 흥륭 속에서 중국에서도 내셔널리즘이 고양되고 일화(日貨) 배척과 뤼순·다롄의 조차권 부인이라는 국권회수운동이 일어난다. 이를 무력으로 누르는 대응을 선택하는 한, 반일 내셔널리즘이 고양되면 될수록 일본도 이에 대항하여 권한의 확대를 더욱더 요구했고 이에 따라 관동군의 군비도 증강되어 가는 상승작용이 생겼다.

이에 덧붙여 최대의 가상적국이었던 소련이 1928년부터 제1차 5개년 계획을 개시한 것은, 대소전을 최대의 임무로 하고 있던 관동군 확충의 근거가 되었고, 5개년 계획이 완료되기 전에 만주를 영유하지 않는 한, 영원히 소련에 대항할 수 없게 된다는 견해의 논거가 되었다.

나아가 그때까지 만철의 이익을 확보하기 위해 일본은 중국에 대해 만철과 병행하는 철도(만철 병행선)의 부설을 인정하지 않았는데, 중국 내셔널리즘이 고양되면서 중국 측도 만철선을 포위하는 철도를 부설해 만철의 독점지배에 대항하려는 움직임이 생긴다. 그렇게 되면 경영이 압박받을 만철로서도 자신의 이익을 보호하기 위해서라도 장쭤린·장쉐량 정권에 대항할 수 있는 권력과 힘인 관동군에 의존하는 정도를 높여가지 않을 수 없었다. 이처럼 다가올 위협이 강조됨에 따라 관동군이 무력을 배경으로 관동청과 영사관을 누르고 만주에서 주도권을 가지기 시작한다. 또한 1929년부터 세계공황의 여파가 밀어닥치자 만철이 현저히 경영부진에 빠지게 되어 이때부터 만주 4강의 배치 상태가 변화하였는데, 만철이 기사회생을 도모하기 위해서라도 관동군에 의한 군사적 해결을 지지하지 않을 수 없다는 상황 인식이 생겨났다.

이러한 배경을 생각하면 만주사변을 주도한 것이 이시하라 간지나 이타가키 세이시로 등의 관동군 참모였던 것은 확실하지만, 만철 사원과 만철 자체가 배후에서 강력한 지원을 했다는 것도 간과할 수 없다. 그러니까 겨우 1만 4천 명 정도의 병력으로 단기간에 만주 전체를 제압할 수 있었던 것은, 무엇보다도 '신속(神速)'이라 평가될 정도로 신속한 병력 이동에 만철이 풀가동 되었기 때문이고 점령지 행정에서도 일본인으로서 현지 실정에 가장 정통한 만주청년연맹과 다이유호카이 등의 구성원을 비롯한 만철 사원의 지식과 정보가 동원되었던 것도 이에 크게 기여했다. 또한 만주국 건설 방침 수립을 위해 관동군은 만철에 경제조사회를 조직케 하고 거기에 경제참모본부의 기능을 맡겨 〈만주국 경제건설 요강〉 등을 입안케 했다. 만철이 축적한 정보와 중국인 인맥을 활용하지 않았다면 만주국 건국은 그림의 떡으로 끝났을 것이다. 당시 만철 사원은 약 3만 9천 명이었는데, 무장 자위대를 조직하여 관동군을 지원한 사람을 포함해 만주사변의 공로로 표창을 받은 일본인 사원이 1만 5884명, 중국인 등 외국인 사원이 6370명이나 되었고, 건국과 함께 244명이 퇴사하여 일계 관리의 요직을 차지했다는 사실이, 무엇보다도 그간의 만철과 관동군의 관계 변화, 정확히는 상호의존 관계의 심화를 상징하고 있다.

더욱이 만주국 건국 후, 만철 총재는 일본 정부가 임명하는 포스트로 남았지만, 일본의 외교권을 관할하는 역할을 가진 주만 전권대사와 1934년 관동청을 대신해 만들어진 관동국 장관의 권한은 관동군 사령관이 장악했다. 만주경영에서는 다두정치의 폐해가 항상 문제시되어 왔는데 이때 '삼위일체' 체제를 취함으로써 관동군 사령관으로 권력 집중이 이루어졌다. 만주국이 생기기 전까지는, 관동군 이외는 어디까지나 민간의 통치였지만 건국 후에는 실질적인 군정 주도로 전환되어 갔다.

물론 이처럼 관동군의 배타적 지배를 용인하는 것은 일본 본국의 통치체제의 근간을 무너뜨릴 위험이 있었기 때문에 일본 정부는 대만주 사무국과 각종 일만협의회를 만들거나 내지 관료를 파견하거나 하여 통제를 강화할 방법을 모색했다. 이러한 정치 과정은 관동군이 독점하고 있는 권력을 일본 측이 어떻게 회복하는가 하는 헤게모니 투쟁의 역사가 되었으며, 그것은 또한 일본 국내에서 군부와 관료와 의회 사이의 주도권 싸움으로 나타났다.

질문 13: 관동군에 의한 만주국 통치의 역사적 의미를 어떻게 받아들여야 하는가?

총무청 차장을 지낸 후루미 다다유키는 "만주국이라는 것은 관동군의 기밀비를 만들기 위한 거대한 장치였다"라고 보고 있는데, 만주국뿐만 아니라 육군이 아시아 각지에서 광범위하게 활동할 수 있었던 것도 만주국에서 빨아들인 자금을 거기에 쏟아부었기 때문이라고 한다. 기본적인 자금원은 아편이었다. 이것은 대만 통치 경험에서 나온 것이었는데, 아편을 흡입하면 결국 폐인이 된다는 사실을 생각하면 아편 폐지는 당연한 요구다. 그러나 한꺼번에 폐지하면 오히려 사회적 혼란을 불러온다는 구실로 정부 전매 형태로 점점 줄여가는 방침을 택했다. 만주국에서도 일단 그런 형태를 취했기 때문에 이를 만주국의 선정(善政)이라고 자찬하고 있지만, 사실은 밀매된 아편이 만주국의 재정을 지탱했을 뿐만 아니라 기밀비의 주요한 자금원이 되었다. 그 때문에 만주와 몽골 각지에서 아편을 재배했고 만주국 통신사 사장이었던 사토미 하지메(里見甫)를 통해 페르시아 등지로부터 만주국으로 대량의 아편을 들여왔다. 그것이 막대한 이익을 낳아, 지나 파견군 등의 모략자금이 된다. 아마카스 마사히코가 밤의 황제라 일컬어질 정도로 만주국에서 막강한 권한을 휘두를 수 있었던 것도 그런 비자금이 있었기 때문이다. 아마카스는 또한 중국인 노동자를 만주에 고용시키는 알선 사업으로도 비자금을 만들어냈다. 기시 노부스케 또한 일개 관리이면서도 아마카스의 특무공작에 대해 그 당시 액면으로 1천만 엔(물가상승률로 보아 현재의 80억~90억 엔 상당)을 건네기도 했다. 다만 아마카스는 이런 자금을 착복하거나 하지는 않았고 일본이 만주국으로부터 화북 및 몽강(蒙疆)으로 진공하기 위한 특무공작에 사용했다고 이야기되는 것으로 보아, 만주국은 그런 '제2의 만주국' 만들기 공작의 책원지이자 자금원이었다고 할 수 있다.

이러한 기밀비와 비자금의 문제는 그 본질상 자료로 명확히 입증하기가 아주 곤란해서 어디까지나 증언에 의해 방증할 수밖에 없는데, 이를 실증적으로 밝힐 필요가 있다.

한편 앞에서 인용한《포춘》지 등의 논설에서 볼 수 있는 것처럼, 만주국이라는 것은 일본 육군의 장대한 실험장이었다는 시각도 가능하다. 만주에서 경험한 통치 실험을 통해 일본 육군은 일본의 총동원체제, 국방국가체제의 구축에 활용했다는 것인데, 이러한 체제를 만들어내는 데는 육군뿐만 아니라 만주국 통치를 체험한 기시 노부스케나 시나 에쓰사부로, 미노베 요지 등 다수의 혁신관료가 가담했기 때문에, 이러한 관점은 만주국과 일본의 상호연관성을 살펴보는 데 빠질 수 없는 문제라 할 수 있다. 또한 그 후 대동아공영권 형성에서도 관동군 참모는 지휘관과 브레인으로 각지에 파견되었다. 만주사변에서 이시하라 간지를 지원한 와치 다카지(和知鷹二)는 필리핀 군정감(軍政監)이라는 최고 지위에 이르렀고, 이와쿠로 히데오(岩畔豪雄)는 수마트라의 총무부를 관장하였으며, 이소가이 렌스케(磯谷廉介)는 홍콩 점령지 총독으로, 또한 이마무라 히토시(今村均)는 자바, 이어서 남태평양 라바울 방면군 사령관이 되는 등, 관동군 참모로서 식민지 통치 경험을 가진 것이 대동아공영권 각지에서 중요한 의미를 가졌음은 부정할 수 없다. 게다가 총무청장이었던 오다치 시게오(大達茂雄)가 싱가포르 점령 후에 만들어진 쇼난(昭南) 시장이 되는 등 대동아공영권 각지에 부임한 만주국 일본인 관리 출신이 적지 않다.

또한 관동군이 내몽골 통치를 위해 덕왕에게 만들게 한 몽골연맹자치정부에서도, 젠다오 성장이었던 가나이 쇼지(金井章次), 외무부 차장이었던 오하시 주이치(大橋忠一), 총무청장이었던 간키 쇼이치(神吉正一)가 차례로 총무청장·최고 고문에 취임했으니, 자치정부가 '제2의 만주국' 그 자체였음을 알 수 있다.

질문 14: 현지 거주 일본인에게 만주국에서의 생활은 어떤 의미를 가졌는가?

만주국에서의 일본인의 생활을 생각하는 경우, 만철 연선지대에 있던 도시부와 농촌부로 나누어 생각할 필요가 있다. 개척단 대부분은 신문 및 잡지를 읽을 기회도 없는 환경에 처한 경우가 적지 않았지만, 정치적 상징으로서 새로이 계획적으로 만들어진 수도 신징(창춘)에서는 인프라 정비에 자금이 투입되어 하수도 설비가 완비되었고 공원 점유율도, 3.8%인 도쿄에 비해 7.2%나 되는 등 당시의 도쿄보다도 쾌적한 도시생활을 보낸 측면도 있다. 또한 '북방의 진주'라 불린 다롄에는 동양 최대 규모를 자랑하는 만철 병원이 있었고 시가지는 아스팔트 포장이었으며, 수세식 변소와 중앙난방이 설비되어 있는 등, 도시환경이 대체로 잘 갖추어져 있었다.

그런데 우선 확인해 둘 것은, 만주국의 총면적이 대략 130만km²로, 이것은 타이완의 3만 6천km², 조선의 22만km² 등을 포함한 당시 일본제국의 총면적 68만km²의 두 배에 조금 못 미칠 정도로 광대했다는 점이다. 그 때문에 농업공황으로 딸의 인신매매나 일가족 집단 자살이 사회 문제가 되는 가운데 "만주로 가면 10정보의 대지주가 될 수 있다"라는 선전문구를 사람들이 믿고 이민이나 개척단으로 입식했다고 해도 그다지 무리는 아니었을지도 모르겠다. 10정보라면 3만 평에 해당하기에 당시의 피폐한 농촌에서 경작할 토지도 없던 사람들에게는 정말 희망의 대지, '북의 에덴'이라고도 생각되었을 것이다. 물론 만주 이민에도 무장 이민, 집단 이민, 분촌 이민 등 여러 가지 케이스가 있었고, 입식한 시기와 형태에 따라 사정은 완전히 다르지만, 실제로는 그만큼의 농지가 주어지지도 않았고 농법도 기후도 아주 다른 만주에서 직접 경작을 하는 데에는 한계가 있었다. 그 때문에 결국 땅을 경작하기 위해 현지 사람들을 고용하는 경우도 적지 않았다고 한다. 또한 입식지가 만주국의 북부나 동부가 거의 대부분이었던 것도 소련의 침공에 대처하기 위한 것이었다. 만주 개척을 추진한 관동군 사령부의 육군대좌 도미야 가네오(東宮鐵男)는 개척 이민자를 '둔간군(屯墾軍)'이라 하여 입식지의 선정기준을 대소전을 위한 요충지에 두었다. 1945년 6월에는 소련의 참전이 예상되었음에도 불구하고 관동군이 개척단을 철수시키지 않았던 것도 그로 인해 소련군을 불러들일 것을 경계했기 때문이다. 그런 의미에서는 1932년부터 시작된 무장 이민과 1938년부터 패전까지 8만 7천 명에 달하는 '쇼와(昭和)의 사키모리(防人)'라 불린 만몽개척청소년의용군(만주국에서는 '군軍'이라는 명칭을 피하여 의용'대'라 불렀다)에 의한 개척 등도 1945년의 비극을 스스로 초래한 것이라 할 수 있다. 특히 1939년 노몬한 사건 이후는 대소련 방위 강화를 위해 군사시설 주변으로 입식하게 되었는데, '대륙의 괭이 전사'들은 관동군이 남방으로 병력을 이전하는 가운데 허수아비[案山子] 병사가 되어 괭이로 소련의 중전차나 기관총과 맞설 수밖에 없었다. 유아사 가쓰에(湯淺克衛)[*]는 만주 이민이 브라질 이민 같은 것과는 "근본적으로 달리, 문자 그대로 국가의 방패로서 민초를 심는 것이다"라고 썼는데,[11] 이처럼 만주국의 방패로서 각지에 심어진 가장 약한 민초가, 국가가 괴멸되는 가운데 가장 가열하게 국가의 책임을 떠맡게 되었던 것이다.

더욱이 만주 농업 이민에는 또한 종파·종단에 의한 것과 시나가와(品川)구의 무사시코야마(武藏小山) 상점가 등 도쿄의 상공업자가 물자 결핍 때문에 어쩔 수 없이 상점과 공장 문을 닫고 만주로 옮겨갔던 사례도 있다. 중소기업의 정리 사업이란 기시 노부스케 등이 만주국에서 돌아와 추진한 통제경제사업의 일환인데, 그런 총동원체제 만들기 열풍 속에서 낙오된, 농업 경험도 없는 사람들까지 수없이 만주로 건너갔다. 더욱이 잊어서는 안 되는 것은 피차별 부락^{**}의 집단 이민이 거기에 포함되어 있다는 사실이다. 이민단은 일본에서의 절망에서 벗어나기 위해 신천지를 찾아 만주국으로 건너갔음에도 불구하고 거기서도 차별을 받아 정착하지 못한 채 쫓기듯 여기저기로 개척지를 옮겨 다닐 수밖에 없었다는 사실은 일본사회의 차별 구조가 식민지에서도

---

* 　1910~1982. 소설가. 가가와현 출신. 식민지 조선에 이주하여 초·중학을 다녔다. 와세다 제1고등학원을 중퇴하였다. 자신이 생활한 적이 있는 수원 부근을 배경으로 하는 《간난이》가 대표작이다. 《국민문학》에도 기고하고 조선 강연여행도 많이 하는 등, 조선의 문인과 깊은 교유를 가졌고, 대륙개척문인간담회에 소속되어 만주지방도 자주 시찰했다.

** 　신분적·사회적으로 강한 차별 대우를 받아온 사람들이 집단적으로 사는 지역. 에도 시대에 형성되었는데, 그 주민은 1871년 법으로 신분이 해방되었으나 사회적 차별은 현재도 여전히 지속되고 있다. '미해방부락'이라고도 하며, 이러한 부락 문제 해결을 위해 조직된 것이 스이헤이샤(水平社)이다.

청산되지 않을 뿐만 아니라 만주에서 확대 재생산되어 갔음을 의미한다. 그리고 같은 민족에게조차 그런 차별과 멸시의 시선이 보내졌다면, 타민족에 대한 시선은 말할 나위도 없다.

어쨌든 만주로 건너간 동기와 만주국에서의 생활 체험은 다양하기 때문에 간단하게 총괄하기 어려운데, 개척민이 입식한 지역은 대부분이 철도연선에서도 멀리 떨어진 벽지로서 개척단 전체를 통틀어 라디오 한 대도 없는 곳도 많았고 문화적 생활과는 절연되어 오락이라고 해봤자 개척지에 건립된 신사에서 드리는 제례나 운동회처럼 극히 제한적이었기 때문에 '둔간병' 같은 노이로제나 '향수병'에 걸린 사람도 적지 않았다고 한다.

한편 다롄·펑톈·신징·하얼빈 등의 주요 도시에서는 유행의 최첨단을 달리는 상품 외에도 일본에서는 입수할 수 없는 양주 같은 수입품도 백화점에 넘쳐났고 일본인 상점에는 일본제품이 즐비했다. 신징에서는 신징 긴자(銀座)라 불렸던 요시노초(吉野町)나 니혼바시도오리(日本橋通り), 펑톈에는 가스가도오리(春日通り), 다롄에는 나니와마치(浪速町)와 야마가타도오리(山縣通り), 하얼빈의 싼다오제(三道街)에는 야폰스카야(일본인 마을) 등이 있었는데, 일본요정과 유흥장 등에서는 일본 내지 생활이 재현되었다. 다롄에는 초밥집도 있었다. 또한 호텔이나 일본인 전용 회관·클럽하우스 등에서는 사교댄스와 음악회 등이 개최되었고 극장도 또한 연극 구경을 겸한 사교장으로서 옷을 잘 차려입은 일본인이 출입했으며, 낮에는 테니스나 골프, 사냥을 즐기는 등 식민지의 독특한 문화가 향수되고 있었다. 겨울철에는 스키나 스케이트 외에 아이스하키 등 겨울 스포츠도 유행했으며, 슝웨청(熊岳城)이나

우롱베이(五龍背) 등의 온천지에는 행락객이 모여들었고, '동양의 니스'라 불린 다롄 근교의 호시가우라(星が浦)에는 해수욕을 즐기기 위한 별장이 늘어서 있었다. 나아가 빈저우(濱洲)선*의 바린(巴林) 일대는 '만주의 가루이자와(輕井澤)'라 불리며 피서객들이 몰려들었고, 쑹화강의 중저우(中洲)·타이양다오(太陽島)에는 요트 클럽도 있어서 러시아인을 포함해 짧은 여름을 만끽하려는 사람들로 붐볐다.

'서양문명의 프론티어'로서의 만주라는 이미지가 생겨난 계기는 바로 이러한 식민지 특유의 생활에 있었다. 지금도 다롄을 걷고 있으면 말쑥한 양관이 남아 있는 난산(南山) 자락의 주택가에서는 옛날 그 시절의 정서를 떠올릴 수 있고, '동양의 작은 파리', '동양의 모스크바'라 불렸던 하얼빈의 키타이스카야 거리의 포석에는 유럽의 분위기가 짙게 배어 있는 느낌이다.

만주국 시대에도 또한 바로 그러한 이국정서가 일본인을 만주국으로 이끈 한 요인이었다고 생각된다. 예를 들면 하얼빈을 방문한 다치바나 소토오(橘外男)**가 "하얼빈! 바다가 없는 상하이 (…) 엽기와 소설적인 것(로맨틱한 것)과 모험이 소용돌이치며, 과거와 미래가 지그재그로 교향악을 울리고 있는 북만의 국제도시! 그리고 쇠락한 제정 러시아의 대공작이 길모퉁이에서 행인의 구두를 닦으며 제실(帝室) 가극단

---

* 하얼빈과 만저우리를 잇는 철도.

** 1894~1959. 소설가. 이시카와현 출신. 엄한 군인 가정에서 태어나 21세에 죄를 저지르고 형무소에 들어갔다. 출옥 후 다양한 인생 경험을 거쳐 에로티시즘과 엽기 취미를 혼합한 탐미적 작품을 쓰기 시작했다.《나린전하에 대한 회상》(1938)으로 나오키상을 수상하였다.

의 간판 무용수가 나이 들어 길가에서 성냥을 팔고 있는 슬픈 도회!"라고 쓰고 있는 것처럼[12] 하얼빈과 다롄의 러시아 거리는 유럽의 시간 흐름이 지닌 무게를 머금은 공기로 가득 찬, 일본인이 접할 수 있는 가장 가까운 서양이었던 것이 아닐까.

질문 15: 광야와 서양이 만나는 프런티어 공간의 이미지를 지닌 만주국으로 일본인이 건너간 이유로서 경제적인 것 외에 또 어떤 것이 있었는가?

왕도낙토·오족협화라는 이상에 공명하여 만주로 건너간 사람들이 적지 않았음도 부정할 수 없다. 또한 아사히나 다카시(朝比奈隆)* 씨가 하얼빈 교향악단에서 지휘자로 수련했던 것처럼 해외유학을 하려고 해도 외국으로 나가는 문이 닫혀 있던 전시 중의 일본사회에서 만주는 서양문명을 흡수할 수 있는 창구였다는 것도 잊어서는 안 된다. 마찬가지로 러시아어·러시아문학을 동경하여 하얼빈 학원 등으로 진학한 사람도 있었다. 이외에 일본에서는 찍을 수 없는 영화를 만들기

---

* 1908~2002. 지휘자. 일고를 졸업한 후 교토대 법학부에 진학하였다. 졸업 후 철도회사에 근무하다 사직하고 교토대에서 철학을 전공하면서 지휘를 배웠다. 1939년 지휘자로 데뷔했으나, 일본 내에서 상임 지휘자 자리를 얻지 못해 만주로 건너가 하얼빈 교향악단을 지휘했다. 전후에는 간사이 교향악단을 창단하고, 이를 오사카 필하모닉으로 재조직했다. 음악 전공자가 아닌 교양주의에 입각한 지휘자이자, 일본 국내파라는 이유로 일본 내에서 높은 평가를 받았다. 브루크너 연주는 세계적인 평가를 받고 있다. 하얼빈 교향악단 시절 한국 지휘계의 대부 임원식이 부지휘자로 활동했다. 만주와 일본의 음악계와 관련해서는 이와노 유이치, 《왕도낙토의 교향악》, 音樂之友社, 1999 참조.

위해 윤택한 제작비용을 사용할 수 있었던 만주영화협회(만영)에 들어간 사람도 있고, 만주사진작가협회의 후치가미 하쿠요(淵上白陽)*나 우노기 사토시(宇野木敏)처럼 일본에는 없는 피사체로 가득 찬 만주국에서 사진예술 혁신의 실험장을 찾았던 사람들도 적지 않았다.

그처럼 서양문명에 접하는 첨단공간이었다는 사실뿐만 아니라 일본의 근대에서 정치공간이라는 것의 성격을 생각할 경우, 만주는 또한 특별한 의미를 지니고 있었던 게 아닐까 생각된다. 일본 근대사를 돌아볼 때 중요한 역사적 사실로 들 수 있는 것은 사노 세키(佐野碩)와 오카다 요시코(岡田嘉子),** 스기모토 료키치(杉本良吉) 등 겨우 몇 사람을 제외하고는 망명자가 거의 없었다는 점이다. 망명자가 왜 이렇게 적었는가 하는 것 자체가 일본의 근대사를 해명하는 중요한 과제라고 생각되는데, 그러한 일본 근대사 가운데 만주는 의사(擬似) 망명공간으로 기능했던 게 아닐까 하고도 생각된다.

만철로도 좌익 전향자가 다수 건너갔는데, 만주는 그것을 허용하는 공간으로 존재하고 있었고, 만영도 공산당원에 의한 가와사키 다이햐쿠(第百)은행 오모리(大森)지점 습격 사건의 오쓰카 유쇼(大塚有章) 등이 자유롭게 활동할 수 있는 장소였다. 그런 의미에서 만주는 일본

---

* 1889~1960. 사진가. 구마모토현 출신. 1918년 고베시에서 사진 스튜디오를 개업했고, 이때부터 아마추어 사진가로 두각을 나타냈다. 1922년 사진잡지 《하쿠요(白陽)》를 창간하고, 같은 해 일본 광화(光畵)예술협회를 창설했다. 이후 전위미술가의 영향으로 추상적·실험적 작품을 발표하여 '구성파'라 불린다. 1928년 다롄으로 이주하여, 만철 총재실 홍보과 촉탁으로 정보선전 활동을 담당하고 1934년 만주사진작가협회를 창립했다.

** 1902~1992. 여배우. 히로시마현 출신. 신극에서 영화로 전업했다. 1937년 연출가인 스기모토 료키치와 함께 소련으로 망명하여, 이후 소련에 영주했다.

근대 가운데 존재했던 유일한 비호공간(Asyla)이었을지도 모르겠다. 왕도낙토 건설이라는 정치적 이상을 포함해 만주란 일본이라는 핍색한 공간으로부터 벗어나 일본 속에서 실현할 수 없었던 것을 광대하고 자유로운 공간에서 추구할 수 있다는 점에서, 또 공산주의 연구마저 가능했다는 점에서도 비호공간이라는 의미가 있었던 것은 아닐까.

이처럼 만주국에는 쇠락한 사람들이 유입되는 나라라는 아주 어두운 이미지를 가진 '나락으로서의 만주'와, 구속과 인습에서 벗어나 자유롭게 비상할 수 있는 '비호공간으로서의 만주'라는 양극단의 두 가지 이미지가 공존하고 있었다. 사람에 따라서 한쪽이 극단적으로 나타나, 만주국에 대한 이미지는 어떤 식으로든 분열하게 된다. 결국 만주라는 공간은 거기서 이상에 대한 정열을 불살랐던 사람이 많았다는 점도 부정할 수 없지만, 한편으로 만주 깡패, 만주 낭인, 히토하타구미 (一旗組: 졸부)라는 말도 있듯이 일본에서는 몸 둘 곳 없던 사람들이 기존 상태에서 벗어나 새로운 기회에 도박을 거는 장소이기도 했다. 그것이 전후에도 잔영으로 남아 만주에서 돌아온 사람들에 대한, 일종의 편견과 동경을 머금은 위화감을 낳은 요인이었을지도 모른다.

질문 16: 나락과 비호공간이라는 상반되는 이미지가 그처럼 혼재하는 가운데 만주국은 여성에게 어떤 공간으로 존재했는가?

"일본 식민지 개척의 선구자는 여성이다"라는 견해가 잘 지적하고 있는 것처럼,[13] 만주에 들어간 일본인 선구자는 '북(北)의 가라유키'들

이었다. 일러전쟁 전에 이미 바이칼호 동쪽의 도시 가운데 일본인 여성이 없는 곳이 없다는 말까지 있었는데, 이들은 시베리아 개발과 철도건설 등에 고용된 중국인 및 조선인 노동자, 그리고 러시아 군인 및 민간인 등을 상대로 장사를 하다가, 동청철도의 건설과 함께 남하하여 만주로 들어갔다고 한다. 일러전쟁 전에 블라디보스토크에서 하얼빈으로 들어간 군사탐정 이시미쓰 마키요(石光眞淸)*도, 마적의 내연의 처였던 오키미(お君)와 오하니(お花) 등의 가라유키 여성들로부터 물심양면으로 원조를 받아 활동했다는 것이 자서전인《광야의 꽃》에 기록되어 있다.

이러한 여성들에 뒤이어 일러전쟁 후에는 만철이 발전함에 따라 만철 직원이나 그 아내, 혹은 만주에 진출한 토목건설업·매약업 및 상사나 상인에 고용된 여성, 하녀로 일하는 여성 등이 증가해 간다. 나아가 만주국 건국과 더불어 만주국 정부 및 현공서의 사무원이나 타이피스트 등으로 취직할 기회가 열리게 되어 일본 국내에서는 매우 한정되어 있던 여성 전문직에 취직하는 것도 가능하게 되었다. 또한 일본인 인구의 증가와 더불어 초·중등교육에 필요한 교원이 되어 교사로서 경력을 쌓기를 바랐던 사람도 있었고 이민족 교육에 참여하여 민족협화를 실천하고 싶다는 꿈을 품고 만주로 건너간 여성이 있었다는 사실도 회고록 등을 통해 확인할 수 있다.

그러나 여성이 만주국에 간 가장 큰 이유는 역시 만주 개척 이민자

---

* 1868~1942. 육군 군인, 대륙낭인. 구마모토현 출신. 청일전쟁 후부터 시베리아 출병 시기에 중국 동북부와 시베리아 방면에서 첩보 활동에 종사하였다. 자서전 사부작인《성 아래의 인간》,《광야의 꽃》,《망향의 노래》,《누구를 위해》가 유명하다.

를 따라가는 것이었다. 그 가운데 가족 단위로 만주로 건너간 이민의 경우 처음부터 아내와 어머니로서의 역할을 의식했을 것이고, 그 외에 "개척의 성업에 한몸을 바치는 젊은 개척사의 좋은 아내"로서 만주국 으로 건너간 '대륙의 신부'라 불린 여성들도 있었다.

1932년에 제1차 이민이 입식한 이야사카(彌榮)촌에서는 다음해에 는 이미 '둔간병'에 의한 퇴단자가 속출하고 간부배척운동이 일어나 는 등 이민의 가능성에 대해 회의의 목소리가 나오는 상황이었다. 그 때문에 도미야 가네오나 가토 간지(加藤完治) 등은 '둔간병'을 앓는 남 성도 결혼을 시켜서 가정의 위안을 얻을 수 있으면 만주에 정착할 것 이라 생각해서 '대륙의 신부' 정책을 추진했다. 특히 1936년에 책정된 〈20개년 100만 호 이주 계획〉에 의해 대량 이민 정책이 시작되고 나아 가 1938년에 개시된 만몽개척청소년의용군 대원들이 훈련을 끝내고 입식해 들어갈 것에 대처하기 위해 조직적인 신부의 송출이 시도되었 다. 구체적으로는 만주이민협회가 중심이 되어 일본 각지에 설치한 신 부훈련소와 신부강습소, 척무성이 주최한 여자척식 강습회, 농림성이 개설한 농촌신부학교 등의 참가자 중에서 선발된 여성이, 만주 이민 예 정자나 현지에서 신부를 찾으러 일시 귀국한 사람들과 맞선을 통해 결 혼한 후 건너가는 등, 신부 후보로서 만주로 건너가는 경우가 있었다.

그 외에 1940년 이후는 결혼에 앞서 개척여숙이라 불린 여자의용 대훈련소에 입소하여 만주 생활에 대비한 훈련을 받은 후 현지에서 결 혼하는 사례도 증가했다. 여자의용대훈련소에 입소한 여성들은 일본 국내에서 신부 모집에 응해 건너온 사람이 대다수였지만, 그중에는 여 숙이 신부학교나 직업훈련학교라고 듣고 건너왔음에도 불구하고 결혼하지 않으면 일본으로 돌아갈 수 없다는 거의 협박에 가까운 집단 맞선 등을 통해 결혼한 사람도 있었다고 한다. 물론 전쟁과 빈곤으로 시달리고 있던 일본 국내의 일상에서 벗어나 자력으로 자기 미래를 개척하고 싶다는 희망을 품고 있었던 사람들도 적지 않았다. 그러나 어찌되었든 그 결혼은 제한된 선택지 가운데 남녀 모두 자기 의사만으로 결정할 수 없도록 하는 힘이 작동하고 있었다는 것은 부정할 수 없다.

덧붙여 말하자면 이러한 신부들을 주제로 "일본 최초의 여성 영화 감독", "공영권 유일의 여성 영화감독"이라 불린 사카네 다즈코(坂根田鶴子)가 1943년에 만영에서 찍은 영화가 〈개척의 신부〉인데, 만주국에서 서로 대등하게 노동하고 사랑하며, 태어난 생명을 길러가는 젊은 부부의 생활이 그려져 있다. 영화 자체는 국책에 따른 것이었음은 말할 필요도 없으나 양성의 협화를 민족협화의 전제로 삼고 있다고도 볼 수 있다. 또한 전후 일본에서는 대학 졸업생이 아니라는 이유만으로 영화를 찍을 수 없었던 여성감독 제1호인 사카네에게는 능력만 있으면 감독으로서 남성과 대등하게 영화를 만들 수 있는 장을 제공해 주었던 것은 만영이라는, 만주국에 있던 공간뿐이었을지도 모르겠다.

어쨌건 다양한 방법으로 만주 개척에 여성이 고용되었다. 이러한 만주국에서의 여성의 존재 의미를 일·만 양국 정부가 어떻게 위치짓고 있었던가를 명확히 보여주는 문서는, 〈여자 척식 요강〉이 발표된 1942년에 척무성이 작성한 《여자 척식 지도자 제요》이다. 여기서는 여성의 역할을 "민족 자원 확보를 위해 우선 개척민의 정착성을 증강하는 것", "민족 자원의 양적 확보와 더불어 야마토 민족의 순수한 혈통을 유지하는 것", "일본의 부도(婦道)를 대륙에 이식하여 만주 신문화를 창건하는 것", "민족협화를 달성하는 데 여자의 협력을 필요로 하는 부면이 많은 것" 등으로 규정하고 있다.[14] 만주국에서의 여성의 임무가 자기 소망의 실현이나 자기 충실 등이 아니라 어디까지나 개척이민 남성을 만주에 정착시키고, 출산에 의해 만주국의 지도 민족으로서의 야마토 민족을 증식시키는 것에 놓여 있었음이 명백하다.

확실히 '민족협화의 달성'도 거론되었지만 그것은 어디까지나 주체성이 없는 보조적인 것에 불과했다. 게다가 "야마토 민족의 순혈" 유지가 강조되었던 만큼, 민족협화라고 말하면서도 "한 방울의 혼혈도 허락되지 않으며 자진하여 혈액 방위부대가 되어야 한다"라고 하여[15] 다른 민족과 통혼하는 것은 엄격하게 부정되었다. 그러니까 여성에게 기대되고 있었던 것은 만주국에서 타민족과 교류하여 협화를 달성하는 것도, 만주 신문화를 창건하는 것도 아니고 "개척농민의 좋은 조력자", "개척가정의 좋은 위안자", "제2세의 좋은 보육자"로서[16] 만주 일본인 사회 속에서 스스로 좋은 노동력이 되고 남성 개척민에게 위안을 주며 민족을 늘리는 좋은 어머니라는 역할이었다. 원래 〈100만 호 이민 계획〉 자체가 20년 내에 만주국의 일본인 인구를 500만으로 한다는, "낳고 늘려서 천황의 방패"를 만드는 인구증식계획 자체였기 때문에 이 계획의 성공 여부는 오로지 '대륙의 신부'의 출산 능력 여하에 달려 있었던 것이다.

개척단에서의 생활은 일본 내지와는 다른, 험한 기후 조건에다 오락거리가 적은 단조로운 생활이었기 때문에, 환멸감에 사로잡히거나 개척단의 공동생활에 적응하지 못하고 소외감에 시달리는 여성도 적지 않았다고 한다. 그러나 아무리 절망하고 혐오했다고 해도 만주로

시집왔기 때문에 고향으로도 돌아가지 못하고 귀국비용도 없어서 그냥 현지생활에 적응할 수밖에 없는 실정이었을 것이다.

물론 만주국의 민족협화나 왕도낙토의 이념에 공감하여, 가정 안팎에서 중국인 여성에게 그 이념을 침투시켜 일만친선을 실현하는 것을 사명이라고 생각한 여성도 있었다. 일본인이 '비적'이라 부르는 것은 '애국군'이고 "만주인은 개나 고양이가 아니다"라고 항변하는 14세의 고용인 리궤이위(李桂玉)에게 '천황폐하의 은혜'를 가르쳐주는 것이야말로 '일만친선'을 달성하는 '일본인의 진심'이라고 믿고《만주인 소녀》를 쓴 고이즈미 기쿠에(小泉菊枝)도 그런 사람 가운데 한 명이었다. 또한 모치즈키 유리코(望月百合子)는 장래의 문화는 양성의 협화를 통해 만들어진다고 하여 만주국의 민족협화를 담당할 재만 일본 여성을 지도민족으로 교육하기 위해 대륙문화학원 등을 설립하였다. 물론 그녀들의 활동이 참으로 민족협화에 적당한 것이었는지는 의문이 들지만, 적어도 그것이 민족협화라는 이념을 현실화하기 위해 일본 여성인 자신이 할 수 있는 최선의 방책이라고 믿고 실천한 것만은 부정할 수 없다.

다만 고이즈미나 모치즈키뿐만 아니라 재만 여성 모두가 총력전으로부터 자유로울 수 없었기 때문에 일본 내지의 여성과 마찬가지로 전쟁 수행에 동원되었다. 만주사변이 일어나면서 관동장관 무토 노부요시(武藤信義)의 부인인 노부코(能婦子)의 제창에 의해 전만부인단체연합회가 결성되어 여성들은 "부인으로서 평화와 정의의 이상향을 건설하는 대운동에 참가"하도록 강제되어[17] 병사의 집 건설이나 연설반 일본 파견 등의 활동으로 내몰렸다. 또한 일본 내지에 있었던 애국부인회와 대일본 국방부인회로부터 만주지부를 설립하도록 요청받았는데, 군사 원호와 국방가정 건설을 담당하고 더불어 '중국 부인의 일본화'를 추진하는 것이 만주국의 건국이념을 실현하기 위한 재만 일본여성의 중요한 임무로 여겨졌다.

질문 17: 일본인 이외의 민족에게 만주국은 어떤 의미를 지녔는가?

이 질문에 대해서도 남김없이 대답하는 것은 불가능한데, 우선 확인해 두어야 할 것은 중국에서는 만주국의 존속 기간인 13년 반을 가리켜 '동북 윤함(淪陷) 14년'이라 부른다는 사실이다. 윤함이란 '함락되어 적에게 점령되어 있다'라는 의미이기 때문에 그러한 지칭 자체에 적에게 짓밟혔다는 굴욕감이 담겨 있는 것은 당연할 터인데, 그것은 반만항일운동이 승리하기까지는 고난의 세월이었다는 의미도 동시에 포함하고 있을 것이다. 그러니까 만주국이 성립됨으로써 이권을 얻은 권력자(collaborator)도 전혀 없었다고는 할 수 없지만, 농민 대다수는 토지를 싼값에 매수당해 생활기반을 빼앗겼기 때문에 소작민이 되든지, 쿠리가 되어 생계를 잇든지, 관내 즉 중국 본토로 이주하든지 하는 선택을 할 수밖에 없게 되었다. 개척단을 샅샅이 둘러본 시마키 겐사쿠(島木健作)*는 "고용된 사람들 중에서 가장 많은 수를 차지하는 것은

---

* 1903~1945. 소설가. 삿포로 출신. 도호쿠제대 중퇴. 농민운동에 참가하고, 1927년 일본 공산당에 입당했다. 다음해 3·15사건에 앞서 검거되어 전향하고 1934년 소설가로 데뷔하였다. 이른바 전향작가로서 《생활의 탐구》, 《인간의 부활》 등으로 많은 독자를 얻었다.

지금까지 개척지 내에 살았던 원주민인데 그들은 일본 개척민이 들어왔기 때문에 갑자기 이 땅을 떠나야 할 운명에 처하게 되었다"라고 쓰고 있는데,[18] 일본인이 '비적'이라 부른 사람들도 이러한 상황에서 반만항일운동과 공산주의운동에 몸을 던지거나, 아니면 이를 지원한 사람들이었다. 또한 중국인 여성 중에는 일본인의 내연의 처가 되어 '만처(滿妻)'라 불린 사람들도 있었지만, 일본인 남성이 출입하는 회사에 취직되는 일은 없었다. 물론 만주국의 중국인 여성도 국가에 대한 충성을 요구받아 만주제국 국방부인회하에서 군사원호와 대일협력을 위한 조직화가 이루어졌다. 1938년에는 일본인 단체인 국방부인회 만주지부와 합병하여 만주제국 국방부인회가 결성되었는데, 만주국 총리 장징후이 부인인 쉬즈칭(徐芷卿)이 명예회장이 되어 조직 강화가 진척되어 갔다.

이러한 상황에 놓인 사람들이 어떤 생각을 가지고 있었는지는 '윤함' 시기에 애창된 장한훼이(張寒暉) 작사·작곡 〈송화강상(松花江上)〉의, 고향에서 쫓겨나 타향을 떠도는 나날의 고난을 노래하고 고향을 탈환할 것을 절절히 맹세한 가사에서 엿볼 수 있다. 또한 저우쉬안(周璇)이 1937년 영화 〈삼성반월(三星伴月)〉에서 노래하고 일본에서는 와타나베 하마코(渡邊はま子)와 리샹란(李香蘭)*의 가창으로 알려진 〈언제

---

* 1920~2014. 본명 야마구치 요시코(山口淑子). 중국 무순 출신. 여학교 2학년 때 선양은행 총재 리지춘(李際春)의 양녀가 되고, 1938년 만주영화협회에 들어가 배우 겸 가수로 활동하였다. 중국인 여배우 리샹란으로 일세를 풍미하다, 전후 일본으로 귀국하여 야마구치 요시코로 활동하였다. 1974년 참의원 의원, 1978년 환경청 정무차관을 역임하였다. 자서전으로 《리샹란―나의 반생》(新潮社, 1987)이 있다.

나 당신 돌아오나요[何日君再來])가 '쥔(君)'의 가사를 같은 발음인 '쥔(軍)'의 의미로 바꿔 불렀다는 것도 잘 알려져 있다. 그러니까 이 노래는 언제[何日] 중국군이 만주국의 일본인을 쫓아내기 위해 돌아오는가 하고 그날을 학수고대하는 항일가로 유포되고 있었던 것이다.

조선민족 중에는 만주국 건국 이전부터 수전경작을 하고 있던 사람일지라도 일본의 개척 이민을 위해 농지를 팔고 소작민이 되지 않을 수 없는 경우가 있었다. 또한 건국 후에는 조선총독부가 농경지가 부족한 조선남부의 농민을 반강제적으로 선만척식회사 등을 통해 이주시킴으로써 건국 시에 67만 명이었던 것이 1945년에는 216만 명으로 증가하였고, 그에 따라 1940년에는 만주국 조선인 관리가 2300명에 달했다. 더군다나 1940년 이후는 조선청년의용대도 입식되어 개척에 동원되었다. 재만 조선인은 만주국 시대에 일본인='둥양궤이즈(東洋鬼子)'에 다음가는 위치에 있었기 때문에 '얼궤이즈(二鬼子)'로서 전후에는 참혹한 상태에 놓이게 되었지만, 경제적 이유 등으로 귀국도 할 수 없어 112만 명 가까운 사람들이 만주에 잔류할 수밖에 없었다. 조선족은 일본인 다음가는 "만주국 중요 구성분자"로서 국방의 책무를 담당했는데,[19] 동시에 '황국신민'으로서 징병·징용되어 중국·남방전선에 동원됨으로써 전범이 되거나 시베리아에 억류된 사람들도 적지 않았다. 그러나 패전 후에는 일본국적을 상실했기 때문에 보호나 보상의 대상에서도 제외되었다.

특히 내가 만난 만주 출신의 조선족 남성은 유학생으로 일본에 건너와 사회학을 공부하고 전후 미국에서 연구자로 평가받아 유럽에 초빙되는 그런 삶을 살았는데, 그는 "나도 만주국의 지배를 결코 좋은 것이라고는 생각하지 않았다. 그러나 내 일생에서는 일본에 유학할 수 있었던 것은 좋은 기회였다. 그렇지 않았다면 나는 평생 농민으로 살 수밖에 없었을 것이다"라고 말했다. 물론 일본이 만주를 통치하지 않았으면 다른 가능성이 열렸을지도 모르겠기에 이런 사례를 일반화하는 것은 문제가 있다. 그러나 예를 들면 가난한 농가 출신으로 대통령이 된 박정희도 만주국의 육군군관학교와 일본의 육군사관학교에서 국비로 교육받지 않았다면 군대의 중추가 되거나 정권을 장악하는 것도 불가능했을지 모른다.

그런 한정된 의미에서 말한다면, 만주국 통치에서의 민족협화나 오족협화가 슬로건에 지나지 않았다는 것은 부정할 수 없다고 해도, 그 슬로건이 있었기 때문에 학교나 공적 기관에는 반드시 일정 비율로 중국인이나 조선족 등을 받아들여야 한다는 기준이 정해져 있었다. 물론 일본의 식민지 통치가 없었다면 더욱 많은 사람들에게 더욱 다양하고 더욱 쉬운 비약의 기회가 주어졌을지도 모르겠다. 그러나 허구에 불과했다고는 하지만 민족협화를 국시로 내건 이상, 아주 비율이 낮다고는 해도 만주국은 어쩔 수 없이 일본인 이외의 사람들에게도 관공서나 교육기관에서 문호를 개방하지 않을 수 없었던 것도 사실이다.

나아가 그 외의 민족에 대해서 살펴보면 그때까지 억압되었던 소수민족 가운데에는 만주국 건국과 거기에 내걸린 민족협화라는 이념에 민족자립의 희망을 건 사람들도 있었다.

그중 한 예로서 부랴트 몽골족의 가르마예프 우르진(Garmaev Urzhin)을 들 수 있다. 우르진은 시베리아 치타에서 태어나 러시아 직업군인이 되었지만, 러시아혁명 때에는 시베리아에 출병한 일본군이 지원한 카자흐의 그리고리 세묘노포(Grigorii Semyonov)* 군에 참가했다가 내몽골 시니헤(Xunuhe)로 패주한 후 만주국에 들어와 싱안성 경비군 몽골인 부대의 중추가 되었다. 만주국 괴멸 후 소련에 자수하였고 군사법정에서 일본의 특무였다는 혐의로 총살을 당해 일생을 마친다. 우르진에게 만주국의 민족협화라는 이념이 어느 정도 현실감이 있었는지는 알 수 없으나 강한 반공의식도 있었는지 몽골계 부대의 반란이 일어나는 가운데 마지막까지 싱안군 군관학교장으로서 임무를 다했다고 한다. 또한 세묘노프도 만주국에서 반혁명파 백계 러시아인을 모아 소련에 반격할 기회만을 엿보고 있었는데 만주국 괴멸 후 소련의 군사재판을 받고 처형되었다.

이외에 30개가 넘는 민족의 복합국가였던 만주국에는 백계 러시아인과 유대인, 폴란드인 등도 살고 있었다. 만주국에서는 소련 정보를 얻기 위해서라도 반소의식이 강한 백계 러시아인이나 중앙아시아에서 도망쳐온 무슬림을 보호하는 방침을 취했는데 겐코쿠대학 등에는 백계 러시아인 학생도 입학했다. 이 때문에 백계 러시아인과 무슬림에게도 만주국은 일종의 비호공간이 되어 소련에서 압박받은 사람들에게 생활거점을 제공했는데, 거꾸로 그것이 패전 후의 소련침공 속에서 압박을 받는 원인이 되기도 했다. 물론 만주국 정부가 이런 사람들에게 적극적으로 안주의 땅을 제공하려 했던 것은 아닌데, 시베리아 철도를 통해 세계사적인 인적 유랑 가운데 놓여 있던 만주국이 대소·

---

* 1890~1946. 극동에서 활동한 러시아 군인. 10월혁명 후 반혁명군을 조직하여 일본의 지원 속에 1918년 자바이칼 정부를 수립하였다. 1920년 혁명군에 쫓겨 망명한 후에도 만주에서 활동했으나 2차대전 후 소련군에 의해 처형되었다.

대미 전쟁을 준비하고 수행해 가는 데 유대인이나 무슬림, 폴란드인을 어떻게 활용하려 했던가 하는 문제로 이것을 파악할 필요가 있다.

질문 18: 만주국에서는 유대인을 안주시켜 '육족협화'를 도모하는 구상이 있었다고 하는데, 일본 정부를 포함해 실제로는 어떤 유대인 정책을 취했는가?

만주국은 러시아혁명을 피해 탈출해온 구러시아와 폴란드 유대인 외에 유럽에서 나치의 박해를 피해 도망쳐온 유대인의 거주지로서 상하이 다음가는 규모였다고 한다. 그러나 하얼빈 등에서는 소련공산당 지도자 가운데 유대인이 많다는 이유도 있고 해서 백계 러시아인을 중심으로 반유대인 기운도 뿌리 깊게 존재하고 있었다. 그 때문에 만주국에서 안주하기보다도 만주국을 경유하여 미국 등으로 도항하기를 희망하는 유대인이 많은 실정이었다.

이러한 실태를 토대로 만철 총재 마쓰오카 요스케나 만주중공업개발회사 사장 아유카와 요시스케 등에 의해 5만 명 규모의 유대인 정주 계획이 검토되었는데, 하얼빈 특무기관의 히구치 기이치로(樋口季一郎), 육군의 야스에 노리히로(安江仙弘), 해군의 이누즈카 고레시게(犬塚惟重) 등의 군인과 유대교 연구자 고쓰지 세쓰조(小辻節三) 등의 민간인이 그 실시 방법을 모색했다. 이 정주 계획은, 미국에서 자본이 도입되기를 기대하며 닛산 콘체른의 만주국 이주를 실행하고 있던 아유카와 요시스케와, 침체해 있던 만주경제의 활성화를 도모하고 있던 마쓰오카 요스케에게, 그것이 실현되면 유대인의 자본과 기술력을 이용할 수 있는 효과를 가져올 것으로 생각되었다. 그에 덧붙여 미국에서 유대인이 가지고 있는, 매스컴과 정계에 대한 영향력을 활용하여 만주국 부인정책을 취하는 미국 정부에 정책 변경을 촉구할 수 있지 않을까 하는 목적도 있었다. 나아가 하열빈 등지에서는 유대인 유괴 사건과 습격 사건이 빈발했고 그것들을 만주국 정부가 배후에서 지도하고 있는 게 아닐까 하는 국제적 의혹을 불식시키기 위해서도 정주에 의한 '육족협화'가 실현되면 유효한 선전 효과를 가질 것이라고 생각했다.

만주국의 유대인 정책이 이러한 의도를 가지고 착종하는 가운데 1937년 12월에 제1회 극동유대인대회가 하얼빈에서 개최되어 "일만 양국에는 약소민족에 대한 압박이 없다"라는 선언이 채택되었고, 1938년 3월에는 유럽을 탈출하였지만 만주국에서의 입국을 거절당해 소련령 오트포르에서 난민생활을 하고 있던 약 2만 명의 유대인에게 통과허가가 내려지게 되었다. 다만 만주국 정부가 이 통과조치를 채택하도록 힘을 썼던 히구치 기이치로가 폴란드도 소련도 통과를 허가했음에도 불구하고 "'오족협화'를 모토로 하는 '만민 안거낙업'을 부르짖는 만주국의 태도는 이상하기 짝이 없다"라고 비판했던 것처럼[20] 만주국 외교부는 독일 정부에 대한 배려 때문에 유대인을 받아들이는 데에는 시종일관 소극적인 입장을 취했다.

한편 일본 정부는 1938년 12월 고노에 후미마로 수상 주재로 5상회의를 열어 유대인 배척 자체는 인종평등의 원칙에 반하는 것이라 하며 "전쟁의 수행, 특히 경제 건설상 외자를 도입할 필요와 대미관계 악화를 피해야 한다는 관점"에서[21] 일본·만주국·중국에 거주하는 유대인에 대해서는 타국인과 마찬가지로 공정하게 취급한다고 하여 적극적인 배제책도 초치책(招致策)도 취하지 않기로 결정했다. 그러나 단서 조항으로 "자본가, 기술자와 같이 이용가치가 있는 자는 여기에 해당하지 않는다"라고 하여[22] 이용가치가 있는 유대인은 적극적으로 불러들이는 방침을 취할 것을 명확히 했다.

그러나 1940년 9월에 일·독·이 삼국동맹이 조인되고 유대인을 활용한 대(對)영미 관계 호전의 전망이 사라져버린 상황이 되자 일본과 만주국에서 유대인 카드는 유효성을 잃어버렸다. 그리하여 1940년 12월에 다롄에서 개최될 예정이었던 제4회 극동유대인대회는 직전에 중지되고 야스에는 다롄 특무기관장에서 해임되었으며 히구치와 이누즈카도 유대인 공작에서 제외되었다.

그리고 일미 개전 후인 1942년 3월의 일본정부연락회의에서는 더이상 영미를 비롯한 국제 여론을 고려할 필요가 없다고 하여, 만주국을 비롯한 일본 점령지에서 "유대인의 도래는 특수한 이유가 있는 경우를 제외하고 일체 이를 금지한다", "그 거주영업에 대해 감시를 엄중히 함과 동시에 적성책동은 이를 배제·탄압한다", "유대인 민족운동을 지원하는 활동은 일체 하지 않는다"라고 결정했다.[23] 이러한 결정으로 만주국에 유대인 이주구나 자치구를 설립하는 것은 실현되지 않은 채 끝났다. 그 구상 자체가 아주 정략적인 발상에서 나온 것이었고 일본 국내에서도 1930년대 이후 시오텐 노부타카(四王天延孝)나 사카이 가쓰토키(酒井勝軍) 등이, 소련공산당 지도자 대다수는 유대인이고 유대인은 공산주의사상을 일본에 침투시키려고 획책하는 '붉은 악마[赤魔]'라는 반공주의의 일환으로서 반유대주의 선언을 소리 높여 주장하고 있었기 때문에 만주국에서 '육족협화'를 실현하는 데에는 한계가 있었다고 생각된다.

질문 19: 1945년 8월 9일 소련의 대일참전에 의해 만주국에 있던 일본인은 비참한 상황에 빠졌는데 일본의 패전 처리에 문제는 없었는가?

8월 14일 포츠담선언의 수락 통달로써 전쟁이 자동적으로 끝난 것은 아니고 일본군을 어떻게 무장 해제하여 항복 조건을 실행하는가에 대한 교섭이 필요했다. 그 때문에 일본에서는 정전협정 작성을 위해, 연합군 총사령관 D. 맥아더 장군의 본부가 있던 마닐라에 가와베 도라시로(河邊虎四郎) 중장 등을 전권위원으로 파견하여 1945년 8월 20일에 항복문서를 수령했다. 그때 총사령부로부터 소련군은 연합군의 지휘권 아래에 있지 않다는 통고를 받았음에도 불구하고 일본은 대소 교섭을 현지 관동군에게 맡겨버리고 소련 극동군 총사령관 R. Y. 말리놉스키(Malinovsky) 장군에게 전권대표를 보내지 않았다. 당연히 해야 할 정전교섭을 하지 않았기 때문에 관동군을 일본 정부의 공식 대표로 인정하지 않는 소련군의 군사행동은 계속되었고 구만주국뿐만 아니라 조선, 사할린, 쿠릴열도에 재류하고 있던 일본인과 조선인은 고난을 당하지 않을 수 없었다.

다만 유럽전선이 종결될 때 점령이라는 사실을 근거로 미·소의 지배영역이 결정되는 이른바 '점령지주의'가 채택되었기 때문에, 소련으로서는 점령 실적을 배경으로 홋카이도 북부의 점령을 미국에 요구하기 위해서라도, 정전교섭과 정전협정이 있었어도 그것을 무시하고 전투를 계속하여 점령지역의 확장을 꾀했을 가능성이 있다. 그러나 일본 정부가 관동군에 교섭을 위임하고 명확한 의사 표시를 하지 않았던 것은 소련 측에 좋은 구실을 주어 구만주국에서는 8월 20일, 사할린에서는 8월 26일, 쿠릴열도에서는 9월 5일까지 작전상의 침공이 계속되어 사상자와 억류자의 증가를 불러오게 되었다.

질문 20: 만주국 붕괴 후 일본인은 어떤 상황에 처했는가?

1931년 9월 만주사변 발발 당시 재만 일본인은 약 23만 명이었지만 1945년 8월에는 그 6.7배인 약 155만 명에 달하여, 통치 기간이 51년인 타이완의 40만 명, 36년간 통치했던 조선의 90만 명에 비해서도 단시일 내에 일본인의 증가가 두드러졌다고 할 수 있다. "여기는 혼잡하니 만주로", "천리의 옥토는 부른다, 흙의 전사를!"이라는 캐치프레이즈는 인구증가와 실업 등으로 시달리는 일본인의 심정에 호소하는 무언가가 있었을지도 모르겠다. 그러한 가운데 개척 이민자는 약 27만 명으로, 패전 후 철수할 때에는 무려 8만 명이 목숨을 잃는 비참한 결말을 맞았다.

나아가 정전교섭과 무장해제의 처리를 그르친 것이 60만 명을 넘는 시베리아 억류라는 사태와 그곳에서의 사망자 6만여 명이라는 비참한 결말을 불러오게 되었다. 물론 이러한 억류 자체가 "일본국 군대

는 완전히 무장을 해제한 후 각자의 가정으로 복귀하여 평화적이고 생
산적인 생활을 영위할 기회를 주어야 한다"라는 포츠담선언에 명확히
위반되는 것이었지만, 길게는 1956년까지 11년간, 이러한 국제법 위
반 행위 속에 억류자는 놓여 있게 된다.

또한 만주국 괴멸 후 이 지역은 국민당군과 중국공산당군의 내전
상태 돌입으로 일진일퇴가 계속되었을 뿐만 아니라 소련군이 여전히
영향력을 가지는 복잡한 권력 상황에 놓여 있었다. 이러한 가운데 패전
국민인 일본인은 침략의 책임을 지는 '일교(日僑) 포로'로서 강제송환
의 대상이 되었지만, 철수에 필요한 배가 부족하다는 사정도 있고 해서
수용소 등에서 생활하지 않을 수 없었다. 그곳에서 탈출하는 가운데 벌
어진 자살·학살, 전염병의 만연, 영양실조 등으로 패전 시 만주 재주자
155만 명 가운데 18만 명이나 되는 사람들이 무참하게 목숨을 잃었다.

그러나 그런 생활 속에서도 호구할 양식을 얻기 위해 국민당이나
중국공산당 등의 기관에서 일하거나 현지사회에 고용된 사람도 적지
않았다. 또한 그때까지 일본이 저지른 행위에 대한 개인적 속죄감 때
문에 자신의 전문지식과 기술을 손수 제공하려는 사람도 나타났다. 그
리하여 신중국의 건설을 위한 징용과 모집에 응해 기술자와 병사, 의
사·간호부 등이 자발적으로 중국에 남았다. 이러한 사람들은 '유용(留
用)'자라 불렸는데, 구만몽 지역에서는 가족을 포함해 약 2만 명이 남
았다고 추정된다. 예를 들어 영화에 관해 말하자면 앞에서 든 여성감
독 사카네 다즈코, 일본 귀국 후에 〈기아해협〉, 〈미야모토 무사시(宮本
武藏)〉 등을 만든 우치다 도무(內田吐夢), 〈센바즈루(千羽鶴)〉 등의 반핵
영화로 평화운동을 추진한 기무라 소토지(木村莊十二) 등은 중국공산

당이 지도한 동북전영(電影)공사에 유용되었고, 모치나가 다다히토(持永只仁)도 여기서 중국 최초의 인형 애니메이션을 제작하다가 그 후에는 상하이로 건너가 중국 애니메이션 영화의 재건에 공헌했다. 이러한 유용의 문제도 자기 의지에 반해 강제적으로 이루어진 사람도 있는 등 대단히 복잡한 문제를 포함하고 있는데, 만주 이외의 지역에서도 전후 아시아 세계의 재건에 일본인이 어떤 형태로 참가하고 있는가 하는 문제는 현지의 평가와 더불어 생각할 필요가 있다.

질문 21: 만주국은 1945년 8월 18일에 소멸했는데 전후 아시아 세계에서 그것은 어떤 의미를 가지는가?

우선 만주국이 괴멸함으로써 동아시아 세계에 새로운 국제질서가 생겨난 점을 무시할 수는 없다. 중국공산당의 정통성은, 중국이 만주사변 이래 일관되게 일본의 침략에 대항하며 그 주권성을 부인해온, '위(僞)국가'로서의 만주국을 괴멸시키고 1931년부터 1945년에 이르는 항일전쟁에서 승리했다는 점에 중점이 있다. 그런 의미에서 일본인이 만주국을 '위국가'가 아니라 정통성을 가지고 있다고 주장하는 것은 중국공산당의 정통성 혹은 신중국의 성립 근거 자체를 부정하는 것이 되지 않을 수 없다는 점을 고려할 필요가 있다.

한편으로는 마찬가지로 정권과 국가의 정통성과도 관련되는 미묘한 문제를 잉태하고 있는데, 동아시아 세계의 전후를 생각하는 데 조선반도에서의 만주국의 의미를 무시하는 것도 또한 불가능하다.

대한민국에서는 박정희 대통령 외에도, 최규하 대통령 등의 대동학원 출신자, 강영훈 총리나 민기식 육군참모총장 등의 겐코쿠대학 출신자 등, 만주국에서 육성된 인재가 전후 한국 정계의 주요 인물이었던 시기가 있었음은 부인할 수 없다. 이 문제는 '친일파'의 역사적 의미를 어떻게 평가하는가 하는 복잡한 문제와 뒤얽혀 한국에서 앞으로도 논란이 될 터인데, 일본에 유학한 사람들에 비해 만주국을 거친 사람들 쪽이 자신의 능력을 살려서 자유로운 입장을 취할 수 있었다고 생각된다. 또한 조선민주주의인민공화국에서도 김일성 정권의 정통성은 무엇보다도 만주에서 빨치산 활동을 통해 반만항일전쟁을 지도하여 승리했다는 것에 그 근거가 있고, 원래 김일성이라는 이름 자체가 젠다오 지방의 조선인사회에 전해 내려오던 전설상의 민족영웅의 이름이기도 한 것처럼, 만주와의 관련은 민족적 심성에 깊이 뿌리내리고 있는 측면이 있다.

이처럼 중국과 조선반도의 전후정치는 만주국이라는 요인을 고려해서 그 정치공간으로서의 총체적 관련 속에서 생각할 필요가 있다.

질문 22: 일본의 관료나 정치가는 만주국뿐만 아니라 중국 각지에 파견되어 있었는데, 이들과 전후정치의 관련성을 어떻게 보아야 하는가?

요시다 시게루(吉田茂)*는 외교관 시대에는 톈진과 펑톈의 총영사를 지냈으며, 미주리호에서 항복문서에 전권으로 조인하였고, 전후에도 외무대신으로 활약한 시게미쓰 마모루(重光葵)^{**}는 중화민국 주차(駐箚)전권대사로서 난징에 주재했다. 또한 수상 경험자로 말하면 기시 노부스케 외에 후쿠다 다케오(福田赳夫)^{***}는 외무서기관 겸무로, 또 중화민국의 경제고문으로 2년 남짓 난징에, 오히라 마사요시(大平正芳)^{****}는 장자커우(張家口)의 홍아원 몽강 연락부에 1년 반 근무하며 내몽골에서 호구조사 등에 참가했다. 기시 노부스케의 경우 만주국에서 근무한 것은 3년에 지나지 않지만 거기서 쌓아올린 인맥과 자금력이 전후 정계에서 큰 의미를 가졌다. 시나 에쓰사부로, 네모토 류타로(根本龍太郎), 히라시마 도시오, 시세키 이헤이(始關伊平)를 비롯해 집권당에는 만주국에서 기시와 통치 체험을 같이했던 사람들이 적지 않았으며, 호시노 나오키, 마쓰다 레이스케, 후루미 다다유키, 아유카와 요시스케 등이 경제계에 있으면서 서로 뒷받침하는 관계에 있었다. 이것은 유명한 이야기인데, 기시가 만주국에서 일본으로 돌아왔을 때 한 말은 "돈이라는 것은 여과하여 사용하면 된다"라는 것이었고 이것이

---

* 1878~1967. 외교관, 정치가. 도쿄 출신. 도쿄제대 졸업. 외무차관, 주영 대사 등을 역임했다. 2차대전 후 외무대신을 지냈고, 1946년 일본 자유당 총재, 이어서 수상이 되었다. 1948년에서 1954년까지 수상으로 재임하면서 전후정치의 기본 노선을 마련하고 친미 정책을 추진했다. 1951년 샌프란시스코 강화조약 조인을 이끌었다.

** 1887~1957. 외교관, 정치가. 오이타현 출신. 도쿄제대 졸업. 도조 내각에서 외상을 역임하여 2차대전 후 A급 전범으로 복역했다. 이후 개진당 총재를 지냈고, 하토야마 내각에서 외상을 역임했다.

*** 1905~1995. 정치가. 군마현 출신. 도쿄제대 졸업. 대장성 주계국장을 거쳐 중의원 의원이 되었고, 1976년 수상이 되었다. 중일평화우호조약을 체결하였다.

**** 1910~1980. 정치가. 가가와현 출신. 도쿄상업대학 졸업. 외무성·대장성 대신을 역임했다. 외무대신 시절 한일협약 체결을 주도했다. 1978년 자유민주당 총재, 수상이 되었으나, 재임 중 급사했다.

그 후의 정치자금에 대한 입장을 결정하였다. A급 전범이었던 기시가 스가모(巢鴨) 형무소를 나온 지 겨우 8년 만에 권력의 정점에 오를 수 있었던 것도 이러한 만주인맥과 자금력 때문이었다. 그런 의미에서는 오늘날에 이르는 집권당의 금권적 정치체질은 만주국에 그 기원을 두고 있다고 할 수 있을 것이다. 더욱이 전후의 인도네시아 배상 등에서 기시와 관계가 깊었던 주식회사 기노시타산쇼(木下産商)의 기노시타 시게루(木下茂)도 만주사변 직후에 철재 거래로 출발했다.

그런 기시는 1960년 안보조약을 개정할 때 미국에 가기 전에 먼저 동남아시아를 방문했다. 기시의 말에 따르면 그 이유는 일본이 미국과 어깨를 나란히 하기 위해서는 아시아의 맹주라는 입장을 취하는 것 외에는 없으며 그렇게 해야 비로소 미국과 대등한 입장에서 안보조약 개정을 유도할 수 있다는 것이었다. 여기에서는 동서 문명의 대표로서의 일·미 대결이라는 이시하라 간지의 발상과 통하는 세계관을 엿볼 수 있다. 나아가 기시는 인터뷰에서 "일본이 아시아의 맹주가 되어야 한다는 지금의 내 의식은 실은 내가 만주국에 있을 때의 의식과 똑같다. 그것은 전후에도 중단되지 않고 일관되어 있다. 나에게 대아시아주의라는 것이 있다고 한다면 만주국에 있을 때와 지금의 의식이 완전히 연결되어 있다"라고 언명했다.[24]

기시의 대아시아주의라는 것이 과연 그가 만주국에 봉임한 이래로 일관되었는가 하는 문제는 제쳐두더라도 일본이 국제사회에서 살아가기 위해서는 아시아에 기반을 두어야 한다고 생각한 것은 사실일 것이다. 그리고 요시다 시게루로부터 기시, 후쿠다, 오히라까지의 수상들은 아시아를 피부로 알고 있었고, 그렇기 때문에 단순한 대미(對美)

추수가 아닌 일본의 위치를 아시아에서 구하고 있었던 것이 아닐까. 1977년 후쿠다 다케오는 "일본은 아시아 국가들과 진정한 친구로서 마음과 마음이 통하는 상호 신뢰관계를 쌓는다"라는 후쿠다 독트린을 제기하였고,[25] 1980년 오히라 마사요시는 "태평양 지역이 하나의 지역사회가 될 수 있기" 위한 환태평양 연락구상을 제안했다.[26] 또한 다나카 가쿠에이(田中角榮) 내각의 외상으로 일·중 국교회복에 힘을 썼던 오히라가 1980년 베이징에 설립한 '전국 일어교사 배훈반(培訓班)'은 통칭 '오히라 학교'라 불리며 그 후신인 '베이징 일본학연구중심(센터)'과 더불어 일본어 교원, 일본 연구자, 매스컴 관계자 등의 '지일파' 육성에서 큰 성과를 거두어 왔다.

확실히 기시 등은 식민지 통치를 위해 부임했음은 틀림없지만, 대륙의 광활함, 대륙의 공기, 민족의 다양성, 인구의 다대함 등을 피부로 느낌으로써 그것을 통치하는 두려움이나 다른 문화를 가진 사람을 통치하는 것의 곤란함도 느꼈음에 틀림없다. 물론 아시아에 대한 맹주의식에서 탈각할 수 없었던 이유도 그것과 표리일체를 이루고 있는, 같은 뿌리를 가진 것일지도 모르겠다.

또한 만주국이 전후정치에 남긴 영향을 개관하자면, 대동학원을 졸업한 네모토 류타로가 농림·건설 대신을, 총무청장이었던 오다쓰 시게오와 총무청 인사처 과장이었던 아라키 마스오(荒木萬壽夫)가 문부대신을 지냈으며, 앞에서 말한 자민당의 정치인 이외에 중의원 의원에 간 타로(菅太郎), 스스키다 요시토모(薄田美朝), 시오바라 도키사부로(塩原時三郎) 등이, 또한 참의원 의원에 기시 료이치(岸良一), 구스미 요시오(楠見義男) 등이 있다. 또한 지방행정에서도 총무청 차장이었던 마쓰키 다모쓰(松木俠)가 야마가타(山形)현 쓰루오카(鶴岡) 시장, 인사처장이었던 기다 기요시(木田清)가 야마가타현 신조(新庄) 시장, 경무총국장이었던 호시코 도시오(星子敏雄)가 구마모토(熊本) 시장, 총무청 차장이었던 겐다 마쓰조(源田松三)가 히로시마현 가케(加計) 정장(町長)을 지내는 등 만주국이 일본의 전후정치에 제공한 것은 적지 않았다고 할 수 있다. 물론 그 역사적 의의에 대해서는 앞으로 좀 더 검증해야 할 과제가 남아 있음은 말할 것도 없다.

질문 23: 만주국을 연구하는 데에는 어떤 시각이 있고 그 의의를 어떻게 생각하면 좋은가?

만주국의 문제는 무엇보다도 먼저 그것을 중국 동북부라는 시공간 속에서 전개된 역사적 문맥에서 파악할 필요가 있고 만주국 소멸 이후를 포함한 현대 중국사 속에서 상대화하여 다시 파악하는 것이 불가결한 작업이 될 터이다. 이러한 시각은 앞으로도 중국에서 연구의 주류가 될 것이다.

다만 만주, 그리고 만주국이라는 역사적 대상만을 가지고 이른바 만주국사라는 자기완결적인 형태로 이를 문제 삼는 것은 더 이상 의미를 가지지 않는다고 생각한다. 그렇기 때문에 무엇보다도 근대 세계사 및 동아시아 근대사의 일환으로 보는 관점이 중요하다. 내가 연구 대상으로서 만주국에 본격적으로 관심을 가지게 된 것은, '사상연쇄'라는 시각에서 아시아 근대를 세계사의 흐름 속에 위치짓기 위해 사료

수집을 하는 과정에서 떠오른 것이 그 계기이다.

한편 일본 근대사 속에서 파악한다고 해도 식민제국 일본이라는 통치체제(regime) 총체의 주요한 구성 요인으로서 만주국을 위치지어야 한다. 근대 일본에 만주 혹은 만주국이 가진 의미는, '만국 대치'의 국제환경 속에서 자기 확장을 꾀하기 위한 식민지 통치의 축이었다는 점인데, 이 시점을 결여한 연구는 사실의 핵심을 은폐할 우려가 있다.

나아가 지금까지의 일본제국 연구를 돌아보면 타이완, 조선 그리고 대동아공영권 각각이 개별적으로 다루어졌고, 만주국과의 관련이라는 시점은 희박했다. 그래서는 안 되며 만주국이 가지고 있던 정점(定點)적 의미를 파악하고, 그에 선행한 타이완, 조선에서의 통치 양식과 통치 인재가 만주로 유입되며 그리고 만주국에서 그 통치 양식과 인재가 대동아공영권 내의 각 지역에 유입됨으로써 식민제국으로서의 일본이 아시아와 연결되는 시스템을 형성해 왔다는 관점에서 다시 파악할 필요가 있다고 생각한다.

더군다나 그러한 시각과 방법적 틀의 문제와 함께, 나는 만주국 연구가 제기하는 문제로서 '공간'이라는 시점을 어떻게 도입하는가가 앞으로 중요해질 것이라고 생각한다.

지금까지의 인문·사회과학 연구에서는 시간이라는 기축만으로 대상을 파악해 왔다. 이에 대해 나는 공간 자체의 특성과 공간 인식이라는 관점에서 인문·사회과학 연구의 재구축을 도모하는 것이 21세기에는 긴요한 과제로 떠오르고 있다고 생각한다. 상이한 자연환경과 풍토에서 사람들은 어떤 발상과 사고를 했는가, 혹은 도대체 인간에게 공간이란 무엇인가를 근원적으로 다시 생각할 필요가 있다.

문제를 만주국으로 되돌리면 일본에서는 그것을 닫힌 공간 속에서 파악하는 경향이 있는데, 그러한 발상으로는 파악할 수 없는 공간감각·공간심성이 있다고 상정하는 것이, 특히 일본정신사나 일본인 생활지로서 만주국을 대상으로 하는 경우에는 필수적 전제가 된다.

　　이것은 어디까지나 한 예에 지나지 않는데, 안자이 후유에(安西冬衛)*의 시 가운데 "나비 한 마리가 달단(韃靼) 해협을 건너갔다"라는, 〈봄〉이라는 제목의 짧은 시가 있다. 여기서 파악된 공간감각은 만주라는 공간을 실제로 체험하지 못하면 결코 알 수 없는 것이 아닐까. 그것은 또한 내가 처음 그 땅에 섰을 때 사로잡힌 감각이면서 하늘과 대지의 광활함과 인간의 한없는 왜소함이라는 공간감각의 절대적 격차에 대한 통각이 결여된 것에 대한 반성에 다름 아니었다. 한없는 대평원 너머로 끝없이 계속되는 지평선 저쪽에 심홍빛의 석양이 져가는, 일본에 살고 있는 한 절대로 체험할 수 없는 공간의 광활함을 체험할 수 있는 곳이기 때문에 시간감각으로도 공간감각으로도 일본에서 길러진 상식이 통용되지 않는 위상에 설 수가 있었고, 그러한 다른 차원에 대한 감각에 휩싸인 채 빨려들어 가는 세계를, 안자이는 언어화하였음에 틀림없다.

　　한편 이것도 개인적인 감상에 지나지 않을지도 모르지만, 일본에서는 자연을 포함해 공간 전체가 자기 신체의 연장선상에 있어서 등

---

* 1898~1965. 시인. 나라현 출신. 1919년 다롄에 건너가 15년간 거주했다. 1928년《시와 시론》 창간 동인으로 신선한 단시와 로마네스크한 산문시가 높이 평가받았다. 이후 에로티시즘과 해학이 넘치는 시를 창작하여 모더니즘 시에 큰 영향을 미쳤다. 참고로 〈봄〉이라는 시를 예로 들어서 일본 모더니즘 시의 탄생과 식민지 체험을 연관시키는 가와무라 미나토(川村湊)의 연구도 흥미롭다.

신대(等身大)로밖에 보이지 않는 느낌이다. 이러한 자연과 신체 사이에 발생하는 거리감각의 차이야말로 만주와 만주국을 둘러싼 일본인의 관련 방식의 다양한 국면에 관계되어 있는 듯이 보인다. 물론 이 공간의 문제는 만주국 연구에 국한되는 것은 아니지만, 거꾸로 만주국 연구를 계기로 함으로써 인문·사회과학 연구의 기축으로서 공간을 파악할 방도가 열리는 것은 아닐까 하는 예감이 든다.

나아가 만주국을 연구 대상으로 하는 것이 그 밖의 역사 연구와 결정적으로 다른 점은 거기에서는 사상과 윤리라는 차원이 가진 의미의 비중이 아주 높다는 점이다. 일반적으로는 인문·사회과학 연구에서는 객관성 혹은 가치자유라는 것이 요구된다. 연구에 주관적인 가치판단을 개입시키지 않음으로써 독단에 빠지지 않는 것은 그것이 연구인 이상 당연히 요청되는 전제일 것이다. 그러나 그것은 만주국에 관한 한, 이념과 사상에 대해 가치판단을 일체 배제해야 하는 것은 아니라고 나는 생각한다. 적어도 만주국이 왕도낙토 혹은 민족협화라는 이념을 내걸고 사람들을 끌어들이고 많은 인명을 빼앗은 역사적 존재인 이상, 그 의미를 묻는 것은 피할 수 없는 일이다. 왜냐하면 사람을 움직이는 것이 언어이고 이념인 이상, 그것이 어떻게 사람들을 사로잡았고 그리고 기만했는가 하는 문제로부터 눈을 돌리는 한, 똑같은 문제가 반복될 것이며, 무엇보다도 그 시각은 사상이라는 인간 행위의 본질을 어떻게 파악할 것인가 하는 과제와 불가분의 것이기 때문이다.

이 책에서 내가 내린, 만주국의 역사적 의의에 대한 평가를 둘러싸고 옳고 그름을 포함해 강한 비판이 있는 것도 잘 알고 있다. 실제로 이 책에 대한 신문서평 중에는 식민지 통치인 이상, 민족차별이나 착취가 있는 것은 당연하고 그것을 새삼 문제 삼아야 하는 것은 아니며, 오히려 자본을 투하하여 산업개발을 했다는 사실을 평가해야 한다는 비판이 있었다. 아마 나도 만주국이 민족협화를 내걸지 않고 민족차별과 착취를 했더라면 그것은 식민지 통치의 평상태라는, 납득할 만한 평가를 했을지도 모르겠다. 그러나 이것도 입장을 거꾸로 해서 생각하면 금방 알 수 있는 것이겠지만, 당신과 나는 대등하고 나야말로 당신을 위해 희생하며 노력했다고 큰소리치면서 스스로 믿어 의심치 않는 사람이, 실은 상대방의 의지나 희망을 짓밟고 있었음에도 불구하고 그것을 깨달으려고도 하지 않는 것만큼 상대방에게 고통을 주는 배신행위도 없는 게 아닐까. 그것은 상대방에게는 정말 위선적인 궤변으로밖에 들리지 않을 것이다. 그것보다도 이해가 일치하지 않는다는 것을 인식하고서 어디까지 공존할 수 있는가를 논리적으로 따져보는 것이 정서적으로 공감을 강요하는 것보다는 오히려 분노를 덜 사는 것이 아닐까. 그 문제는 일본의 식민지 통치에서만 문제가 되는 것이 아니라 '문명화의 사명'과 '백인의 책무'를 내건 서구의 식민지 지배에 대한 포스트 콜로니얼 연구에서 추구되는 과제이기도 하다. 이념과 이상을 액면 그대로 받아들이는 것은 쉬운 일이지만 내건 이념이 겉보기에 고매하면 할수록, 사람을 매료하는 것이면 그럴수록 그 논리 구조와 내실이 어떠한 것이었는지를 날카롭게 따질 필요가 있는 게 아닐까. 정말로 그것이야말로 역사 연구가 피해서는 안 되는 핵심적인 과제라고 나는 생각한다. 그것은 결코 신의 위치에 서서 과거를 재판하고 타자의 윤리적 책임을 묻는 것이 아니며 또 그런 일은 불가능한 것이기도 하다.

　내가 만주국 관계 사료와 논설을 읽어나가면서 항상 위화감을 금치 못했던 것은 자기만은 민족협화라는 이념을 믿어 의심치 않고 실천했다는 그 신념 속에 잠재되어 있는 '선의(善意) 망상' 혹은 '자기에 대한 의식 과잉'과 대응하고 있는 '타자에 대한 무의식 과잉'이었다. 그리고 그것을 의식하는 것은 그 논자에 대한 위화감이라기보다는 내 자신이 해외의 연구자나 유학생과 교류하는 가운데 그러한 '타자에 대한 무의식 과잉'이 내 속에도 잠재해 있지 않을까 하는 것을 직시하기 위한 거울의 역할을 하기도 했다.

물론 내가 이 책에서 가장 주안을 둔 것은 무엇보다도 객관적으로 '만주국의 초상'을 내 나름의 시선으로 그려내고 싶다는 것이었다. 그러나 연구자인 이상, 한 인간으로서 사상과 이념이라는 것이 어떤 레토릭으로 자기기만을 낳는 메커니즘이 되어 가는가, 나아가 만주국의 실태 속에서 세계사를 관통하는 도의성과 윤리성을 어떻게 발견할 수 있는가를 해명하는 것이 더욱 중요한 과제라고 생각했다. 어떠한 비판이 있더라도, 앞으로도 만주국 연구가 가진 그러한 의미를 부정할 필요는 없다고 나는 확신하고 있다. 다만 그것을 다른 사람들에게 강요할 생각은 추호도 없다.

질문 24: 그러면 마지막으로, 소멸한 지 반세기가 훨씬 지나버린 시점에 만주국을 연구하는 것은 어떤 의미를 가지는가?

물리적인 시간의 경과라는 점에서는 확실히 만주국이 소멸한 지 반세기 이상이 지났다. 그러나 만주국의 문제는, 여전히 처리가 끝나지 않은 중국 잔류 여성, 고아 문제뿐만 아니라 중국 동북부를 비롯해 구일본군에 의해 각지에 유기된 화학병기(일본 측 추정 70만 발, 중국 측 추정 180만 발) 등의 처리 문제, 그리고 731부대 세균전, 핑딩산(平頂山) 사건* 등의 국가배상 소송 문제로 우리들 눈앞에 놓여 있어 결코 과거 의 문제로 사라진 것이 아니다. 또한 잔류 여성이나 잔류 고아 문제는 그들의 귀국으로 모두 해결된 것은 아니고, 동반 귀국한 가족 모두가 일본사회에 어떻게 적응해 가는가, 또 연금 등의 보장도 없고 이야기 할 사람도 없는 노후생활을 어떻게 유지해 가는가 하는 문제가 비정할 정도로 일상으로 남아 있다. 이미 영주귀국자는 약 2만 명이 되지만 귀 국고아의 약 60%가 노후생활 보장을 요구하며 국가배상 청구소송을 제기한 상태이다. 이처럼 만주국에 관해서는 전쟁책임, 나아가 전후책 임의 문제도 포함해 다층적으로 생각해야 할 문제가 산적해 있는 것이 '현실'이다.

더욱이 지금도 만주국을 현지에서 체험한 사람들은 일본뿐만 아니 라 중국, 조선, 타이완에도 적지 않은데, 각지에서 학교나 군대 등의 동 창회 같은 것도 아직 활발하게 활동하고 있다. 그 가운데에는 중국에 서 식목운동에 참가하거나, 중국과 한국에서 온 유학생을 돌봐주는 형 태로 만주국 체험의 의미를 되묻는다든가, 전후 일본에서 태어난 만주

---

* 1932년 9월 16일, 중국 랴오닝성 북부에 있는 무순 탄광을 경비하던 일본군 무순수비대 (이노우에 소대)가 양보바오(楊柏堡) 부근의 핑딩산 집락의 주민들을 학살한 사건을 말 한다. 일본에서는 학살된 사람이 400~800명이라고 주장하기도 하지만, 중국에서는 3천 명이라고 한다. 그러나 사건의 존재 자체는 모두 인정하고 있다. 이 사건의 생존자 3명이 일본정부에 국가배상을 요구했으나, 2006년 5월 16일 최고재판소가 원고의 상고를 기 각하였다.

국 관계자의 자녀들이 부모 혹은 조부모들의 체험을 재현하기 위해 후세들끼리 교류하는 등 다양한 형태의 '민제(民際)' 교류를 만들려는 시도도 나타났다.

그러한 현실적인 과제와 더불어 만주국이란 무엇이었던가를 생각하는 것은 최종적으로 국가와 인간, 국가와 개인의 관계란 무엇인가 하는 우리들의 '현재'를 생각하는 문제에 맞닿을 것이라 생각한다.

예를 들면 만주국이 괴멸된 후 1년 반 남짓을 선양에서 보낸 아베 고보(安部公房)*의 《짐승들은 고향을 향한다》라는 제목의 소설이 있다. 이 소설에서는 만주국이 붕괴되는 과정에서 겪은 체험을 통해, 무엇보다도 국가라는 것은 항상 괴멸되는 것이라는, '무너지는 것으로서의 국가'의 실상이 제시되어 있다. 그러나 그에 머물지 않고 국가와 민족, 계급에서 벗어나 벌거숭이가 된 인간이 자신이 돌아가야 할 공간을 찾아 방황한 끝에 결국은 어디에도 갈 곳이 없다는, 구원이 없는 존재에 대한 실존주의적 성찰을 제시한 소설로 생각된다. 그것은 사회의 기준이라는 것이 모두 철저하게 붕괴되고 항상적인 것이 더 이상 없게 된 상태에서 매일매일 생명의 위기에 처해지는 것이 일상이 되었을 때 사람은 사람일 수 있는가, 그것을 어떤 사회 상태가 통합해 가는가 하는 문제에 다름 아니다. 정말로 T. 홉스가 그의 정치학에서 지상과제로 삼고 있는 것처럼, '만인이 만인에 대해 승냥이가 되는' 자연 상태에 대해 국가라는 상태를 어떻게 생각해야 하는가 하는 문제를 만주국 괴

---

* 1924~1993. 소설가, 극작가. 도쿄 출신. 중국 펑톈(선양)에서 자랐고 도쿄대학 의학부를 졸업했다. 초현실적 작풍으로 인간 존재의 불안을 묘사하여 전위문학의 기수가 되었다. 연극과 영화 분야에서도 정력적으로 활동하였다.

멸 후의 일본인은 역사상 처음으로 자신에게 닥쳐온 통절한 물음으로 체험했음에 틀림없는 것이다. 그러나 그 물음에 대해 그 물음이 생겨날 수밖에 없었던 희생의 무게에 어울리는 내실을 갖춘 회답으로 응했던가에 대해서는 아주 회의적이 되지 않을 수 없는 것이 실정 아닐까. 우리들 일본인에게 국가와 사회는 늘 이미 존재하고 주어진 것으로만 관념되었지만, 그러나 그것들은 본래 '만들어진' 계기를 가지고 있을 터이다. 그리고 바로 그렇게 만주국은 만들어지고 붕괴되어 갔던 것이다. 내가 만주국의 인공성·인위성이라는 국면에 집착하고 있는 것도 그 문제와 관련되어 있다.

물론 그러한 정치철학으로서의 물음으로 되돌아가지 않더라도 이러한 사태가 관동군이라는, 사실은 국가를 지키고 국민을 지켜야 할 책무를 가진 사람들이 맨 먼저 도망쳐버렸다는 사실에서 생긴 문제로서 우리들 현실 속으로 다시 불러들여 생각할 수도 있을 것이다. 거기에는 국가에서의 군대란 도대체 무엇인가 하는 문제를 생각하는 힌트가 내포되어 있다. 정예를 자랑하는 관동군의 선택이 명확히 보여주고 있듯이 군대라는 것은, 전쟁에 이기는 것을 지상과제로 하여 존속하는 것이기 때문에 최종적으로 지키는 것은 군대 자체라고 하여 자기 목적화해버리고 자신들의 손해를 극소화하는 방향으로 나갈 수밖에 없는 본질을 가지고 있다.

물론 그것은 어디까지나 하나의 관점에 불과하지만 만주국이라는 것은 국가와 군대가 개인을 어떤 식으로 다루었는가 혹은 개인은 국가에 어떻게 관계하고 있는가 하는 문제에 머물지 않고, 이민족에 의한 인위적인 건국에서 시작하여 이민자가 대거 유입되고 또한 다른 민족의 군대에 의해 소멸되었다는 의미에서, 국가라는 것을 둘러싼, 인류사에 드문 역사 실험이기도 했던 것은 아닐까. 만주국 괴멸 후 사망자 18만 명, 거기다 6만 명이 넘는 사망자를 낸 시베리아 억류 60여 만명이라는 사태를 포함하면 그것은 너무나도 큰 희생을 수반한 역사적 실험이었다고도 할 수 있다. 그러나 오히려 그렇기 때문에 20세기 인류에게 국가라는 것이 가지는 의미, 그리고 그 속에서의 개인의 존재는 어떤 것이어야 하는가 하는 문제를 포함하여 21세기에 국적을 넘어선, 사람들과의 다민족 공존이라는, 우리들이 직면하고 있는 과제를 탐색하기 위한 사상적 양식으로서 만주 혹은 만주국을 파악할 필요가 있는 것은 아닐까.

이미 소멸해버린 만주라는 공간, 만주국이라는 국가를 거론하는 것은 일종의 시대착오라고 생각할지도 모르겠지만, 무참한 희생을 조금이나마 보상하고 거기에서 조금이라도 인류의 예지를 이끌어내어 후세에 교훈을 남기기 위해서라도 우리들은 그것을 과거의 사실로 망각할 수는 없는 게 아닐까.

만주국이 그러한 사상과제를 가지고 있는 이상, 그것은 '영원한 현재'로서 계속 존재할 터이다.

증보판 후기

《키메라―만주국의 초상》이라는 책은 결코 마음 편한 책이 아니고, 오히려 읽을수록 마음이 무거워지는 책입니다. 그렇게 음울하고 부족함이 많은 책인데도 과분하게 인정을 받았기에 그에 대한 고마움을 표하고 싶습니다. 이 책은 4년에 걸쳐 썼는데, 특히 마지막 반년은 내 평생두 번 다시 없을 정신적 긴장과 고양의 나날이었습니다. 정력도 근기도모두 없어져 죽은 듯 잠 속으로 침잠하는 나날을 보냈는데, 그러한 생활을 지탱해주던 하나의 글이 있습니다.

그것은 지금으로부터 30년 전인 1963년 10월 다케우치 요시미(竹內好) 선생님께서 발표하신 〈만주국 연구의 의의〉라는 작은 글입니다. 다케우치 선생님은 그 글에서 "일본 국가는 만주국의 장례식을 치르지 않았다. 발을 빼고는 모르는 체하고 있다. 이것은 역사 및 이성에 대한 배신행위다." 또한 "아무리 주관적으로 혐오가 뒤따르더라도 눈을 감고 책임을회피할 수는 없다"라고 쓰시고, 마지막으로 "만주국이란 무엇이었던가,

일본인은 언젠가 이 물음에 대답하지 않으면 안 된다"라고 글을 맺고
있습니다.

나는 이 글을 하늘에서 울려오는 질타와 격려인 듯 느꼈습니다. 일본인
에게 만주국은 무엇이었던가 하는 것을 정리하지 않으면 일본인의 이
성도 도의성도 무너져버리는 것은 아닐까. 그런 생각이 이 책을 쓰게 한
큰 힘이 되었습니다.

일본인이 역사상 처음으로 경험한 다민족국가의 형성과 그러한 유토피
아의 무참한 실패를 교훈삼아, 앞으로 펼쳐질 21세기에 일본인이 어떤
형태로 공존해 갈 것인가, 어떤 사회를 만들어 갈 것인가. 그 비참한 체
험을 내일의 행동 지침으로 삼아 타민족 사람들과도 역사를 공유해 가
기 위해서도 더욱 연구를 진척해 나가지 않으면 안 된다고 생각합니다.

이것은 요시노 사쿠조(吉野作造)상 수상식에서 내가 한 감사의 말
일부를,《아사히신문》(1993년 10월 21일 석간)의 〈고토바쇼(ことば抄)〉라
는 난에 모리 사토시(森聰) 기자가 소개한 것입니다. 그로부터 10여 년
이 지나, 여기서 표현된 생각(그러니까 '만주국이란 무엇이었던가' 하는 물
음은 내가 일본인의 한 사람으로 태어나고 자란 이상 회피가 허락되지 않는 것
으로 육박하고 있고 그 질문에는 평생에 걸쳐 대답해야 한다는 생각)은 날이
갈수록 강해지기만 할 뿐만 아니라 그것을 염두에 두지 않은 날은 하
루도 없었다고 생각합니다.

물론 이 책을 집필하는 직접적인 계기가 된 것은 초판 후기에 적었
던 것처럼《주오코론》1989년 6월호에 게재한 〈최후의 '만주국' 붐을
읽는다〉였습니다. 나로서는 이 표제에 드러나는 것처럼 만주국의 형

성과 운영에 의식적으로 참여하거나 거기서 청장년기를 보낸 분들의 연령 등의 조건 때문에 생길 수밖에 없었던, 만주국에 관한 저작의 마지막 물결의 정점을 이어받는 형식으로 하나의 묘비를 새길 생각으로 이 책을 쓰려 했습니다.

그러나 확실히 만주국 체험자에 의한 회고록과 수기 등의 출판 붐은 정점을 넘어섰지만, 스즈키 다카시(鈴木隆史)의 《일본 제국주의와 만주》(塙書房), 야마모토 유조(山本有造) 편 《'만주국' 연구》(교토대학 인문과학연구소) 등 차례로 간행된 연구서, 또는 야스히코 요시카즈(安彦良和)의 만화 《무지개색 트로츠키》(潮出版社), 그리고 극단 시키(四季)의 〈뮤지컬 리샹란(李香蘭)〉의 히트, 나아가 소련붕괴에 의해 가능해진 만주영화협회(만영) 필름의 비디오화 등과 더불어 미디어 혼합 현상이 되면서 만주국에 대한 관심을 환기하거나 나아가 만주국론의 출현을 재촉하는 뜻밖의 사태에 직면하게 되어 조금 당혹스러웠던 기억이 있습니다. 중국에서도 '위만(僞滿)'이라는 평가는 무너지지 않으면서도 역사로서는 직시해야 한다는 의식을 드러내듯 새로운 사료의 간행이 이어졌지만, 오히려 중국에서의 연구는 겨우 실마리를 잡았음에 불과하다고 보아야 할지도 모르겠습니다. 그리고 뒤에 덧붙인 문헌과 논문 등을 보면 알겠지만 그 후에도 일본뿐만 아니라 한국, 미국 등에서 새로운 연구가 차츰 발표되고 있습니다. 그리하여 이제야 만주국은 하나의 역사 연구 분야로 확립되었지만, 그 반면에 만주국을 동시대로서 체험한 적이 없는 연구자가 그것을 연구 대상으로 하면서도 자신의 연구 동기와 연구의 존재 이유를 물을 필요조차 느끼지 않는 상황이 생겨나기도 했습니다.

그것의 옳고 그름은 제쳐두고라도 나는 이 책을 씀으로써 그 이후의 인생항로가 확실히 크게 바뀌게 되었습니다. 물론 그것이 좋은 것인지는 끝내 알 수 없겠지만 지금은 어쨌든 내 나름대로 사상연쇄라는 시각에서 '근대 세계사에서 만주국은 무엇이었는가' 하는 물음에 결말을 짓지 않고서는 그만둘 수 없다는 각오만은 새롭게 하고 있습니다. 그러한 생각이 해가 갈수록 강해지고 있는 것은 초판 간행 이후 지금도 여전히 독자들로부터 받는 반응에서 격려와 자극을 받아 왔기 때문입니다.

이 책에 대해서도 많은 잡지와 신문에서 서평을 게재하는 것 외에 독자 분들로부터 강한 반론을 포함한 많은 반향이 있었습니다. 신문서평 가운데에는 신분제를 철폐한 에도 바쿠후와 기근에도 쌀을 먹었던 쇼군을 예로 들며 만주국에서 일어난 민족차별도 당연하고 그것을 문제 삼는 것 자체가 빗나간 것이며 의미를 지니지 않는다는, 오로지 내 눈을 의심하고 고개를 갸우뚱할 수밖에 없을 정도로 역사 감각을 결여한 역사연구자가 쓴 글도 있었는데, 민족차별을 진지하게 고민한 사람들이 있었음을 문제 삼았음에도 그런 천박한 반응밖에 불러일으키지 못한 내 필치의 졸렬함을 부끄러워할 따름입니다. 오히려 독자 분들의 비판과 소감 가운데야말로 인간심리의 심오하고 살아 있는 진실에 바로 다가서려는 예리한 눈빛이 빛나고 있음을 통감한 적이 많아 '역사연구를 전문적 직업으로 삼는 것이 도대체 무엇인가'라고 자성하지 않을 수 없었습니다.

내가 받은 많은 편지 중에서는 만주국 무단장(牡丹江)성 닝안(寧安)현 스터우(石頭)에서 전차 제1연대 견습사관으로 보낸 자신의 체험과 만주국에 대한 견해를 보내주신 시바 료타로(司馬遼太郎) 씨의 정중한 방신(芳信)도 있었고, 만주국에서 청소년기를 보낸 체험을 가진 분으로부터는 "이것으로 당시부터 의문으로 생각하면서도 해결되지 않던 일들 대부분에 대해 드디어 납득을 했고 거짓을 품은 채 죽지 않게 되었습니다"라는 편지를 받은 적도 있습니다. 나아가 어떤 독자 분으로부터 "눈으로 읽기 시작해 머리로 읽어 갔고 마음으로 읽기를 마쳤습니다. 지금은 눈물이 멈추지 않습니다"라고만 쓴, 선명하고 진한 검은 잉크로 적혀 있고 곳곳에 번진 물방울 자국이 있는 편지를 받았을 때에는 그 편지지를 든 손가락 끝으로부터 온몸으로 전율이 흐르는, 내 평생 맛보지 못한 경험을 한 적도 있습니다.

또한 이 책을 읽은 국내외의 만주국 관계자 분들로부터 귀중한 체험담을 들을 수 있는 귀중한 기회를 가졌습니다. 그 가운데에는 이미 귀적(鬼籍)에 든 분도 많아 그 얼굴을 떠올리며 마음으로부터 명복을 비는 바입니다. 한편 겐코쿠대학의 어느 동창회 석상에서 "그 저자만은 절대로 용서하지 않겠다"라는 지탄의 말씀을 하신 분도 계셨다는 것을 전해들은 적도 있지만 발언하신 본인에게서 직접 그런 말을 들은 적은 없습니다.

더욱이 개인적으로는 작년에 아버지로부터, 고모 부부가 만주국에서 군수 관계 공장을 경영했다는 말을 들었습니다. 나는 그때까지 육친과 연고자 중에는 만주국과 관련된 사람이 없다고 멋대로 생각하고 있었기 때문에 적잖이 충격을 받았습니다. 그러나 기타큐슈에서 자란 아버지 입장에서 보면 조선반도나 만주국으로 건너간 사람은 주위에서 드물지 않았지만, 특별히 상세한 이야기를 들었던 적도 없었기 때문에 딱히 할 이야기도 없었던 것뿐이었다는 것입니다. 다만 아버지가 만주국에 대해 그다지 좋은 인상을 가지고 있지는 않은 것 같다는 것은, 고모 부부가 만주국에서 사업에 성공하여 한때는 아주 형편이 좋았지만 귀국 후에는 그러한 영광과 사치스런 생활이 잊히지 않았는지 몇 가지 투기적 사업에 손을 대어 성공과 실패를 되풀이하게 되었다는 것, 종업원에 대한 처신이 만주국 시대에 배운 언동에서 완전히 벗어날 수 없었던 것 같다고 말씀하신 후에 불쑥 "그 사람들도 만주에서 인생을 망친 것인지도 모르겠다"라고 내뱉으신 것으로도 알 수 있었습니다. 아버지의 말씀을 들으면서 확실히 패전 후의 철수라는 비참한 체험뿐만 아니라 만주국에서 살았다는 사실에 의해 그 후의 행동 패턴과 생활 방식이 크게 달라진 사람들이 전후 일본에서 살아간다는 것은 어떠한 의미를 가지는 것일까에 대해서도 생각할 필요가 있음을 새삼 통감했습니다.

그렇다고는 하지만 내가 이 책을 간행했음에도 불구하고 굳이 10년 가까이나 당신의 누님 이야기를 아버지가 꺼내지 않으셨던 것은, 물론 어머니의 간병으로 바빴기 때문이고 그리고 내가 물어보지도 않았기 때문이겠지만, 만주와 아무런 관련도 없고 법률학과 정치학을 전공하고 있는 내가 만주국 따위에 집착하고 있는 것 자체가 아버지에게는 이상하고 이해할 수 없는 것이었을지도 모르겠습니다. 한 가족에 관련된 역사적 체험이라는 것이 부자간에조차 전달이 얼마나 곤란한 일인가를 엿볼 수 있는 추억으로서 그날 밤의 이야기는 기억에 남아 있습니다.

그런데 만주국 체험을 토대로 하여 자기 어머니를 모델로 삼아

《붉은 달》을 쓴 나카시니 레이(なかにし礼)는 후지와라 사쿠야(藤原作弥)와의 대담 〈만주 체험이 내 인생을 형성했다〉(《우시오(潮)》, 2001년 10월) 가운데에서 졸저에 관해 황국사관과도 유물사관과도 관계없이 쓰인 것이라는 말씀을 하신 후에, 그러나 "역시 아무래도 현지에서 산 사람의 감각과는 차이가 난다"라는 감상을 표명하고 있습니다. 이에 대해 후지와라 씨도 "역사적 사실이라는 보편적인 것과 개인적인 체험 및 실감의 융합이 필요하다는 말씀이시군요"라고 응대하고 있습니다. 두 분의 발언은 아마 두 분에게만 국한되지 않고 많은 만주국 체험자가 느끼고 있는 것일 터인데, 그러한 의구심은 아주 당연하게 나올 수 있는 비판으로 수긍하지 않을 수 없습니다. 그것은 무엇보다도 내 자신이, 전후 일본사회에 대해 쓰인, 동시대를 체험하지 않았던 사람의 저작에 대해 품는 감개와 마찬가지라고 생각하기 때문입니다. 그러나 내 자신의 체험에 비추어서 이야기하자면, 그 시대를 살았다는 것은 반드시 그 시대를 총체적으로 안다는 것을 조금도 의미하지 않는다고 생각합니다. 나카니시 씨도 앞의 대담 가운데 "만주에서 살았던 사람들의 고난 이야기라는 것은 자기의 고난 이야기라서 총체적인 역사와는 그다지 관계가 없고 정부와 군 관계의 당시 자료는 자기들의 입장에 맞추어서 쓰인 거라서"라고 지적하고 있는 것처럼 그 시대에 자기 체험이 있다는 것은 오히려 그 때문에 시야가 구속되거나 자기 정당화해버릴 가능성도 강하기 때문입니다.

말할 것도 없이 국가의 초상 같은 것은 보는 시각에 따라서는 여러 가지 모습을 보이는 것이라서 나로서도 이 책에 쓴 만주국 초상만이 유일한 것이라고는 생각하지 않습니다. 그러나 한편으로 그 시대를 체험하지 않았기 때문에 자기 체험에 구속되지 않고 대상으로부터 긴 초점거리를 취해 전체상을 비출 수 있는 가능성도 없지는 않다는 생각이 존재하는 것도 부정할 수 없습니다. 그렇지 않으면 역사를 쓰는 행위는 존재 의의를 상실하겠지요. 그런 의미에서는 앞으로도 만주국에 대한 역사상은 다양한 모습을 보이면서 변화를 거듭해 갈 것이고 만주국에 대해 서술하는 것은 개인적인 체험과 실감이 없는 사람이 어떻게 역사적 실상에 육박할 수 있는가를 물을 수 있는 시금석이 될지도 모릅니다.

어쨌든 초판 간행 후의 이러한 반향과 연구 상황, 그리고 만주국을 둘러싸고 동시대적으로 가졌던 감개를 적은 글과 관련 도서에 대한 서평 등은 앞에서 적은 〈최후의 '만주국' 붐을 읽는다〉를 포함해 졸저 《유라시아의 해변에서 — 동시대로서의 아시아로》(岩波書店, 2003)에 수록되어 있기 때문에 뜻있는 분들은 읽어주시면 감사하겠습니다.

또한 이번의 증보판을 저본으로 하여 이 책의 영역본이 조슈아 포걸 씨(미국 캘리포니아대 샌타바버라 분교)에 의해, 그리고 한국어판이 윤대석 씨(서울대)에 의해 번역되게 되었습니다. 이들 번역에 의해 만주국에 대해 각기 다른 입장을 취하는 나라 사람들로부터 보내질 다양한 반응과 비판을 진지하게 받아들이면서 내 자신의 만주국 연구에 최종적인 정리를 해야겠다고 생각합니다. 두 분께는 본래 자신의 생산적인 일에 충당해야 할 귀중한 시간을 소비하여 졸저의 번역에 많은 시간과 노력을 들여주시고, 그에 의해 일본어라는 영역을 벗어나 더욱 많은 분들께 졸저를 전해 드릴 수 있도록 한 배려에 대해서는 충심으로부터 감사의 말씀을 올립니다. 정말 고맙습니다.

그런데 초판 〈후기〉의 마지막 부분에 어머니와 아버지에 관해 적은 것에 대해《산케이신문》칼럼〈사단기(斜斷機)〉(1993년 11월 18일)의 〈사사(謝辭)와 사사(私事)〉라 제목을 붙인 익명기사에서 전체적인 평가와는 별도로 "작은 하자가 있다"라고 하고서 "부모님에 대한 야마무로의 건강기원과 애정의 칭찬은 작품 성립과 조금도 관계가 없는 게 아닐까", "마음을 모르는 바는 아니다. 그러나 이것은 온전히 사사로운 일이 아닐까"라는 비판을 받았습니다. 확실히 그 자체는 정당한 지적이라고 생각합니다. 다만 반드시 그것을 써야겠다는 생각에 사로잡힌 것은 마침 이 책을 집필하던 중에 어머니가 삶과 죽음의 경계를 헤매는 투병생활을 하고 있었고, 그러나 집필 때문에 병문안도 할 수 없는 나날들, 전화가 걸려올 때마다 심장이 멎는 듯한 나날을 보내고 있는 가운데 나로서는 처음으로 육친의 생사와 정애(情愛)라는 문제에 직면하지 않을 수 없는 정황에 있었기 때문입니다. 그러한 육친의 죽음에 대한 두려움이 만주국에 의해 목숨을 빼앗긴 사람들과 철수 과정에서 헤어진 부모와 자식, 형제자매들의 운명을 생각하는 마음과 무관할 수 없다고 생각하지 않을 수 없었던 것입니다. 이 책에 대해 노에 게이이치(野家啓一) 씨가 "일종의 비장미를 띤 문체"(《도쇼(圖書)신문》, 1993년 12월 25일)라는 평가를 하셨는데, 그것은 아마 이러한 어머니의 죽음에 대한 두려움과 맞서면서 시간과 싸우는 가운데 재촉하듯 이 책의 집필을 계속하고 있던 심정이, 무의식적으로 만주국에서 살았던 사람들에 대한 생각과 겹쳐져 문체에 깊이 그늘을 드리운 점을 예리하게 간취한 것일지도 모릅니다. 그렇다고는 하지만 그것도 단순한 감상이고 역사서술에 있어서는 유해한 감정이입이라는 비판에 대해서는 조금도 변명이 될 수 없음은 부정할 수 없고 그것도 또한 이 책의 탄생과는 관계가 없는 '사사(私事)'이고 객관성을 스스로 손상시킬 뿐인 '사사로운 정'에 얽매인 변명에 지나지 않는다고 한다면 그뿐이겠지만……

마지막이 되겠는데 여기서 군이 사사로운 이야기를 적어 두자면, 어머니는 11년 남짓한 투병생활 끝에 평안히 정토(淨土)로 떠나셨습니다. 향년 74, 기이하게도 어머니를 떠나보낸 화장장에서 《유라시아의 해변에서》의 교정 완료 확인 전화를 걸었습니다.

소학교 저학년 무렵 라디오 방송의 라쿠고(落語) 시작 부분에서 들었던 "친효행하고 싶을 때 부모는 없구나. 그렇다고 묘지에 옷을 입힐 수도 없구나"라는 말을 내가 흉내 내는 것을 웃으면서 들어주었던 어머니.

그런 어머니가 돌아가신 지 1년, 어머니의 투병과 더불어 쓰였고, 어머니의 죽음 때까지 함께했던 이 책의 증보판을 불단 앞에 바치는 것을, 돌아가신 어머니는 그 조용한 미소로 맞으며 기뻐해 주실 것인가.

2004년 4월

벚꽃 날리는 계절, 어릴 적 어머니와 함께 바라보던, 찰나에 산화하는 박홍색 꽃 너머로 끝없이 펼쳐져 있는 하늘의 푸르름을 기억하며 지금은 거기 계실 어머니께.

야마무로 신이치

주

서장 만주국에 대한 시선

1   하야시 후사오, 〈추천사〉,《만주국사―총론》(만주국사편찬간행회 편), 滿蒙同胞
     援護會, 1970, 5면.

2   만주회고집간행회 편,《아아 만주―나라 만들기 산업개발자의 수기》, 만주회고
     집간행회, 1965, 302면.

3   후루미 다다유키, 〈만주국의 꿈은 사라지지 않는다〉,《좌절된 이상국―만주국
     흥망의 진상》(후루미 다다유키·가타쿠라 다다시 편), 現代ブック社, 1967, 2면.

4   가타쿠라 다다시,《회상의 만주국》, 經濟往來社, 1978, 325면.

5   호시노 나오키,《이루어지지 못한 꿈―만주국 외사》, ダイヤモンド社, 1963,
     66~67면.

6   위의 책, 12면.

7   무토 도미오,《나와 만주국》, 文藝春秋, 1987, 12면.

8   여기서 만주국의 지칭에 대해 부기해 둘 필요가 있다. 그 명칭은 원래 거기서 생
     활하고 있던 사람들로부터 승인된 것이 아니었다는 점, 즉 정당성이 없는 국가였
     다는 점, 그리고 중국에서는 만주국이 들어서 있던 지역을 당시 '둥산성(東三省)',
     '둥베이(東北)'라고 부르고 있었고 만주란 일본에서 부른 호칭이었다는 점, 게다
     가 제도상으로 공화제와 입헌군주제의 시기에 따라 각각 국호가 만주국과 만주

제국의 두 가지가 있었다는 점 등의 문제가 뒤섞여서 현재까지 역사용어로서 정착되어 있지는 않다. 그 때문에 대부분의 경우 '만주국'이라고 따옴표를 붙여 표기하는 예가 많다. 그러나 당시에는 만주국, 만주제국으로 표기되었고, 그것은 어디까지나 역사적 용법으로서 당시 일본인의 이미지 등이 거기에 반영되어 있다는 점, 따옴표를 계속 사용하는 것은 번거롭다는 점 등의 이유로 이 책에서는 당시의 관용적 용법에 따라 따옴표 없이 그냥 만주국 또는 만주제국이라 적기로 한다.

제1장 일본이 살아날 유일한 길

1 〈삼민주의 창가과본〉,《중국 배일교과서(9)》(동아경제조사국 편), 1929, 62~63면.

2 이토 무소지로(伊東六十次郎),《만주 문제의 역사(하)》, 原書房, 1983, 875면.

3 이시하라 간지, 〈국운 전회(轉回)의 근본 국책인 만몽 문제 해결책〉(1929.7.5.), 《이시하라 간지 자료(국방논책)》(쓰노다 준[角田順] 편), 原書房, 1967.

4 위의 책, 40면.

5 이시하라 간지, 〈현재 및 장래의 일본 국방〉,《이시하라 간지 자료(국방논책)》 (쓰노다 준 편), 原書房, 1967, 65면.

6 위의 글, 63면.

7 위의 글, 63면.

8 이시하라 간지, 〈국운 전회(轉回)의 근본 국책인 만몽 문제 해결책〉(1929.7.5.), 《이시하라 간지 자료(국방논책)》(쓰노다 준 편), 原書房, 1967, 40면.

9 이시하라 간지, 〈만몽 문제 사견〉(1931.5.),《이시하라 간지 자료(국방논책)》(쓰노다 준 편), 原書房, 1967, 77면.

10 위의 글, 76면.

11 이시바시 단잔, 〈만몽 문제 해결의 근본방침 여하〉,《동양경제신보》, 1931.10.10.

12 이시하라 간지, 〈국운 전회(轉回)의 근본 국책인 만몽 문제 해결책〉(1929.7.5.), 《이시하라 간지 자료(국방논책)》(쓰노다 준 편), 原書房, 1967, 40면.

13 센가 쓰루타로, 〈일본의 구주전란에 대한 지위〉,《태양》, 1917.9.27, 12면.

14 고이소 구니아키,《葛山鴻爪》, 小磯國昭自傳刊行會, 1963, 343면.

15 우가키 가즈시게,《우가키 가즈시게 일기》, みすず書房, 1968, 150면.

16 이시하라 간지, 〈국운 전회(轉回)의 근본 국책인 만몽 문제 해결책〉(1929.7.5.),
    《이시하라 간지 자료자료(국방논책)》(쓰노다 준 편), 原書房, 1967, 40면.

17 위의 글, 41면.

18 이타가키 세이시로, 〈군사상에서 본 만몽에 대하여〉(1931.3.),《현대사자료(7) —
    만주사변》(고바야시 다쓰오 외 편), みすず書房, 1964, 142면.

19 이시하라 간지, 〈만몽 문제 사견〉(1931.5.),《이시하라 간지 자료(국방논책)》
    (쓰노다 준 편), 原書房, 1967, 76면.

20 위의 글, 78면.

21 이타가키 세이시로, 〈군사상에서 본 만몽에 대하여〉(1931.3.),《현대사자료(7) —
    만주사변》(고바야시 다쓰오 외 편), みすず書房, 1964, 140면.

22 이시하라 간지, 〈만몽 문제 사견〉(1931.5.),《이시하라 간지 자료(국방논책)》
    (쓰노다 준 편), 原書房, 1967, 77면.

23 사토 야스노스케(佐藤安之助), 〈만주 문제〉,《상하이 태평양회의》(나스 시로시那
    須皓 편), 1932.

24 만철사장실 인사과 편,《재만 선인 압박사정》, 南滿洲鐵道株式會社, 1928, 50면.

25 〈젠다오 출병 성명〉,《일본외교 연표 및 주요문서(1)》(외무성 편), 日本國際聯合
    協會, 1955, 517면.

26 도요시마 후사타로, 〈조선 주둔군 월경 진격하다〉,《별책 지성》(1956.12.), 58면.

27 이타가키 세이시로, 〈만몽 문제에 대하여〉(1932.5.),《태평양전쟁에의 길 — 별권
    자료편》(이나바 마사오稻葉正夫 외 편), 朝日新聞社, 1963, 106면.

28 외무성 편,《일본과 만몽》, 國際聯盟支那調査外務省準備委員會, 1932, 34~35면.

29 〈관동군 참모부 의견〉(1931),《현대사자료(7) — 만주사변》(고바야시 다쓰오 외
    편), みすず書房, 1964, 162면.

30 이타가키 세이시로, 〈군사상에서 본 만몽에 대하여〉(1931.3.),《현대사자료(7)
    — 만주사변》(고바야시 다쓰오 외 편), みすず書房, 1964, 140면.

31 이타가키 세이시로, 〈만몽 문제에 대하여〉(1932.5.),《태평양전쟁에의 길 — 별권
    자료편》(이나바 마사오 외 편), 朝日新聞社, 1963, 107면.

32 위의 글, 102면.

33 이시하라 간지, 〈만몽 문제 사견〉(1931.5.),《이시하라 간지 자료(국방논책)》
    (쓰노다 준 편), 原書房, 1967, 77면.

34 이시하라 간지, 〈만몽 문제 해결을 위한 전쟁계획 대강〉(1931.4.),《이시하라 간

지 자료(국방논책)》(쓰노다 준 편), 原書房, 1967, 70면.

35 이시하라 간지, 〈국운 전회(轉回)의 근본 국책인 만몽 문제 해결책〉(1929.7.5.),
《이시하라 간지 자료(국방논책)》(쓰노다 준 편), 原書房, 1967, 40면.

36 이타가키 세이시로, 〈군사상에서 본 만몽에 대하여〉(1931.3.),《현대사자료(7)—
만주사변》(고바야시 다쓰오 외 편), みすず書房, 1964, 142~143면.

37 이시하라 간지, 〈만몽 문제 사견〉(1931.5.),《이시하라 간지 자료(국방논책)》
(쓰노다 준 편), 原書房 1967, 78면.

38 이시하라 간지, 〈국운 전회(轉回)의 근본 국책인 만몽 문제 해결책〉(1929.7.5.),
《이시하라 간지 자료(국방논책)》(쓰노다 준 편), 原書房, 1967, 40면.

39 이시하라 간지, 〈현재 및 장래의 일본 국방〉,《이시하라 간지 자료(국방논책)》
(쓰노다 준 편), 原書房, 1967, 60면.

40 이시하라 간지, 〈만몽 문제 사견〉(1931.5.),《이시하라 간지 자료(국방논책)》
(쓰노다 준 편), 原書房, 1967, 79면.

41 이시하라 간지, 〈군사상에서 본 일미전쟁〉(1930.5.),《이시하라 간지 자료(국방
논책)》(쓰노다 준 편), 原書房, 1967, 49면.

42 이시하라 간지,《신일본의 건설》, 東亞連盟同志會, 1945, 39면.

43 이시하라 간지, 〈국운 전회(轉回)의 근본 국책인 만몽 문제 해결책〉(1929.7.5.),
《이시하라 간지 자료국방논책)》(쓰노다 준 편), 原書房, 1967, 40면.

44 이시하라 간지, 〈만몽 문제 사견〉(1931.5.),《이시하라 간지 자료(국방논책)》
(쓰노다 준 편), 原書房, 1967, 77면.

45 이시하라 간지, 〈만주건국 전야의 심경〉(1942),《이시하라 간지 자료(국방논책)》
(쓰노다 준 편), 原書房, 1967, 90면.

46 이타가키 세이시로, 〈만몽 문제에 대하여〉(1932.5.),《태평양전쟁에의 길—별권
자료편》(이나바 마사오 외 편), 朝日新聞社, 1963, 103면.

47 이시하라 간지, 〈만몽 문제 사견〉(1931.5.),《이시하라 간지 자료(국방논책)》
(쓰노다 준 편), 原書房, 1967, 77면.

48 이시하라 간지, 〈만몽 문제 해결을 위한 전쟁계획 대강〉(1931.4.),《이시하라 간지
자료(국방논책)》(쓰노다 준 편), 原書房, 1967, 71면.

49 이시하라 간지, 〈만몽 문제 사견〉(1931.5.),《이시하라 간지 자료(국방논책)》
(쓰노다 준 편), 原書房, 1967, 77면.

50 이시하라 간지, 〈현재 및 장래의 일본 국방〉,《이시하라 간지 자료(국방논책)》

(쓰노다 준 편), 原書房, 1967, 63면.

51   외무성 편,《일본외교 연표 및 주요문서(2)》, 日本國際聯合協會, 1955, 202면.

52   이시하라 간지, 〈현재 및 장래의 일본 국방〉, 《이시하라 간지 자료(국방논책)》
     (쓰노다 준 편), 原書房, 1967, 59면.

53   위의 글, 60면.

제2장 만몽에 거주하는 각 민족의 낙토가 될지니

1   가타쿠라 다다시, 〈만주사변 기밀정략일지〉, 《현대사자료(7) ─ 만주사변》(고바
     야시 다쓰오 외 편), みすず書房, 1964, 189면.

2   위의 글, 같은 면.

3   위의 글, 같은 면.

4   위의 글, 187면.

5   위의 글, 199면.

6   위의 글, 같은 면.

7   위의 글, 233면.

8   다치바나 시라키, 《만주와 일본》, 改造社, 1931, 169면.

9   위의 책, 171면.

10   하야시 규지로(林久治郎), 《만주사변과 펑톈 영사관》, 原書房, 1978, 94면.

11   가타쿠라 다다시, 〈만주사변 기밀정략일지〉, 《현대사자료(7) ─ 만주사변》(고바
     야시 다쓰오 외 편), みすず書房, 1964, 332면.

12   외무성 편, 《일본외교문서 ─ 만주사변(1)》, 外務省, 1977, 321면.

13   〈1931년 10월 7일 시데하라 외상에게 보낸 이시이(石射) 지린 총영사 전보문〉,
     《일본외교 문서 ─ 만주사변(1)》(외무성 편), 外務省, 1977, 329면.

14   〈1931년 10월 3일 시데하라 외상에게 보낸 하야시 펑톈 총영사 전보문〉, 《일본
     외교문서 ─ 만주사변(1)》(외무성 편), 外務省, 1977, 316면.

15   〈1931년 9월 30일 시데하라 외상에게 보낸 하야시 펑톈 총영사 전보문〉, 《일본
     외교문서 ─ 만주사변(1)》(외무성 편), 外務省, 1977, 309면.

16   〈1931년 10월 3일 시데하라 외상에게 보낸 하야시 펑톈 총영사 전보문〉, 《일본
     외교문서 ─ 만주사변(1)》(외무성 편), 外務省, 1977, 316면.

17 〈1931년 11월 6일 시데하라 외상에게 보낸 하야시 펑톈 총영사 전보문〉,《일본 외교문서 — 만주사변(1)》(외무성 편), 外務省, 1977, 371면.

18 〈1931년 11월 7일 시데하라 외상에게 보낸 하야시 펑톈 총영사 전보문〉,《일본 외교문서 — 만주사변(1)》(외무성 편), 外務省, 1977, 372면.

19 가타쿠라 다다시, 〈만주사변 기밀정략일지〉,《현대사자료(7) — 만주사변》(고바야시 다쓰오 외 편), みすず書房, 1964, 247면.

20 참모본부, 〈만주사변사 — 만주사변에서의 군의 통사(안)〉,『현대사자료(11) — 속만주사변》(고바야시 다쓰오 외 편), みすず書房, 1965, 411면.

21 위의 글, 411~412면.

22 Edgar Snow, *Far Eastern Front*, Harrison Smith & Robert Haas, 1933, 94면. 가지타니 요시히사(梶谷善久) 역,《극동전선》, 筑摩書房, 1987.

23 〈1931년 11월 20일 시데하라 외상에게 보낸 모리시마(森島) 펑톈 총영사 대리 전보문〉,《일본외교문서 — 만주사변(1)》(외무성 편), 外務省, 1977, 396면.

24 〈1931년 12월 15일 이누카이 쓰요시(犬養毅)에게 보낸 하야시 펑톈 총영사 전보문〉,《일본외교문서 — 만주사변(1)》(외무성 편), 外務省, 1977, 380면.

25 〈臧式毅筆供〉(1954.8.9.),《일본 제국주의 침화 당안 자료선편 — 9.18사변》(중앙당안관 편), 中華書局, 1988, 389~393면.

26 저우쥔스(周君適),《위만궁정잡억(僞滿宮庭雜憶)》, 정란취안(鄭然權) 역,《비극의 황제 푸이》, 恒文社, 1984, 153~154면.

27 가타쿠라 다다시, 〈만주사변 기밀정략일지〉,《현대사자료(7) — 만주사변》(고바야시 다쓰오 외 편), みすず書房, 1964, 316면.

28 이시하라 간지, 〈만주건국 전야의 심경〉(1942),《이시하라 간지 자료(국방논책)》(쓰노다 준 편), 原書房, 1967, 87면.

29 위의 글, 88면.

30 위의 글, 91면.

31 가타쿠라 다다시, 〈만주사변 기밀정략일지〉,《현대사자료(7) — 만주사변》(고바야시 다쓰오 외 편), みすず書房, 1964, 333면.

32 이시하라 간지, 〈만주건국 전야의 심경〉(1942),《이시하라 간지 자료(국방논책)》(쓰노다 준 편), 原書房, 1967, 91면.

33 위의 글, 92면.

34 이시하라 간지,《이시하라 간지 전집(7)》, 石原莞爾全集刊行會, 1977, 115면.

35 이시하라 간지,《만주건국과 지나사변》, 東亞連盟協會, 1940, 78～79면.

36 참모본부, 〈만주사변사―만주사변에서의 군의 통사(안)〉,《현대사자료(11)―
　　속만주사변》(고바야시 다쓰오 외 편), みすず書房, 1965, 411면.

37 위의 글, 같은 면.

38 〈위청한 출려와 그 정견〉(1931.11.22.),《현대사자료(11)―속만주사변》(고바야
　　시 다쓰오 외 편), みすず書房, 1965, 569면.

39 위안진카이, 〈나의 이상〉,《만주일보》, 1932.1.1.

40 다치바나 시라키, 〈대륙정책 10년의 검토〉,《만주평론》, 1941.10.25., 30면.

41 다치바나 시라키, 〈만주국민이 본 만주 문제〉,《만주평론》, 1932.6.4., 2～3면.

42 이시하라 간지,《만주건국과 지나사변》, 東亞連盟協會, 1940, 72면.

43 〈위청한 출려와 그 정견〉(1931.11.22.),《현대사자료(11)―속만주사변》(고바야
　　시 다쓰오 외 편), みすず書房, 1965, 570면.

44 가타쿠라 다다시, 〈만주사변 기밀정략일지〉,《현대사자료(7)―만주사변》(고바
　　야시 다쓰오 외 편), みすず書房, 1964, 313면.

45 참모본부, 〈만주사변사―만주사변에서의 군의 통사(안)〉,《현대사자료(11)―
　　속만주사변》(고바야시 다쓰오 외 편), みすず書房, 1965, 412면.

46 가타쿠라 다다시, 〈만주사변 기밀정략일지〉,《현대사자료(7)―만주사변》(고바
　　야시 다쓰오 외 편), みすず書房, 1964, 237면.

47 위의 글, 213면.

48 만주청년연맹사 간행위원회,《만주청년연맹사》(1933), 原書房, 1968, 35면.

49 위의 책, 73면.

50 위의 책, 456면.

51 위의 책, 455～456면.

52 이토 무소지로,《만주 문제의 역사(하)》, 原書房, 1983, 1008면.

53 가나이 쇼지, 〈만주건국과 청년연맹의 활약〉,《만주건국 측면사》(미야우치 이사
　　무宮內勇 편), 新經濟社, 1942, 36면.

54 만주청년연맹사 간행위원회,《만주청년연맹사》(1933), 原書房, 1968, 99면.

55 위의 책, 156면.

56 히라시마 도시오(平島敏夫), 〈청년연맹 당시의 국제환경〉,《만주건국 측면사》
　　(미야우치 이사무 편), 新經濟社, 1942, 58면.

57 만주청년연맹사 간행위원회,《만주청년연맹사》(1933), 原書房, 1968, 535면.

58 위의 책, 520면.

59 관동군 사령부, 〈랴오닝성 정치기관 부활요령〉, 《만주사변 직후의 펑톈성에 대한 보고》, 1932, 11면.

60 오카와 슈메이, 〈장쉐량 씨를 방문한 기록〉, 《월간 일본》, 1928.11.

61 가사기 요시아키, 〈애국자의 유일한 길〉, 《월간 일본》, 1925.8., 26면.

62 위의 글, 31면.

63 기노시타 한지(木下半治), 《일본 국가주의운동사(상)》, 福村出版, 1971, 59면.

64 〈지방자치 지도부 설치요령〉(1931.10.24.), 《현대사자료(7) ― 만주사변》(고바 야시 다쓰오 외 편), みすず書房, 1964, 237면.

65 만주국사 편찬간행회 편, 《만주국사 ― 총론》, 滿蒙同胞援護會, 1970, 153면.

66 만주국사 편찬간행회 편, 《만주국사 ― 각론》, 滿蒙同胞援護會, 1971, 160면.

67 〈자치지도부 포고 제1호〉(1931.11.10.), 《현대사자료(11) ― 속만주사변》(고바야 시 다쓰오 외 편), みすず書房, 1965, 571면.

68 가사기 요시아키, 〈만주국 현참사관 제도의 대이상〉, 《대아세아》, 1933.10., 5면.

69 가사기 요시아키, 〈만주국 현참사관 제도의 중요성〉, 《개조》, 1933.6., 77면.

70 위의 글, 같은 면.

71 만주국사 편찬간행회 편, 《만주국사 ― 총론》, 滿蒙同胞援護會, 1970, 158면.

72 위의 책, 같은 면.

73 가사기 요시아키, 〈만주국 현참사관 제도의 대이상〉, 《대아세아》, 1933.10., 5면.

74 마스다 와타루(增田涉), 《루쉰의 인상》, 講談社, 1966, 42면.

75 다치바나 시라키, 《직역봉공론》, 日本評論社, 1942, 1면.

76 다치바나 시라키, 〈지나는 어떻게 되는가〉, 《월간 지나연구》, 1925.2., 8면.

77 다치바나 시라키, 〈지나를 아는 길〉, 《월간 지나연구》, 1924.12., 7면.

78 다치바나 시라키, 〈지나 최근의 민족운동 및 상하이 사건의 사상적 배경〉, 《월간 지나연구》, 1925.8., 104면.

79 위의 글, 106면.

80 다치바나 시라키, 〈지나 비판의 신기조〉, 《독서회 잡지》, 1926.11.

81 다치바나 시라키, 〈만주 신국가 건국대강 사안(私案)〉, 《만주평론》, 1932.1.12., 31면.

82 다치바나 시라키, 〈편집후기〉, 《월간 지나연구》, 1925.3., 202면.

83 다치바나 시라키, 〈왕도의 실천으로서의 자치〉, 《만주평론》, 1931.12.5., 2면.

84 다치바나 시라키, 〈자치지도부의 업적〉, 《만주평론》, 1932.7.23., 6면.

85 다치바나 시라키, 〈왕도이론의 관전〉, 《만주평론》, 1932.8.13., 11~14면.

86 위의 글, 14면.

87 〈만몽 자유국 건설안 대강〉(1931), 《현대사자료(7) — 만주사변》(고바야시 다쓰오 외 편), みすず書房, 1964, 117면.

88 다치바나 시라키, 〈자치지도부의 업적〉, 《만주평론》, 1932.7.23., 2~3면.

89 만주제국협화회 중앙본부, 《건국의 정신》, 滿洲帝國協和會中央本部, 1940, 40면.

90 위의 책, 16면.

제3장 세계정치의 모범이 되려 함

1 만주국 국무원 총무청, 《만주국 정부공보》, 1932.4.1., 2면.

2 만주국 국무원 총무청 편, 《선전연구(1)》, 1937, 1면.

3 〈만주국 건국선언〉(1932.3.1.), 《현대사자료(11)》(고바야시 다쓰오 외 편), みすず書房, 1965, 524면.

4 야나이하라 다다오, 《만주문제》, 岩波書店, 1934, 87면.

5 〈만주국 건국선언〉(1932.3.1.), 《현대사자료(11)》(고바야시 다쓰오 외 편), みすず書房, 1965, 524면.

6 위의 책, 같은 면.

7 위의 책, 525면.

8 〈건국에 관한 대외통고〉, 《만주국 법령집람》, 滿洲國法令輯覽會, 1932, 8면.

9 〈만주국 건국선언〉(1932.3.1.), 《현대사자료(11)》(고바야시 다쓰오 외 편), みすず書房, 1965, 525면.

10 하야시 기미히코(林君彦), 〈왕도의 실천으로서의 관(官)의 개선〉, 《만주평론》, 1932.8.13., 252면.

11 〈만주국 건국선언〉(1932.3.1.) 《현대사자료(11)》(고바야시 다쓰오 외 편), みすず書房, 1965, 525면.

12 〈집정선언〉, 《이시하라 간지 자료(국방논책)》(쓰노다 준 편), 原書房, 1967, 526면.

13 이케다 히데오, 《만주통치론》, 日本評論社, 1934, 137면.

14 다카스 유조(高須祐三) 편, 《만주사변과 만주청년연맹》, 滿洲青年連盟懇話會,

1973, 2면.

15 가타쿠라 다다시, 《천업 — 만주국의 건설》, 滿洲評論社, 1932, 179면.

16 다치바나 시라키, 〈만주국가의 조직〉, 《만주국 해부》(주마 데루히사仲摩照久 편), 新光社, 1932, 7면.

17 나이토 고난, 〈만주국 금후의 방침에 대하여〉, 《대아세아》, 1933.7. 《나이토 고난 전집(5)》, 筑摩書房, 1972, 182면.

18 푸이, 《나의 전반생(2)》, 筑摩書房, 1977, 5~6면.

19 가타쿠라 다다시, 〈만주사변 기밀정략일지〉, 《현대사자료(7) — 만주사변》(고바야시 다쓰오 외 편), みすず書房, 1964, 187면.

20 히라노 레이지(平野零兒), 《만주의 음모자》, 自由國民社, 1959, 127면.

21 위의 책, 130면.

22 뤄전위, 《集蓼編》, 1932; 《雪堂自述》, 江蘇人民出版社, 1999, 4~5면.

23 가타쿠라 다다시, 〈민주사변 기밀정략일지〉, 《현대사자료(7) — 만주사변》(고바야시 다쓰오 외 편), みすず書房, 1964, 189면.

24 고바야시 다쓰오 외 편, 《현대사자료(7) — 만주사변》, みすず書房, 1964, 389면.

25 가타쿠라 다다시, 〈만주사변 기밀정략일지〉, 《현대사자료(7) — 만주사변》(고바야시 다쓰오 외 편), みすず書房, 1964, 204면.

26 Reginald F. Johnston, *Twilight in the Forbidden City*, Oxford: Oxford University press, 1989[1934], 450~451면.

27 푸이, 《나의 전반생(2)》, 筑摩書房, 1977, 302면.

28 위의 책, 같은 면.

29 우가키 가즈시게, 《우가키 가즈시게 일기》, みすず書房, 1970, 813면.

30 반자이 리하치로, 《만몽 문제의 중점》, 新日本同盟, 1931, 3면.

31 일본 외무성 편, 《일본 외교연표 및 주요문서(2)》, 日本國際聯合協會, 1955, 187면.

32 위의 책, 같은 면.

33 위의 책, 187~188면.

34 〈사변 전후의 동북 인물(人物)의 분야〉, 1931.12., 52면.

35 나라 다케지, 〈1931년 10월 8일자 일기〉, 《시종무관 나라 다케지 일기, 외교록(4)》, 柏書房, 2000, 366면.

36 고바야시 다쓰오 외 편, 《현대사자료(7) — 만주사변》, みすず書房, 1964, 337면.

37 나라 다케지, 《시종무관 나라 다케지 일기, 외교록(4)》, 柏書房, 2000, 409면.

38 마쓰키 다모쓰, 〈만몽 자유국 건설안 대강〉, 《현대사자료(7) — 만주사변》(고바야시 다쓰오 외 편), みすず書房, 1964, 251~254면.

39 위의 책, 333면.

40 다치바나 시라키, 〈왕도정치〉, 《만주평론》, 1932.5.28., 3면.

41 고마이 도쿠조, 《대만주국 건설록》, 中央公論社, 1933, 113면.

42 다치바나 시라키, 〈만주국의 조직〉, 《만주국 해부》(주마 데루히사 편), 新光社, 1932, 11면.

43 고마이 도쿠조, 《대만주국 건설록》, 中央公論社, 1933, 125면.

44 가타쿠라 다다시, 《회상의 만주국》, 經濟往來社, 1978, 149면.

45 이시이 이타로, 《외교관의 일생》, 讀賣新聞社, 1950, 195면.

46 위의 책, 193면.

47 푸이, 《나의 전반생(2)》, 筑摩書房, 1977, 7면.

48 위의 책, 15면.

49 《만주국 정부 공보》, 1932.4.1., 6면.

50 기시다 에이지(岸田英治), 〈만주국 헌법 추의〉, 《만주평론》, 1934.11.10., 14~15면.

51 《만주국 정부 공보》, 1933.3.1., 1면.

52 陸軍省調査班, 《만주국 성립 경위와 국가기구에 대하여》, 1932, 26면.

53 가타쿠라 다다시, 〈만주사변 기밀정략일지〉, 《현대사자료(7) — 만주사변》(고바야시 다쓰오 외 편), みすず書房, 1964, 253면.

54 마쓰키 다모쓰, 〈만주국 건국의 이념과 그를 둘러싼 사람들〉, 《외교시보》, 1961.9., 53면.

55 마쓰키 다모쓰, 〈만몽 자유국 건설안 대강〉, 《현대사자료(7) — 만주사변》(고바야시 다쓰오 외 편), みすず書房, 1964, 249면.

56 〈일만의정서〉(1932.9.15.), 《현대사자료(7) — 만주사변》(고바야시 다쓰오 외 편), みすず書房, 1964, 189면.

57 일본 외무성 편, 《일본 외교연표 및 주요문서(2)》, 日本國際聯合協會, 1955, 216면.

58 가타쿠라 다다시, 〈만주사변 기밀정략일지〉, 《현대사자료(7)―만주사변》(고바야시 다쓰오 외편), みすず書房, 1964, 356면.

59 일본외무성 편, 《일본 외교문서, 만주사변(2)》, 外務省, 1979, 367면.

60 일본외무성 편, 《일본 외교연표 및 주요문서(2)》, 日本國際聯合協會, 1955, 217~220면.

61 고바야시 다쓰오 외 편,《현대사자료(7) — 만주사변》, みすず書房, 1964, 499면.

62 가타쿠라 다다시, 〈만주사변 기밀정략일지〉,《현대사자료(7) — 만주사변》(고바야시 다쓰오 외 편), みすず書房, 1964, 356면.

63 가타쿠라 다다시, 〈만주사변 기밀정략일지〉,《현대사자료(7) — 만주사변》(고바야시 다쓰오 외 편), みすず書房, 1964, 391면.

64 〈만몽 문제 선후처리 요강〉,《현대사자료(7) — 만주사변》(고바야시 다쓰오 외 편), みすず書房, 1964, 361면.

65 〈만몽 문제 처리방침 요강〉,《일본 외교연표 및 주요문서(2)》(일본 외무성 편), 日本國際聯合協會, 1955, 204~205면.

66 위의 책, 205면.

67 *Extracts from the Lytton Report, Extraits du Rapport Lytton*, Geneva: Press Bureau of the Chinese Delegation, 1932, 52면. 일본어 번역은 외무성 역,《리튼 보고서, 국제연맹 지나 조사위원회 보고서 전문》, 東治書院, 1932, 235면.

68 이시하라 간지, 〈이타가키 소장(少將)에게 후사를 맡기는 수기〉(1932.8.12.),《이시하라 간지 자료(국방논책)》(쓰노다 준 편), 原書房, 1967, 105면.

69 〈가나이·미나가와(皆川)·오즈(大津)의 단평〉,《만주행정》, 1936.9., 69면.

70 도쿠다 주지로(德田忠二郞), 〈만주 관료인 군상〉,《창조》, 1939.10., 36면. 특집 제목은 〈약진 만주국의 전모〉.

71 후루미 다다유키,《잊을 수 없는 만주국》, 經濟往來社, 1978, 58면.

72 관동군 사령부, 〈대만몽 방책〉(1932.5.),《현대사자료(11) — 속만주사변》(고바야시 다쓰오 외 편), みすず書房, 1965, 923면.

73 관동군 사령부, 〈만주국 인사행정 지도방침 보강〉,《현대사자료(11) — 속만주사변》(고바야시 다쓰오 외 편), みすず書房, 1965, 923면.

74 〈1935년 9월 관동군 참모장이 군무국장에게 보낸 전보〉,《현대사자료(11) — 속만주사변》(고바야시 다쓰오 외 편), みすず書房, 1965, 927면.

75 〈만몽 문제 선후처리 요강〉,《현대사자료(7) — 만주사변》(고바야시 다쓰오 외 편), みすず書房, 1964, 316면.

76 〈만몽 공화국 통치 대강안〉,《현대사자료(7) — 만주사변》(고바야시 다쓰오 외 편), みすず書房, 1964, 228면.

77 〈만몽자유국 건설안 대강〉,《만주청년연맹사》(만주청년연맹사 간행위원회 편), 原書房, 1968[1933], 659면.

78 이시하라 간지, 〈신국가 내의 일본인의 지위에 대하여〉(1931.1.25.), 《이시하라 간지 자료(국방논책)》(쓰노다 준 편), 原書房, 1967, 93면.

79 가타쿠라 다다시, 〈만주사변 기밀정략일지〉, 《현대사자료(7) — 만주사변》(고바 야시 다쓰오 외 편), みすず書房, 1964, 356면.

80 위의 글, 같은 면.

81 만주제국 정부 편, 《만주건국 10년사》, 原書房, 1969, 118면.

82 만주국 통신사 편, 《만주국 현세》, 鵬和出版, 1986[1935, 滿洲國通信社], 145면.

83 요리나가 고로(賴永五郎), 〈국무원과 각부를 말한다〉, 《창조》, 1939.10., 386면.

84 위의 글, 같은 면.

85 만주국 통신사 편, 《만주국 현세》, 鵬和出版, 1986, 136면.

86 고바야시 다쓰오 외 편, 《현대사자료(7) — 만주사변》, みすず書房, 1964, 414~415면.

87 로야마 마사미치, 〈만주시국에 관한 관찰〉, 《신천지》, 1932.2., 18면.

88 다치바나 시라키, 〈독재인가 민주인가〉, 《만주평론》, 1932.2.27., 7면.

89 후루미 다다유키, 〈만주국과 일본인〉, 《만주건국의 꿈과 현실》(국제선린협회 편), 國際善隣協會, 1975, 105면.

90 위의 책, 같은 면.

91 〈만주국 지도방침 요강〉, 《현대사자료(7) — 만주사변》(고바야시 다쓰오 외 편), みすず書房, 1964, 589면.

92 하시모토 도라노스케(橋本虎之助) 기안, 〈만주국 지도요령〉, 《현대사자료(11) — 속만주사변》(고바야시 다쓰오 외 편), みすず書房, 1965, 640면.

93 관동군 사령부, 〈대만몽 방책〉, 《현대사자료(11) — 속만주사변》(고바야시 다쓰오 외 편), みすず書房, 1965, 636면.

제4장 경방의 장책은 항상 일본제국과 협력동심

1 《규슈일일신문》, 1932.1.22.

2 《오사카아사히신문》, 1932.3.2.

3 야나이하라 다다오, 〈만주견문담〉, 《개조》, 1932.11., 106면.

4 위의 글, 107면.

5 위의 글, 110∼111면.

6 위의 글, 113면.

7 야나이하라 다다오, 〈만주 신국가론〉, 《개조》, 1932.4., 29면.

8 〈동북 4성 3천만 민중에 고하는 글〉, 《건국의 정신》, 滿洲帝國協和會中央本部, 1940, 8면.

9 가사기 요시아키, 《가사기 요시아키 유방록》, 笠木良明遺芳錄刊行會, 1960, 331∼332, 340∼341면.

10 고마이 도쿠조, 《대만주국 건설록》, 中央公論社, 1933, 144면.

11 다치바나 시라키, 〈독재정당론〉, 《만주평론》, 1933.8.26., 13면.

12 야스다 요주로(保田與重郎), 〈'만주국 황제기에 바치는 곡'에 대하여〉, 《고기토》, 1940.12., 26면.

13 가타쿠라 다다시, 〈만주사변 기밀정략일지〉, 《현대사자료(7) – 만주사변》(고바야시 다쓰오 외 편), みすず書房, 1964, 199면.

14 위의 글, 409면.

15 위의 글, 같은 면.

16 위의 글, 410면.

17 위의 글, 같은 면.

18 이시하라 간지, 〈만몽 문제의 장래〉(1931.12.2.), 《이시하라 간지 자료(국방논책)》(쓰노다 준 편), 原書房, 1967, 88면.

19 이시하라 간지, 〈신국가 내의 일본인의 지위에 대하여〉(1932.1.25.), 《이시하라 간지 자료(국방논책)》(쓰노다 준 편), 原書房, 1967, 93면.

20 위의 글, 같은 면.

21 〈만몽 문제 선후처리 요강〉(1932.1.27.), 《현대사자료(7) — 만주사변》(고바야시 다쓰오 외 편), みすず書房, 1964, 365면.

22 이시하라 간지, 〈이소가이 렌스케에게 보낸 메모〉(1932.6.25.), 《이시하라 간지 자료(국방논책)》(쓰노다 준 편), 原書房, 1967, 100∼102면.

23 야마구치 주지, 《만주건국의 역사—만주국협화회사》, 榮光出版社, 1973, 19면.

24 위의 책, 26면.

25 위의 책, 29면.

26 가타쿠라 다다시, 《회상의 만주국》, 經濟往來社, 1978, 184면.

27 만주국협화회, 〈만주국협화회 창립선언〉, 《현대사자료(11): 속만주사변》(고바야

시 다쓰오 외 편), みすず書房, 1965, 844면.

28 이시하라 간지, 〈이소가이 렌스케에게 보낸 메모〉(1932.6.25.), 《이시하라 간지 자료(국방논책)》(쓰노다 준 편), 原書房, 1967, 101면.

29 위의 글, 100면.

30 만철 경제조사회, 《만주경제연보》, 改造社, 1934, 151면.

31 가타쿠라 다다시, 〈만주사변 기밀정략일지〉, 《현대사자료(7) — 만주사변》(고바야시 다쓰오 외 편), みすず書房, 1964, 386면.

32 삿사 히로오(佐佐弘雄), 〈만주정책 절단면〉, 《개조》, 1932.9., 100면.

33 만철 경제조사회, 〈만주경제연보〉, 改造社, 1934, 151면.

34 고이소 구니아키, 《葛山鴻爪》, 中央公論社, 1963, 584면.

35 이시하라 간지, 〈만몽에 관한 사견〉(1932.8.), 《이시하라 간지 자료(국방논책)》(쓰노다 준 편), 原書房, 1967, 107면.

36 야마구치 주지, 《사라진 만주제국》, 每日新聞社, 1967, 238면.

37 야마구치 주지, 《만주건국의 역사 — 만주국협화회사》, 榮光出版社, 1973, 267면.

38 가타쿠라 다다시, 〈지쿠스이(筑水)의 편언(片言)〉(1932.8.), 《가타쿠라 참모의 증언, 반란과 진압》, 芙蓉書院, 1981, 112면.

39 다치바나 시라키, 〈자치에서 왕도로〉, 《만주평론》, 1934.3.24., 2면.

40 다치바나 시라키, 〈전원 속의 일계 관리〉, 《만주평론》, 1934.3.10., 5면.

41 이케가미 데이하치(池上定八), 〈기시 기시로론〉, 《만주평론》, 1934.1.27., 29면.

42 〈1932년 8월 25일 중의원 의사록 속기록〉, 《중의원 의사록 속기록》, 13면.

43 위의 책, 18면.

44 〈일만의정서〉, 《현대사자료(7) — 만주사변》(고바야시 다쓰오 외 편), みすず書房, 1964, 496~497면.

45 《도쿄아사히신문》, 1932.9.16.

46 *Extracts from the Lytton Report, Extraits du Rapport Lytton*, Geneva: Press Bureau of the Chinese Delegation, 1932, 50면.

47 요네자와 기쿠지, 〈일만의정서 조인 기록〉, 《가칸카이 회보》 285, 1933, 16면.

48 하타 슌로쿠, 〈하타 슌로쿠 일지〉, 《속현대사 자료(4) — 육군, 하타 슌로쿠 일지》(이토 다카시 외 편), みすず書房, 1983, 50면.

49 요네자와 기쿠지, 〈일만의정서 조인 기록〉, 《가칸카이 회보》 285, 1933, 16면.

50 위의 글, 같은 면.

51 기쿠치 데이지(菊池貞二),《추풍 삼천리》, 南北社, 1966, 8면.

52 시라이 야스시, 〈총리대신을 모시며〉,《만주행정》, 1935.4., 75~77면.

53 오자키 유키오, 〈묘비를 대신하여〉,《개조》, 1933.1.;《오자키 가쿠도 전집(8)》, 公論社, 1955, 9면.

54 위의 책, 10~11면.

55 마사키 나오히코, 〈1934년 9월 25일자 일기〉,《주산쇼도(十三松堂) 일기(4)》, 中央公論美術出版, 1965~66, 1179면.

56 나가오 우잔, 〈정샤오쉬 선생〉,《개조》, 1934.5., 33면.

57 나라 다케지,《시종무관장 나라 다케지 일기 회고록(3)》, 柏書房, 2000, 458면. 관동군 사령관이 푸이 위에 군림하는 존재로서 실제적으로는 황제의 권위를 휘두르는 상황은 개선되어야 하고, 관동군 사령관의 권력을 푸이에게 주어 만주국 통치를 푸이에게 맡겨야 한다는 주장이다. 다만 그것을 직접적으로 말할 수 없기 때문에 완곡하게 '지하', 그러니까 천명을 받은 황제에게 세속정치를 일임해야 한다고 말했던 것이다.

58 만주국군 간행위원회 편,《만주국군》, 蘭星會, 1970, 130면.

59 NHK 취재반,《다큐멘터리 쇼와(7) — 황제의 밀약》, 角川書店, 1987, 162면.

60 호시노 나오키,《이루지 못한 꿈》, ダイヤモンド社, 1963, 157면.

61 저우쥔스(周君適),《비극의 황제 푸이》, 恒文社, 1984, 226면.

62 이시마루 시즈마, 〈이시마루 시즈마 일기〉,《만주국군》(만주국군 간행위원회 편), 蘭星會, 1970, 137면.

63 Edgar Snow, *Far Eastern Front*, London: Jarrolds Publishers, 1934, 278~279면.

64 〈제제 실시 총리성명〉(1934.1.24.),《건국의 정신》, 滿洲帝國協和會中央本部, 1940, 44면.

65 위의 글, 45면.

66 〈황제 즉위 대외성명〉,《건국의 정신》, 滿洲帝國協和會中央本部, 1940, 61면.

67 고이소 구니아키,《葛山鴻爪》, 中央公論社, 1963, 591면.

68 〈만주국 지도방침 요강〉,《현대사자료(7) — 만주사변》(고바야시 다쓰오 외편), みすず書房, 1964, 589면.

69 중앙당안관 외 편,《위만괴뢰정권》, 中華書局, 1994, 152면.

70 지쿠시 구마시치, 〈만주국헌법 제정에 대해〉(手稿), 1933.8., 1면.

71 〈만주국 황제 추대 주비에 관한 건〉(1933년 10월 18일), 일본 국가기록센터(도쿄).

72 Edgar Snow, 앞의 책, 276면.

73 다나베 하루미치(田邊治通), 〈제제 실시와 왕도정치의 요체〉, 《만주건국 측면사》(미야우치 이사무 편), 新經濟社, 1942, 103면.

74 로야마 마사미치, 〈제제 만주국의 세계 정치적 의의〉, 《개조》, 1934.4., 260면.

75 사사키 도이치, 《어느 군인의 자서전》, 勁草書房, 1967, 243면.

76 푸이, 《나의 전반생(2)》, 筑摩書房, 1977, 46면.

77 위의 책, 36면.

78 푸이, 〈회란훈민조서〉, 《건국의 정신》, 滿洲帝國協和會中央本部, 1940, 62면.

79 푸이, 《나의 전반생(2)》, 筑摩書房, 1977, 36면.

80 위의 책, 같은 면.

81 관동군 사령부, 〈만주국의 근본이념과 협화회의 본질〉(1936.9.18.), 《현대사사료(11)—속만주사변》(고바야시 다쓰오 외 편), みすず書房, 1965, 909면.

82 위의 글, 같은 면.

83 가타쿠라 다다시, 《회상의 만주국》, 經濟往來社, 1978, 242면.

84 푸이, 《나의 전반생(2)》, 筑摩書房, 1977, 56면.

85 위의 책, 55면.

86 리녠츠(李念慈), 《만주국 기실(記實)》(沈雲龍 편, 近代中國史料叢刊續編第八二輯), 1954, 290면.

87 푸이, 《나의 전반생(2)》, 筑摩書房, 1977, 60면.

88 다치바나 시라키, 〈약소민족의 제문제〉, 《만주평론》, 1934.11.26., 2면.

89 위의 글, 같은 면.

90 위의 글, 같은 면.

91 Edgar Snow, *Far Eastern Front*, London: Jarrolds Publishers, 1934, 269면.

92 기쿠치 데이지(菊池貞二), 《추풍 삼천리》, 南北社, 1966, 8면.

93 위의 책, 같은 면.

94 Joseph C. Grew, *Ten Years in japan: A Contemporary Dream from the Diaries and private and official Papers of Joseph C. Grew, United States Ambassador to Japan, 1939~1942*, New York: Simon and Schuster, 1944, 30면.

95 Edgar Snow, 앞의 책, 268면.

96 야마구치 주지, 《사라진 만주제국》, 每日新聞社, 1967, 237면.

97 오쿠라 긴모치, 〈최근의 민주사정〉, 《기도 고이치(木戶幸一) 관계문서》, 東京大學

出版會, 1966, 190~191면.

98 위의 글, 같은 면.

99 푸이,《나의 전반생(2)》, 筑摩書房, 1977, 11면.

100 이시가키 데이이치, 〈대동학원과 후루미 씨〉,《회상 후루미 다다유키》, 古海忠之
回顧錄刊行會, 1984, 154면.

101 시나 에쓰사부로,《나의 이력서》, 日本經濟新聞社, 1970, 198면.

102 가미오 가즈하루,《환상의 만주국》, 日中出版, 1983, 45면.

103 호시노 나오키,《이루어지지 못한 꿈—만주국 외사》》, ダイヤモンド社, 1963,
194면.

104 마쓰모토 마스오, 〈장징후이 총리와의 10년간〉,《목격자가 말하는 쇼와사—만
주사변》(히라쓰카 마사오平塚柾緒 편), 新人物往來社, 1989, 165~166면.

105 위의 글, 165면.

106 기시다 에이지(岸田英治), 〈만주국 헌법 추의〉,《만주평론》, 1934.11.10., 16면.

107 호시노 나오키,《이루어지지 못한 꿈—만주국 외사》, ダイヤモンド社, 1963,
265면.

108 푸이,《나의 전반생(2)》, 筑摩書房, 1977, 39면.

109 만주국 통신사 편,《만주국 현세》, 滿洲國通信社, 1943, 677면.

110 위의 책, 69면.

111 마쓰모토 마스오, 〈장징후이 총리와의 10년간〉,《목격자가 말하는 쇼와사—만
주사변》(히라쓰카 마사오 편), 新人物往來社, 1989, 167면.

112 위의 글, 166~167면.

113 위의 글, 163면.

114 호시노 나오키,《이루어지지 못한 꿈—만주국 외사》, ダイヤモンド社, 1963,
199면.

115 대본영 육군부 연구반,《해외지 방인의 언동으로 본 국민교육자료(안)》,
1940.5., 34면.

116 가타쿠라 다다시, 〈타오르는 성화〉,《만주국과 협화회》(고야마 사다토모小山貞
知 편), 滿洲國評論社, 1935, 129~130면.

117 후루미 다다유키, 〈건설 10년의 회고와 장래에 대한 전망〉,《만주건국 측면사》
(미야우치 이사무 편), 新經濟社, 1942, 396면.

118 위의 글, 397~398면.

119 오카모토 에이지(岡本永治), 〈예언〉, 《이시하라 간지 연구》, 精華會中央事務所, 1950, 83면.

120 요코야마 신페이(橫山臣平), 《비록(秘錄) 이시하라 간지》, 芙蓉書房, 1971, 305면.

121 이시하라 간지, 〈관동군 사령관의 만주국 내면 지도권 철회에 대하여〉, 《이시하라 간지 자료(국방논책)》(쓰노다 준 편), 原書房, 1967, 235~238면.

122 무토 도미오(武藤富男), 《아마카스 마사히코의 생애》, 西北商事株式會社, 1956, 140면.

123 만주제국 정부 편, 《만주건국 10년사》, 原書房, 1969, 78면.

124 《만주국 정부 공보(688)》, 1936.6.11., 174면.

125 지쿠시 구마시치, 〈만주건국의 회고〉, 《창조》, 1942.11.

126 모리시마 모리토, 《음모·암살·군도》, 岩波書店, 1950, 81면.

127 기시 노부스케 외, 《기시 노부스케의 회상》, 文藝春秋, 1981, 22면.

128 일본평론신사 편, 《넓디 넓구나—미노베 요지 추도록》, 日本評論新社, 1954, 43면.

129 《일본경제연보》 제18집, 經濟新報, 1934, 42면.

130 내정사연구회 편, 《구리하라 미노루(栗原美能留) 씨 담화 속기록》, 內政史研究會, 1977, 84면.

131 가타쿠라 다다시, 《회상의 만주국》, 經濟往來社, 1978, 198면.

132 후루미 다다유키, 〈만주국의 꿈은 사라지지 않는다〉, 《좌절된 이상국—만주국 흥망의 진상》, 現代ブック社, 1967, 210면.

133 바바 아키라(馬場明), 《일·중 관계와 외정기구의 연구》, 原書房, 1983, 441면.

134 관동군 참모부 편, 《역사 일만(日滿)》, 關東軍, 1937, 67면.

135 마키 겐지, 〈만주국통치에 대하여〉, 《법학논총》 제31권 1호, 1934.7., 57면.

136 C. K. 세이, 〈만인은 이렇게 외친다〉, 《철심(鐵心)》(만주국 치안부), 1938.5., 197면.

137 〈만주국의 근본이념과 협화회의 본질〉(1936.9.), 《현대사자료(11)—속만주사변》(고바야시 다쓰오 외 편), みすず書房, 1965, 909면.

138 리샤오경, 〈우리들은 이렇게 건설한다—만주 현황 보고〉, 《창조》, 1942.11.

139 만주제국 정부 편, 《만주건국 10년사》, 原書房, 1969, 23면.

140 위의 책, 21면.

141 C. K. 세이, 〈만인은 이렇게 외친다〉, 《철심》, 1938.5., 197면.

142 "Who Runs the Emperor", *Fortune* 294, 1944.4., 285면.

143 위의 글, 280·283면.

144 아리타케 슈지(有竹修二),《쇼와 대장성 외사(2)》, 昭和大藏省外史刊行會, 1969, 26면.

145 이시하라 간지, 〈만몽 문제 사견〉(1931.5.),《이시하라 간지 자료(국방논책)》(쓰노다 준 편), 原書房, 1967, 78면.

146 사사키 도이치, 〈만주통치에 있어서의 우환〉(1933.5.),《현대사자료(11)—속만주사변》(고바야시 다쓰오 외 편), みすず書房, 1965, 855면.

147 〈만주국 정치행정 기구개혁 대강〉(1937.5.),《정치행정 기구개혁에 대하여》, 만주국 국정 팸플릿 3, 滿洲帝國國務院總務廳情報處, 1937, 4~6면.

148 만주국 통신사 편,《만주국 현세》, 滿洲國通信社, 1941, 217면.

149 〈만주에서의 식량 수하기구와 수하대책〉(1943).

150 관동군 사령부, 〈만주국의 근본이념과 협화회의 본질〉(1936.9.18.),《현대사자료(11)—속만주사변》(고바야시 다쓰오 외 편), みすず書房, 1965, 909~910면.

151 《중의원 속기록(3)》, 1937.1.22., 40면.

152 고야마 사다토모(小山貞知),《만주협화회의 발달》, 中央公論社, 1941, 92면.

153 논의 자체는 모든 사람의 의견을 듣지만, 그 결정에 관해서는 의장이 모든 의견을 정리하여 결정하는 방식을 말한다. 이것은 한 사람이 모든 것을 결정한다는 나치의 지도자 원리(Führerprinzip)를 본뜬 것이다.

154 고야마 사다토모,《만주협화회의 발달》, 中央公論社, 1941, 56면.

155 위의 책, 91면.

156 위의 책, 93면.

157 류훼이·류쉐자오 편,《일본제국주의 침략사략》, 華東師範大學出版社, 1987, 95~96면.

158 푸이, 〈시국에 관한 조서〉,《만주국정부 공보》, 1941.12.8., 1면.

159 푸이,《나의 전반생(2)》, 筑摩書房, 1977, 77면.

160 마쓰모토 마스오(松本益雄), 〈장총리와 만주국〉,《아아 만주》(만주회고집간행회 편), 滿洲回顧集刊行會, 1965, 92면.

161 무토 도미오, 〈만주건국의 흑막—아마카스 마사히코〉,《만주사변》(히라쓰카 마사오 편), 新人物往來社, 1989, 183면.

162 위의 글, 175면.

종장: 키메라, 그 실상과 허상

1 후루미 다다유키, 〈만주국의 꿈은 사라지지 않는다〉, 《좌절된 이상국》(후루미 다다유키·가타쿠라 다다시 편), 現代ブック社, 1967, 302면.

2 야마구치 요시코(山口淑子)·후지와라 사쿠야(藤原作弥), 《리샹란─나의 반생》, 新潮社, 1987, 110면.

3 안도 히코타로(安藤彦太郎), 〈연변기행〉, 《동양문화》 제36호, 1964, 38~39면. 주하이더(朱海德)의 증언.

4 후루미 다다유키, 〈만주국의 꿈은 사라지지 않는다〉, 《좌절된 이상국》(후루미 다다유키·가타쿠라 다다시 편), 現代ブック社, 1967, 270면.

5 가오산(高山), 〈만주국 군관학교〉, 《중국 소년이 본 일본군》(이시가미 마사오石上正夫 외 편), 靑木書店, 1985, 58~59면.

6 사쿠타 쇼이치(作田莊一), 〈만주건국의 회상〉, 《아아 만주─나라 만들기 산업개발자의 수기》(만주회고집간행회 편), 滿蒙同胞援護會, 1965, 65면.

7 리잔둥(李占東), 〈마음에 남는 노래〉, 《중국 소년이 본 일본군》, 靑木書店, 1985, 28면.

8 후루미 다다유키, 〈만주국과 일본〉, 《만주건국의 꿈과 현실》(국제선린협회 편), 國際善隣協會, 1975, 108면.

9 왕쯔헝, 〈위만관리의 비밀수첩〉, 《문사자료 선집》 39집, 中國文史出版社, 1963, 57·59·60면.

10 전국헌우회 연합회 편찬위원회 편, 《일본헌병외사》, 全國憲友會連合會本部, 1983, 297면.

11 관동군 사령부, 〈만주국의 근본이념과 협화회의 본질〉(1936.9.18.), 《현대사자료 (11)─속만주사변》(고바야시 다쓰오 외 편), みすず書房, 1965, 908면.

12 관동군 참모부, 〈만몽에서의 점령지 통치에 관한 연구〉(1930.5.), 《이시하라 간지 자료(국방논책)》(쓰노다 준 편), 原書房, 1967, 53면.

13 이타가키 세이시로, 〈만몽 문제에 대하여〉(1931.5.), 《태평양전쟁으로 가는 길》(일본국제정치학회 태평양전쟁원인 연구부 편), 朝日新聞社, 1963, 104면.

14 만주국 최고검찰청, 《만주국 개척지 범죄 개요》, 1941; 야마다 쇼지(山田昭次) 편, 《근대 민중의 기록(6)》, 新人物往來社, 1978, 455면.

15 쓰쿠이 노부야, 〈오호 '무아지순'〉, 《변경》 제9호, 1972.11., 228면.

16 나스 시로시(那須皓) 외, 〈만몽 개척청소년의용군 편성에 관한 건백서〉, 1937.11., 3면.

17 쓰쿠이 노부야, 〈오호 '무아지순'〉, 《변경》 제9호, 1972.11., 228면.

18 아사히신문 야마가타지국 편, 《구술―어느 헌병의 기록》, 朝日文庫, 1991, 187면.

19 위의 책, 190면.

20 위의 책, 192면.

21 만사회, 《만주개발 40년사(상)》, 滿洲開發四十年史刊行會, 1964, 1면.

22 오타 세이큐(太田靑丘) 외 선, 《쇼와 만요슈(昭和萬葉集)(3)》, 講談社, 1979, 124~126면.

23 만주국 군정부 군사조사부 편, 《만주 공산비의 연구(3)》, 軍政部顧問部, 1937, 730면.

24 만주국사 편찬간행회, 《만주국사―각론》, 滿蒙同胞援護會, 1971, 199면.

25 민정부 경무사, 《보갑제도론》, 1936, 22면.

26 나가이 사다무(永井定), 〈보갑제도의 현재와 장래〉, 《만주행정》, 1936.11., 16면.

27 〈잠행징치 도비법〉, 《만주국 정부 공보(44)》, 1932.9.10., 3면.

28 관동군 사령부, 〈쇼와 12년도부터 16년도까지의 만주국 전쟁준비 지도계획〉.

29 국병법 사무국, 〈국병법 요람〉, 《국병법이란 무엇인가》, 國兵法執行委員會, 1940, 18면.

30 다카하시 겐이치(高橋源一), 《대군수창 만주국》, 朝日新聞社, 1944, 63면.

31 만주일일신문사, 《쇼와 15년판 만주연감》, 滿洲日日新聞社, 1939, 365면.

32 〈국민포고 제17호〉, 《만주제국 정부 공보》, 1942.12.8., 1면.

33 아이신줴뤄하오, 《'유전의 왕비'의 쇼와사》, 主婦と生活社, 1984, 69면.

34 안도 히코타로, 〈동북기행〉, 《중국통신 1964~1966》, 大安, 1966.

35 유지 만조(湯治萬藏) 편, 《겐코쿠대학 연표》, 建國大學同窓會, 1981, 554~555면.

36 위의 책, 555면.

37 〈겐코쿠대학에 내리는 칙서〉, 《만주제국 정부 공보》, 1938.3.2., 1면.

38 〈겐코쿠대학령 제1조〉, 《만주제국 정보 공보》, 1937.8.5., 65면.

39 하야시 후사오, 〈추천사〉, 《만주국사―총론》(만주국사 편찬간행회 편), 滿蒙同胞援護會, 1970, 5면.

40 가나사키 겐, 〈삼위일체를 대신하는 것〉, 《외교시보》, 1934.8.15., 89면.

41 위의 글, 93면.

42 고마이 도쿠조,《대만주국 건설록》, 中央公論社, 1933, 124면.

43 후루미 다다유키, 〈건설 10년의 회고와 장래에 대한 전망〉,《만주건국 측면사》
(미야우치 이사무 편), 新經濟社, 1942, 398면.

44 다카미야 다헤이,《순역(順逆)의 쇼와사》, 原書房, 1971, 147면.

45 무토 도미오, 〈만주국에 걸었던 꿈〉,《사상의 과학》, 1963.12., 36면.

보론: 만주와 만주국의 역사적 의미는 무엇인가?

1 물론 다카하시 가게야스는 만주어를 공부했고,《만문집운(滿文輯韻)》을 짓기도
했다. 1826년 지볼트를 만나 서로 자료를 교환했는데, 다카하시는 외국인에게
일본 지도를 건넨 죄로 투옥되어 옥사했다.

2 모리 오가이, 〈제2군〉,《노래 일기》.《모리 오가이 전집(19)》, 岩波書店, 1973,
107·110면.

3 쓰루미 유스케(鶴見祐輔),《고토 신페이(2)》, 勁草書房, 1965, 651면.

4 히라쓰카 아쓰시(平塚篤),《이토 히로부미 비록》, 春秋社, 1929, 408면.

5 시마누키 다케지, 〈일러전쟁 이후의 국방방침, 소요병력, 용병 고려〉,《군사사학
(32)》, 1973.3., 3면.

6 위의 글, 6면.

7 위의 글, 같은 면.

8 도미즈 히론도,《동아여행담》, 有斐閣, 1905, 127면.

9 조호샤(朝報社) 편,《입신치부》, 樂世社, 1911, 11~12면.

10 사쿠라이 다다요시(櫻井忠溫),《육탄》, 英文新誌社, 1906, 36면.

11 유아사 가쓰에,《선구이민》, 新潮社, 1939.

12 다치바나 소토오, 〈하얼빈의 우울〉,《문예춘추》, 1940.8., 264면.

13 히라바야시 히론도(平林廣人), 〈만주 일본인 접객부의 세력〉, 1934.

14 척무성,《여자 척식 지도자 제요》, 拓務省拓北局, 1942, 124면.

15 위의 책, 126~127면.

16 위의 책, 124면.

17 만주 사회사업협회,《만주 사회사업 연표》, 1935, 125면.

18 시마키 겐사쿠,《만주기행》, 創元社, 1940, 26면.

19 관동군 사령부, 〈재만 조선인 지도요강〉(1938.7.25.),《현대사자료(11) ― 속만주 사변》(고바야시 다쓰오 외 편), みすず書房, 1965, 956면.

20 히구치 기이치로,《애츄 키스카(Attsu Kiska) 군사령관의 회상록》, 芙蓉書房, 1971, 352면.

21 《유대인 대책 보강》, 1938. 아시아 역사 자료센터, A-A-0217, 2면.

22 위의 필름, 같은 면.

23 《시국에 수반되는 유대인 대책》, 1942. 아시아 역사 자료센터, A-1214, 1면.

24 하라 요시히사(原彬久) 편,《기시 노부스케 증언록》, 每日新聞社, 2003, 355면.

25 후쿠다 다케오, 〈우리나라의 동남아시아 정책〉,《우리 외교의 근황(22)》, 外務省, 1978, 328면.

26 오히라 마사요시 회상록 간행회 편,《오히라 마사요시 회상록》, 鹿島出版會, 1983, 571면.

참고문헌

1. 주된 인용문헌

滿洲國史編纂刊行會 編,《滿州國史 ─ 總論》, 滿蒙同胞援護會, 1970.

滿洲回顧集刊行會 編,《ああ滿州 ─ 國つくり産業開發者の手記》, 滿洲回顧集刊行會, 1965.

古海忠之·片倉衷,《挫折した理想國 ─ 滿洲國興亡の眞相》, 現代ブック社, 1967.

片倉衷,《回想の滿洲國》, 經濟往來社, 1978.

星野直樹,《見果てぬ夢 ─ 滿州國外史》, ダイヤモンド社, 1963.

武藤富男,《私と滿州國》, 文藝春秋, 1987.

伊藤六十次郎,《滿洲問題の歷史》(上·下), 原書房, 1983~4.

角田順 編,《石原莞爾資料 ─ 國防論策》, 原書房, 1967.

小林龍夫·島田俊彦 編,《現代史資料 7 ─ 滿洲事變》, みすず書房, 1964.

稻葉正夫·小林龍夫 他編,《太平洋戰爭への道》(別卷 資料編), 朝日新聞社, 1963.

林久治郎 著, 馬場明 解說,《滿州事變と奉天總領事 林久治郎遺稿》, 原書房, 1978.

外務省 編,《日本外交文書 ─ 滿州事變》, 1977~81.

小林龍夫·島田俊彦·稻葉正夫 編,《現代史資料 11 ─ 續 滿洲事變》, みすず書房, 1965.

エドガー·スノー 著, 梶谷善久 譯,《極東戰線》, 筑摩書房, 1987.

周君適,《僞滿宮庭雜憶》, 1981(鄭然權 譯,《悲劇の皇帝 溥儀》, 恒文社, 1984).

石原莞爾,《滿洲建國と支那事變》,東亞連盟協會關西事務所, 1940.

滿洲青年聯盟史刊行委員會 編,《滿洲青年聯盟史》, 1933(原書房, 1968年 復刻).

宮內勇 編,《滿洲建國側面史》,新經濟社, 1942.

矢內原忠雄,《滿洲問題》,岩波書店, 1934.

池田秀雄,《滿洲統治論》,日本評論社, 1934.

高須祐三 編,《滿洲事變と滿洲青年聯盟》,滿洲青年聯盟懇話會, 1973.

仲摩照久 編,《滿洲國の解剖》,新光社, 1932.

溥儀,《私的前半生》,小野忍·野原四郎 他譯,《わが半生》,筑摩書房, 1977.

平野零兒,《滿洲の陰謀者》,自由國民社, 1959.

R·ジョンストン 著,入江曜子·春名徹 譯,《紫禁城の黄昏》,岩波書店, 1989.

駒井德三,《大滿洲建設錄》,中央公論社, 1933.

石射猪太郎,《外交官の一生》,太平出版社, 1972.

古海忠之,《忘れ得ぬ滿洲國》,經濟往來社, 1978.

滿洲帝國政府 編,《滿洲建國十年史》,原書房 , 1969.

國際善隣協會 編,《滿洲建國の夢と現實》,國際善隣協會, 1975.

山口重次,《滿洲建國の歷史 — 滿洲國協和會史》,榮光出版社, 1973.

小磯國昭,《葛山鴻爪》,中央公論事業出版, 1963.

佐々木到一,《ある軍人の自傳》,普通社, 1963(增補版, 勁草書房, 1967).

李念慈,《滿洲國記實》, 1954(沈雲龍 主編,近代中國史料叢刊續編 第八二輯).

菊池貞二,《秋風三千里 — 中國四十年の回顧》,南北社, 1966.

J·グルー 著,石川欣一 譯,《滯日十年》,每日新聞社, 1948.

山口重次,《消えた帝國滿洲》,每日新聞社, 1967.

木戶日記研究會 編,《木戶幸一關係文書》,東京大學出版會, 1966.

神尾弌春,《まぼろしの滿洲國》,日中出版, 1983.

平塚柾緒 編,《目擊者の語る昭和史 第3卷 — 滿州事變》,新人物往來社, 1989.

小山貞知 編,《滿洲國と協和會》,滿洲評論社, 1935.

橫山臣平,《秘錄 石原莞爾》,芙蓉書房, 1971.

武藤富男,《甘粕正彦の生涯 — 滿洲國の斷面》,西北商事株式會社, 1956.

森島守人,《陰謀·暗殺·軍刀》,岩波新書, 1950.

岸信介·矢次一夫·伊藤隆,《岸信介の回想》,文藝春秋, 1981.

馬場明,《日中關係と外政機構の研究》,原書房, 1983.

フォーチュン編集部 編, 熊澤安定 譯,《'大日本帝國'の研究》, 現代史出版會, 1983.

小山貞知,《滿洲協和會の發達》, 中央公論社, 1941.

劉惠吾·劉學照 主編,《日本帝國主義侵華史略》, 華東師範大學出版社, 1987.

山口淑子·藤原作弥,《李香蘭 一 私の半生》, 新潮社, 1987.

林懷秋·石上正夫 編,《中國少年の見た日本軍》, 青木書店, 1985.

朝日新聞山形支局 編,《聞き書き ある憲兵の記錄》, 朝日文庫, 1991.

滿史會,《滿洲開發四十年史》, 滿洲開發四十年史刊行會, 1964~5.

太田青丘 他選,《昭和萬葉集》卷三, 講談社, 1979.

滿洲國史編纂刊行會 編,《滿洲國史 — 各論》, 滿蒙同胞援護會, 1971.

愛新覺羅浩,《'流轉の王妃'の昭和史》, 主婦と生活社, 1984.

高宮太平,《順逆の昭和史》, 原書房, 1971.

湯治萬藏 編,《建國大學年表》, 建國大學同窓會, 1981.

※ 여기에 실린 제1차 사료를 포함한 국내외의 만주국 관련 자료 및 문헌의 소재, 그
자료의 의의 등에 대해서는 이무라 데쓰로(井村哲郎)의 〈'만주국' 관계자료 해제〉
(야마모토 유조 편,《'만주국' 연구》, 교토대학 인문과학연구소, 1993)의 상세하고도
명석한 소개·분석을 참조하기 바란다.

2. 주된 사료문헌

外務省 編,《日本外交年表竝主要文書》, 日本國際連合協會, 1955(原書房, 1965年 復刻).

滿洲帝國協和會中央本部,《建國之精神》(第七版), 1943.

滿洲國國務院總務廳,《滿洲國政府公報》(周光培 主編,《僞滿洲國政府公報》, 遼瀋書社,
　　1990).

滿洲國史編纂委員會 編,《滿洲國年表》, 滿蒙同胞援護會, 1956.

政協吉林省委文史資料委員會 編,《僞滿洲國大事記》, 大連出版社, 1990.

帝國地方行政學會 編,《滿日對譯 — 滿洲國六法全書》, 帝國地方行政學會 刊, 1933.

加藤豊隆 編,《滿洲國治安關係法規集成》, 元在外公務員援護會, 1979.

長谷鎭廣,《滿洲帝國主要法令解說》, 清水書店, 1940.

本庄繁,《本庄日記》, 原書房, 1967.

駐日滿洲國大使館,《滿洲國關係詔書及國政資料》, 1942～3.

外務省情報部 編,《滿洲國政府要人調》, 1933.

今村俊三 他編,《滿洲國人傑紹介號》, 日支問題研究會, 1936.

滿洲國國務院總務廳 編,《滿洲國官吏錄》, 1933～41.

《康德元年版 滿洲國名士錄》, 人事興信所, 1934.

中西利八 編,《滿洲紳士錄》, 滿蒙資料協會, 1940(日本圖書センター, 1989年 復刻).

橘樸·山口愼一 編,《最新滿洲辭典》,《改造》1932年 7月號 付録.

陸軍省調查班,《滿洲國の容相》, 1932年 7月;《第一續編》, 1933年 5月.

太平洋問題調查會,《滿洲問題研究》, 日本評論社, 1929.

保々隆矣 監修,《打倒日本ー支那排日教材集》, 邦文社, 1931.

H·スティムソン, 清澤洌 譯,《極東の危機》,《中央公論》, 1936年 11月號 付録.

信夫淳平,《滿蒙特殊權益論》, 日本評論社, 1932.

大連商工會議所,《滿洲事變前に於ける我が權益侵害事例》, 大連商工會議所 刊, 1932.

旭範彦,《日本の大陸建國》, 平凡社, 1932.

金崎賢,《滿洲經綸の精神》, 滿洲文化協會, 1932.

橘樸 他著,《建國批判論集》, 滿洲評論社, 1932.

片倉衷,《天業ー滿洲國の建設》, 滿洲評論社, 1932.

浮田和民 編著,《滿洲國獨立と國際連盟》, 早稻田大學出版部, 1932.

東亞事局研究會 編,《大滿洲國》(上·下), 1933.

武田胤雄 他著,《滿洲問題の基調》, 創建社, 1933.

古賀元吉,《支那滿州に於ける治外法權撤廢問題》, 日支問題研究会, 1933

中央委員會 編,《建國一年回顧錄》, 1933.

日滿實業協會,《建設途上の滿洲國》, 1934.

布勢信平,《滿洲國をめぐる各國國籍法》, 東亞法制研究所, 1934.

帝國在鄉軍人會本部 編,《對滿觀念の確立と機構の調整に就て》, 1934.

國務院總務廳情報處,《滿洲國大系ー民政篇》, 1935.

國務院總務廳情報處,《躍進過程の滿洲帝國》, 1935.

木村武盛 編,《日滿關係の現在及將來》, 滿洲日日新聞社, 1936.

國務院總務廳情報處,《滿洲建國五年小史》, 1937.

國務院總務廳情報處,《滿洲帝國施政の實績と第二期建設計劃の展望》, 1937.

南滿州鐵道株式會社調查部 編,《滿洲ー五箇年計劃立案書類》, 1937.

織田五郎,《建國七年の滿洲帝國》,滿洲國通信社出版部, 1937.

太平洋問題調查部,《滿洲國の政治と經濟》,日本國際協會, 1937.

滿洲産業調查會 編,《滿洲國政指導綜覽》, 1943.

滿洲日報社 編,《滿洲年鑑》, 1933~45.

拓務大臣官房文書課,《滿洲と朝鮮人》, 1933.

能勢政秀,《日本人發展報告書》,滿洲日日新聞社, 1936.

滿洲帝國協和會中央本部調查會,《國內に於ける鮮系國民實態》, 1943.

南滿洲鐵道株式會社 編,《滿洲事變と滿鐵》, 1934(原書房, 1974年 復刻).

滿洲國民政部警務司 編,《滿洲國警察概要》, 1935.

滿洲國治安部警務司 編,《滿洲國警察史》, 1942(元在外公務員援護會, 1975年 復刻).

滿洲開拓史復刻委員會,《滿洲開拓史》,全國拓友協議會, 1980.

國務院總務廳統計處 編,《滿洲帝國年報》, 1936.

滿洲實業案內所 編,《滿洲帝國概覽》, 1940.

岡崎雄四郎,《建國十周年記念版 光輝滿洲 — 政治篇》,滿洲事情案內所, 1942.

滿洲帝國協和會 編,《滿洲帝國協和會組織沿革史》, 1940(不二出版, 1982年 復刻).

矢野仁一,《滿洲國歷史》,目黑書店, 1933.

口田康信,《新東洋建設論》,建設社, 1933.

稻葉岩吉,《滿洲國史通論》,日本評論社, 1940.

德富蘇峰,《滿洲建國讀本》,明治書院, 1940.

田崎仁義,《皇道日本と王道滿洲國》,滿洲行政學會, 1940.

小關巳太郎,《滿洲國論》,大同印書館, 1943.

金井章次,《滿蒙行政瑣談》,創元社, 1943.

作田莊一,《滿洲建國の原理及び本義》,滿洲富山房, 1944.

工藤忠,《皇帝溥儀 — 私は日本を裏切ったか》,世界社, 1952.

高碕達之助,《滿州の終焉》,實業之日本社, 1953.

藤本治毅,《石原莞爾》,時事通信社, 1964.

成澤米三,《石原莞爾》,經濟往來社, 1969.

伊藤武雄,《滿鐵に生きて》,勁草書房, 1964.

片倉衷,《戰陣隨錄》,經濟往來社, 1972.

山口重次,《滿洲建國 — 滿洲事變正史》,行政通信社, 1975.

金井章次·山口重次,《滿洲建國戰史》,大湊書房, 1986.

山田昭次 編,《近代民衆の記錄6─滿州移民》, 新人物往來社, 1978.

高崎隆治 編,《十五年戰爭極秘資料集─第一集》, 龍溪書舍, 1976.

加藤豊隆,《滿洲國警察小史》(全三卷), 滿蒙同胞援護會愛媛縣支部, 1968·1974·1976.

滿洲國軍刊行委員會,《滿洲國軍》, 蘭星會, 1970.

楳本捨三,《大關東軍史》, 國書刊行會, 1984.

長尾和郎,《關東軍軍隊日記》, 經濟往來社, 1968.

林三郎,《關東軍と極東ソ連軍》, 芙蓉書房, 1974.

笠木良明遺芳錄出版會 編,《笠木良明遺芳錄》, 笠木良明遺芳錄刊行會, 1960.

藤原彰·功刀俊洋 編,《資料 日本現代史8─滿洲事變と國民動員》, 大月書店, 1983.

福田實,《滿洲奉天日本人史》, 謙光社, 1976.

藤川宥二,《實錄 滿洲國縣參事官》, 大湊書房, 1981.

大同學院史編纂委員會 編, 大同學院同窓會 刊,《大いなる哉 滿洲》(1966),《碧空綠野
三千里》(1972),《渺茫として果てもなし》(1981).

中國歸還者連絡會 編,《三光》, 光文社, 1982.

中國歸還者連絡會 編,《私たちは中國でなにをしたか》, 三一書房, 1987.

小澤征爾 編,《父を語る》, 小澤さくら 發行, 1972.

前野茂,《滿洲國司法建設回想錄》, 私家版, 1985.

木島三千男 編,《滿洲──九四五年》, 地久館, 1986.

趙欣伯,《新國家大滿洲》, 東京書房, 1932.

黄竹堂,《新興滿洲國見聞記》, 臺北: 滿洲國見聞記發行所, 1933.

鄭孝胥,《鄭總理大臣王道講演集》, 福文盛印書局, 1934.

臧式毅,〈滿州国の使命と施政方針〉,《旬刊 講演集》(東京講演同好會 刊), 1935年10月號.

王子衡,〈日寇在僞滿進行掠奪的三光政策〉; 谷次亨,〈所謂'北邊振興計劃'的內幕〉(文史
資料研究委員會 編,《文史資料選輯》第三九輯, 1963 所收).

中央檔案館 他編,《日本帝國主義侵華檔案資料選編一九·一八事變》, 中華書局, 1988.

遼寧省檔案館 他編,〈九·一八'事變前後的日本与中國東北》, 遼寧人民出版社, 1991.

遼寧省檔案館 編,《'九·一八'事變檔案史料精編》, 遼寧人民出版社, 1991.

王慶祥,《僞帝宮內幕》, 長春市政協文史資料研究委員會, 1984.

遼寧省檔案館 編,《溥儀私藏僞滿秘檔》, 檔案出版社, 1990.

武强 主編,《東北淪陷十四年教育史料》, 吉林教育出版社, 1989.

東北抗日連軍鬪爭史編寫組,《東北抗日連軍鬪爭史》, 人民出版社, 1991.

Scherer, James A., *Manchukuo: A Bird's-eye view*, The Hokuseido Press, 1933.

Schnee, Heinrich, *Völker und Mächte im Fernen Osten*, Deutsche Buch-Gemeinschaft, 1933(金森誠也 譯,《'滿州國'見聞記》, 新人物往來社, 1988).

Lattimore, Owen, *The Mongols of Manchuria*, 1934(後藤富男 譯,《滿洲に於ける蒙古民族》, 善隣協會, 1934).

Rea, George Bronson, *The Case for Manchukuo*, 1935(田村幸策 譯,《滿洲國出現の合理性》, 日本國際協會, 1936).

3. 주된 참고문헌

1) 저서

淺田喬二·小林英夫 編,《日本帝國主義の滿州支配》, 時潮社, 1986.

淺田喬二,《日本植民地研究史論》, 未來社, 1990.

安藤彦太郎 編,《近代日本と中國》, 汲古書院, 1989.

伊藤隆,《十五年戰爭》, 小學館, 1976.

井上淸·衛藤瀋吉 編,《日中戰爭と日中關係》, 原書房, 1988.

今井淸一 編,《体系 日本現代史 2 一十五年戰爭と東アジア》, 日本評論社, 1979.

臼井勝美,《滿州事變》, 中公新書, 1974.

榮澤幸二,《日本のファシズム》, 教育社歷史新書, 1981.

江口圭一 編,《体系 日本現代史 1 一日本ファシズムの形成》, 日本評論社, 1978.

江口圭一,《十五年戰爭の開幕》, 小學館, 1982.

NHK'ドキュメント昭和'取材班 編,《皇帝の密約》, 角川書店, 1987.

NHK'ドキュメント昭和'取材班 編,《十字架の上の日本》, 角川書店, 1987.

緒方貞子,《滿州事變と政策の形成過程》, 原書房, 1966.

岡部牧夫,《滿州國》, 三省堂選書, 1978.

小野信爾,《人民中國への道》, 講談社現代新書, 1977.

上笙一郎,《滿蒙開拓靑少年義勇軍》, 中公新書, 1973.

北岡伸一,《日本陸軍と大陸政策》, 東京大學出版會, 1978.

栗原健 編著,《對滿蒙政策史の一面》, 原書房, 1966.

桑島節郎,《滿州武裝移民》, 教育社歷史新書, 1979.

小林英夫,《'大東亞共榮圈'の形成と崩壞》, 御茶の水書房, 1975.

小峰和夫,《滿洲》, 御茶の水書房, 1991.

佐治芳彦,《石原莞爾》(上·下), 現代書林, 1984.

佐藤誠三郎,《'死の跳躍'を越えて》, 都市出版, 1992.

澤地久枝,《もうひとつの滿州》, 文春文庫, 1986.

島田俊彦,《關東軍》, 中公新書, 1965.

鈴木隆史,《日本帝國主義と滿州》(上·下), 塙書房, 1992.

竹內實,《日本人にとっての中國像》, 岩波書店, 1992.

田中武夫,《橘樸と佐藤大四郎 — 合作社事件 佐藤大四郎の生涯》, 龍溪書舍, 1980.

田邊敏雄,《追跡 平頂山事件》, 圖書出版社, 1988.

筒井淸忠,《昭和期日本の構造》, 有斐閣, 1984.

角田順,《滿州問題と國防方針》, 原書房, 1967.

角田房子,《甘粕大尉》, 中公文庫, 1979.

仲條立一·菅原一彪 編,《石原莞爾のすべて》, 新人物往來社, 1989.

西村成雄,《中國近代東北地域史研究》, 法律文化社, 1984.

野村浩一,《近代日本の中國認識》, 硏文出版, 1981.

秦郁彦,《軍ファシズム運動史》, 河出書房新社, 1962.

馬場明,《滿州事變》(日本外交史 第一八卷), 鹿島研究所出版會, 1973.

馬場伸也,《滿州事變への道》, 中公新書, 1972.

古屋哲夫 編,《日中戰爭史研究》, 吉川弘文館, 1984.

古屋哲夫,《日中戰爭》, 岩波新書, 1985.

細川嘉六,《植民史》, 東洋經濟新報社, 1941.

松澤哲成,《アジア主義とファシズム》, れんが書房新社, 1979.

松澤哲成,《日本ファシズムの對外侵略》, 三一書房, 1983.

松本榮一·香內三郎 他著,《滿洲 昨日今日》, 新潮社, 1985.

松本俊郎,《侵略と開發》, 御茶の水書房, 1988.

滿州史研究會 編,《日本帝國主義下の滿州》, 御茶の水書房, 1972.

滿州移民史研究會 編,《日本帝國主義下の滿州移民》, 龍溪書舍, 1976.

三輪公忠 編,《日本の一九三〇年代》, 彩光社, 1980.

森正孝 編著,《中國の大地は忘れない》, 社會評論社, 1986.

山口猛,《幻のシネマ 滿映 — 甘粕正彦と活動屋群像》, 平凡社, 1988.

山本秀夫,《橘樸》, 中央公論社, 1977.

山本秀夫 編,《橘樸と中國》, 勁草書房, 1990.

山本有造,《日本植民地經濟史研究》, 名古屋大學出版會, 1992.

山本有造 編,《'滿洲國'の研究》, 京都大學人文科學研究所, 1993.

依田憙家,《日本帝國主義と中國》, 龍溪書舍, 1988.

和田春樹,《金日成と滿州抗日運動》, 平凡社, 1992.

易顯石,《日本の大陸政策と中國東北》, 六興出版, 1989.

易顯石·張德良 他著,《'九·一八'事變史》, 遼寧人民出版社, 1982(早川正 譯,《九·一八事
變史 — 中國側から見た'滿洲事變'》, 新時代社, 1986).

王魁喜·常城 他著,《近代東北人民革命鬪爭史》, 吉林人民出版社, 1984(志賀勝 譯,
《滿州近現代史》, 現代企劃室, 1988).

王承禮 主編,《中國東北淪陷十四年史綱要》, 中國大百科全書出版社, 1991.

《東北淪陷十四年史研究》第一輯(吉林人民出版社, 1988), 第二輯(遼寧人民出版社,
1991).

姜念東·伊文成 他著,《僞滿洲國史》, 吉林人民出版社, 1980.

金靜美,《中國東北部における抗日朝鮮·中國民衆史序説》, 現代企劃室, 1992.

崔茶 主編,《朝鮮族簡史》, 1986(高木桂藏 譯,《抗日朝鮮義勇軍の眞相》, 新人物往來社,
1990).

石剛,《植民地支配と日本語》, 三元社, 1993.

張輔麟,《漢奸秘聞錄》, 吉林教育出版社, 1990.

方正·兪興茂 他編,《張學良和東北軍》, 中國文史出版社, 1986.

朴永錫,《萬寶山事件研究》, 第一書房, 1981.

馬越山,《'九·一八'事變實錄》, 遼寧人民出版社, 1991.

兪辛焞,《滿洲事變期の中日外交史研究》, 東方書店, 1986.

李劍白 主編,《東北抗日救亡人物傳》, 中國大百科全書出版社, 1991.

McCormack, Gavan, *Chang Tso-lin in Northeast China, 1911~1928*, Stanford Univ.
Press, 1977.

Bear, Edward, *The Last Emperor*, Bantam Books, 1987(田中昌太郎 譯,《ラスト·エン
ペラー》, 早川書房, 1987).

2) 논문 (앞의 저서에 실린 논문은 원칙적으로 생략함)

栗屋憲太郎, 〈日本ファシズム官僚制〉(江口朴郎 他編, 《世界史における一九三〇年代》, 青木書店, 1971 所收).

五百旗頭眞, 〈滿州事變の一面〉, 《政經論叢 (廣島大學)》 21卷 3號, 1971.

池井優, 〈一九三〇年代のマスメディア―滿州事變への對應を中心として〉(三論公忠 編, 《再考 太平洋戰爭前夜》, 創世記, 1981 所收).

井上淸, 〈滿州'侵略〉(《岩波講座 日本歷史》 20, 岩波書店, 1976 所收).

今井淸一, 〈總動員体制と軍部〉(《ファシズム期の國家と社會 6》, 東京大學出版會, 1979 所收).

尹健次, 〈植民地日本人の精神構造〉, 《思想》 1989年 4月號.

岡田英樹, 〈'滿州國'における'文化交流'の實態〉, 《外國文學硏究 (立命館大學)》 62號, 1984.

尾形洋一, 〈瀋陽における國權回收運動〉, 《社會科學討究》 72號, 1980.

岡部牧夫, 〈植民地ファシズム運動の成立と展開〉, 《歷史學硏究》 406號, 1974.

岡部牧夫, 〈笠木良明とその思想的影響〉, 《歷史評論》 295號, 1974.

奧村弘, 〈滿州國'街村制に關する基礎的考察〉, 《人文學報 (京都大學)》 66號, 1990.

梶村秀樹, 〈一九三〇年代滿州における抗日鬪爭にたいする日本帝國主義の諸活動〉, 《日本史硏究》 94號, 1967.

河村一夫, 〈鄭孝胥と交涉のあった日本各界の人々〉, 《政治經濟史學》 243 · 290號, 1986 · 90.

姜在彦, 〈在滿朝鮮人の抗日武裝鬪爭〉, 《朝鮮民族運動史》 5號, 1988.

北岡伸一, 〈陸軍派閥對立 (1931〜35) の再檢討〉, 《年報 近代日本硏究 1》, 1979.

金贊汀, 〈'滿州'そこに打ち捨てられし者〉, 《世界》 1987年 2 · 3 · 5月號.

黑澤文貴, 〈滿蒙侵略と國家改造〉, 《紀尾井史學》 5號, 1985.

小林英夫, 〈日本の'滿州'支配と抗日運動〉(野澤豊 他編, 《講座 中國近現代史 6》, 東京大學出版會, 1978 所收).

島川雅史, 〈現人神と八紘一宇の思想〉, 《史苑》 43卷 2號, 1984.

淸水秀子, 〈對滿機構の改造〉, 《國際政治》 37號, 1967.

須崎愼一, 〈アジアの中のファシズム國家〉(《講座 日本歷史 10》, 東京大學出版會, 1985 所收).

鈴木隆史, 〈滿州國協和會史試論 (1)(2)〉, 《季刊 現代史》 2 · 5號, 1973 · 74.

副島昭一,〈中國東北侵略と十五年戰爭の開始〉(藤原彰・今井清一 編,《太平洋戰爭史 1》, 青木書店, 1988 所收).

中塚明,〈朝鮮支配の矛盾と'滿州事變'〉,《季刊 現代史》1號, 1972.

野村章,〈舊'滿洲國'の皇民化敎育〉,《敎育硏究》22號, 1987.

野村浩一,〈滿州事變直前の東三省問題〉,《國際政治》15號, 1961.

西澤泰彦,〈'滿洲國'の建設事業〉(山本有造 編,《'滿洲國'の硏究》, 1993 所收).

浜口裕子,〈一九三〇年代半ばの對滿政策立案に關する一考察〉(中村勝範 編,《近代日 本政治の諸相》, 慶應通信, 1989 所收).

浜口裕子,〈滿洲事變と中國人〉,《法學硏究》64卷 11號, 1991.

刔澤弘,〈'滿州國'の遺産は何か〉,《中央公論》, 1964年 7月號.

平野健一郎,〈滿州事變前における在滿日本人の動向〉,《國際政治》43號, 1970.

平野健一郎,〈滿州國協和會の政治的展開〉,《日本政治學會年報 — 1972年》, 1973.

松野周治,〈半植民地 — '滿州'〉(小野一一郎 編,《戰間期の日本帝國主義》, 世界思想社, 1985 所收).

御廚貴,〈國策統合機關設置問題の史的展開〉,《年報 近代日本硏究 1》, 1979.

三谷太一郎,〈滿州國家体制と日本の國內政治〉(若林正丈 編,《近代日本と植民地 2》, 岩波書店, 1992 所收).

綠川勝子,〈萬寶山事件および朝鮮內排華事件について〉,《朝鮮史硏究會論文集》6號, 1969.

村田裕子,〈'滿洲國'文學の一側面〉(山本有造 編,《'滿洲國'の硏究》, 1993 所收).

安冨步,〈'滿州國'經濟開發と國內資金流動〉(山本有造 編,《'滿洲國'の硏究》, 1993 所收).

柳澤遊,〈一九二〇年代'滿州'における日本人中小商人の動向〉,《土地制度史學》92號, 1981.

山室信一,〈'滿州國'の法と政治 — 序說〉,《人文學報(京都大學)》68號, 1991.

山室信一,〈'滿洲國'統治過程論〉(山本有造 編,《'滿洲國'の硏究》, 1993 所收).

McCormack, Gavan, "Manchukuo: Constructing the past", *East Asian History*, No.2, Australian National University, December, 1991.

4. 증보판에 따른 문헌일람

1) 사료

新井利男·藤原彰 編,《侵略の證言 — 中國における日本人戰犯自筆供述書》, 岩波書店, 1999.

磯田一雄 他編,《在滿日本人用教科書集成》全10卷, 柏書房, 2000.

井村哲郎 編,《滿鐵調查部 — 關係者の證言》, アジア經濟研究所, 1996.

內原訓練所史跡保存會事務局 編,《滿州開拓と靑少年義勇軍 — 創設と訓練》, 內原訓練所史跡保存會, 1998.

王慶祥 編, 錢端本ほか 譯,《溥儀日記》, 學生社, 1994.

大村益夫·布袋敏博 譯,《舊'滿洲'文學關係資料集》全2卷, 2000~2001.

荻野富士夫 編,《特高警察關係資料集成》第20卷, 不二出版, 1993.

解學詩 監修,《滿州國機密經濟資料》全18卷, 本の友社, 2000~2001.

外交時報社 編,《中國及び滿州關係條約及公文集》(上·下), 龍溪書舍, 1993.

川村湊 監修,《日本植民地文學精選集 — 滿州編》全12卷, ゆまに書房, 2000~2001.

貴志俊彦·松重充浩·松村史紀 編,《二〇世紀滿洲歷史事典》, 吉川弘文館, 2012.

北博昭,《十五年戰爭重要文獻シリーズ 14 — 滿州建設勤勞奉仕隊關係資料》, 不二出版, 1993.

吉林省圖書館僞滿洲國史料編委會 編,《僞滿洲國史料》全33冊, 全國圖書館, 2002.

《舊植民地家計調查集》2~4(滿州編 1~3), 靑史社, 2000.

《舊日本植民地および'滿洲'關係統計史料目錄》, 一橋大學經濟研究所附屬日本經濟統計情報センター, 2001.

全國政協文史資料委員會 編,《改造戰犯紀實》, 中國文史出版社, 2000.

孫邦 主編,《僞滿史料叢書》, 吉林人民出版社, 1993.

竹中憲一 編,《'滿洲'植民地日本語教科書集成》全7卷, 綠蔭書房, 2002.

中央檔案館 他編,《僞滿憲警統治》, 中華書局, 1993.

中央檔案館 他編,《僞滿傀儡政權》, 中華書局, 1994.

中央檔案館 編,《僞滿洲國的統治与內幕》, 中華書局, 2000.

中華民國司法行政部 編, 淸水金二郎·張源祥 譯,《支那滿洲民事慣習調查報告》總則·物權編(アジア學叢書 66); 債權編(アジア學叢書 67), 大空社, 1999.

東京文理科大學·東京高等師範學校紀元二千六百年記念會 編,《現代支那滿洲教育資料》,

　　　大空社, 1998.

東洋協會調查部 編,《東洋協會調查資料》全5卷, 日本圖書センター, 2002.

內務省警保局 編,《外事警察資料》第1卷, 不二出版, 1994.

野村章 編,《'滿洲·滿洲國'敎育資料集成》全23卷, エムティ出版, 1993.

服部龍二 編著,《滿洲事變と重光駐華公使報告書―外務省記錄 支那ノ對外政策關係雜
　　　纂《革命外交》に寄せて》, 日本圖書センター, 2002.

林銑十郎 著, 高橋正衛 解說,《滿洲事件日誌》, みすず書房, 1996.

林道夫 譯, 小林英夫·兒島俊郎 編解說,《七三一細菌部除―中國新資料》, 不二出版,
　　　1995.

松野誠也 編,《十五年戰爭極秘資料集 補卷20―滿洲國軍ノ現狀》, 不二出版, 2003.

《滿洲國國務院國勢調查報告》第1冊～第15冊·補遺, 文生書院, 2000.

滿洲帝國協和會 編,《協和運動―滿洲帝國協和會機關誌》(《日本植民地文化運動資料
　　　7》), 綠蔭書房, 1994.

《滿洲ニュース映畵》(ビデオ, 全10卷), テンシャープ, 1995.

《滿洲農業移民文獻目錄》, 素文社圖書, 2001.

《滿洲文藝年鑑》, 葦書房, 1993.

滿鐵經濟調查會 編,《滿洲産業統計 1931～1932》, 文海出版, 1993.

南滿洲鐵道産業部 編,《經濟調查立案調查書目錄》全3卷, 本の友社, 1996.

《美濃部洋次滿洲關係文書目錄》, 一橋大學經濟硏究所附屬日本經濟統計情報センター,
　　　2000.

山口猛 監修,《滿洲の記錄―映像の證言》(ビデオ, 全30卷), テンシャープ, 1994.

山下晋司 他編,《アジア·太平洋地域民族誌選集》(滿洲關係 29～34), クレス出版,
　　　2002.

遼寧省檔案館,《南滿洲鐵道株式會社社報》(マイクロフィルム, 全80卷), 柏書房, 1994.

遼寧省檔案館, 小林英夫 編,《滿鐵經濟調查會史料》全6卷, 柏書房, 1998.

遼寧省檔案館,《滿鐵与侵華日軍》全21卷, 廣西師範大學出版社, 1999.

勞祖德 整理,《鄭孝胥日記》全5冊, 中華書局, 1993.

呂元明·鈴木貞美·劉建輝 監修,《滿洲浪漫》全6卷, ゆまに書房, 2002.

2) 저서

相庭和彦ほか,《滿洲'大陸の花嫁'はどうつくられたか―戰時期敎育史の空白にせま

る》, 明石書店, 1996.

蘭信二,《'滿洲移民'の歷史社會學》, 行路社, 1994.

岩野裕一,《王道樂土の交響樂 — 滿洲 知られざる音樂史》, 音樂之友社, 1999.

윤휘탁,《일제하 만주국연구》, 일조각, 1996.

上田誠吉,《司法官の戰爭責任 — 滿洲体驗と戰後司法》, 花傳社, 1997.

臼井勝美,《滿洲國と國際連盟》, 吉川弘文館, 1995.

江成常夫,《まぼろし國 滿洲》, 新潮社, 1995.

王智新 編,《日本の植民地教育 — 中國からの視点》, 社會評論社, 2000.

岡田英樹,《文學にみる'滿洲國'の位相》, 研文出版, 2000.

解學詩,《僞滿洲國史新編》, 人民出版社, 1995.

解學詩・江田憲治・松村高夫 編,《滿鐵勞働史の研究》, 日本經濟評論社, 2002.

風間秀人,《滿洲民族資本の研究 — 日本帝國主義と土着流通資本》, 緑蔭書房, 1993.

河田宏,《滿洲建國大學物語 — 時代を引き受けようとした若者たち》, 原書房, 2002.

川村湊,《滿洲崩壞 — '大東亞文學'と作家たち》, 文藝春秋, 1997.

川村湊,《文學から見る'滿洲' — '五族協和'の夢と現實》, 吉川弘文館, 1998.

美在彦,《滿洲の朝鮮人パルチザン — 一九三〇年代の東滿・南滿を中心として》, 靑木
　　書店, 1993.

한석정,《만주국 건국의 재해석 — 괴뢰국의 국가효과 1932~1936》, 동아대출판부,
　　1999.

韓晳曦,《日本の滿洲支配と滿洲傳道會》, 日本基督教団出版局, 1999.

許雪姬,《日治時期在'滿洲'的臺湾人》, 中央研究院近代史研究所, 2002.

久保尚之,《滿洲の誕生 — 日米摩擦のはじまり》, 丸善ライブラリー, 1996.

クリストファー・ソーン,《滿洲事變とは何だったのか — 國際連盟と外交政策の限
　　界》, 草思社, 1994.

軍事史學會 編,《再考 滿洲事變》, 錦正社, 2001.

小池聖一,《滿洲事變と對中國政策》, 吉川弘文館, 2003.

胡昶・古泉 著, 橫地剛・間ふさ子 譯,《滿映 — 國策映畫の諸相》, パンドラ 發行, 現代書
　　館 發賣, 1999.

小林金三,《白塔 — 滿洲國建國大學》, 新人物往來社, 2002.

小林英夫 編,《近代日本と滿鐵》, 吉川弘文館, 2000.

駒込武,《植民地帝國日本の文化統合》, 岩波書店, 1996.

小山貞知,《小山貞知と滿洲國》(上·中·下), 信山社出版, 1996.

오양호,《일제강점기 만주조선인 문학연구》, 문예출판사, 1996.

齊紅深 著, 竹中憲一 譯,《'滿洲'オーラルヒストリー: '奴隷化教育に抗して'》, 皓星社, 2004.

嵯峨井建,《滿洲の神社興亡史―日本人の行くところ神社あり》, 芙蓉書房出版, 1998.

佐藤愼一郎選集刊行會 編·刊行,《佐藤愼一郎選集》, 1994.

山大柏,《我是日軍翻譯官―僞滿'江上軍'親歷記》, 春風文芸出版社, 2000.

徐敏民,《戰前中國における日本語教育―臺湾·滿洲·大陸での展開と變容に關する比較考察》, エムティ出版, 1996.

沈潔,《'滿洲國'社會事業史》, ミネルヴァ書房, 1996.

陣野守正,《歷史からかくされた朝鮮人滿洲開拓団と義勇軍》, 梨の木舍, 1998.

杉山春,《滿洲女塾》, 新潮社, 1996.

鈴木健一,《滿洲教育史論集(古希記念)》, 山崎印刷出版部, 2000.

蘇崇民 著, 山下睦男ほか 譯,《滿鐵史》, 葦書房, 1999.

宋斗會,《滿洲國遺民》, 風媒社, 2003.

太平洋戰爭研究會,《圖說 滿州帝國》, 河出書房新社, 1996.

高橋泰隆,《日本植民地鐵道史論》, 日本經濟評論社, 1995.

高橋泰隆,《昭和戰前期の農村と滿州移民》, 吉川弘文館, 1997.

高橋幸春,《絶望の移民史―滿州へ送られた'被差別部落'の記録》, 毎日新聞社, 1995.

拓殖大學創立百年史編纂室 編,《滿州開發論》, 拓殖大學, 2003.

武田徹,《僞滿州國論》, 河出書房新社, 1995.

竹中憲一,《'滿州'における教育の基礎的研究》, 柏書房, 2000.

竹葉丈·三浦乃利子,《異鄉のモダニズム―淵上白陽と滿州寫眞作家協會》, 名古屋市美術館, 1994.

田中恒次郎,《'滿州'における反滿抗日運動の研究》, 綠蔭書房, 1997.

張輔麟,《僞滿末日》, 吉林教育出版社, 1993.

鄭雅英,《中國朝鮮族の民族關係》, アジア政經學會, 2000.

塚瀬進,《滿洲國―'民族協和'の實像》, 吉川弘文館, 1998.

中村勝範,《滿洲事變の衝擊》, 勁草書房, 1996.

西澤泰彦,《圖說 '滿州'都市物語―ハルビン·大連·瀋陽·長春》, 河出書房新社, 1996.

西澤泰彦,《圖說 滿鐵―'滿洲'の巨人》, 河出書房新社, 2000.

西村成雄,《張學良 ― 日中の覇權と'滿洲'》, 岩波書店, 1996.

日本社會文學會 編,《近代日本と'僞滿州國'》, 不二出版, 1997.

野村章,《'滿洲·滿洲國'教育史研究序說》, エムティ出版, 1995.

馬場明,《日露戰後の滿州問題》, 原書房, 2003.

浜口裕子,《日本統治と東アジア社會 ― 植民地期朝鮮と比較研究》, 勁草書房, 1996.

ピーター・ドウス, 小林英夫 編,《帝國という幻想》, 青木書店, 1998.

溥傑 著, 金若靜 譯,《溥傑自傳 ―'滿州國'皇弟を生きて》, 河出書房新社, 1995.

藤原作弥,《滿洲の風》, 集英社, 1996.

藤原作弥,《わが放浪 ― 滿洲から本石町まで》, 時事通信社, 2001.

淵上白陽, 滿洲寫眞作家協會撮影,《淵上白陽滿洲寫眞作家協會》, 岩波書店, 1998.

古屋哲夫・山室信一 編,《近代日本における東アジア問題》, 吉川弘文館, 2001.

毎日ムック,《滿洲國の幻影》(シリーズ 二〇世紀の記憶 ― 大日本帝國の戰爭 1), 毎日
　　新聞社, 1999.

幕內滿雄,《滿洲國警察外史》, 三一書房, 1996.

松本俊郎,《'滿洲國'かち新中國へ》, 名古屋大學出版會, 2000.

滿州帝國協和會 編,《協和 ― 思い出・記錄》1・2, 協和會, 2002.

《滿洲とは何だったのか》,〈環: 歷史・環境・文明〉10, 藤原書店, 2002.

滿州日本人四〇年心史研究會,《かなしみの花と火と》上・中・下, 泯々社, 1995.

水口春喜,《大いなる幻影 ― 滿州建國大學》, 光陽出版社, 1998.

宮澤惠理子,《建國大學民族協和》, 風間書房, 1997.

安田敏朗,《帝國日本の言語編成》, 世織書房, 1997.

安冨步,《'滿洲國'の金融》, 創文社, 1997.

山內昌之ほか 編,《帝國とは何か》, 岩波書店, 1997.

山口猛,《哀愁の滿州映畵 ― 滿州國に咲いた活動屋たちの世界》, 三天書房, 2000.

山田豪一,《滿洲國の阿片專賣 ―'わが滿蒙の特殊權益'の研究》, 汲古書院, 2002.

山根幸夫,《建國大學の研究 ― 日本帝國主義の一斷面》, 汲古書院, 2003.

山本有造,《'滿洲國'經濟史研究》, 名古屋大學出版會, 2003.

山本有造 編,《帝國の研究 ― 原理・類型・關係》, 名古屋大學出版會, 2003.

山室信一ほか,《滿州の記憶 ― 滿映フィルムに映された滿州》, 集英社, 1995.

芳地隆之,《ハルビン學院と滿洲國》, 新潮社, 1999.

李相哲,《滿州における日本人經營新聞の歷史》, 凱風社, 2000.

ルイーズ・ヤング, 加藤陽子ほか 譯,《總動員帝國―滿洲と戰時帝國主義の文化》, 岩波書店, 2001.

Duara, Prasenjit, *Sovereignty and Authenticity: Manchukuo and the East Asian Modern*, Rowman and Littelfield, 2003.

Mitter, Rana, *The Manchurian Myth Nationalism, Resistance and Collaboration in Modern China*, University of California Press, 2000.

3) 논문

安孫子麟,〈'滿州'移民政策における分村送出方式の意義〉,《季刊 中國》76號, 2004.

飯島滿,〈滿洲國における'軍警統合'の成立と崩壊〉,《駿台史學》108號, 1999.

飯島滿,〈'滿洲'における警察業務の統一過程と'軍警統合'政策〉,《明治大學人文科學研究所紀要》47號, 2000.

飯島みどり,〈ある'親日國'の誕生―'滿洲國'問題と一九三〇年代エル・サルバドル外交の意圖 1〉,《岐阜大學教養部研究報告》32號, 1995.

윤휘탁,〈'만주국'의 '2등공민'〉,《역사학보》169호, 2001.

岡田英樹,〈滿州國首都警察の檢閱工作〉,《立命館文學》567號, 2001.

岡田英樹,〈消し去られた文字―'滿州國'における檢閱の實相〉,《立命館平和研究》3號, 2002.

岡村敬二,〈日滿文化協會にみる'滿州國'の文化活動〉,《人間文化研究》7號, 2001.

小都晶子,〈'滿洲國'政治による日本人移民政策實施体制の確立と'日滿一体化'〉,《現代中國》77號, 2003.

川瀨千春,〈'滿州國'と國策宣傳の年畵〉,《中國研究月報》1號 53卷, 1999.

한석정,〈지역체계의 허실―1930년대 조선과 만주의 관계〉,《한국사회학》37집 5호, 2003.

熊谷正秀,〈滿洲と朝鮮人移民について〉,《兵庫史學研究》47號, 2001.

神戶輝男,〈東北抗日聯軍第一路軍の指導者 楊靖宇〉,《大分大學教育福祉科學部研究紀要》24卷 2號, 2002.

本場明志,〈滿州國の佛教〉,《思想》943號, 2002.

志々田文明,〈'滿洲國'建國大學に於ける銃劍道教育〉,《武道學研究》32卷 1號, 1999.

志々田文明,〈'滿洲國'建國大學に於ける騎道教育〉,《武道學研究》34卷 3號, 2002.

周一川,〈'滿洲國'の留學政策と留日學生―概況と事例研究〉,《アジア教育史研究》8號,

1999.

申奎燮, 〈初期'滿洲國'における朝鮮人統合政策〉,《日本植民地研究》9號, 1997.

申奎燮, 〈在滿朝鮮人の'滿洲國'觀および'日本帝國'像〉,《朝鮮史研究會論文集》38號,
　　2000.

沈潔, 〈日中戰爭期における'滿洲國'の婦人活動について〉,《歷史評論》552號, 1996.

沈潔·魯岩, 〈'滿洲國'における女性団体の構成及び對抗〉,《高知女子大學紀要 — 社會福
　　祉學部編》52號, 2003.

鈴木健一, 〈滿洲國政權の成立と社會教育政策〉,《アジア教育史研究》11號, 2002.

孫江, 〈宗教結社, 權力と植民地支配 — '滿州國'における宗教結社の統合〉,《日本研究》
　　24號, 2002.

高嶋弘志, 〈滿州移民と北海道〉,《釧路公立大學地域研究》12號, 2003.

竹内桂, 〈滿洲國の白系ロシア人〉,《駿台史學》108號, 1999.

竹内桂, 〈滿洲事變における北滿政策〉,《年報 日本現代史 6》, 2000.

田中隆一, 〈'滿洲國'における憲法制定問題〉,〈日本史研究》449號, 2000.

田中隆一, 〈'滿洲國'協和會の'在滿朝鮮人'政策と徵兵制 — 青年文化運動との關連か
　　ら〉,《帝塚山學院大學日本文學研究》33號, 2002.

田中隆一, 〈'滿洲國民'の創出と'在滿朝鮮人'問題 — '五族協和'と'內鮮一体'の相剋〉,
　　《東アジア近代史》6號, 2003.

田中隆一, 〈'滿洲國'と日本の帝國支配 — その方法論的探求〉,《歷史科學》173號, 2003.

中城正堯, 〈中國年畵と'滿州'〉,《季刊 民俗學》20卷 2號, 1996.

西田もとつぐ, 〈キメラの國の俳句 — 中國東北部(舊滿州國)俳句史序論〉,《俳句文學館
　　紀要》9號, 1996.

임성모, 〈일본제국주의와 만주국〉,《한국민족운동사연구》27호, 2001.

早川紀代, 〈女性の對抗するアイデンティティー〉,《ジェンダー研究》5號, 2002.

平井廣一, 〈'滿州國'特別會計豫算の一考察 — 1932〜1941〉,《經濟學研究》48卷 3號,
　　1999.

平井廣一, 〈'滿州國'地方財政における'省地方費'の成立〉,《經濟學研究》53卷 3號,
　　2003.

廣岡淨進, 〈在滿朝鮮人の'皇國臣民'言說 — 總力戰下の滿洲國協和會を中心に〉,《朝鮮
　　史研究會論文集》41號, 2003.

廣川佐保, 〈モンゴル人の'滿州國'參加と地域社會の變容 — 興安省の創設と土地制度

改革を中心に〉,《アジア經濟》41巻 7號, 2000.

吉川隆久,〈張燕卿と'滿洲國'に關する覺書―《式部六藏日記》を中心に〉,《横浜市立大學紀要 ― 人文科學系列》8號, 2001.

劉含發,〈滿州移民の入植による現地中國農民の強制移住〉,《現代社會文化研究》21號, 2001.

劉含發,〈日本人滿洲移民用地の獲得と現地中國人の強制移住〉,《アジア經濟》44巻 4號, 2003.

Sergelen, Borijigin,〈滿州國の東部内モンゴル統治〉,《本郷法政紀要》11號, 2002.

Maria de los Angeles, Moya,〈滿州占領(1931~45)下の日本のプロパガンダ― 戰時下初期における'樂土'の表象〉,《社會學研究科年報》8號, 2001.

찾아보기

키메라

만주국의 초상

1판 1쇄 2024년 2월 8일

지은이 | 야마무로 신이치
옮긴이 | 윤대석

펴낸이 | 류종필
편집 | 이은진, 이정우, 권준
경영지원 | 홍정민
교정교열 | 최연희
표지 디자인 | 석운디자인
본문 디자인 | 박애영

펴낸곳 | (주) 도서출판 책과함께
　　　　주소 (04022) 서울시 마포구 동교로 70 소와소빌딩 2층
　　　　전화 (02) 335-1982
　　　　팩스 (02) 335-1316
　　　　전자우편 prpub@daum.net
　　　　블로그 blog.naver.com/prpub
　　　　등록 2003년 4월 3일 제2003-000392호

ISBN 979-11-92913-60-5 93910